T0036728

En la llanura
de las serpientes

Viaje por los caminos
de México

Paul Theroux

En la llanura
de las serpientes

Viaje por los caminos
de México

Traducción de Laura Lecuona

ALFAGUARA

El papel utilizado para la impresión de este libro ha sido fabricado a partir de madera procedente de bosques y plantaciones gestionadas con los más altos estándares ambientales, garantizando una explotación de los recursos sostenible con el medio ambiente y beneficiosa para las personas.

Penguin
Random House
Grupo Editorial

En la llanura de las serpientes
Viaje por los caminos de México

Título original: *On the Plain of Snakes. A Mexican Journey*

Primera edición: mayo, 2022

D. R. © 2019, Paul Theroux

Esta edición es publicada por acuerdo con Houghton Mifflin Harcourt
Publishing Company

D. R. © 2022, derechos de edición mundiales en lengua castellana:
Penguin Random House Grupo Editorial, S. A. de C. V.
Blvd. Miguel de Cervantes Saavedra núm. 301, 1er piso,
colonia Granada, alcaldía Miguel Hidalgo, C. P. 11520,
Ciudad de México

penguinlibros.com

D. R. © 2022, Laura Lecuona, por la traducción

Penguin Random House Grupo Editorial apoya la protección del *copyright*.
El *copyright* estimula la creatividad, defiende la diversidad en el ámbito de las ideas y el conocimiento, promueve la libre expresión y favorece una cultura viva. Gracias por comprar una edición autorizada de este libro y por respetar las leyes del Derecho de Autor y *copyright*. Al hacerlo está respaldando a los autores y permitiendo que PRHGE continúe publicando libros para todos los lectores.

Queda prohibido bajo las sanciones establecidas por las leyes escanear, reproducir total o parcialmente esta obra por cualquier medio o procedimiento así como la distribución de ejemplares mediante alquiler o préstamo público sin previa autorización.
Si necesita fotocopiar o escanear algún fragmento de esta obra diríjase a CemPro (Centro Mexicano de Protección y Fomento de los Derechos de Autor, https://cempro.com.mx).

ISBN: 978-607-381-437-9

Impreso en México – *Printed in Mexico*

A mis queridos amigos
que me acompañaron por los caminos de México.
No los olvidaré.

Un viejo campesino de sombrero maltrecho y botas raspadas avanzaba a trompicones por el inhóspito desierto en el susurrante vacío de la Mixteca Alta, en el estado de Oaxaca. Iba solo por el sendero que lleva del remoto pueblo de Santa María Ixcatlán, al cruce kilómetros adelante. Evidentemente pobre y con su penoso andar, me pareció una figura mexicana icónica, emblema de la vida de la tierra. Podría haber sido un campesino hambriento camino del mercado, un trabajador esperanzado en busca de empleo en una fábrica, un migrante dirigiéndose a la frontera o alguien necesitando ayuda. Fuera cual fuera su destino, iba por un camino escabroso.

Paramos la camioneta pickup y lo invitamos a subirse. Al cabo de una hora de avanzar entre baches y sacudidas llegamos al cruce. El hombre nos dio la mano y dijo: «Muchas gracias».

—¿Cómo se llama este pueblo, señor?

—Es San Juan Bautista Coixtlahuaca —dijo—. Allá está el viejo convento.

Era una iglesia rota, enorme, hueca y solitaria.

—¿Qué significa Coixtlahuaca?

—El llano de las serpientes.

Primera parte. *Fronteras*

Rumbo a la frontera: ejemplo perfecto de «eso-idad»

La frontera con México es el filo del mundo conocido. Más allá, solo sombras y peligro, figuras al acecho: enemigos hambrientos, criminales, fanáticos; depredadores de colmillos afilados, turba malévola e ingobernable que se abalanza ansiosa sobre el viajero desprevenido. Los policías federales, armados hasta los dientes, son entes diabólicos: pasan de un momento a otro de la obstinación huraña a la furia congestionada a voz en grito. Luego te extorsionan, como hicieron conmigo.

¡Manda abogados, pistolas y dinero! ¡No vayas! ¡Te vas a morir! Pero espera, un poco más abajo, en el México de los altos sombreros flexibles abombados, la música de mariachi, las trompetas quejumbrosas, las sonrisas que muestran los dientes, están los lugares más salubres y seguros: puedes ir en avión y quedarte una semana, emborracharte hasta las chanclas con tequila, caer enfermo con una diarrea aguda y volver a casa con un poncho tejido o un cráneo de cerámica pintado a mano. Hay también, aquí y allá, vertederos de jubilados estadounidenses: un tutifruti de gringos entrecanos en asentamientos permanentes en la costa o en comunidades valladas y colonias artísticas tierra adentro.

Ah, y los potentados y petrócratas de la Ciudad de México, treinta multimillonarios, entre ellos el séptimo hombre más rico del mundo, Carlos Slim, que en conjunto poseen más dinero que todos los otros mexicanos juntos. Sin embargo, los campesinos de ciertos estados del sur de México, como Oaxaca y Chiapas, son más pobres, desde el punto de vista de sus ingresos personales, que sus homólogos en Kenia o Bangladés; languidecen con aires de melancolía estancada en laderas pelonas, pero con arrebatos estacionales de fantásticas mascaradas que aligeran los

13

rigores y estupefacciones de la vida pueblerina. Las víctimas de la hambruna, los forajidos y los voluptuosos ocupan más o menos el mismo espacio, ese extenso paisaje mexicano: miserable y suntuoso, primario y majestuoso.

Incluso cerca de la frontera norte, inmensos asentamientos estacionales de letárgicos canadienses quemados por el sol y remanentes de quince colonias de mormones polígamos que huyeron de Utah a México para mantener grandes harenes de dóciles esposas con gorritos, brillantes de sudor en el desierto de Chihuahua, vestidas con las requeridas capas de ropa interior que llaman «prendas del templo». Además, grupos aislados de menonitas de la vieja colonia que hablan bajo alemán en zonas rurales de Chihuahua, como Ciudad Cuauhtémoc, y Zacatecas, arreando vacas y exprimiendo leche de su propio ganado para producir un queso semisuave, chihuahua o menonita, derretible y mantecoso, sabrosísimo en los varéniques o en bolitas de pan.

Baja California es fanfarrona y pobre, la frontera es propiedad de los cárteles y de ratas fronterizas de ambos lados; al estado de Guerrero lo gobiernan bandas de narcos; Chiapas está dominada por zapatistas idealistas enmascarados y, en los márgenes de México, los *spring-breakers,* los surfistas, los mochileros, los jubilados irascibles, los recién casados, los desertores, los fugitivos, los traficantes de armas, los cerdos y fisgones de la CIA, los lavadores de dinero y, mírenlo allá en su carro, el gringo viejo manejando con ojos entrecerrados pensando: *México no es un país: México es todo un mundo, demasiado grande para ser del todo inteligible, pero tan diferente de un estado a otro, con una extrema independencia de cultura, temperamento y cocina, y con todos los demás aspectos de la peculiar mexicanidad, ejemplo perfecto de «eso-idad».*

Ese gringo viejo era yo. Iba manejando hacia el sur en mi propio carro bajo el sol mexicano por la carretera recta y en pendiente que atraviesa los escasamente poblados valles de la Sierra Madre Oriental: la escarpada columna vertebral de México es toda montañosa. Los valles, espaciosos y austeros, estaban sembrados de yucas, la *Yucca filifera* a la que los mexicanos le dicen palma china. Me salí de la carretera para verlas de cerca y escribí en mi cuaderno:

No sé explicar por qué, en las millas vacías de estos caminos, me siento joven.

En eso me pareció ver una delgada rama temblorosa, en el suelo bajo la yuca, como sedimento. Se movía. Era una culebra, una madeja de escamas relucientes. Empezó a contraerse y replegarse; su suave y angosto cuerpo latía en la perístole de la amenaza, parduzca, como la grava y el polvo. Retrocedí, pero ella siguió convirtiéndose lentamente en una espiral. Más tarde supe que no era venenosa. No era una serpiente emplumada ni la piafante víbora de cascabel siendo devorada por el águila de ojos desorbitados en el vívido escudo de la bandera nacional mexicana. Era una chirrionera, tan abundante en esta llanura como las serpientes de cascabel, de las que México tiene veintiséis especies, por no mencionar la coralillo, la culebrilla ciega de las macetas, la culebra ratonera, el crótalo, la serpiente de jardín tamaño lombriz o la boa constrictora de tres metros de largo que habitan en otros lugares del país.

La dicha del camino que se despliega frente a uno: una dicha rayana en euforia. «A nuestras espaldas quedaba América entera y todo lo que Dean y yo habíamos conocido previamente de la vida en general, y de la vida en la carretera —escribe Kerouac sobre su llegada a México en su libro *En el camino*—. Al fin habíamos encontrado la tierra mágica al final de la carretera y nunca nos habíamos imaginado hasta dónde llegaba esta magia».

Pero al seguir avanzando, mientras reflexionaba sobre los viejos troncos torcidos de las yucas y sus coronas globulares de hojas puntiagudas como espadas («Las hojas están erectas cuando son jóvenes pero se arquean al envejecer», escribe un botánico, pareciendo sugerir una imagen chapada a la antigua), cada una un palo solitario de la familia de los espárragos, y en efecto parece una lanza suculenta que se hinchó para convertirse en una palmera del desierto clavada en la arena, tenaz, aunque al crecer se vaya curvando. También pienso que ha sido un verano difícil. Inadvertido, rechazado, desairado, pasado por alto, dado por sentado, menospreciado, digno de burla, un poco risible, estereotípico, carente de interés, parasitario, invisible a los jóvenes, el anciano en los Estados Unidos, y el hombre y escritor que soy, se parece mucho a la yuca, al mexicano. Tenemos todo eso en común, la acusación de senectud y superfluidad.

Puedo identificarme, pues. Pero irme de mi país para venir a México en un momento en que me siento particularmente omitido y debilitado en lo que a mi condición se refiere no es triste ni lamentable. Así es la vida. Mi estado de ánimo es triunfal, listo para un largo viaje, escabulléndome sin decirle a nadie, bastante seguro de que nadie se dará cuenta de que me he ido.

Nuevamente como el mexicano despreciado, la persona a la que siempre le recuerdan que no es bienvenida, a la que nunca nadie extraña. Tiene toda mi compasión. Soy esta yuca de pelo alborotado y espalda torcida; también soy (aunque viajo en la otra dirección) un migrante sospechoso. Pienso: *Yo soy tú.*

Un gringo en su *dégringolade*

En la opinión dicha al pasar de casi todos los estadounidenses, soy un anciano; alguien, por lo tanto, que importa poco, ya no está en su mejor momento y se va apagando en patético diminuendo mientras ostenta su credencial de jubilado. Como en general los viejos son vistos en los Estados Unidos: alguien invisible, o bien alguien a quien más que respetar hay que desoír; pronto se habrá ido y quedará en el olvido; un gringo en su *dégringolade,* en descenso.

Como es natural, esto me resulta insultante, pero por orgullo disimulo mi indignación. Mi obra es mi respuesta, mi viaje es mi rebeldía. Pienso en mí a la manera mexicana, no como un anciano sino como la mayoría de los mexicanos consideran a los mayores: un hombre de juicio. No un ruco agotado a quien pasar por alto y tratar con condescendencia, sino alguien a quien se le debe el respeto que tradicionalmente se da a los mayores, alguien de la tercera edad (por usar el eufemismo mexicano), a quien podría llamarse don Pablo o *tío* por deferencia. De los jóvenes mexicanos se espera, por costumbre, que cedan su asiento a la gente mayor. Conocen el dicho «Más sabe el diablo por viejo que por diablo». El modo estadounidense, en cambio, es «Hazte a un lado, viejo, y abre paso a los jóvenes».

16

Como alguien a quien podría llamarse un antiguo navegante, quiero agarrar a los escépticos con mi mano flacucha, mirarlos fijamente a los ojos y decirles: «He ido a un lugar en el que ninguno de ustedes ha estado jamás y adonde ninguno de ustedes podrá nunca ir. Es el pasado. Pasé varias décadas ahí y puedo decirles que no tienen ni la menor idea».

En mi primer viaje largo (a África central, hace cincuenta y cinco años) me tonificaba la idea de ser un extranjero en tierras extrañas: lejos de casa, con un nuevo idioma que aprender, comprometido a estar dos años desconectado, dando clases a alumnos descalzos en el monte. Iba a quedarme seis años en África, aprendiendo a ser fuereño. Mi siguiente trabajo docente fue en Singapur, y cuando este terminó, al cabo de tres años, abandoné el empleo asalariado y me convertí en residente de Gran Bretaña, donde por diecisiete años llevé conmigo el obligatorio documento de identidad para extranjeros.

En parte por apasionada curiosidad y en parte para ganarme la vida, seguí viajando. Los viajes riesgosos que hice a los treinta o cuarenta y tantos, lanzándome a lo desconocido, hoy me dejan estupefacto. Pasé un invierno en Siberia. Fui por tierra a la Patagonia. En China no sé cuántos trenes traqueteantes tomé y me fui en carro al Tíbet. Cumplí cincuenta paleando en mi kayak a solas por el Pacífico, amenazado por los isleños, zarandeado por las olas, desviado por un fuerte viento de la Isla de Pascua. Incluso haber ido de El Cairo a Ciudad del Cabo en 2001 con escala en Johannesburgo para mi cumpleaños sesenta parece ya un viaje irrepetible, al menos para mí, cuando recuerdo que un forajido me disparó en el desierto de Kaisut, cerca de Marsabit, y que en Johannesburgo me robaron la mochila y todas mis pertenencias. Una década después, en una excursión africana para escribir la secuela de un libro, continuando en Ciudad del Cabo en dirección a la frontera del Congo, cumplí setenta en el desierto del Kalahari y me defendí de los patanes en el hedor y la miseria del norte de Angola. Todos estos viajes, diez, se volvieron libros.

«Escribe la historia de un contemporáneo que se haya curado del desamor contemplando largamente un paisaje», escribió Camus en sus *Carnets*. Acatando el consejo (que para mí siempre ha sido un mantra) en un momento en el que creía estar harto de las largas travesías, me subí al carro y emprendí un viaje de dos años por las carreteras secundarias del Sur profundo con un libro en mente. Rejuvenecí, en el sentido estricto de la palabra; andar en el carro sin rumbo fijo me hizo sentir joven otra vez.

En aquellos años, viajando por el sur, di un rodeo y atravesé por primera vez la frontera con México, en Nogales. Fue una epifanía viajera que me despertó a un nuevo mundo. Me asombró cómo, tras pasar por un torniquete de la valla de hierro de casi diez metros de alto, al cabo de pocos segundos me encontraba ya en un país extranjero: el olor y el chisporroteo de la comida callejera, el rasgueo de las guitarras, las bromas de los vendedores ambulantes.

«Justo al otro lado de la calle empezaba México —escribe Kerouac—. Miramos maravillados. Para nuestro asombro, era exactamente igual a México».

En aquel entonces conocí a unos migrantes, mexicanos resueltos a pasarse al otro lado y otros que habían sido deportados; en esa visita vi a una mujer de mediana edad rezar frente a su plato de comida en un refugio para migrantes, el Comedor de la Iniciativa Kino para la Frontera. Era zapoteca, de una aldea montañosa del estado de Oaxaca; decidida a entrar a los Estados Unidos y (según decía) convertirse en camarera en algún hotel y poder mandar dinero para su pobre familia, había dejado a sus tres hijos pequeños con su madre. Sin embargo, se había perdido en el desierto; la Border Patrol, al descubrirla, la detuvo, le dio una paliza y la botó en Nogales. La imagen de ella rezando se me quedó en la mente y reforzó mi resolución: en mi viaje, cada vez que tuviera dificultades o me sintiera débil, pensaría en esta valerosa mujer y seguiría adelante.

Conocer los riesgos que tomaban los migrantes me daba ánimo. Como no oía sobre los mexicanos más que opiniones ignorantes, tanto de los más altos cargos en los Estados Unidos como de los borrachines y xenófobos comunes y corrientes (estos últimos, quizá desinhibidos con ayuda de su prejuicioso líder), decidí hacer un viaje a México. Estudié el mapa. Mi único prestigio era mi edad, pero en un país donde se respeta a los mayores, eso era suficiente. Más que suficiente.

Otra consideración fundamental relacionada con mi edad: ¿cuánto tiempo podría manejar yo solo en mi carro largas distancias por los desiertos, ciudades y montañas de México? Después de los setenta y seis tienes que renovar la licencia cada dos años. Si la siguiente vez reprobaba la prueba de la vista, nunca más podría volver a conducir un auto. El hecho de saber que tenía un tiempo limitado y mi licencia fecha de caducidad, me espoleó. Mi carro me había dado un buen servicio en el sur. Consideré, entonces, hacer un viaje improvisado por carretera a lo largo de la frontera con México para luego atravesar el país desde la frontera hasta Chiapas, con un entusiasmo como el que sentía de joven.

Tenía en mente un libro sobre México, pero hay cientos de buenos libros sobre México escritos por extranjeros. Uno de los primeros es de un inglés, Job Hortop, que era tripulante de un barco de esclavos, además de haber sido él mismo galeote por doce años en barcos españoles. Escribió sobre México y su propio calvario en *The rare travels of an Englishman who was not heard of in three-and-twenty years' space* [Los raros viajes de un inglés del que no se supo nada en el lapso de veintitrés años] en 1591, que fue incluido en los *Voyages* de Hakluyt. El primer informe exhaustivo sobre México en lengua inglesa apareció como cincuenta años más tarde, escrito por otro inglés, Thomas Gage, que llegó como fraile dominico a Veracruz en 1625.* El libro de viajes de Gage sobre las maravillas de la Nueva España apareció en 1648. Una importante obra de mediados del siglo XIX fue el pormenorizado epistolario *La vida en México* (1843), de la escocesa Fanny Erskine Inglis, conocida como Madame Calderón de la Barca por su apellido de casada (con el ministro plenipotenciario de España en México, así que tenía acceso a todas partes y era por lo general indiscreta). Otra obra perdurable y perspicaz sobre viajes por México (y que alaba el libro de Fanny) es *Viva Mexico!*, de Charles Macomb Flandrau, publicado hace más de cien años.

---

* Ese mismo año, cerca de la colonia de Plymouth, Myles Standish y sus hombres llevaron a cabo una masacre en nombre de los Padres Peregrinos, y mataron a tantos indios que «dañaron de manera irreparable la ecología humana de la región» (Nathaniel Philbrick, *Mayflower: A Story of Courage, Community, and War*, 2007).

Y Stephen Crane, D. H. Lawrence, Evelyn Waugh, Malcolm Lowry, John Dos Passos, Aldous Huxley, B. Traven, Jack Kerouac, Katherine Anne Porter, John Steinbeck, Leonora Carrington, Sybille Bedford, William Burroughs, Saul Bellow, Harriet Doerr y más. La lista es larga. Han visitado México escritores eminentes, y aunque todos ven algo diferente, el país invariablemente representa para ellos lo exótico, lo colorido, lo primitivo, lo incognoscible. Un déficit común de estos autores es su comprensión exigua del español.

En su corto viaje (cinco semanas) a México en 1938, Graham Greene no pronunció una palabra de español. Su *Caminos sin ley* recibió loas de algunos críticos, pero es un libro que busca culpables, malhumorado, sombrío, exagerado y desdeñoso de México. Viajó por Tabasco y Chiapas en una época en que la Iglesia católica estaba bajo asedio del gobierno (que en otras partes del país estaba en guerra contra los cristeros, fuertemente armados).

Greene, que se había convertido al catolicismo, tomó la represión religiosa como afrenta personal. «Detesté México», escribe en algún punto, y más adelante: «Cómo llega uno a odiar a esa gente». De nuevo: «Nunca he estado en un país donde estés tan consciente del odio todo el tiempo». De unos campesinos rezando (probablemente indígenas tzotziles) dice que tienen «rostros de cavernícola» y cuenta que tuvo que padecer «comidas indescriptibles». Hacia el final del libro menciona el «odio casi patológico que empecé a sentir por México». Y, con todo, ese viaje por el país inspiró una de sus mejores novelas, *El poder y la gloria*.

Somerset Maugham visitó México enviado por una revista en 1924, al mismo tiempo que D. H. Lawrence, con quien se peleó. Más adelante escribió algunos deprimentes relatos cortos inspirados en México, pero no un libro entero. Cuando Frieda Lawrence le preguntó qué pensaba del país, Maugham dijo: «¿Quieres que admire a hombres con grandes sombreros?».

El odio o desprecio por México es un tema en el oscuro y rencoroso libro de viajes de Evelyn Waugh, *Robo al amparo de la ley*, y en el más conocido *Más allá del Golfo de México*, de Aldous Huxley. Waugh: «Cada año [México] se vuelve más hambriento, perverso y desesperado». Huxley: «El crepúsculo, cuando llegaba, era un asunto vulgar» y «Bajo chales muy cerrados, se percibe el resplandor reptiliano de los ojos indígenas».

Siguen apareciendo libros sobre México, muchos de ellos excelentes: sobre los cárteles de las drogas, las estupendas ruinas, la frontera, el salvaje narcotráfico, arte y cultura mexicanas, la comida, la política, la economía, obras para familiarizarse con el país, libros ilustrados, guías de hoteles y centros vacacionales en la playa, manuales de consejos prácticos para futuros jubilados, guías de surfing, libros para excursionistas y campistas, libros que adornan el país y otros persecutorios y llenos de advertencias, como la útil guía de 2012 *Don't Go There. It's Not Safe. You'll Die, and Other More Rational Advice for Overlanding Mexico and Central America* [No vayas. Es peligroso. Te vas a morir… Y otros consejos más racionales para viajar por México y Centroamérica].

Por amargados que fueran los escritores extranjeros, ninguno es más hostil hacia México que los mismos mexicanos. Carlos Fuentes (el escritor mexicano más famoso entre los no mexicanos) discrepaba tanto de sus colegas y recibía de ellos tantos insultos que se mudó a París. Otros escritores mexicanos buscan rutinariamente trabajo en universidades estadounidenses o se expatrian a otras tierras. Se entiende: el dinero es algo a tener en consideración. Hay un largo y amargo estante de obras lamentables, representado por el voluminoso compendio informativo *La ira de México. Siete voces contra la impunidad.* Las reflexiones de Octavio Paz sobre la muerte y la soledad, las máscaras y la historia, *El laberinto de la soledad*, es despiadado, pero es también uno de los libros más perspicaces que haya leído sobre las actitudes y creencias de los mexicanos (un amigo mexicano cuyas opiniones respeto discrepa: «No —dice—, es una trama de estereotipos»).

Pero no he encontrado a ningún viajero o comentarista, extranjero o mexicano, que haya podido sintetizar México, y quizá esa ambición es una iniciativa inútil y anticuada. El país escapa a toda generalización o resumen; es demasiado grande y complejo, demasiado diverso en su geografía y cultura, demasiado desordenado y multilingüe (el gobierno mexicano reconoce sesenta y ocho lenguas distintas y trescientos cincuenta dialectos). Algunos escritores han tratado de ser exhaustivos. En su vejez (tenía setenta años pero

21

seguía dispuesta a viajar), Rebecca West empezó a reunir notas para un libro sobre México que esperaba que fuera tan enciclopédico como su vívida crónica de cuatrocientas mil palabras sobre Yugoslavia: *Cordero negro, halcón gris*. Aunque abandonó el proyecto, las partes que llegó a escribir, reconstruidas y publicadas póstumamente con el título de *Survivors in Mexico* [Sobrevivientes en México], son esclarecedoras y por momentos vehementes y perspicaces.

Algo que todos los libros sobre el país insinúan es que, aunque los europeos emigran con éxito a México y se vuelven mexicanos, ningún estadounidense puede lograrlo: el gringo será siempre, incorregiblemente, un gringo. Esto en la práctica no es un apuro sino que representa una liberación. Considérese esa clase de chacoteo ritualizado que los antropólogos sociales denominan «relación de broma». Este tonteo se practica en México con un alto grado de refinamiento. Los mexicanos, para permitirles a los gringos la singularidad de ser ellos mismos, intercambian con ellos insultos alegres para subrayar las diferencias, usando el humor de la irreverencia privilegiada para evitar el conflicto. O, en palabras del antropólogo A. R. Radcliffe-Brown (quien definió esta interacción social): «una relación de dos personas en la que, por costumbre, a una se le permite, y en ocasiones se le exige, tomarle el pelo a la otra y reírse de ella, a quien a la vez se le exige no ofenderse».

Debido a la generosidad mexicana y al buen humor de una cultura que valora las formas, sobre todo las formas que rigen las burlas jocosas, un estadounidense que acepta el papel de gringo se licencia en gringoísmo. A un gringo que no abusa de ese estatus se le concede la libertad de ser diferente. Casi todo el tiempo los mexicanos usan la palabra *gringo* sin mucha malicia (*gabacho* es la palabra despectiva en México para los gringos; en España es una manera de menospreciar a un francés). Y así, la tradición de los gringos que encuentran refugio en México viene de lejos, y hay en todo el país, sobre todo ahora, comunidades permanentes de gringos, jubilados y escapistas que no tienen intención de volver a su patria, a los que les resulta muy fácil aparecerse por ahí y quedarse varios años. Esta hospitalidad mexicana con los gringos contrasta irónicamente con la actual ubicuidad de los mexicanos satanizados y cercados, a los que se considera sospechosos, se les cuelga el sambenito de indeseables y no son bienvenidos en los Estados Unidos.

Paradojas palmarias como esas, y la repetición de los estereotipos, también me motivaron a hacer este viaje, esperando llegar a conocer mejor el país extranjero al otro lado de la alta valla al final del camino. Otro factor era mi preocupación por el hecho de que mis días de manejar estuvieran contados, por mi vida de escritor en punto muerto, por el recordatorio constante de mi vejez... Sabía que un viaje por carretera me levantaría el ánimo, me liberaría de la inútil obsesión por el autoanálisis y provocaría en mí (como dice el escritor inglés Henry Green en *Pack My Bag*) «ese dichoso estado en el que de ahí en adelante deja de importarte un carajo».

Lo que pensaba hacer era una excursión de un extremo de México al otro, lo opuesto de la ruina, del *dégringolade;* más bien un salto al vacío, alejarme de casa, atravesar la frontera y seguir manejando hasta quedarme sin carretera. El más desenfadado viaje a México se convierte en algo serio... o peligroso, trágico, riesgoso, esclarecedor, que en ocasiones te destroza el intestino, y en mi caso fue todo eso.

Pero apenas me había sentado tras el volante me acometió la sensación de que un viento cósmico me acariciaba y me recordó lo que los mejores viajes pueden hacerle a uno: quedé en libertad.

«¡No vayas! ¡Te vas a morir!»

Me tomó cuatro días y medio manejar de Cabo Cod a la frontera. En un impulso súbito, había salido de mi casa a toda prisa a media tarde el día anterior al que planeaba partir, tras vaciar impacientemente en una caja todo el contenido del refrigerador y meterla en el coche para ir comiendo en el camino. Llegué a Nyzck, Nueva York, al anochecer. Al día siguiente anduve mil kilómetros de paisaje otoñal por Dixieland, por la tristeza de las escenas sureñas, con la melancolía de ser pasado por alto, pero que a mí me resultaba familiar, como la cara de un viejo amigo, por los dos años que había pasado manejando por carreteras secundarias para mi libro *Deep South*. El tercer día, tras un recorrido de ochocientos kilómetros, desemboqué a las afueras de Montgomery, Alabama, donde a altas horas de la noche me preparé unos tallarines en el microondas de la habitación del motel y vi un juego de futbol americano.

Atravesé el abúlico y somnoliento sur rumbo al golfo; pasé por Biloxi, Pascagoula y Nueva Orleans, encharcado por los *bayous*, hasta Beaumont, Texas, donde todos los hoteles, chicos y grandes, estaban llenos de gente que había perdido su casa en el reciente huracán. Eran los desplazados: jóvenes sin camisa y familias tumbadas en los lobbies, fumadores deliberando en el estacionamiento, no desesperados sino perdidos, patéticos, fatalistas, como refugiados del Día del Juicio, un destello de lo que será el fin del mundo: gente pobre, hambrienta, agachada en moteles abarrotados, sin ningún lugar adonde ir.

Me hospedé más cerca de Houston, en el amplio Winnie (3 254 habitantes), a cierta distancia de la carretera principal, donde me soplé un sermón etílico de un motociclista que había llegado procedente de Billings, Montana.

—¿Que si Billings es *bonito*? No, vaya que no. ¿Pero dice que va a la frontera? Una vez estuve en Laredo. Me equivoqué de carretera. Cuando vi el letrero de «A México» giré la moto en redondo: di una vuelta en U en un camino de un solo sentido. Al diablo los policías, yo no me acerco a ese maldito lugar. Los mexicanos se robarían mi moto y me pasarían a chingar. Ni loco atravieso esa frontera.

Prácticamente chimuelo, lleno de tatuajes, con pelo grasoso, hombros curvos a fuerza de abrazar el manubrio de la Harley, inclinado en su bestia y bebiendo una cerveza en el estacionamiento del motel, era el hombre de apariencia más correosa que hubiera visto en toda la semana: astuto, entendido en platillos voladores, motosierras y carreteras secundarias, además de familiarizado con los reveses de la vida. Acababa de recoger a su hijo en una cárcel de Montana («Estuvo año y medio: eso lo perseguirá el resto de su vida») y dijo algo que se me quedó dando vueltas en la cabeza: «¿En coche a México? Tienes que estar loco, cabrón. ¡No vayas! ¡Te vas a morir!».

Otra lección: es un error revelar que te apasiona ir a cualquier lado, porque todo mundo te dará diez razones para no ir: quieren que te quedes en casa comiendo pastel de carne y jugando con la computadora, que es lo que ellos están haciendo. Volví a oír ese refrán al día siguiente en Corpus Christi, con la vista borrosa después de tener que manejar por el desierto pasando Victoria y Refugio por haber dado una vuelta equivocada y pedido indicaciones en una gasolinera de McAllen.

Un hombre bizco y robusto, otro machito, aunque sobrio, quiso desalentarme:

—No cruces en Brownsville —dijo a gritos mientras llenaba la bomba de su camión monstruo—. Es más, no cruces en ningún lado. Los cárteles te van a estar observando, te van a seguir. Si bien te va, te dejarán tirado en la carretera y se llevarán tu vehículo. Y si no tienes suerte, te matarán y punto. No te acerques a Mex.

Con todo, mi curiosidad por ver la valla me llevó al Valle de Río Grande, desde donde bajé por Harlingen hasta McAllen, donde manejé por la calle Veintitrés hasta el International Boulevard y la frontera en Hidalgo, donde la cosa era evidente, fea e inequívoca. Marcando el borde de nuestro gran territorio, detrás de un puesto de Whataburger, un mercado de pulgas y una tienda Home Goods, se erguía una fea valla de acero que la mente podría asociar con el cerco de alguna cárcel. Con sus ocho metros de altura, no se parecía a nada que hubiera yo visto en ningún otro país. Un congresista texano había dicho de ella que era «una ineficiente solución del siglo XIV para un problema del siglo XXI», descripción bastante exacta porque, como muro medieval, carente de toda practicidad, no era más que un símbolo de exclusión, fácil de sortear por arriba, trepándose a él, o por abajo, construyendo un túnel. En una era de vigilancia aérea y tecnología de alta seguridad, era la barrera que construiría el herrero con unos fierros anticuados: kilómetros de una vieja fortificación oxidada, ejemplo visible de paranoia nacional.

—Solo están matando a diez personas al día —dijo Jorge («Dígame George»), el mesero del desayuno en el hotel de McAllen, mostrándome su rostro cadavérico.

—Eso fue en Juárez —dije—, pero oí que ahora está más tranquilo por allá.

Las historias de los mexicanos sanguinarios son tan viejas como sus primeros cronistas, como Francisco López de Gómara en su *Hispania Victrix* (1553), citado por Montaigne en su ensayo «De la moderación», que menciona que «adoraban a muchos dioses» y «les hacían sacrificios de sangre humana». Pero, al igual que muchos comentaristas impresionables de hoy en día, Gómara nunca viajó a México, y toda su información era de segunda mano y cuestionable. Lo mismo puede decirse de Daniel Defoe, quien en *Robinson Crusoe* (1719) habló de las «atrocidades» de los españoles y de los «bárbaros e idólatras» a los que masacraron en América por tener «la costumbre de realizar rituales salvajes y sangrientos, como el sacrificio de seres humanos a sus dioses». Dice Crusoe: «el nombre español se ha vuelto odioso y terrible».

—Y esa señora que tuvo un accidente —añadió Jorge moviendo el dedo índice— porque cayó en su carro el cadáver que estaba colgado de un puente.

—Fue en Tijuana —observé con suficiencia—, y hace mucho tiempo.

—Aquellos cuarenta y tres estudiantes secuestrados y asesinados en Guerrero.

—Entiendo lo que me quiere decir, George.

—Tome un avión. No vaya en carro.

—Voy a cruzar. Ese es mi plan.

—Pero ¿por qué en carro?

—Por muchas razones.

—Mucha suerte, señor.

«Sin terror no hay negocio»

Interpreté la advertencia de Jorge como el convencional «Ten cuidado», fórmula que se dirige a todos los viajeros a la hora de su partida, palabras que a mí normalmente me suenan vacías, resentidas y envidiosas, la clase de precaución que al flojo taciturno y hogareño le dará permiso de decir en algún momento, mucho tiempo después, «¿Ves?, ¡te lo dije!».

«Me vale madre», le dije con esa grosera manera mexicana de indicar que no me importaba, cosa que lo hizo reír y luego rezongar y sacudir la cabeza. Supuso que yo era un imprudente.

Y tenía razón, porque en verdad no sabía nada, o acaso muy poco, del caos imperante en ese país. Mucha gente había muerto por la violencia de los cárteles, eso todo mundo lo sabía, pero los hechos brutales y las singularidades se me escapaban. O quizá yo les había hecho caso omiso para no permitirme desistir de mi viaje. Ahora escribo en retrospectiva. La simple y llana estadística, por ejemplo, nos dice que más de doscientas mil personas han sido asesinadas o han desaparecido desde diciembre de 2006, cuando el gobierno de México declaró la guerra contra el crimen organizado. A principios de 2017, cuando emprendí mi viaje, no sabía que en los primeros meses de ese año hubo en México 17 063 asesinatos y que Ciudad Juárez había registrado un promedio de uno diario: más de trescientos en el momento de mi partida, porque los cárteles de Juárez y Sinaloa estaban compitiendo por el dominio de la ciudad, en una lucha interna por el control del comercio de drogas. A fines de 2017 México había registrado 29 168 asesinatos, en su mayoría relacionados con los cárteles.

Y en Reynosa, *pasandito* la frontera desde McAllen, Texas, donde, ajeno a todo esto, me estaba quedando, la violencia era crónica. Las calles eran peligrosas por el fuego cruzado de súbitas escaramuzas sangrientas (secuestros y asesinatos) y una táctica que se había vuelto común, el *narcobloqueo*, un cierre de carreteras con vehículos interceptados, a los que a veces les prendían fuego, para que sirvieran de barricada con el propósito de proteger a narcos bajo asedio de la policía o el ejército. «Reynosa amanece con narcobloqueos, persecuciones y balaceras» fue titular en el sitio web de *Proceso* en el momento de otro de mis cruces, pero me perdí el artículo y todo lo que vi en Reynosa fueron controles con policías fuertemente armados y soldados con pasamontañas negros en oscuros camiones blindados en forma de caja.

Reynosa era ahora una de las ciudades más violentas de México debido a un vacío de poder en los cárteles, resultado de que el ejército mexicano hubiera conseguido encontrar y matar a dos cabecillas del Cártel del Golfo: Julián Loisa Salinas (*el Comandante Toro*) en abril de 2017, y al año siguiente, Humberto Loza Méndez (*el Betito*), a quien tropas gubernamentales mataron en Reynosa junto con otros tres, lo que dio lugar a mayor caos y más luchas intestinas.

Los Zetas, que empezaron en Reynosa como integrantes del brazo armado del Cártel del Golfo, se inspiraron para formar su propio cártel. Se vanagloriaban de ser despiadados. La mayoría eran desertores de las fuerzas especiales del ejército mexicano que la habían emprendido contra sus oficiales y decidieron aprovechar sus aptitudes para el asesinato con el fin de ganar dinero en serio como sicarios. Esas peleas en las calles de Reynosa provocaron nada menos que cuatrocientas muertes entre mayo de 2017 y enero de 2018, cuando yo andaba cruzando de un lado a otro, dando tumbos a lo largo de las calles laterales y caminos con baches de Reynosa en un carro de llamativas matrículas con la leyenda «Massachusetts: el espíritu de los Estados Unidos».

La fachada de Reynosa me había cautivado: su plaza pintoresca, su bonita iglesia, sus amables comerciantes, sus buenos restaurantes y puestos de tacos y su próspero mercado, la estampa de los colegiales de uniforme cargando sus mochilas. Necesité varias visitas para ver lo que yacía detrás de este convincente despliegue de alegre mexicanidad: las colonias pobres, los narcomenudistas a la espera de clientela cerca de las barriadas y asentamientos irregulares en la orilla de la ciudad, los perros hambrientos ladrando, los bloqueos de carreteras con vehículos blindados uno junto al otro tripulados por soldados de ceño fruncido y rifles de asalto y policías nerviosos pero fuertemente armados, la mayoría con pasamontañas para no ser identificados y evitar que más adelante unos sicarios vengativos fueran a tenderles una emboscada y matarlos.

Las bandas criminales mexicanas reflejan la política mexicana, los estados mexicanos, la geografía mexicana y la textura de la vida mexicana en general: el mundo México. Tienen demasiados aspectos y temperamentos como para que alguien pueda precisarlos. La violencia no es nada más el gobierno contra los cárteles, sino los cárteles peleando entre ellos, lo que se complica con las escisiones ideológicas dentro de un mismo cártel. Ideológicas en un sentido amplio y brutal: el bando dedicado a decapitar se opone al que destripa o amputa manos y pies, o cuelga cuerpos de los faroles o se dedica a intimidar y esclavizar migrantes o a la más reciente táctica de sembrar cadáveres en calles de la ciudad, como cuando los matones de Joaquín Guzmán bajaron de dos camionetas treinta y cinco cadáveres sanguinolentos (doce eran de mujeres) sobre el Boulevard Manuel Ávila Camacho, cerca de un centro comercial de la parte más bonita de la ciudad portuaria de Veracruz, un día de septiembre de 2011, para aterrorizar a los adversarios y mostrarles quién mandaba ahí. La ausencia de autoridad en un solo cártel significaba muchos mafiosos compitiendo por el poder y más violencia que nunca.

Las mutilaciones mandan un mensaje. Una lengua cortada indica que alguien era un soplón, y como *dedo* es un eufemismo para referirse a los traidores (que señalan con el dedo), al cadáver de un traidor le faltará uno. Es más, como profundiza un patólogo forense en *Améxica,* de Ed Vulliamy, el libro definitivo sobre los cárteles fronterizos: «Los brazos amputados podrían significar que robaste una parte de tu remesa; las piernas, que trataste de alejarte del cártel». Las decapitaciones son una inequívoca «declaración de poder, una advertencia para todos, como las ejecuciones públicas de antaño».

¿Y por qué hay una competencia tan sangrienta entre los cárteles? Porque un grupo mexicano que se dedique con éxito al comercio de estupefacientes en México puede generar unas utilidades que ascienden a miles de millones de dólares. Los cárteles más emprendedores reinvierten el dinero en infraestructura. Antes de ser detenido por segunda vez, Guzmán, conocido como el Chapo por su corta estatura, dirigía la mayor operación aérea de México: era dueño de más aviones que Aeroméxico, la aerolínea nacional. Entre 2006 y 2015, las autoridades mexicanas confiscaron quinientas noventa y nueve aeronaves (quinientos ochenta y seis aviones y trece helicópteros) del Cártel de Sinaloa; en comparación, Aeroméxico tenía una mísera flota de ciento veintisiete aviones. Los vuelos del Chapo (que aseguraba tener también submarinos) daban mantenimiento principalmente a la drogadicción de los estadounidenses, que son los mayores consumidores de drogas ilícitas del mundo y gastan más de cien millardos de dólares al año en cocaína y crack, heroína, marihuana y metanfetamina, que pasan de contrabando por la frontera, según un informe de 2014 de la RAND Corporation.

Dos exaliados de los Zetas ya eran para entonces rivales, la Vieja Escuela Zeta peleando con la facción del Cártel del Noreste para controlar las principales rutas de tráfico de drogas y personas. Lo que hacía a los Zetas peligrosos e impredecibles no eran únicamente sus salvajes maneras de matar sino el hecho de que no tuvieran ataduras con ninguna región en particular, algo inusual entre los gángsteres de México, donde los villanos tendían a causar problemas en sus propios territorios, rutas específicas o plazas. *Plaza,* en el narcolenguaje, significa territorio valioso para traficar. Nuevo Laredo y Tijuana se consideran plazas codiciadas, de ahí el caos reinante. Los Zetas estaban en todas partes, decía la gente, incluso en Sinaloa, donde estaban en guerra con el Cártel de Sinaloa, fragmentado y desorganizado tras la detención del Chapo. En *Améxica,* Vulliamy cita a un empresario informado de McAllen: «Hoy por hoy los Zetas y los cárteles se están infiltrando al lado estadounidense: están en Houston, en Nueva York, en todas las reservas indias».

Una atrocidad de los Zetas de la que yo no estaba enterado tuvo lugar en 2010, en la pequeña ciudad de San Fernando, al sur de Reynosa. Una pandilla itinerante de Zetas detuvo dos camiones de migrantes, donde viajaban hombres, mujeres y niños de Sudamérica y Centroamérica huyendo de la violencia de sus países. Los Zetas exigieron dinero. Los migrantes no tenían. Los Zetas exigieron que los migrantes trabajaran para ellos como asesinos, operarios o mulas. Los migrantes se negaron, así que los llevaron a una bodega del rancho El Huizachal, amarrados de pies y manos y con los ojos vendados, y a cada uno le dieron un tiro en la cabeza. Setenta y dos murieron. Un hombre (de Ecuador) se hizo el muerto, escapó y dio la alarma.

Los detalles grotescos de la masacre se conocieron cuando se detuvo a uno de los perpetradores, Édgar Huerta Montiel, alias *el Wache,* desertor del ejército. Reconoció haber matado a once migrantes porque, según dijo, creía que trabajaban para una pandilla hostil a la suya. Un año después, cerca del mismo municipio, la policía encontró cuarenta y siete fosas clandestinas con un total de ciento noventa y tres cuerpos, en su mayoría de migrantes o de pasajeros de camiones secuestrados y asaltados al pasar por esa zona del estado de Tamaulipas, aproximadamente a ciento treinta kilómetros al sur de la frontera con los Estados Unidos.

En busca de dinero, sirvientes o mujeres con los cuales traficar del otro lado de la frontera, los Zetas y otras organizaciones rutinariamente interceptaban camiones y camionetas y secuestraban a los ocupantes: migrantes, obreros, personas que iban de la casa al trabajo, y vagabundos como yo; a esa clase de plagio de los cárteles se le conoce con el nombre de *levantón*. Atraídas por los bajos salarios de Reynosa (casi todos los empleados empiezan ganando diez dólares diarios), operan ahí cientos de fábricas estadounidenses y europeas, y en las colonias alrededor de la ciudad viven hasta cien mil trabajadores.

En McAllen, a quince minutos de Reynosa, un hombre me dijo: «Había por aquí un gringo, el gerente de una planta. Cruzaba la frontera todas las mañanas, de traje y corbata, en un todoterreno grandote. Un buen día le hicieron un levantón y la compañía tuvo que pagar mucho por su rescate. Entonces cambiaron los vehículos: ahora los gerentes de las plantas andan con ropa vieja, en camionetas destartaladas».

Este hombre, un inmigrante mexicano originario de Monterrey, que vivía en el filo de la frontera con México, me dijo que hacía más de veinte años que no pasaba al otro lado.

«Estoy contento aquí en Texas, y no quiero problemas —dijo—. Estamos apenas a kilómetro y medio del centro de Reynosa y, ¿sabes qué?, nunca nos llegan noticias de allá. Nunca sale en los periódicos. Todo lo que sé es lo que la gente murmura: las habladurías locales, rumores, chisme. Nada oficial.»

Pero eso fue mucho más adelante en mi viaje.

Hubo otra escisión en el Cártel de Sinaloa, del Chapo, cuando su grupo de pistoleros formó una nueva pandilla, el Cártel de Jalisco Nueva Generación, conocido por sus violentas masacres y sus asesinatos a policías, y por haber sido los primeros en usar granadas propulsadas por cohete para derribar helicópteros militares. Ese cártel era uno de los grupos delictivos más temidos; lo encabezaba un psicópata, Nemesio Oseguera Cervantes, alias *el Mencho*, exvendedor de aguacates y expolicía. La aspiración del Mencho por dominar el narcotráfico y dejar fuera de la jugada al Cártel de Sinaloa había traído consigo un aumento en el índice de asesinatos. En Tijuana, por ejemplo, la cantidad de homicidios reportados en

2017 (1 781) fue mayor que cualquier otro año. Eran en su mayoría matanzas de narcotraficantes a manos del Cártel de Tijuana, banda especializada en tráfico de drogas y personas aliada con el Cártel de Sinaloa, que protegía su territorio contra el Cártel Jalisco Nueva Generación. Se dejó un narcomensaje, una clara nota amenazante, prendida en los cadáveres acribillados de un hombre y una mujer encontrados en un barrio de Tijuana en enero de 2018. Decía: «Bienvenidos a 2018. La plaza no es de Sinaloa, es de Nueva Generación». Un año después, la violencia de los cárteles en Tijuana superó a todos los años anteriores, con cerca de dos mil asesinatos.

Otro horror: en marzo de 2018 tres estudiantes de cine de Guadalajara se fueron de viaje a Tonalá, Jalisco, donde planeaban filmar una película. La pintoresca Tonalá es famosa por su cerámica, sus coloridas tiendas y sus iglesias coloniales. Los estudiantes, como tenían poco dinero, se quedaron con la abuela de uno de ellos, pero cuando salieron a caminar por el pueblo en busca de locaciones, los confundieron con miembros de un grupo rival llamado Cártel Nueva Plaza. Los levantaron, torturaron y asesinaron, y entregaron los cadáveres a un rapero mexicano bastante conocido, Christian Omar Palma Gutiérrez (su nombre artístico es *QBA*), que, junto con otros, confesó haber recibido un pago del Jalisco Nueva Generación para disolver los cuerpos en tinas de ácido. Ese mismo año, tres italianos que vendían productos chinos a vendedores ambulantes en mercados de la provincia desaparecieron en el pueblo de Tecalitlán, Jalisco. Los secuestró en una gasolinera un grupo de policías locales en motocicletas y los vendieron por cincuenta y tres dólares a una pandilla que después los mató e incineró los cuerpos.

Las decapitaciones y mutilaciones hicieron su entrada en la guerra de las pandillas mexicanas. «El machete es la forma de argumento más convincente», escribió Charles Macomb Flandrau en su libro *Viva Mexico!* (1908). Hasta entonces, los cárteles eran partidarios de balas cuya ubicación dejaba un mensaje: rematar con un tiro detrás de la cabeza indicaba que la víctima era un traidor; uno en la sien, que era miembro de una banda rival. Sin embargo, a principios de la década del 2000 empezaron a aparecer cuerpos sin cabeza tirados en las orillas de las carreteras, y se exhibían en público cabezas humanas, en las intersecciones y aleatoriamente los techos de los carros. Se creía que esta carnicería estaba inspirada en una táctica de los comandos militares guatemaltecos de élite, llamados los kaibiles.

Un hombre al que conocí en Matamoros durante mi travesía fronteriza explicaba que a los kaibiles los endurecían sus oficiales. Estos alentaban a los reclutas a que criaran un perro desde que fuera cachorro; luego, en cierto punto de su adiestramiento, se les ordenaba que mataran al perro y se lo comieran. Por lo que supe de ellos, los kaibiles merecían esa singular clasificación de «superdepredador», la aterradora criatura del mundo animal en lo alto de la cadena alimentaria (el tigre, el oso *grizzly*, el león) que no tiene depredadores naturales y domina a todos los demás. Cuando los kaibiles se volvieron mercenarios de los cárteles mexicanos ocurrieron las primeras decapitaciones; la primera conocida tuvo lugar en 2006: un comando armado irrumpió en un centro nocturno de Michoacán y arrojó cinco cabezas humanas en la pista de baile. Hoy en día, las decapitaciones son, de acuerdo con una autoridad en la materia, «una entrada infaltable en el diccionario de la violencia» de los cárteles mexicanos.

En vez de ocultar los cadáveres en fosas clandestinas, ahora los exhibían triunfalmente, como cuando el Jalisco Nueva Generación (cuando aún formaba parte del Cártel de Sinaloa del Chapo) tiró los treinta y cinco cadáveres en una avenida de Veracruz en septiembre de 2011. En represalia, los Zetas esparcieron veintiséis cadáveres en Jalisco y doce en Sinaloa. Las investigaciones aclararon que los cuerpos pertenecían a ciudadanos comunes y corrientes, no a delincuentes: eran trabajadores y estudiantes que habían sido levantados, asesinados y exhibidos para infundir miedo en cualquiera que pusiera en tela de juicio la determinación homicida de los Zetas.

Hay asesinatos ideados con una astucia tan diabólica que parecen inimaginables. En *Morir en México. Terror de Estado y mercados de la muerte en la guerra contra el narco*, John Gibler escribe sobre una serie de extraños y violentos episodios ocurridos en Torreón, en el estado de Coahuila, que limita con Texas: «¿Quién creería, por ejemplo, que la directora de una cárcel estatal dejara a asesinos convictos salir por la noche y les prestara vehículos oficiales, rifles de asalto automáticos y chalecos antibalas para abatir a tiros a gente inocente en un estado vecino y luego rápidamente atravesar de nuevo el límite estatal y volver a la cárcel tras los barrotes, la coartada perfecta? ¿Quién creería que una organización narcotraficante paramilitar formada por exintegrantes de las fuerzas especiales del ejército mexicano secuestraría a un agente de la policía local para hacerle confesar bajo tortura todos los detalles ya mencionados sobre el escuadrón de la muerte de los reos, grabara en video la confesión, ejecutara al poli frente a la cámara de un tiro al corazón y luego subiera el video a YouTube? ¿Quién podría entender que el procurador general de la República, horas después de la confesión y ejecución publicadas en línea, arrestara al director de la cárcel y unos días después tuviera una conferencia de prensa en la que reconociera plenamente que el escuadrón de la muerte de los presos llevaba meses operando y había matado a diez personas en un bar en enero de 2010, a ocho personas en un bar en mayo de 2010 y a diecisiete personas en una fiesta de cumpleaños en julio?». Y, sin embargo, todo esto realmente ocurrió.

Con frecuencia me animaban a atravesar la frontera en Laredo para cruzar a Nuevo Laredo. En abril de 2012, cuando el Chapo estaba en guerra contra los Zetas, se encontraron catorce torsos (cuerpos sin brazos ni piernas) en un carro a un costado de la carretera en Nuevo Laredo. Zetas muertos. Algunos de los torsos estaban en la cajuela; el narco tiene para eso un término específico: *encajuelado*. Un mes después se encontraron nueve cadáveres colgando de un puente de la carretera federal 85 en el centro de Nuevo Laredo; al lado de uno de ellos había en una gran manta un *narcomensaje* que los identificaba como miembros del Cártel del Golfo asesinados por los Zetas. Al día siguiente se hallaron en una camioneta catorce cuerpos decapitados y horas más tarde, enfrente del elegante Palacio Municipal de Nuevo Laredo, unas hieleras con las cabezas. En esa ocasión había una nota del Chapo, en la que atribuía la matanza a su cártel, como un modo de insistir en que la plaza de Nuevo Laredo era suya.

Los Zetas no se dejaron intimidar. El 9 de mayo de 2012 dejaron los cuerpos despedazados de dieciocho hombres adentro de dos vehículos (algunos de ellos encajuelados) en Chapala, Jalisco. Todos estaban decapitados, aunque también habían metido en los carros las cabezas cercenadas. Poco después, en el estado de Michoacán, los Zetas encontraron la horma de su zapato. Su nombre era Nazario Moreno, alias *el Más Loco,* líder del despiadado Cártel de Los Caballeros Templarios, que a las personas a las que reclutaban las obligaban a comer carne humana, la de sus víctimas, como parte de sus ritos de iniciación. Cuando el ejército mexicano abatió a Moreno a tiros en 2014, los Zetas prosperaron, y siguieron siendo dominantes. Pero para el Más Loco hubo una bonificación póstuma: fue proclamado santo. En Apatzingán, su ciudad natal, se erigieron capillas y altares para San Nazario, el capo muerto representado en la figura de un santo con toga, venerado por los michoacanos crédulos.

Otra masacre de la que mucha gente sigue con interés las investigaciones —y de la que yo algo sabía, pues, como la atrocidad gratuita que era, había tenido mucha cobertura mediática— ocurrió en 2014 en el estado de Guerrero, cuando cuarenta y tres estudiantes de una escuela de Ayotzinapa que viajaban en camiones fueron secuestrados y asesinados. Solo se encontró el cuerpo de uno de ellos. Pese a que se organizó una enérgica campaña en nombre de los afligidos padres, el crimen quedó sin resolver. El procurador general de la República dijo que los estudiantes habían sido entregados por agentes de la corrupta policía local a un grupo delictivo que los mató e incineró los cadáveres. Esa aseveración fue desmentida en una amplia historia oral de la masacre recopilada por John Gibler, *Una historia oral de la infamia. Los ataques contra los normalistas de Ayotzinapa.* Cita ahí a una mujer que, reflexionando sobre la relación corrupta entre los cárteles de la droga y la policía en el estado de Veracruz, asolado por la muerte, dice: «Es que ya sin terror no hay negocio». Este resumen es cruda expresión de un tema dominante en el caos de la vida mexicana.

En el curso de mis viajes mexicanos pasé unas semanas agradables en Baja California Sur, una de las zonas del país que seguían siendo tranquilas y eran frecuentadas por sus playas y su pesca deportiva, sus salubres hoteles y centros vacacionales. Sin embargo, pocos meses después de mi partida (cuando seguía alabando la hospitalidad y la magnífica comida), en diciembre de 2017, se encontraron seis cadáveres colgados de unos puentes en Los Cabos: dos cerca del aeropuerto internacional en Las Veredas, dos en el puente sobre la carretera que conecta Cabo San Lucas con San José del Cabo y dos en un tercer puente cerca del aeropuerto, obra de grupos de narcotraficantes que se adjudican Los Cabos, territorio en camino de convertirse en un rentable destino turístico y mercado para las drogas.

El caos y la incertidumbre en México orillaron al Departamento de Estado de los Estados Unidos a concebir en 2018 un nuevo sistema de recomendaciones de cuatro niveles para quienes viajaran al país vecino, en lugar del anterior sistema impreciso de alertas y advertencias: nivel 1, *Tome las precauciones normales* (gran parte de México); nivel 2, *Tenga mayor cautela* (Cancún, Cozumel, Ciudad de México); nivel 3, *Recapacite sobre su viaje* (Guadalajara, Puerto Vallarta, el resto de Jalisco), y nivel 4, *No viaje* (Acapulco, Zihuatanejo, Taxco). Yo no supe nada de esto hasta que regresé de mi viaje, aunque reiteradas veces se me advirtió que evitara manejar en el estado de Guerrero y que no fuera a Acapulco (advertencias de las que hice caso).

Barrancas del Cobre, en el estado de Chihuahua, se encuentra en la zona de *Tome las precauciones normales* y es visitada por turistas y excursionistas. Cuando terminó mi viaje mexicano leí acerca de un joven profesor estadounidense, Patrick Braxton-Andrew, que se fue de mochilero a México y el 28 de octubre de 2018 salió de su hotel con unas sandalias puestas para dar una breve caminata antes de cenar a las afueras del pueblo de Urique, ubicado en el fondo de una barranca de la sierra Tarahumara. Ese mismo día lo mató un miembro del Cártel de Sinaloa, un hombre identificado como el Chueco (y que siguió libre).

En muchos asesinatos y secuestros la policía o el ejército mexicanos habían estado implicados como cómplices o perpetradores. Un documental de Human Rights Watch sobre México informaba que en agosto de 2017 el gobierno mexicano reconoció que seguía

36

sin conocer el paradero de más de treinta y dos mil personas desaparecidas desde 2006. En agosto de 2016, la Comisión Nacional de los Derechos Humanos (CNDH) concluyó que la policía federal había ejecutado arbitrariamente a veintidós de los cuarenta y dos civiles que murieron en una confrontación en Tanhuato, Michoacán, en 2015. Tanhuato, famoso por sus fiestas, es también una importante estación de la ruta del narcotráfico que va para el norte.

Un informe de la CNDH determinó que agentes de la Policía Federal mataron al menos a trece personas disparándoles por la espalda, torturaron a dos detenidos y quemaron vivo a un hombre, para después alterar la escena del crimen moviendo los cadáveres, y colocaron armas a las víctimas para justificar los homicidios. Nadie fue acusado por los crímenes y la investigación sobre los asesinatos permaneció abierta.

El ejército y la policía de México también torturan rutinariamente a los sospechosos. La CNDH había recibido casi diez mil quejas por maltratos del ejército desde 2000. El Instituto Nacional de Estadística y Geografía de México informó que una encuesta con más de sesenta y cuatro mil personas privadas de la libertad en trescientas setenta cárceles mexicanas arrojó que más de la mitad de la población penitenciaria había sufrido algún tipo de violencia física en el momento de su arresto: 19% informaron haber recibido descargas eléctricas, 36% dijeron que les habían impedido respirar (sofocándolos, asfixiándolos o metiéndoles la cabeza en agua) y 59% haber recibido patadas o puñetazos. Además, 28% dijeron que los amenazaron con hacer daño a su familia.

Los periodistas tienen un largo historial como víctimas tanto de los cárteles como de la policía sobre la que investigaban. De 2000 a octubre de 2017, ciento cuatro periodistas fueron asesinados y veinticinco desaparecieron, de acuerdo con la Procuraduría General de la República, y entre enero y julio de 2017, ocho periodistas fueron asesinados y uno secuestrado. Todos ellos habían publicado reportajes sobre los crímenes de los cárteles y la corrupción policiaca, y los mexicanos más vengativos, citando una declaración del presidente Donald Trump, «La prensa es enemiga del pueblo», decían que los periodistas habían recibido su merecido. El International Press Institute, en su informe de diciembre de

2017, afirmaba que México era entonces «el país más mortífero para la prensa, por delante de Irak y Siria».

Así estaban las cosas, pues. Esa era la historia reciente de caos en México cuando fui manejando hacia la frontera, sin conciencia de ello y sonriéndole al sol, entrecerrando los ojos frente al camino que se desplegaba ante mí y bendiciendo mi suerte, pensando: «¡La serpiente chirrionera no es venenosa!». Y estaba por descubrir que en México nadie usaba nunca la palabra *cártel* ni mencionaba el nombre de los grupos delictivos; ni Zeta ni Golfo ni ningún otro. Podían matarte por pronunciar esas palabras prohibidas. Lo que oía, cuando preguntaba, era siempre un susurro temeroso, no más fuerte que el ruido de una respiración superficial, y lo que decía ese susurro, acompañado de unos ojos muy abiertos a modo de advertencia, era *mafia*. También descubrí que el miedo común a la llamada mafia (las bandas de narcotraficantes) había unificado a la gente buena y creado comunidades vigilantes.

Mientras más me acercaba a la frontera, más estridente era la advertencia, hasta que, ya ahí, el agente de migración de los Estados Unidos respondió una de mis preguntas con un «No sé. No tengo la menor idea. Nunca he ido para allá», levantando el brazo azul y la uña amarilla de su dedo peludo para señalar los ochenta kilómetros de soleada carretera rumbo a México.

Rumbo a TJ: «Aquí empieza la patria»

Como quería tener una noción de toda la frontera (pues la frontera estaba en cabeza de todos), en vez de cruzar de McAllen a Reynosa decidí irme directo a Tijuana para hacer una travesía lenta e ininterrumpida de toda la frontera, un viaje de oeste a este, de San Ysidro, California, a Brownsville, Texas, que era también de Tijuana a Matamoros, zigzagueando entre los Estados Unidos y México, ida y vuelta de una ciudad fronteriza a otra. Ya en el extremo este de la línea, me encaminaría decididamente al sur desde Reynosa.

La ciudad texana de McAllen y las que la rodean, Hidalgo, Mission, Progreso, Pharr y algunas otras, es adonde muchos mexicanos que viven cerca de la frontera van a hacer sus compras, y muchos trabajadores mexicanos con visas abarrotan los puentes cada mañana desde los estados de Nuevo León y Tamaulipas, para regresar por la tarde, cuando termina la jornada laboral. Como casi todas las grandes ciudades fronterizas de los Estados Unidos, son bilingües y boyantes; su prosperidad depende del dinero que gastan dichos visitantes y de la tenacidad de los trabajadores agrícolas mexicanos, sin ellos casi nada se recogería de los campos en tiempos de cosecha. Los texanos no van a McAllen para pasársela bien, pero muchos mexicanos sí.

Debo agregar que a McAllen y las ciudades cercanas también llegan incursiones de migrantes que vienen de más lejos, de estados más pobres como Oaxaca y Michoacán, que aparecen ahí como por arte de magia después de que los traficantes conocidos como *coyotes* o *polleros* los cruzan por el río Bravo desde Reynosa. De vez en cuando los migrantes, perseguidos por la Border Patrol, pasan corriendo jardines suburbanos, o se apiñan de treinta en treinta en «casas de paso» en vecindarios de clase media hasta que los cárteles y traficantes pueden llevarlos más al norte, eludiendo los puestos de control. Es común que los traficantes los tengan como rehenes en las casas de paso y los obliguen a llamar a sus parientes en México para que les manden el dinero que exigen por el rescate.

Pasé la noche en McAllen y salí por la mañana en dirección al oeste por la Route 83, que se extiende por la frontera, que aquí es el río Bravo, hasta pasar Roma (donde podía saludar con la mano a los excursionistas del otro lado, en Ciudad Miguel Alemán) y, en el filo acuoso de Zapata, el lago Falcón, de tres kilómetros de ancho, que en su extremo sureste se acrecienta en la presa Falcón. En Laredo la carretera me llevó tierra adentro a las ciudades agrícolas del sur de Texas y luego hacia el este por los pálidos precipicios de arcilla y las hondas barrancas del Box Canyon y los treinta kilómetros de largo de la presa Amistad, que une los dos lados de la frontera y está rodeada no de bosque sino de un mar azul verdoso de enebros que te llegan a la cabeza y robles raquíticos. Más adelante, la verdadera naturaleza: no el estereotipo del desierto texano sino un bosque de mezquite y cedro que parece espeso e infranqueable y que está deshabitado, de no ser por los buscadores de migrantes, recorriendo en sus vehículos las rutas laterales o en el esporádico puesto de control, con perros detectores y agentes de la Border Patrol y su saludo categórico en la señal de alto: «¿Es usted ciudadano estadounidense?».

Al caer la noche me encontraba subiendo a las altas planicies, lejos de la frontera; aquí el terreno, del oeste de Langtry al Big Bend, es demasiado escabroso para las carreteras, un páramo de arroyos y crestas de arañados peñascos, obstáculos más difíciles de franquear para quien quiere cruzar la frontera. Finalmente, después de manejar novecientos kilómetros desde McAllen, llegué a Fort Stockton; sus moteles, llenos de trabajadores de ojos vidriosos, agotados tras una ardua jornada en los campos petroleros al noroeste de la ciudad.

A la mañana siguiente tomé la Interestatal 10 al oeste, rumbo a la próspera expansión de El Paso, con vista a las polvosas colonias horizontales de Ciudad Juárez, hacia las carreteras rectas y el desierto alto de Nuevo México y más allá a las sencillas colinas y los plácidos valles boscosos del sur de Arizona. Disfruté de la desolación, los resecos bordes de la carretera estampados de sombras frondosas, para después pasar Tucson y las sólidas montañas y las grises llanuras, donde elegí al azar un pueblo, Gila Bend, y un motel para pasar la noche.

Al día siguiente el camino se adentró más cerca de la frontera, y en Yuma y Calexico, México volvió a asomarse en el horizonte: más allá de los verdes campos de Cate City, el resplandor de Mexicali. Pasé El Centro (una andrajosa cuadrícula de calles calientes y bungalós desteñidos) y luego Valle Imperial, descrito por William T. Vollmann en *Imperial*, exhaustiva obra de observación social, erudición y vagabundeo. Luego a Ocotillo metiéndome entre las colinas pedregosas y a Jacumba Wilderness Area, pendientes de montaña hechas de puras rocas lisas, y finalmente di un rodeo hacia el camino del desierto que llevaba a Potrero y a Dulzura y al pequeño, pobre, silencioso distrito de San Ysidro… Al otro lado de la valla, bullía Tijuana.

Una travesía de la frontera

Había aves cantoras (gorjeando, piando, emitiendo sonidos lastimeros) escondidas en los enmarañados matorrales de desgarbados arbustos, el azumiate o chilca en flor, y sauces larguiruchos. Había empezado mi zigzagueo de la frontera e iba caminando por un sendero arenoso del Border Field State Park de San Ysidro, municipio del sur de San Diego. A esas alturas de mi viaje ya era evidente que la frontera no es un corte de cuchillo bien diferenciado, un tajo en el paisaje, salvo en las mentes de políticos y cartógrafos; es como la mayoría de los límites nacionales, un manchón borroso, y en muchas partes es evidente que México no le da topetazos a la frontera sino que se derrama sobre ella y lo encharca todo (*a troche y moche,* como dicen los mexicanos), dando a muchas ciudades fronterizas una embrollada ambigüedad cultural.

San Ysidro parecía tan mexicano y tan pobre como cualquier pueblo de México, y el último censo, en 2010, mostró que es 93% hispánico. Sin embargo, comparadas con las casas modestas del San Ysidro venido a menos, las villas del lado mexicano en Tijuana, en lo alto de la calle Cascada, se veían orgullosas en su empalizada natural. Allá arriba, en el otro extremo de la valla, un residente de Tijuana estaba desenredando una manguera de jardín con dos grandes perros moviéndose torpemente a su alrededor. Me llamó la atención, me vio mirándolo fijamente y me saludó con la mano de manera amable, desde su país.

Esto era el extremo occidental de la frontera, que está señalado por una alta valla de listones de hierro color óxido, paralela a una valla más baja y más vieja, ampollada de herrumbre, que se extiende por abajo de la marca que deja la marea y su extremo se hunde en el océano Pacífico. Esa mañana había marea baja y yo estaba por descubrir que no era un detalle sin importancia: una marea baja les permite a los migrantes bracear más fácilmente hacia el otro lado de la valla y correr por la playa grasienta hacia los matorrales estadounidenses.

Así, junto con los pájaros gorjeantes del parque, a menudo hay también algunos desesperados fugitivos humanos. Tres aves, que alguna vez estuvieron al borde de la extinción, se salvaron de

41

ese destino y diligentemente están anidando en la zona, gracias a los empeños de los conservacionistas: el charrancito, que llama *kerre-kaiet, kerre-kaiet;* el chorlo nevado, que pía *prroí-prroí,* y el rascón crepitante, que rara vez se deja ver, pero su metálico *ic-ic-ic* resuena en los arbustos. Los migrantes no emiten ningún sonido.

Se prohíbe que los carros entren al parque, que no tiene árboles ni parece parque sino un desecho arenoso de senderos descarnados en dunas bajas y ciénagas lodosas, y la quebradiza maleza, apenas lo bastante alta para ocultar a alguien en su densidad, se reduce a marisma salina más cerca del estuario del río Tijuana. Solo pueden pasar la verja del parque los senderistas y los observadores de aves. Ese día caluroso yo estaba solo. No había otro sonido que los cantos de los pájaros, que pronto fue superado por el precipitado rumor de dos agentes de la Border Patrol en vehículos todoterreno que pasaron a toda mecha junto a mí, con sus grandes llantas sacudiendo la arena húmeda.

—Están buscando a alguien que acaba de llegar por la marea —me dijo un guardaparques que pasó en su camión; yo le había hecho señas para pedir indicaciones sobre el camino—. Por ahí tiene que estar.

El migrante se había escondido en la maleza del lado norte del humedal, cerca del río Tijuana, detrás de la hierba alta que se ve desde Imperial Beach. Los hombres de los vehículos todoterreno estaban registrando la zona; ya había llegado un helicóptero, que sobrevolaba cerca de las aves de rapiña, los cernícalos y los aguiluchos.

—Si consigue eludirlos hasta que oscurezca —dijo el guarda—, se escapará en plena noche —sonrió con sus evocaciones—. Hace años era muy distinto: veía a treinta o cuarenta tipos tirando a patadas la valla, suponiendo que dos o tres lo lograrían. Eso ya no se ve.

Seguí caminando y cerca de la valla vi al tijuanense del lado mexicano; rodeaba la manguera verde de jardín con los brazos mientras sus dos perros le ladraban como si quisieran incitarlo a jugar. Con la manguera en la mano miró hacia la valla y se paró de frente a mí.

Lo saludé con la mano y me devolvió el saludo. Soltó la manguera retorcida y se puso a jugar con los perros. Caminé lo más lejos que pude: la Plaza de Toros Monumental se erigía imponente sobre mí del lado mexicano, y un mural con las banderas de los Estados Unidos y México unidas con el mensaje EL AMOR VENCE AL ODIO, hasta donde se extiende, y termina, la valla de listones de hierro, como a treinta metros de la orilla, medio sumergida en el océano. Los todoterreno de la Border Patrol seguían zumbando, las aspas del helicóptero seguían girando y un agente estaba junto a su distintivo automóvil blanco y negro escudriñando el terreno con los binoculares. En la hierba del pantano, en alguna parte, entre el río y el sendero Sunset Spur, había un hombre escondiéndose como conejo en un matorral, completamente quieto, con la cabeza agachada y el corazón latiendo como loco.

Lo que había hecho no era extraordinario. Al tomar nota de que había marea baja, se abrió camino por el centro de Tijuana a la punta oeste de la ciudad por el distrito residencial Jardines Playas de Tijuana; cruzó la vía costera, Avenida del Pacífico; bajó al malecón y al Paseo Costero, para luego saltar del muro bajo a la arena, caminar hacia el norte por la playa hasta llegar a la valla, bisecando la playa. De haber sido buen nadador, se habría adentrado un poco en el mar para rodear el extremo de la valla y barrenar las olas de costado por la resaca hacia los Estados Unidos hasta desembocar en la playa del Parque de la Amistad.

Pero había salido con marea baja, tal vez se había aferrado a la valla y, tras nadar de perrito hacia la playa, había salido a toda mecha hacia los arbustos, donde lo detectaron más o menos a la misma hora en que yo empecé mi caminata, a las diez de la mañana. Ahora estaba de cuclillas, parpadeando y resfriado, contando con el camuflaje oscuro de su ropa mojada, instintivamente rígido hasta que pasara el peligro. Estaba esperando que cayera la noche para poder meterse más adentro de San Diego County. Si lograba cruzar el río y llegar a las calles de Imperial Beach, para la mañana ya podría estar en Chula Vista.

El hombre perseguido estaba solo y sobreviviendo gracias a su ingenio. Otros migrantes, con dinero, solían contar con ayuda, ya fuera de los cárteles o de los facilitadores conocidos como coyotes. En un periodo de siete meses, en el momento en que yo estaba caminando por la valla, seiscientos sesenta y tres ciudadanos chinos

43

habían sido detenidos tratando de cruzar desde Tijuana, varios de ellos atrapados al final de un largo túnel bajo la valla. Se calculaba que habían pagado algo entre cincuenta y setenta mil dólares por cabeza para ser conducidos a los Estados Unidos. China es hoy uno de los principales países expulsores de migrantes ilegales, junto con oportunistas y migrantes económicos del Oriente Medio y el Sur de Asia.

No mucho después de que estuve en ese sector de la frontera, un congresista de California visitó la cárcel federal estadounidense de Victorville, donde esperaba encontrar a centroamericanos perseguidos en busca de asilo. Se sobresaltó al enterarse de que, de los seiscientos ochenta presos bajo llave, trescientos ochenta eran ciudadanos hindúes que habían volado de la India a la Ciudad de México, donde pagaron miles de dólares a coyotes para que los metieran clandestinamente a los Estados Unidos. El 20% de los detenidos en las instalaciones del Servicio de Inmigración y Control de Aduanas dentro del Centro de Detención de Adelanto, cerca de Victorville, eran ciudadanos hindúes. Según una nota de *Los Angeles Times* (13 de agosto de 2018), en la primera mitad de 2018 se detuvo a más de cuatro mil ciudadanos de la India cruzando ilegalmente la frontera con los Estados Unidos. Tras su detención dijeron estar en busca de asilo político (del país conocido como «la mayor democracia del mundo»). Más o menos en la misma fecha se arrestó a seiscientos setenta y un bangladesíes atravesando la frontera cerca de Laredo, Texas, que (según afirmaban) habían cruzado el río con ayuda de miembros del Cártel de los Zetas, a los que habían pagado más de veintisiete mil dólares por cabeza.

Estos no mexicanos son los «extranjeros de interés especial» (SIA por sus siglas en inglés), entre los que, además de los chinos, se cuentan iraquíes, afganos, pakistaníes, sirios y africanos (con predominio de nigerianos). Casi todos recibieron ayuda de los coyotes, que trabajaban para los cárteles, pero algunos llegaron con estrategias más ingeniosas: deslizándose por el oleaje a bordo de motos Jet Ski, y de doce en doce en pangas (embarcación de diseño sencillo con proa ascendente impulsada por un motor fuera de borda, muy socorrida por pescadores del tercer mundo, piratas somalíes y traficantes de personas). Estos botes eran rutinariamente confiscados por la Border Patrol de California cuando depositaban a migrantes que cruzaban Imperial Beach pegando la carrera.

El helicóptero seguía volando en círculos sobre el Border Field Park cuando caminé a la entrada y me llevé el carro a un estacionamiento cerca del paso a Tijuana, no lejos de ahí. Crucé a pie la frontera, rellené un formulario de inmigración y me sellaron el pasaporte. Luego tomé un taxi a Avenida Revolución, el corazón de Tijuana, y caminé a un restaurante de antojitos, la Cenaduría La Once, que me habían recomendado por su pozole. Ahí sentado, actualizando mis notas, me sentía contento: bien alimentado, asombrado de lo fácil que había sido para mí cruzar la frontera, e iluminado por una conversación que tuve con un hombre en la Cenaduría.

—Vamos a California todo el tiempo —me dijo—. Compramos jeans, camisetas, televisiones. Mucho de eso está hecho en México. Con todo y los impuestos de importación que tenemos que pagar de regreso a México, nos sale más barato.

Esto explicaba que hubiera yo visto a tantos mexicanos cargando fardos en todos los puestos fronterizos hasta Brownsville. Y, como la mayoría de las ciudades mexicanas en la frontera que iba yo a visitar, Tijuana estaba atestada de farmacias, dentistas, médicos y optometristas de bajo precio.

«Tierras, aduanas, fraccionamientos —escribe Carlos Fuentes en las historias fronterizas que constituyen *La frontera de cristal*—, la riqueza y el poder que dan el control de una frontera ilusoria, de cristal, porosa, por donde circulan cada año millones de personas, ideas, mercancías, todo (en voz baja, contrabando, estupefacientes, billetes falsos…)».

En una rutina que me funcionó en las semanas por venir, vagabundeé por la zona concurrida, aparentemente segura, de la ciudad. Como en otras ciudades fronterizas, fui recibido como un gringo viejo e inofensivo que a lo mejor compra un sombrero, una chamarra de piel o una hebilla de cinturón con un escorpión muerto revestido de resina epoxi.

«¿Qué piensas de Donald Trump?», era una pregunta frecuente. Como era de esperar, no era un favorito de los mexicanos, a quienes calificaba de violadores y asesinos. Sin embargo, muchos miembros de la Oficina de Aduanas y Protección Fronteriza de los Estados Unidos con los que entablé conversación sobre el tema reconocían haber votado por él, y su sindicato, el National Border Patrol Council (con más de dieciocho mil miembros), que por primera vez se implicó en una elección presidencial, respaldó su candidatura.

El comercio minorista era lento en Tijuana, y aunque los dentistas estaban ocupados y las farmacias abarrotadas (Viagra a cinco dólares la pastilla), las cantinas, clubes de striptease y burdeles de la punta norte de la ciudad (la Zona Norte, alrededor de la calle Coahuila) tenían tan poca clientela que cuando entraba a una cantina ocasionaba murmullos de atención, siendo uno de los pocos gringos en el lugar. Las cantinas son deprimentes: empapadas de cerveza, llenas de humo y ruidosas; las mujeres, jóvenes y viejas, sentadas en bancos y apiñadas, a la espera de atrapar a un cliente para que les compre una bebida cara y luego negociar el precio por hora en una de las habitaciones de arriba, en lo que afuera se anuncia como hotel.

«Solo mirando», decía en cada lugar. Solo mirar: es el tema de mi vida como viajero.

La zona de tolerancia, la Zona Norte de Tijuana, la Zona en Nuevo Laredo o la Zona Rosa más abajo del país, es la respuesta mexicana a la regulación del trabajo sexual: un barrio demarcado, normalmente en los lindes de las ciudades, donde la prostitución es legal. En estas calles, en estos bares de mala muerte, las trabajadoras sexuales cuentan con permisos y se les hacen chequeos médicos de rutina. Aunque esto parecía una solución racional a un problema antiquísimo, en Tijuana era evidente que esta zona de tolerancia atraía a proxenetas y parásitos, al narcotráfico, plagas y adláteres.

A media tarde, las cantinas y antros olían a moho y cerveza derramada y estaban generalmente vacíos; me aseguraban que en la noche se animaría la cosa. Sin embargo, la gente a la que conocí me decía que si insistía en ver la frontera debía hacerlo con luz de día. Al caer la noche estaba yo en una fila de posiblemente cuatrocientas personas, yo el único gringo entre ellas, aglomerándose para salir de México, mientras un brusco agente de migración estadounidense en un torniquete nos gritoneaba.

—¡Hagan marcha atrás! Oiga, señora. Sí, usted: ¡¿le dije que se moviera?!

Me acerqué a él pasaporte en mano.

—¡Póngase en la fila! —me ordenó manoteando.

La frontera no es la simple línea que parece, y cuesta creer que con el tiempo (según se nos promete) será el emplazamiento de las almenas del Murus Adrianus Trumpus. Ha sufrido importantes alteraciones en los últimos ciento setenta y tantos años, ha dado lugar a conflictos, se ha vuelto a trazar. Los Estados Unidos se han expandido, México se ha encogido. Gran parte de lo que ahora son nuestro Oeste y Sureste (Texas y Nuevo México, todo Arizona y la mayor parte de California) fue alguna vez territorio mexicano. Pero ese tercio septentrional del viejo México fue cedido a los Estados Unidos tras la guerra mexicano-estadounidense (1846-1848), provocada en 1845 por la anexión de Texas por los Estados Unidos. En esa época California estaba escasamente poblada y no había más que una cadena de misiones en el Camino Real, de San Diego a San Francisco, según describe Richard Henry Dana en *Dos años al pie del mástil,* cuando, siendo marinero, recorrió la costa mexicana de la Alta California a bordo de un buque mercante en 1834. (En una segunda visita, veinticuatro años después, Dana observó cómo la fiebre del oro había convertido la pequeña misión de San Francisco en una gran ciudad.)

Cuando Texas se incorporó a los Estados Unidos, su frontera sur seguía el río Bravo. Arizona no se volvió un estado de la Unión Americana hasta 1912, pero antes, cuando aún pertenecía al territorio de Nuevo México, su parte sur fue definida por un área adquirida mediante el Tratado de La Mesilla (1854): líneas rectas, tal como está designada hoy en día la frontera, inconveniente y difícil de patrullar, a través de colinas rocosas y valles polvosos, en el desierto.

En las disputas entre los colonos y los recién llegados, los indios americanos, que habían ocupado esa región por cientos de años, se consideraban un fastidio. Se combatió contra ellos por objetar a los intrusos y por reivindicar sus derechos ancestrales a su hogar. Los apaches (por usar el término popular para referirse a un conjunto de naciones) fueron especialmente tenaces; debido a su veneración por la tierra, se consideraron belicosos y fueron masacrados. Los descendientes de las diezmadas poblaciones de todos esos pueblos autóctonos permanecen ahí, y hoy en día, si se sigue la frontera, es posible encontrar las reservas y tierras tribales de poblaciones indígenas, desde los cahuilla, que habitan cerca de Coachella, California, hasta la Banda Ewiiaapaayp de indios kumiai (antes comunidad Cuyapaipe de indios misioneros diegueños de la reservación Cuyapaipe), cerca de San Diego; desde los cocopah en los límites del estado de Arizona hasta los tohono o'odham más al este; desde los apache mescalero en el sur de Nuevo México hasta, en Texas, los ysleta del sur cerca de El Paso y los kikapú en Eagle Pass. La frontera es, entre otras cosas, un depósito viviente de pueblos originarios.

La frontera con México que hoy conocemos fue instituida como frontera internacional hacia mediados del siglo XIX. Por más de cien años, desde antes de 1900, los granjeros estadounidenses alentaban a los mexicanos a que cruzaran la frontera para trabajar en los campos, algo que recibía gran desaprobación del gobierno mexicano, pues su labor se necesitaba en casa. Esos hombres y mujeres constituyeron la principal mano de obra agrícola en el suroeste y California. Para regular el flujo de campesinos, el Programa Bracero (mexicanos que trabajaban en los Estados Unidos con contratos de corto plazo) se instauró en 1942 con un acuerdo entre los Estados Unidos y México.

La necesidad estadounidense de mano de obra barata ha definido la cultura fronteriza. Hubo un tiempo en que la frontera era porosa, y en muchos lugares informal y conceptual: la gente cruzaba no solo para trabajar; se paseaba de un lado al otro para hacer compras, divertirse o instalarse. Los mormones huían al sur y cruzaban la frontera para escapar de la persecución estadounidense por practicar la poligamia, autorizada por el libro *Doctrina y Convenios* de su iglesia (132: 61-62: «Si un hombre se casa con una virgen y desea desposarse con otra…»). Los mexicanos se dirigían al norte en busca de trabajo. La frontera misma era relativamente armoniosa. «Solíamos cruzar todo el tiempo», me dijo gente de ambos lados. El Programa Bracero permitió que cientos de miles de mexicanos cruzaran la frontera para hacer trabajo manual en los Estados Unidos. Después de veintidós años y cinco millones de braceros, el programa terminó en 1964; los braceros que aún quedaban fueron devueltos a su país. Se ha demostrado que, por lo general, a los braceros («hombres que trabajan con los brazos»), que ganaban salarios bajos, los explotaban y manipulaban.

De todas formas, la frontera siguió siendo poco patrullada y fácil de cruzar hasta que la administración Clinton activó la Operación Guardián en 1994. La frontera se reforzó con más policías y se caracterizó por altas vallas, coches patrulla, tecnología de seguridad y deportaciones masivas de quienes cruzaban la frontera ilegalmente. La delincuencia, el tráfico de drogas, la migración ilegal, la violencia de los cárteles y los temores suscitados por el primer atentado contra el World Trade Center, en 1993, crearon la necesidad de restringir aún más las fronteras. Y es ahí donde estamos ahora, con la frontera como primera línea de lo que a veces parece una guerra y a veces un juego interminable del gato y el ratón.

El raído borde sur de los Estados Unidos mide 3 141 kilómetros, desde la valla herrumbrosa en el chapoteo del Pacífico en Tijuana hasta Matamoros, cerca de la desembocadura del río Bravo, donde sus verdes aguas turbias se derraman en el golfo de México, en el estuario al sur de Boca Chica, con su creciente oleaje café.

La gente me suplicaba que no cruzara. Mi idea había sido manejar a lo largo de la frontera y, cuando fuera conveniente, darme una escapada al lado mexicano. Esos doce o trece cruces fueron para mí una revelación; ponían el debate sobre la frontera en perspectiva y le daban un rostro humano… Mejor dicho, muchos rostros. Es más alentador y al mismo tiempo más desesperado de lo que había imaginado. Nada te prepara del todo para lo extraño de la experiencia fronteriza.

Lo primero que hay que saber es que, aunque los gringos rara vez cruzan a ninguna de las ciudades de la frontera, miles de estadounidenses de origen mexicano y ciudadanos mexicanos la cruzan cada día, en ambas direcciones. Tienen visas y pasaportes, o un documento de identidad que les permite el acceso. Rentar o comprar una casa en el lado estadounidense es prohibitivo para muchos, así que ha florecido toda una cultura fronteriza en la que ciudadanos estadounidenses de ascendencia mexicana viven en una casa o departamento (o una simple choza) en una ciudad fronteriza mexicana, como Juárez o Nuevo Laredo, y viajan todos los días para trabajar en El Paso o Laredo.

Cruzar caminando a México en cualquier punto es algo bastante fácil, pero siempre hay una aglomeración de personas, todas con documentos, esperando entrar a los Estados Unidos para ir al trabajo, a la escuela o de compras. Como me dijo el hombre en Tijuana, la ropa y los aparatos electrónicos son mucho más baratos en los Estados Unidos. En el lado estadounidense de casi todos los pasos fronterizos se puede encontrar un concurrido Walmart bilingüe. Del lado estadounidense siempre hay tiendas de descuento y del lado mexicano, farmacias de descuento, aunque en las zonas de tolerancia haya poca parranda.

«Solíamos cruzar todo el tiempo» es un estribillo que oí varias veces en los Estados Unidos, normalmente acompañado de risotadas en boca de un viejo, y a continuación me tocaba aguantar sórdidas remembranzas de su loca juventud en alguna cantina de la zona de tolerancia.

Pero el viejo hábito estadounidense de cruzar la frontera para irse de juerga ha acabado. Las tiendas de souvenirs están vacías, igual que los bares. Se empolvan en los anaqueles y pasan desapercibidos sombreros, calaveras de cerámica y abalorios que ya nadie compra. De día, las ciudades mexicanas son bastante apacibles; después del atardecer, ya no tanto. En casi todas hay un toque de queda que la policía o el ejército («que no detienen a nadie», me dijo un hombre en Nuevo Laredo) hacen cumplir rigurosamente. A pesar de la serenidad del centro (con gente que holgazanea o va a la iglesia, puestos de tacos, mariachis, boleadores en la plaza), los habitantes del lugar insisten en que uno no se aventure fuera de la ciudad, ni siquiera a las zonas rurales más cercanas, a kilómetro y medio, a las que llaman *los ranchitos*, donde los gángsteres de los cárteles están al acecho, escondidos y bien armados.

La mayoría de la gente a ambos lados de la frontera está bastante contenta, va al trabajo y a la escuela, vive su vida, saluda a su respectiva bandera, vota en las elecciones locales, educa a sus hijos. Son estables, se quedan en casa, simplemente fantasean sobre el país al otro lado de la valla o del río.

Al mismo tiempo, como un retumbo en baja frecuencia, hay una refriega constante, el equivalente de una guerra fronteriza, mientras los migrantes (entre ellos paquistaníes, sirios y africanos; desesperados, delincuentes, oportunistas o desgraciados) intentan pasar al otro lado, a menudo con ayuda de traficantes de personas, casi siempre miembros de los cárteles, que les exigen grandes cantidades de dinero. Y hay más de veintiún mil agentes de la Border Patrol que trabajan día y noche para impedirlo.

No solo hombres y mujeres tratando de proteger la frontera, sino vallas de acero de seis o nueve metros de alto que se extienden varios kilómetros. También vallas más cortas, barreras para vehículos, drones, helicópteros, cuellos de botella en los puentes, puestos de control en carreteras secundarias y en las interestatales, perros detectores y, en las ciudades texanas de Zapata y McAllen, grandes globos blancos, de los que usan para el antiterrorismo en Irak y Afganistán: enormes dirigibles empleados para la vigilancia, amarrados a la frontera, escuchando y observando.

Y el río, el desierto y espirales de alambre de cuchillas. La idea de construir un muro le resulta ridícula a la mayoría de la gente a ambos lados. «Muéstrame un muro de nueve metros —piensan— y yo te mostraré una escalera de diez».

Al día siguiente partí de San Ysidro y manejé por el desierto y por cerros pedregosos, muchos de ellos formados de rocas lisas caídas. Me pregunté cómo demonios le hacía la gente para atravesar ese desierto. Fue en gran parte territorio de los indios americanos, con halcones en el cielo y plantas rodadoras en la tierra; era magnífico, reseco, inhóspito, con dunas de arena (las dunas de Los Algodones, como el Sahara), guaridas de serpientes en barrancos pedregosos y grandes extensiones de mezquites retorcidos y choyas descoyuntadas. La prueba de que los migrantes trataban de cruzar eran los numerosos mástiles, cada uno a unos cientos de metros del otro, ondeando banderas rayadas, donde blancas cajas de madera con letreros de AGUA que contenían jarras de plástico con galones del líquido habían sido colocadas por buenos samaritanos, algunos de grupos humanitarios como No More Deaths (No Más Muertes) o Border Angels (Ángeles de la Frontera), para migrantes sedientos. El fundador de Ángeles de la Frontera, Enrique Morones, ha dicho: «Este muro de la Operación Guardián ha provocado desde 1994 la muerte de más de once mil personas» a ambos lados de la valla.

«Matados por la luz», en palabras de Luis Alberto Urrea, autor de *La carretera del Diablo*, en mi opinión uno de los mejores relatos de lo que significa cruzar la frontera, de las tribulaciones de los migrantes, la cultura fronteriza y la delincuencia. La mayoría de las muertes de migrantes son causadas por exposición a los elementos: el calor diurno y el frío nocturno del desierto. Urrea describe con clínica minuciosidad las etapas por las que pasa una persona que sucumbe en el desierto a falta de agua: estrés térmico, fatiga por calor, síncope de calor, calambres por calor y finalmente agotamiento por calor; con el agotamiento aparecen la visión túnel, alucinaciones, paranoia, vomitar sangre. «Sueñas con albercas, mares, un lago… Darías todo tu dinero por agua fría. Intercambiarías relaciones sexuales, lo que fuera, por agua. Los caminantes que se encuentran con vehículos abandonados rompen los radiadores y mueren por tragarse el anticongelante».

La comunidad estadounidense de Tecate prácticamente no existe, pero el Tecate mexicano, pegado a la valla, es una gran ciudad agrícola de casi ochenta mil personas. Es también el escenario de uno de mis cuentos favoritos, «El pastor Dowe en Tacaté», de Paul Bowles. El taciturno pastor estadounidense de este relato oscuramente cómico está teniendo grandes dificultades para convertir a los habitantes de la localidad al cristianismo y se da cuenta de que cuando predica no le ponen atención. Descubre que se animan cuando le da cuerda a su viejo fonógrafo y pone la canción «Crazy Rhythm». Así, pues, pone una y otra vez la tonada del musical de Broadway mientras da sus sermones. Algunos hombres de su congregación, deseando complacer al pastor Dowe, le ofrecen una niña de trece años, que se aparece ahí con una cría de caimán viva a la que abraza como muñeca. Tecate mismo es ambiguo, más exuberante que la ciudad fronteriza (podría ser una ciudad más al sur de México) pero es el lugar que asocio con ese cuento magistral.

Tecate es también el escenario de «Big Caca's Revenge» [La venganza del Gran Caca], un relato breve del escritor estadounidense de padres mexicanos Daniel Reveles. Es una narración sobre el poder en la frontera, los bravucones locales, y el estereotípico matón y cabrón del lugar, el Big Caca, a quien le dan su merecido. Un policía, el Big Nalgas Machado, lo enfrenta y le hace postrarse (burlándose de su máxima «No podemos hacer una piñata de la ley»): «En menos de una hora, el poli más veloz de Tecate se volvió héroe nacional».

Calexico, California, como a una hora siguiendo por la frontera, es poco más que una encrucijada rodeada de desierto, con la pequeñez y exuberancia de un oasis. Mexicali, a kilómetro y medio, también tiene apariencia humilde, pero una serie de fábricas lo elevan: Honeywell, Mitsubishi, BFGoodrich, Gulfstream y otras compañías que se han reubicado al otro lado de la frontera en busca de hombres y mujeres (y en algunas partes también niños) que les sirvan de mano de obra barata, en ocasiones por apenas seis dólares al día.

Manejando al sur a lo largo de Imperial Avenue hacia el cruce con la frontera, me costaba trabajo creer que aún estaba yo en los Estados Unidos, pues la mayoría de los letreros estaban en español y muchos otros en los dos idiomas: los ciudadanos estadounidenses de Calexico viven en un traslape con Mexicali del que eran vital reflejo sus innovadores nombres empalmados.

Me estacioné en una calle secundaria, caminé por un pequeño parque y ascendí las escaleras del austero edificio gris de la Oficina de Aduanas y Protección Fronteriza. Bajé despreocupadamente por la rampa y atravesé un torniquete sin que nadie viera mi pasaporte. Me asomé por la alambrada y del lado mexicano del edificio vi una larga fila de gente que bajaba por las escaleras y se extendía por el vestíbulo y un corredor: cientos de personas, o quizá mil, esperando entrar a los Estados Unidos.

Mi idea era almorzar en Mexicali y regresar pronto a Calexico, pero esa fila se movía tan lento que me desanimé; decidí saltarme el almuerzo y limitarme a ver. «¡Señor!», me saludaba una hilera de mendigos y pordioseros con mutilaciones medievales: amputados, ciegos, mujeres con bebés lloriqueando, además de algunos jóvenes más asertivos («¡Lleve, lleve!»), hasta que encontré un taxi. Con un conductor amigable pero lacónico llamado Héctor hice un tour en Mexicali, aunque cuando le pregunté si podía llevarme a alguna de las fábricas me dijo que estaba prohibido. Avanzando por el tráfico pronto me quedó claro que aunque Calexico, California, es una ciudad pequeña, Mexicali, al otro lado de la valla de nueve metros, contrasta con su millón de habitantes, un aeropuerto internacional, una gran catedral, una plaza de toros, dos museos, hospitales, cuatro universidades, una facultad de odontología, varias bibliotecas públicas y zonas industriales extendiéndose por el desierto de Baja California, con subdivisiones y colonias de casas de un piso y tres piezas, en su mayoría habitadas por obreros de las fábricas.

—Pimsa —dijo Héctor mientras pasábamos por el parque industrial.

—¿Qué es eso?

—Motores a reacción.

Hace cincuenta años, el poeta y editor *beat* Lawrence Ferlinghetti (que cuando escribo esto está vivito y coleando a sus cien años) vino en camión y cuenta en su diario de viaje *La noche mexicana*: «Llegué a Mexicali, otra ciudad polvosa solo que aún peor, en medio de la sosa planicie café que vi desde arriba al anochecer. Una terminal de autobuses repleta de campesinos adustos, fuertes y hambrientos, bajo enormes sombreros y ponchos, a la espera de camiones rurales y revoluciones. [...] Salgo al bulevar lodoso y, frente a mí, completa desolación, estiércol y muerte representada por calles abarrotadas y gente morena. Adonde vaya y adonde mire, ¡lo mismo!».

El libro de Ferlinghetti es malísimo y sus observaciones son banales, pero registra un momento histórico particular de la moribunda Mexicali. Y ahora: GKN, Aerospace, Martech Industrial (tecnología médica), Furukawa México, Wabash Technologies, Robert Bosch Tool y muchas otras, junto con los necesarios servicios auxiliares: bancos, compañías transportistas, supermercados, almacenes de combustible y escuelas, inyectan una vitalidad antes impensable.

Y tenemos aquí la gran paradoja del Tratado de Libre Comercio de América del Norte, el resultado visible de empresas estadounidenses en busca de mano de obra barata: a pocos cientos de metros del parque industrial, las maquiladoras de alta tecnología e industria aeroespacial de Mexicali; pasando la Avenida Cristóbal Colón, la valla, y más allá de la valla, los campos de espinaca de Calexico. La mayoría de los empleados agrícolas son mexicanos con visas de trabajo: recolectores de frutas por aquí, técnicos de laboratorio por allá.

En esa zona, y más al este, en los campos de lechuga y brócoli, también casi todos los trabajadores son mexicanos con visas agrícolas temporales, las H-2A, que cosechan para granjeros que han demostrado no poder encontrar mano de obra estadounidense. Esas visas se emiten anualmente y permiten a los mexicanos trabajar entre cuatro meses y un año. ¿Cómo funciona este sistema? En primer lugar, una empresa agrícola hace una solicitud al Departamento del Trabajo de los Estados Unidos, declarando que no tiene suficientes trabajadores estadounidenses para cubrir las vacantes en los campos. La compañía tiene que demostrar que se ha esforzado en encontrar obreros de su país. Entonces el Servicio de Ciudadanía e Inmigración revisa la solicitud y, si parece estar en orden y ser veraz, se aprueba cierta cantidad de visas H-2A, la gran mayoría destinadas a trabajadores agrícolas. El año que pasé por esos campos de brócoli se habían emitido noventa mil. ¿Por qué? Porque las cooperativas agrícolas de esta zona y de Yuma abastecen, casi todo el año, el 90% de la lechuga para los Estados Unidos; es una industria de dos mil cuatrocientos millardos de dólares anuales.

No me equivoqué al temer la larga cola en la frontera. Si meterme a México había sido cuestión de unos cuantos minutos, atravesar de regreso la estrecha entrada me tomó más de dos horas en una fila de mexicanos resignados, todos con visas válidas. A cada persona le revisaban los papeles, le tomaban una foto y la interrogaban bruscamente. Ya de vuelta en mi carro, pasé por los campos de lechuga y por el magnífico e inhóspito desierto, por los cerros pedregosos, la maleza espinosa y los arbustos floridos, ochenta y tantos kilómetros rumbo a Yuma.

Unos días después de partir de Calexico leí un reportaje en el que se afirmaba que un agente de la Border Patrol había descubierto un túnel de cuarenta y tres metros a menos de kilómetro y medio de la ciudad, «el tercero de esos túneles que se descubre en Calexico en el último año».

La ciudad de Yuma, limpia, de buen tamaño, no está en la frontera. Pasé ahí la noche y me fui por la mañana (MÉXICO SIGUIENTE SALIDA) para manejar quince kilómetros hacia el sur por los campos de lechuga hasta la frontera. Era evidente: pocas ciudades tan pobres como estas comunidades asoladas al borde de la valla (Gadsden y Somerton, Arizona): casuchas, remolques podridos, tiendas con los postigos cerrados, casas abandonadas, rodeadas por la alta valla fronteriza de listones oxidados que es aquí la orilla de las ciudades, el callejón sin salida de todas las calles del lado oeste, por donde el sinuoso río Colorado corre hacia el sur y atraviesa la frontera.

Paré un ratito en Gadsden, llamado así por el embajador de los Estados Unidos en México que en 1853 negoció la compra (por diez millones de dólares) de La Mesilla, lo que hoy es el tercio inferior de Arizona y parte de Nuevo México. La pequeña localidad de Gadsden, en la esquina suroeste del territorio adquirido, es una comunidad semiabandonada de 1 314 personas, casi la mitad de las cuales (46%) tienen apenas lo necesario para vivir entre campos polvosos y choyas. La ciudad de San Luis, un poco más adelante por la carretera, es más grande y le va un poco mejor, pues es un importante cruce de frontera. Los mexicanos del otro lado, en San Luis Río Colorado, van de compras al Walmart Super Center y a las calles de Main Street. Con todo, comparada con las localidades más allá de la frontera, es como Gadsden, Somerton y la Reserva India Cucapá: casi inexistente, pobre y tercermundista, asándose en el calor del desierto.

Tomándome un café en San Luis platiqué con Javier, hombre de mediana edad que creció en la ciudad. Le pregunté cómo le afectaba la valla.

—La valla es chistosa —dijo—. Yo fui bombero. Un día fuimos a un incendio de maleza, allá en el quinto infierno, y empezamos a apagarlo. Pero se estaba extendiendo, así que lo perseguimos. Llegamos a una cerca de alambre chiquita y arrastramos por ahí nuestras mangueras; seguíamos rociando la maleza pero sin mucho éxito. En eso uno de los muchachos dijo: «¡Oigan, ya estamos en México!».

—¿Y qué hicieron?

—Nos salimos de ahí a toda prisa.

—¿Seguro que estaban en México?

—Ajá. Fue por la alambrada. Crees que esta valla grandota en la orilla de la ciudad se extiende a todo lo largo de la frontera, pero son solo unos cuantos kilómetros aquí y unos cuantos kilómetros allá. Lo demás es malla de alambre.

—¿Fácil de saltar?

—Solía haber muchos que la saltaban. Hoy en día ya no tantos.

Más cerca del paso de frontera (gire a la derecha en Urtuzuastegui Street, luego siga por el puente), la clientela de las tiendas de Main Street eran viajeros de un día provenientes de México que compraban ropa y sombreros *made in China*, grabadoras portátiles *made in Korea*, bicicletas *made in Taiwan*.

No era más que una pasarela, nada de formalidades, nadie miró mi pasaporte ni me preguntó cómo me llamo ni de ida ni de vuelta. Fue el cruce más fácil que hubiera hecho jamás en una larga trayectoria de cruzar fronteras y resultó ser un día precioso, así que la idea de pasar tan despreocupadamente a otro país me levantó el ánimo. Ahora estaba en San Luis Río Colorado, en el extremo de la valla, una ciudad en crecimiento con inmuebles de un piso y fachadas descoloridas por el sol pero de construcción sólida, con un parque, una catedral, una plaza conocida como Plaza Benito Juárez y una universidad estatal. Tenía muchas tiendas, las habituales en una ciudad fronteriza, con sombreros, botas, artículos de piel, anteojos… También farmacias y los negocios habituales, dentistas y médicos.

En el extremo este de la ciudad estaba el parque industrial, lo suficientemente cerca de la valla para alcanzar a oír los radios chisporroteando en vehículos de la Border Patrol y ver los asadores en los jardines traseros de las casas de la zona residencial Las Villas, en Arizona. Siempre me resultaba sorprendente ver fábricas estadounidenses en México, tan cerca de la frontera que el dueño de una podía darle una calada a un puro en su propiedad en México y echar el humo a los Estados Unidos sacudiendo la ceniza por la valla.

Estaban aquí las fábricas de Daewoo, Frenos TSE y la de Bose Flextronics, que da empleo a dos mil personas. La siguiente vez que te encasquetaras tus costosos audífonos Bose o le subieras el volumen al estéreo de tu carro, tenías que pensar en que los había armado a cien metros de Arizona alguien que vive en una choza en el desierto de Sonora y anhela (puesto que los Estados Unidos están ahí, a la vista) algo mejor.

Caminé hacia el centro de la ciudad y el Parque Benito Juárez, una gran manzana de palmeras, donde algunos niños pateaban la pelota y unos viejos conversaban. Me puse a platicar con los hombres.

—Supongo que algunas personas cruzan el río a nado —le dije a uno, un hombre desdentado que ladeó la cabeza como en preparación para decir alguna puntada.

El río Colorado, que aquí es más un wadi que un hilo de agua, forma la frontera en el lado oeste de la ciudad.

—Nada de nado —dijo con risita chimuela—. No hay agua en el río.

—¿Entonces saltan la valla?

—Abajo —dijo con un guiño. Túneles. Viajan en túneles. Allá hay dos o tres —estaba mirando al este, en dirección al desierto—. Tienen dos kilómetros de largo. Le pagan tres mil dólares a un coyote y se van.

—¿O a los cárteles?

Hizo una mueca al oír la palabra.

—La mafia, a lo mejor.

En cada lugar de la frontera donde se haya levantado una valla se han cavado túneles: largos, cortos, de alta tecnología, madrigueras de conejo, atajos. Recientemente se descubrió el más largo hasta ahora, que se extiende ochocientos metros por debajo de la frontera, desde el fondo del hueco de un elevador en una casa de Tijuana hasta una bodega cercada en el lado estadounidense. Se parecen al túnel de kilómetro y medio que daba a la celda del Chapo en su prisión de alta seguridad, son diseñados y construidos por técnicos serios y experimentados. Un año después de que el hombre desdentado hiciera una mueca y dijera «Túneles», se encontró uno de ciento ochenta metros que va del sótano de un desaparecido restaurante Kentucky Fried Chicken en San Luis, Arizona, a una trampilla debajo de una cama en una casa en México, justo pasando la frontera. Este no era específicamente para migrantes sino más bien un túnel de drogas, para transportarlas con una cuerda de México a los Estados Unidos.

—Esto antes era una zona minera —me dijo un hombre un poco más adelante en mi paseo a lo largo de la línea fronteriza—. Ya no hay minería, ¿pero dónde cree que excavan ahora los ingenieros de minas?

Y es cierto: cerca de Nogales, Sonora, se han descubierto cuatro túneles que dan a sótanos de casas en Nogales, Arizona.

—No quiero ir a los Estados Unidos —dijo Mario, otro de los ancianos, señalando hacia la valla, cuatro cuadras hacia el norte—. Aquí está mi familia, aquí nací, este es mi hogar.

Para él era casi imposible plantearse cruzar, pero para mí San Luis era el paso fronterizo más fácil de todos: un simple paseo de ida y vuelta sin filas ni complicaciones. Y me fui en mi carro por la carretera, pasando por exuberantes campos verdes donde segadores con sombrero de paja se doblaban sobre hileras de lechuga. Y más adelante, saliendo del restaurado y tranquilo centro histórico de Yuma (con un teatro centenario, museo, restaurantes), al este por la Interestatal 8, al puesto de control quince kilómetros más allá, en Wellton (con agentes sonrientes y perros detectores jadeantes en busca de un olorcillo a drogas o a seres humanos en mi cajuela), atravesando el riguroso desierto con su calor y su luz deslumbradora en Stoval, Aztec y Theba, hasta el pueblo de Gila Bend, y tres tacos y alguien con quien hablar: Lorraine, perteneciente a la nación Tohono O'odham.

—Hablo mi lengua con soltura, pero a mis hijos no les interesa —dijo señalando al sur—. Del otro lado de la frontera la tribu es más tradicional y hay más gente interesada en hablar el idioma.

La nación Tohono O'odham, partida en la frontera, con la mitad en los Estados Unidos y la mitad en México, resiste con el eslogan «No existe una palabra o'odham para decir *muro*».

Después de Gila Bend, el camino se desvía alejándose de la frontera, para atravesar trescientos kilómetros de desierto de saguaros y montañas azul grisáceo a lo lejos, serpenteando a través de Tucson, y luego curvarse hacia el sur, en dirección a la ciudad fronteriza de Nogales… o mejor dicho ciudades, pues hay dos Nogales, separadas por la gran valla oxidada.

Cuando me encontraba viajando en carro por el Sur profundo se me antojó desviarme hacia la frontera y me quedé cuatro días. Vi un sencillo señalamiento en un tablón de madera, A MÉXICO, apoyado cerca de la puerta en la valla, pero fue la valla misma lo que me fascinó. Algunas obras de arte son involuntarias, resultado de un estrafalario accidente o un explosivo acto de simple y llana rareza, y la valla que separaba Nogales, Arizona, de Nogales, Sonora, era una. Este muro inmisericorde era monumental, un símbolo multimillonario hecho de acero que representa nuestra obsesión nacional con la amenaza y el contagio.

En toda una vida de cruzar fronteras, esta valla me resultó la frontera más rara que hubiera visto jamás: más formal que el Muro de Berlín, más brutal que la Gran Muralla China, y sin embargo, a su manera, tan buen ejemplo como los otros de la misma *folie de grandeur*. Construida seis meses antes para reemplazar un muro hecho de láminas de acero, esta encumbrada hilera aparentemente interminable de barras de acero verticales era tan asombrosa en su insolente arrogancia que o bien querías seguirla viendo o bien necesitabas correr en dirección opuesta: justo la clase de sentimientos encontrados que mucha gente tiene al enfrentarse a una obra de arte peculiar.

También podías, por supuesto, atravesarla, que es lo que yo quise hacer. Y ahí estaba la entrada, donde terminaba Morley Avenue en los Estados Unidos. Pasando el JCPenney y Kory's Clothing, apenas diez pasos de un país al otro, una puerta en el muro, el país extranjero al fondo de una calurosa calle soleada.

Tras dejar mi coche en un estacionamiento seguro (cuatro dólares al día), le mostré mi pasaporte al guardia fronterizo estadounidense, que me preguntó qué planeaba hacer del otro lado. ¿Negocios?

—Pura curiosidad —dije. Como me dirigió una mirada de desaprobación añadí—: ¿Usted no va de repente?

—Nunca he ido.

—¡Está a tres metros!

—Yo me quedo aquí —dijo, y ahora su miradita insinuaba que yo debía hacer lo mismo.

Empujé el torniquete y atravesé la estrecha puerta (nada de fila ni más formalidades) al estado de Sonora, México. Me encontré instantánea e inequívocamente en tierras extranjeras, en calles con más baches, entre construcciones vagamente venidas a menos y algunas fachadas cerradas con tablones, y respirando los olores mezclados de panaderías, puestos de tacos y polvo levantado.

Momentos después volteé y ya no se podía ver Arizona, solo el primer plano de México: niños pequeños correteándose, hombres con sombreros conversando bajo un toldo a rayas, humeantes carritos de comida.

Atesoro cruces de frontera, y los mejores son aquellos en los que he tenido que caminar de un país a otro, saboreando la igualdad de ser un peatón, pisando la línea teórica que se muestra en los mapas, de Camboya a Vietnam, de Pakistán a la India, de Turquía a la República de Georgia. Por lo general una frontera es un río (el Mekong, el Ussuri, el Zambeze), una cordillera (los Pirineos, las montañas Rwenzori) o una súbita alteración en la topografía, una desconcertante transformación del paisaje (el accidentado y boscoso Vermont aplanándose para convertirse en los campos arados de Quebec). Con la misma frecuencia una frontera es un recurso político (irracional pero ordinario) que crea una tierra de nadie sin costuras, una simple anchura de tierra delimitada por vallas.

Esta valla fronteriza, sin embargo, era una maravilla visual, algo como una estacada, que, como demostró el guardia, exige una decisión. ¿La pasas o te quedas en casa? Por supuesto, ahí siempre había una valla. Los nogalenses de ambos lados recordaban cuando era un modesto cercado conocido coloquialmente como La Línea, cuando la calle principal era más o menos contigua.

—En primavera siempre teníamos un desfile —me dijo Nicolás Demetrio Kyriakis en aquella primera visita. De familia de empresarios que habían migrado de Grecia a México, Nicolás era regidor de Nogales y uno de los consejeros del alcalde de la ciudad—. Pasaban carros alegóricos por la calle y entraban a Nogales, Arizona. En una plataforma en La Línea se llevaba a cabo la coronación de la reina de la Fiesta de Mayo. Las dos ciudades celebraban. Era muy bonito.

Eso fue hace treinta años. En aquel entonces, Nogales, México, seguía siendo un destino para militares del Fuerte Huachuca, una base del ejército de los Estados Unidos como a treinta kilómetros en línea recta hacia el noreste. Los visitantes de Tucson y más allá se daban una vuelta para salir de la rutina: era una oportunidad de comprar macetas de barro o sombreros, tomarse una margarita de primera categoría y visitar una taquería o probar la comida callejera local. La zona roja de la calle Canal era otra atracción. En la década de los cuarenta se hacían películas de vaqueros en esa zona. Actores de Hollywood cruzaban la frontera para comer y armar un poco de escándalo en La Caverna, un conocido club administrado por los primos de Nicolás.

Había tal vínculo amistoso entre las dos ciudades fronterizas que cuando el viejo y elegante Hotel Olivia del lado mexicano se incendió en la década de los sesenta y el fuego se extendió a otros edificios y la situación se tornó desesperada, los bomberos de Arizona pasaron mangueras por arriba de la valla para ayudar a los bomberos locales a apagarlo, un acto de buena vecindad que los mexicanos aún recordaban con cariño.

Pero después del 11-S, los soldados del Fuerte Huachuca dejaron de venir, y cuando las autoridades migratorias mexicanas empezaron a requerir el pasaporte estadounidense, la afluencia de visitantes disminuyó hasta no pasar de unos cuantos. Había otro asunto: desde que en todo los Estados Unidos se hizo hincapié en escudriñar a los extranjeros, ¿por qué alguien querría volverse foráneo también? Los reiterados reportajes sobre el control de los cárteles eran una nefasta advertencia: si cruzas la frontera mexicana te arriesgas a morir como perro.

—El negocio se estancó tras el atentado contra el World Trade Center. Las cosas empeoraron —me dijo Juan Cordero, director de Desarrollo Económico Municipal de esa parte de Sonora—. Pero eran salas de masaje y cantinas en la calle Canal y tiendas de curiosidades en el centro, un modelo de negocios anticuado. Claro, seguíamos teniendo muchas fábricas estadounidenses en nuestra zona industrial, hay miles de personas empleadas ahí, pero solo unos cuantos turistas.

Y sin embargo ahí estaba yo, un turista, saboreando la satisfacción de haberme permitido pasar a otro país para disfrutar la diferencia, con la suposición, propia del viajero, de que me merecía pasar un buen rato. Además tenía la inmediata seguridad del gringo de que mi país, y mi carro, estaba atrasito de la monumental pared.

¿Y qué hice esos cuatro días en Nogales? Fui a hacerme limpieza y blanqueamiento de los dientes por menos de lo que habría costado al otro lado de la valla (cincuenta y cuatro dólares por la limpieza, doscientos cincuenta dólares por el blanqueamiento). Me compré un dominó de madera. Y comí.

Cenar en La Roca, a tan solo unos minutos de la valla, fue placentero porque me ponía en las manos de viejos meseros de traje oscuro y entendidos, de esa clase que ya desapareció de casi todos los restaurantes del mundo. Muchos han trabajado en La Roca desde que abrió (su cuadragésimo aniversario se celebró ese año). De esa clase de hombres leales, trabajadores, confiables, había también en el restaurante de mi hotel, el Fray Marcos. En La Roca comí sopa de tortilla y una mezcla mexicana de camarones frescos de Guaymas, en la costa de Sonora. En otras partes de la ciudad, hasta los sitios más chicos, como Leos Café o Zapata, ofrecían platos de carne seca en tiras llamados *mochomos* (que en yaqui significa *hormigas arrieras*) y tacos de pescado. Los nogalenses me parecieron distinguidos y de trato fácil, y tan agradecidos de tener un visitante que, como gesto de buena vecindad, me regalaron un trago de bacanora, bebida hecha de agave, fuerte y pegadora, mucho más que el tequila: un regalo de Sonora al mundo.

En Laser Tech, en Avenida Obregón, el doctor Francisco Vázquez había ampliado recientemente su consultorio dental para incluir una unidad dermatológica, y su esposa y madre de sus tres hijos, Martha González-Vázquez, abrió un spa con tratamientos que incluían no solo masaje y vapor sino «rituales antiguos» inspirados en los aztecas, además de que contrató al doctor Ángel Minjares, especializado en teología y psicología, para que hiciera «evaluaciones».

Sus negocios estaban entre los alrededor de sesenta consultorios dentales, concentrados principalmente en una zona de tres manzanas; a todos se podía llegar fácilmente a pie desde el portón de la frontera. La mayoría de los pacientes eran jubilados estadounidenses provenientes de Tucson o del cercano Green Valley que se daban escapadas de un día.

Gerd Roehrig, un tucsonense maduro nacido en Alemania, había acudido con el doctor Ernesto Quiroga para ver lo de un implante. Lo que en Tucson le habría costado cuatro mil quinientos dólares, en Nogales estaba a una tercera parte. El doctor Quiroga había invertido recientemente ciento cincuenta mil dólares en una máquina de tomografía computarizada.

—Supongo que ahora la calle Canal podría llamarse calle Root Canal [endodoncia] —le dije a Juan Cordero tras mi tratamiento.

Suspiró y dijo:

—La gente está preocupada. Piensan que Nogales es peligroso. ¿Conoce la expresión *Les echan mucha crema a los tacos*? O sea que exageran.

Preguntándome sobre los niveles de delincuencia, pedí reunirme con el secretario de Seguridad Pública de Sonora y me presentaron a Ernesto Munro Palacio, exlanzador de los Sultanes de Monterrey y empresario que desde 2009 había sido responsable de la seguridad en el estado.

—Antes de 2009 había muy poca inversión en seguridad —dijo—, pero en los últimos dos años Sonora ha invertido cien millones de dólares (en helicópteros, autos blindados y aviones de vigilancia) para encontrar las pistas de aterrizaje del crimen organizado y los plantíos de marihuana.

Los asesinatos son un problema en todo México, pero el secretario Munro afirmó que en Nogales el índice de homicidios había bajado de doscientos veintiséis en 2010 a ochenta y tres en 2011.

El número ha seguido disminuyendo cada año y ahora el promedio es de cincuenta al año.

—Pregúntele a su gente si conoce el nombre de un estadounidense al que hayan asesinado en Sonora —dijo—. Ningún turista ha sido asesinado en Nogales jamás.

Yo en aquel momento no lo sabía, pero en 2016 a un gringo residente en Nogales lo mataron de un disparo durante un robo a mano armada.

Los Bianchi, pareja jubilada de Tucson a los que conocí en una sala de espera, estaban contentos.

—Venimos todo el tiempo —dijo el señor Bianchi—. A mí me pusieron los puentes y, oye, la gente es linda.

En esa primera visita, Nogales me pareció una ciudad fronteriza tratando de salvarse y, según creía yo, consiguiéndolo. Al caminar por la ciudad me sorprendió el distintivo aire de extranjería mezclado con una agradable cotidianidad: niños jugando en el patio de la escuela, gente de compras, gente que va a misa… los placeres y rutinas de México. La visible ausencia de gringos le da a la ciudad una mayor sensación de diferencia, al igual que las casas de colores brillantes, resultado de un plan del alcalde de Nogales, José Ángel Hernández, que creó una Dirección de Imagen Urbana que daba pintura gratis a quienes quisieran arreglar su hogar. Él también ha fundado escuelas y programas deportivos para inspirar a jóvenes sin trabajo, al igual que grupos de trabajadores de limpia y proyectos de renovación urbana.

Las calles de Nogales estaban tan limpias como las del lado estadounidense, y llenas de sorpresas. De camino a ver la zona próspera pasando el centro y las clínicas dentales vi una escultura de dos niveles que muestra a un joven musculoso desnudo clavándole una lanza a una figura reptiliana alada tumbada a sus pies. Era una aparición inesperada al lado de un paso elevado. La estatua, diseñada por el escultor español Alfredo Just a fines de la década de los sesenta, se llama oficialmente *La derrota de la ignorancia*, pero entre los nogalenses se conoce con el apelativo cariñoso de «El mono bichi» (*bichi* es *desnudo* en yaqui; los nogalenses al hablar usan palabras dispersas en lengua yaqui que en otras partes son incomprensibles, como *buki* por *niño* o *yori blanco* por *hombre blanco*).

Estaba por descubrir que los barrios al otro lado de la valla no son representativos de la ciudad en general, lo cual es una lección sobre cómo conocer otro país: quedarse más tiempo, viajar más adentro. Los turistas normalmente se quedan cerca de la valla, lo que explica la densidad de las tiendas de curiosidades, y ahora la de clínicas dentales. Pero ese centro de Nogales es engañoso.

Paseando unos kilómetros en coche hacia el sur con Juan Cordero vi cómo Nogales se extendía con parcelaciones modernas recién construidas cerca de otras más modestas, para componer todas ellas el Nuevo Nogales.

—Esto es el principal motor económico que impulsa Nogales —dijo Juan. La mayoría de las treinta y dos mil personas empleadas en la ciudad trabajaban en la zona industrial, en fábricas de componentes de teléfono celular, semiconductores, ductos de aire para jumbos. La mayoría de los nombres son conocidos: Otis Elevator, Black and Decker, abrepuertas de garage Chamberlain, aspersores Rain Bird, General Electric, B/E Aerospace (que produce asientos y mesas plegables para jets de lujo de gama alta, y muchos más. Algunas compañías, como Kimberly-Clark y Motorola, han estado aquí desde fines de la década de los sesenta.

Se trata de trabajadores calificados. Los campesinos, que carecen de estudios o de habilidades para las manufacturas, buscan trabajo en otros lugares, y a menudo cruzan la frontera para encontrarlo. Muchos pasan indocumentados y son detenidos, encarcelados por un periodo y devueltos a la frontera en autobús. También esto es una revelación del otro lado de la alta valla.

Nogales es el lugar donde los botan. Peg Bowden, enfermera jubilada, me llevó al Comedor, un refugio dirigido por jesuitas estadounidenses cerca de la garita Mariposa, como a kilómetro y medio al oeste del centro de Nogales. Peg me contó que le había impactado tanto el salvaje ataque a Gabrielle Giffords en Tucson en enero de 2011 que decidió hacer algo humanitario al respecto.

—Necesitaba conectar con algo positivo.

Se unió a un grupo de buenos samaritanos, «un montón de personas de la tercera edad cuya misión es prevenir muertes en el desierto», además de que unos días a la semana cruzaba la frontera desde Arizona para hacer trabajo voluntario en el Comedor.

Como enfermera diplomada era de gran ayuda: podía atender heridas de bala, hipotermia aguda y los efectos del hambre y la congelación, comunes entre quienes cruzan la frontera.

—La semana pasada tuvimos a una jovencita de catorce años que estuvo tres días perdida en el desierto.

Fue otro día en Nogales, otra revelación para mí, y con mucho la más melancólica. Ciento sesenta almas perdidas, en su mayoría adultos, y cuatro niños pequeños, sentados en bancos de las mesas comunales, desayunando en un refugio abierto a un costado de la carretera.

Algunos habían vivido mucho tiempo en los Estados Unidos. Alejandro había trabajado trece años en el sector restaurantero de Carolina del Norte y Arnulfo once años como carpintero.

—Pasé veinte años en Napa cosechando fresas —me contó Claudia, una mujer mayor de vestido negro largo—. Mi esposo y mis hijos están allá. Vine a México para el entierro de mi padre —era su ropa de luto. No podía regresar a los Estados Unidos, pero ya tampoco tenía casa en México.

Los usuarios del refugio era gente de voz suave, humilde, medio hambrienta y desesperada. Rosalba, una mujer de veintitantos, había pasado cuatro días en el desierto. Tenía los pies ampollados, una herida profunda causada por la espina de un cactus y una infección seria. A algunos los habían detenido en su primer cruce; a otros los habían mandado de vuelta a su país después de pasar años en los Estados Unidos.

Lo más triste para mí fue ver a María, una mujer oaxaqueña de cuarenta y tantos. Abandonada, sin dinero, sin posibilidades y sin la esperanza de ganarse la vida en su pueblo, dejó a sus tres hijos al cuidado de su madre y cruzó la frontera con otras cuatro mujeres con la esperanza de encontrar trabajo. Se había separado de las demás, anduvo errante cuatro días en el desierto hasta que fue avistada desde un helicóptero y la detuvieron, la golpearon, la tuvieron un tiempo encerrada y finalmente la dejaron botada en la frontera.

—Es como *La decisión de Sophie* —dijo Peg Bowden.

María aceptó su destino y la última vez que alcancé a verla estaba sentada sola en una mesa con un plato de comida frente a ella, apretando los ojos, con las manos juntas, rezando esperanzada.

Es posible que fuera «La oración del migrante», que se había encontrado en un pedazo de papel en el bolsillo de un migrante que murió en el desierto y que se menciona en el documental de Marc Silver *¿Quién es Dayani Cristal?*, sobre la muerte de un migrante no identificado.

La oración empieza así:

Viajar hacia Ti, Señor, eso es vivir.
Partir es un poco morir.
Llegar nunca es llegar definitivo hasta descansar en Ti.

Tú, Señor, conociste la migrancia...

Y termina:

Tú mismo te hiciste migrante del cielo a la tierra.

Yo era un simple turista. La valla había escondido todo esto: el centro, las fábricas, los restaurantes, las parcelaciones residenciales, el centro comercial, los migrantes, las historias tristes, las historias felices.

Descubrirlo era simple; estaba ahí, al alcance de cualquiera. Había sido tan esclarecedor para mí como cualquier viaje al extranjero que hubiera hecho a cualquier parte del mundo. En un sentido, por estar tan cerca de casa y representar menos esfuerzo, parecía más extraño, cargado de una mayor trascendencia, este mundo más vasto al final de Morley Avenue, *pasandito* la valla.

Esos cuatro días que pasé en Nogales del otro lado de la valla fueron inolvidables. Prometí volver, viajar a lo largo de toda la frontera y luego avanzar más dentro de México. Fue por la experiencia de hablar con los migrantes, que me dijeran de dónde venían y adónde iban. Ahora estaba yo de vuelta.

BIENVENIDOS MIGRANTES DEPORTADOS Y EN TRÁNSITO decía la señal en un edificio pequeño en el extremo oeste de Nogales, a poca distancia a pie de la frontera. Era el edificio al que Peg Bowden me había llevado, conocido en la zona como el Comedor, dirigido por la Iniciativa Kino para la Frontera, un grupo de jesuitas y voluntarios que daban ayuda humanitaria a los migrantes, así como refugios para mujeres y niños. Estaba más lleno de gente desesperada y perpleja de lo que había visto en mi visita anterior.

—Nuestra misión es una presencia humanitaria —me dijo el padre Sean Carroll mientras les servían el desayuno a los migrantes. Oriundo de California con una parroquia en el este de Los Ángeles, el padre Carroll había supervisado el Comedor por siete años. En medio de esa confusión y angustia, él es joven, vigoroso, humilde y optimista.

La mayoría de los migrantes (87%) han sido deportados y botados a este lado de la frontera; los que están en tránsito (13%) esperan la oportunidad de saltar la valla. El padre Carroll no juzga a nadie. Su organización ofrece comida y ropa (en el invierno en Nogales a veces llueve) y cierta protección de los cárteles y los coyotes.

Platicando con algunos de los migrantes me di cuenta de que todos venían del sur de México; ninguno de la frontera.

El Tratado de Libre Comercio ha tenido un fuerte impacto —dijo el padre Carroll—. Las nuevas agroindustrias producen y exportan cultivos tan baratos que los pequeños agricultores han terminado por caer en la pobreza. Piénsese en un campesino tradicional de Chiapas o Oaxaca que cultiva maíz. ¿Cómo va a poder competir con un cultivo transgénico?

El primer efecto del Tratado de Libre Comercio, según supe después, fue la migración de los pobres del sur de México que habían perdido sus medios de sustento como campesinos y pequeños fabricantes: el tratado los había llevado a la quiebra. Algunos terminaron trabajando en maquiladoras, con empleos de bajos salarios, y otros cruzando la frontera.

Para tener idea de quién estaba pasando por el Comedor, me presenté y hablé con ellos.

Deportados y en tránsito

Letitia: una sentencia correctiva

Chiquita, del tamaño de una niña pequeña, Letitia tenía veintidós años y venía de un pueblo en las montañas de Oaxaca; era una indígena mexicana cuya primera lengua era el zapoteco. Su español no era mucho mejor que el mío. Se había casado dos años antes, dio a luz a una hija, y su esposo, de una familia de campesinos empobrecidos, migró (se pasó sin papeles al otro lado) a Florida. Consiguió trabajo en una planta de fertilizantes y productos químicos (hay muchas en Florida) y debido a su estatus migratorio no se atrevía a regresar a México. Le insistió a Letitia en que cruzara. Cuando la conocí ya había hecho dos intentos.

—Mi acuerdo con la mafia fue que pagaría siete mil dólares en total; primero una cuota inicial y luego, cuando me dejaran en Phoenix, cuatro mil quinientos.

Después de tres días caminando en el desierto que rodea Sásabe, un sitio conocido por su contrabando en el desierto al oeste de Nogales, en la frontera entre Arizona y México, Letitia fue detenida y condenada a dos meses y medio de cárcel: una sentencia correctiva. Estaba aturdida por su encierro y su súbita deportación; no sabía qué hacer: su esposo estaba en Florida, su hija en Oaxaca. Tras un periodo de restablecimiento en el Comedor, dijo que se iría de regreso a Oaxaca.

Norma: «Lo voy a volver a intentar»

Norma era una mujer zapoteca fornida de cincuenta y pocos años oriunda de Tehuantepec, con las facciones marcadas de tehuana que se ven en los retratos de campesinas pintados por Diego Rivera. Su esposo, Juan, llevaba quince años de indocumentado trabajando en los plantíos de Fresno, cosechando duraznos, naranjas y uvas. También Norma había trabajado en los plantíos, pero consiguió chamba en una planta de procesamiento avícola y llevaba nueve años trabajando ahí. Su familia del istmo, en el sur de Oaxaca, a seis mil quinientos kilómetros de Fresno, le pidió que volviera a México. Iba a haber un entierro en la familia y Norma quería ir a presentar sus respetos. Tenía, además, otro motivo para regresar.

—Tengo tres hijos en México, de un esposo diferente. Los extrañaba, quería verlos. Entonces tomé un autobús de Fresno a Tijuana. Tenía muchas ganas de ver a mis hijos, así que no pensé en el hecho de que no tenía papeles. Cuando decidí volver a los Estados Unidos fui a Coloso y caminé a la frontera por las montañas.

Le había pagado quinientos dólares al cártel por el privilegio, como una especie de entrada, y prometió darle cuatro mil al coyote. Este la escoltó a la frontera con algunos otros migrantes, tres hombres, y les daba instrucciones por celular.

—La Border Patrol nos encontró en la orilla de la carretera, a los tres hombres y a mí. Eso fue hace seis semanas. Decidí volver a intentarlo hace quince días desde Altar —cerca de Sásabe— de la misma manera. Un coyote me llevó a la frontera, otro me estaba esperando del otro lado. Le pagaría tres mil quinientos dólares al coyote cuando estuviera de regreso en Fresno con mi esposo.

»Pero esa vez me llevaron detenida. Me mandaron para acá en un camión. Mi esposo me dijo: «No te regreses a Oaxaca». Es que cuando regresé a Tehuantepec me rechazaron, por haberlos dejado. No quiero que lo mismo le pase a mi hija.

Su hija pequeña estaba en Fresno.

Norma se encontraba débil de tanto caminar en el desierto.

—Lo voy a volver a intentar —dijo llevándose las manos a la cara, y empezó a llorar.

Teresa: «Tengo miedo de estar aquí por la mafia»

—Estaba detenida en Douglas y hace cuatro días me soltaron —me contó Teresa.

Tenía cuarenta y ocho años pero se veía mucho mayor, triste y desmañada. Su deseo era trabajar en algún lugar de los Estados Unidos.

—Haciendo camas y limpiando. Tener otra vida. Trabajé de cocinera en un restaurante de Morton, Minnesota.

Tenía cuatro hijos en Morton, pero ya grandes, y su esposo se había ido con otra mujer. Ella fue a México con una identificación que alguien le vendió, pero de regreso se descubrió que era falsa. La detuvieron, la encarcelaron y la deportaron.

—Tengo miedo de estar aquí por la mafia —me dijo—. Y no estoy segura de qué pueda hacer en México. Allá el problema es que lo que pagan en los trabajos no alcanza, ni siquiera en las fábricas.

Arturo: «Mis pies están malos»

Arturo, de treinta y siete años, trabajó diez años en la cocina de un restaurante en Ventura, California. Lo deportaron después de que lo detuvo un policía al darse cuenta de que iba manejando de manera errática.

—Cinco cervezas —dijo Arturo sacudiendo la cabeza. Lo habían tirado al otro lado de la frontera. Tratando de regresar, había caminado cuatro días en el desierto cerca de Puerto Peñasco—. Mis pies están malos. Tuve que ir al hospital por medicina. No puedo caminar.

Daneris: pasajero de la bestia

Daneris, de Honduras, tenía dieciséis años pero se veía mucho más joven, como estudiante de secundaria, además de que estaba muy flaco por la terrible experiencia que acababa de vivir. Perseguido por matones en Tegucigalpa (donde había «muchas maras»), decidió irse de ahí y viajó por Guatemala. Se subió al tren del sur de México conocido como La Bestia y pasó dieciocho días en el techo de un vagón de carga. Tenía la esperanza de que le concedieran asilo político y tenía una cita para verse en el Comedor con alguien que le orientaría sobre el proceso a seguir.

Jacquelina: «Yo le sé a la carne»

Tenía treinta y un años, llevaba una pañoleta verde en el pelo y era esbelta y sonriente. Parecía serena pero era el fatalismo personificado: había visto lo peor. Era madre soltera de tres hijos (de catorce, diez y cinco), cuyo futuro era lo que más le preocupaba.

—Soy del Estado de México, de un lugar pobre y peligroso, Ixtapaluca —ese municipio conurbado a la Ciudad de México era un barrio bajo de mala reputación, guarida de cárteles y narcotraficantes—. Ya no es seguro, por los secuestros, robos y crímenes. Yo tenía un negocio de organizar eventos sociales, como fiestas infantiles.

»Mi idea era ir a Denver a trabajar en una planta empacadora de carne. Conozco a alguien ahí. Es trabajo duro pero me gusta. Ya había trabajado antes en plantas empacadoras; yo le sé a la carne.

»Hace tres días traté de cruzar la frontera. Le había pagado al coyote y entré desde Sásabe. Llegué bastante lejos caminando en el desierto con otros cuatro, pero nos detuvieron cerca de Tucson y nos deportaron para acá.

»No tengo dinero, así que me voy a regresar al Estado de México. Mis hijos están allá y ahora necesito trabajar, porque tuve que pedir dinero prestado para venir aquí. Pagué como veinte mil pesos para llegar a la frontera.

Roselia y Leonardo: «En Chiapas no hay dinero»

Roselia y Leonardo, de San Cristóbal de las Casas, son hermanos. Ella, de dieciocho años, joven, tosca, triste, seria, de vestido negro de caída pesada, perpleja y perdida; él, de veintitrés, firme, de mucho mundo, decidido, con un viejo abrigo de lana, protector con su hermana.

—Yo era trabajador de la construcción en Chiapas; arreglaba casas —me dijo Leonardo—. Quería ir a Atlanta, allá trabaja mi primo en un restaurante. En Chiapas no hay dinero.

»Cruzamos la frontera al lugar donde iban a recogernos, pero los hombres que supuestamente nos iban a ayudar nunca llegaron. Nos iban a llevar a Tucson, donde nos recogería otro coche para llevarnos a Atlanta. Eso lo iba a arreglar el coyote.

»Pero no pasó nada, así que caminamos dos días desde la frontera. El tercer día vimos un helicóptero y tratamos de escondernos, pero nos encontró una motocicleta. Nos trajeron a Tucson el lunes y nos deportaron el miércoles.

»Ahora vamos a regresar a Chiapas. Tuve que pagarle mil quinientos dólares al coyote, y mi hermana la misma cantidad. Iban a ser otros seis mil cuando llegáramos a Atlanta.

Y Roselia contó:

—No estoy casada. Trabajé en la cocina de un restaurante en San Cristóbal. No tengo muchos estudios; fui a la primaria pero no la terminé. Tenía el plan de trabajar en un restaurante en Atlanta.

»Regresaré a Chiapas con Leonardo; allá están nuestros papás. Trataremos de encontrar algún trabajo.

Juan: una historia llena de lagunas
No se llamaba Juan.

—No quiero decirle mi nombre —dijo. Tenía como cuarenta años; guapo cuando sonreía, que era con frecuencia; irónico más que amargado. Fue uno de los pocos que me hablaron en inglés. Me pareció que había mucha experiencia y quizá un poco de engaño detrás del resumen de su historia.

—Soy de Chiapas: Villaflores, un pueblito. Había estado trabajando en los campos, plantando y cosechando melones.

»Llevo ya un rato en los Estados Unidos. Acabo de salir de la cárcel: estuve encerrado dos años, por haber vuelto a entrar. Lo intenté cuatro veces. El periodo más largo que estuve allá fueron cuatro años, trabajando en una construcción en Russellville, Arkansas. La policía me detuvo manejando borracho. Tuve un problema con la libertad condicional y me detuvieron una segunda vez por ir a exceso de velocidad.

»Entonces me deportaron. Intenté volver a cruzar la frontera y me agarraron. Hice otros tres intentos, hasta que me metieron a la cárcel. Ahora ya salí y voy a mi casa, pero algún día trataré de volver nuevamente a los Estados Unidos, para ver a mi hijo; mi exesposa y mi hijo están en Tennessee. Ella es gringa —dijo sonriendo, pero cuando vi las notas que tomé de su historia me di cuenta de que estaba llena de lagunas.

Ernesto: un tatuaje de lágrima
Hombre de setenta años, el mayor de los migrantes que conocí en el comedor, otro que hablaba inglés, otro expresidiario, Ernesto tenía una espesa cabellera blanca peinada para atrás, barba canosa y varios tatuajes, entre ellos uno de lágrima debajo del ojo izquierdo: esa tinta a veces es señal de que se trata de un asesino, pero también puede significar que cumplió una dura condena. Era diferente de todos los demás migrantes por sus modales y su tono, que era altanero y ofendido.

—Tenía siete años la primera vez que fui a los Estados Unidos, a El Paso, y luego a Los Ángeles —dijo—. En Los Ángeles estuve treinta y cinco años. Luego fui a Nebraska; allá fui a la escuela. Todo era estadounidense. Yo pintaba casas.

»Me agarraron por haber entrado ilegalmente; fue en Lincoln, Nebraska, donde estaba chambeando. Me dieron diez años. Cuando salí me soltaron aquí. ¿Qué puedo hacer a mi edad? Mis padres están muertos. Tengo cuatro hijos, pero ya son grandes y no hablo con ellos, porque estuve en el bote.

Diez años en la cárcel por entrada ilegal no es creíble, pero cuando le insistí se marchó, con el abrigo echado sobre los hombros como si fuera capa, y con la misma extraña altivez.

Marcos: «Me puse triste y bebí mucho»
Con sonrisa de dientes abultados, Marcos tenía cuarenta y tres años y actitud filosófica al tocar la visera de su gorra de beisbol. Era oriundo del lejano Apatzingán, en Michoacán, y había viajado con sus padres de niño, cuando era fácil cruzar la frontera. No tenía recuerdos del cruce, pero sí del trabajo y de su casa en Greeley Hill, California.

—No fui a la escuela. Nadie nos ayudó ni nos dijo nada sobre eso. Yo trabajé en los campos de Greeley, Tulare y Fresno desde los diez u once años. Cosechábamos naranjas, uvas, nectarinas. Ganaba siete u ocho dólares diarios. Toda la familia cosechaba. Cuando cumplí dieciocho fui a Los Ángeles y trabajé haciendo y arreglando techos; de casas, de edificios, todo tipo de techos. No estoy casado pero tengo tres hijos en Colorado: dos niños y una niña. Viven con su madre. Son estudiantes.

»Así es como me agarraron. Mi madre murió hace seis años. Mi hermano no me llamó para decírmelo. Cuando finalmente me dieron las noticias, me puse triste y bebí mucho. Estaba en Colorado. Mi novia trató de ayudarme. Estaba borracho, le pegué, se cayó y un policía nos vio. Me detuvieron por violencia doméstica. Como ya una vez me habían detenido manejando tomado, me dieron tres años en Cañon City, Colorado.

»Pero me enviaron al Servicio de Control de Inmigración y Aduanas en Aurora. Me dieron un papel y me dijeron: «Firma este papel»; yo dije: «No firmo». Dijeron: «Eres ilegal». Firmé. Me mandaron de regreso en un avión a San Diego y de ahí para acá en camión. Supongo que trataré de trabajar aquí.

Manuel Quinta: «Quiero ser techador»

Manuel era pequeño, enjuto, moreno, y parecía derrotado. Apretaba el rostro al hablar de su frustrado cruce al otro lado. De habla educada, me dijo que había ido a la escuela en su ciudad natal, Los Mochis, cerca de la costa.

—Fue la primera vez que intentaba cruzar. Me detuvieron el lunes en el desierto. Llevaba cuatro días caminando solo. Iba a ir a Phoenix a trabajar haciendo techos. Quiero ser techador. Sé que necesitan trabajadores. Mi hermano es trabajador de la construcción allá, y él me dijo.

»Mi acuerdo con el coyote era que le pagaría mil quinientos dólares cuando llegara a Phoenix —dijo Manuel encogiéndose de hombros—. Ahora me regresaré a Los Mochis, y a los campos, mi esposa y mis tres hijos. Mi esposa trabaja allá en los campos.

Javier: «Vengo de un lugar muy peligroso»

—Llegué ayer de Honduras —dijo. Mucho más joven que la mayoría de los migrantes, tenía diecisiete o dieciocho años y se mantenía apartado de ellos. Con marcados rasgos mayas, el perfil que se puede ver tallado en las paredes de algunos templos, acababa de llegar en tren (otra vez La Bestia) de Tegucigalpa—. Vengo de un lugar muy peligroso. Voy a ir a los Estados Unidos. Soy el mayor de cuatro hermanos. Mi madre murió. Estaba trabajando de albañil. Quiero ir a Maryland. Allá tengo unos primos, pero no sé bien en qué parte.

»La Bestia tardó catorce días desde la frontera. Había como doscientas personas de todas partes: Chiapas, Salvador, Guatemala.

»En Honduras no tengo trabajo, pero tengo que mantener a mis hermanos. Mi padre está en Honduras, con otra familia.

»Estoy cruzando con otro tipo, pero no tenemos apoyo. Él conoce la zona.

Ubaldo: «Voy a hablar con un abogado»

—Yo viví veinte años en California: estuve en total veintiocho años en los Estados Unidos —me contó Ubaldo. En Oregón, Idaho y el estado de Washington. Tenía cuarenta años; su inglés era excelente y él era directo, de mirada sincera—. Mi hermano y mi hermana están allá.

»Yo trabajaba en la construcción: en paisajismo y azulejos. Mi exesposa está en Wyoming; no tenemos hijos.

»Me metieron dos noches a la cárcel por beber en la vía pública. Luego el Servicio de Control de Inmigración y Aduanas me mandó cinco meses a un centro de detención en Eloy, Arizona. Quise llevar mi caso a tribunales.

»Ayer me trajeron aquí. Ahora mismo voy a hablar con un abogado y luego conseguiré un dinero para tomar un camión a Ensenada; tengo a un amigo allá. Trabajaré, ganaré algún dinerito y luego trataré de entrar otra vez a los Estados Unidos.

Guillermo: «Me fracturé el brazo en ese desierto»

Con el brazo en cabestrillo y un yeso nuevecito, Guillermo era pequeño y cauteloso; llevaba un gorro tejido calado hasta las orejas, en ropa que no era de su talla y que seguramente el Comedor le habría conseguido. No tendría más de veinte años.

—Vine solo desde Oaxaca —dijo—. Crucé solo Sásabe. Caminé diez días y llegué cerca de una ciudad, pero me metí a una barranca pedregosa y me caí en una roca. Me fracturé el brazo en ese desierto.

»Poco después me levantó la policía y me llevaron a un hospital. Ahí me enyesaron el brazo, me tuvieron en custodia y me mandaron para acá.

»Ahora voy a ir a Hermosillo a tratar de conseguir trabajo. Después de eso, no sé.

Ramón: «Han pasado veinticinco años»

Ramón tenía cuarenta años. Flaco, pero al parecer sano. A los quince años se fue de su casa en Zacatecas y cruzó la frontera cerca de Tijuana.

—En aquel entonces no había valla. Era fácil.

Fue al Área de la Bahía de San Francisco y de ahí a Seattle, donde consiguió trabajo en un criadero de caballos. Con lo que aprendió, después lo contrataron para cuidar caballos de carreras, como herrador. Había estado casado y ahora sus dos hijos vivían con su exesposa.

—Mis padres están viejos y enfermos. Como los extrañaba, me arriesgué y fui a Zacatecas a verlos. Pensé que tenía un buen documento de identidad, pero los de Migración me detuvieron cuando quise volver a entrar. A lo mejor me regreso a Zacatecas, pero han pasado veinticinco años.

Al hacer estas instantáneas de los migrantes del Comedor quise seguir el ejemplo de Chéjov, que cuando viajó por la Isla de Sajalín en 1890 hizo lo mismo, componiendo pequeños retratos antes de describir el sitio en su totalidad.

Estaban, pues, apiñados en el Comedor, bajo la benévola mirada del padre Sean Carroll y sus ayudantes. Rezaban, se curaban y después se dispersaban. Algunos se iban al sur, a sus viejos hogares, y otros a hacer un nuevo intento en la frontera. «No juzguéis, para que no seáis juzgados», podría haber dicho el padre Sean.

Después de tanto oír hablar de la policía y de la Border Patrol, decidí manejar unos cuantos kilómetros más a lo largo de la frontera en busca de una patrulla. Enseguida encontré a Mike Coruna a bordo de su unidad negro y blanco, en su turno de dos de la tarde a medianoche en el borde de Nogales, Arizona. Era un hombre fornido de treinta y pocos años, con la mano sobre su Glock enfundada, mirando en derredor mientras hablábamos, vigilando la valla en todo momento.

—Por aquí tenemos saltavallas —dijo, y me sorprendió, pues era una zona residencial de la ciudad, donde la valla de listones de hierro alcanza casi ocho metros de altura—. Lo que hacen para saltar es que meten los pies entre las barras y suben trepándose como changos.

—¿Has visto a alguno últimamente?

—Hace unos días, durante mi turno, atraparon a cuarenta tipos: más de lo normal —me respondió—. Yo mismo he atrapado como a veinte. Calculo que cada semana saltan como cien en este sector —añadió refiriéndose al trecho contiguo a la ciudad de Nogales, Arizona—, pero antes eran miles.

—¿Cómo los agarran?

—Es difícil, agarrarlos es muy difícil. Corren. Son jóvenes, algunos llevan paquetes de drogas. Observan la valla muy atentamente antes de saltar. Ahora mismo nos están observando desde allá —agregó señalando hacia la colina de chozas y casitas multicolores que se alza sobre la ciudad mexicana.

La Border Patrol tiene un trabajo demandante. Tienen que patrullar día y noche a lo largo de la ruta lateral, llena de baches, paralela a la frontera; hacer guardia en los puestos de control; corretear a migrantes desesperados. Pero quizá la presión había pasado factura, pues por varios años los agentes tuvieron fama de vengativos: disparaban a saltavallas desarmados y a veces llegaban a matarlos, golpeaban a sospechosos, separaban a niños de sus madres llorosas y acosaban a las organizaciones humanitarias que ofrecían tratamiento médico a migrantes heridos. Había oído que también vandalizaban las campañas de los buenos samaritanos de No Más Muertes, los que ponían estaciones de agua en el desierto para migrantes muriendo de sed.

Desde Nogales manejé hacia el este, pasando por Tombstone y por Bisbee, lugar de caballos; atravesé las colinas secas y rocosas en bonitos tonos pastel de los bosques bajos hasta la ciudad fronteriza de Douglas (calurosa, plana, horizontal, en una cuadrícula de casas), que daba a otra valla oxidada y a la ciudad mexicana de Agua Prieta.

En Nogales, Peg Bowden me había dado el nombre de una monja activista radicada en Douglas, la hermana Judy Bourg, a quien esperaba conocer. Integrante de la orden de las Hermanas de Nuestra Señora, la hermana Judy y sus compañeros (tanto monjas como laicos) ponían botellas de agua y comida en el desierto para los migrantes. También participaban en la vigilia Sanando Nuestras Fronteras, un ritual que en los últimos diecisiete años se ha cumplido semana a semana. Para honrar a los miles de migrantes que han muerto cruzando la frontera, los participantes cargan cruces con los nombres de algunos de ellos. Muchas cruces no tienen nombre, sino que dicen DESCONOCIDO. En una declaración pública, la hermana Judy dijo en una ocasión: «Venimos a orar, no a protestar».

Aunque la hermana Judy no estaba ese día en Douglas, conocí a otro activista fronterizo, Mark Adams, amigo de ella, quien también participaba en las vigilias.

—Vamos a pasear un poco —dijo un rato después de habernos conocido, y salimos a caminar tranquilamente al otro lado de la frontera; pasamos a los guardias y llegamos a la pequeña ciudad de Agua Prieta. Los agentes de migración de ambos países nos saludaban amigablemente.

Douglas había sido una ciudad próspera con una industria local: la fundidora de Phelps Dodge. Pero eso había quedado atrás. Ahora las industrias estaban al otro lado de la frontera, en la polvosa de Agua Prieta, con veinticinco fábricas que hacían de todo, desde velcro hasta cinturones de seguridad y persianas.

—La valla no nos define —dijo Mark Adams. Después de dieciocho años en la frontera dirigiendo Frontera de Cristo y sus programas de atención a la comunidad (en salud, educación, cultura), dijo que había visto en la frontera más similitudes que diferencias. Ni el gobierno de los Estados Unidos ni el de México proporcionaban servicios ahí, así que el trabajo de asistencia social se dejaba en manos de los misioneros, como en el tercer mundo.

—En realidad es muy fácil —dijo Mark—: haz justicia, ama la misericordia, camina humildemente con Dios.

Mark sostenía que la migración mexicana era un «cero neto»: sin superávit ni déficit; una situación en tablas. Ahora, el crecimiento migratorio provenía de Centroamérica, con miles de personas huyendo de la violencia, así como lo que las autoridades de los Estados Unidos llaman «los extranjeros de interés especial» (africanos, hindúes, pakistaníes) que abarrotan las celdas de detención a lo largo de la frontera.

Al siguiente día habría un concierto, según me contó Mark: medio coro del lado mexicano de la valla y la otra mitad del lado estadounidense, cantando juntos; un acto, en sus palabras, para promover la unidad, el crecimiento y la paz. A lo mejor estaba funcionando: una junto a otra, Douglas (que había perdido sus industrias) y Agua Prieta (que había obtenido muchas fábricas) sobresalían como las ciudades más seguras y serenas que hubiera visto en todo mi zigzagueo por la frontera.

En la carretera secundaria de Douglas a Las Cruces pasé por el pueblito ganadero de Ánimas (doscientos treinta y siete habitantes). Ese lugar de nombre sugerente se menciona llamativamente en el breve pero apasionado libro de no ficción de Valeria Luiselli titulado *Los niños perdidos (Un ensayo en cuarenta preguntas)*. «Llegando a Ánimas también empezamos a ver las manadas de camionetas de la Border Patrol, como funestos sementales blancos encarrerados hacia el horizonte.»

Luiselli y su familia se sentían intimidados por esa presencia de la autoridad, aunque en el libro los Luiselli no parecen acercarse mucho a la zona limítrofe ni ven que esos vehículos son una característica de toda la frontera (yo había visto vehículos de la Border Patrol buscando migrantes incluso a ciento treinta kilómetros al norte de la frontera, por ejemplo, en un puesto de control en Falfurrias, Texas). Ánimas está a sesenta kilómetros de la población fronteriza más cercana, Antelope Wells. A lo largo de gran parte de la frontera hay una ruta lateral sin pavimentar, expresamente para el uso de esas patrullas y cerrada al público. Luiselli parece sorprenderse de que la frontera esté custodiada por autoridades, por lo general armadas y a menudo a bordo de vehículos. Sin embargo, así es en la mayoría de las fronteras nacionales, entre ellas la frontera entre el México natal de Luiselli y Guatemala, conocida por la ferocidad de la vigilancia policial de ambos lados.

En el verano de 2014, escribe Valeria, los Luiselli (su esposo, ella y sus dos hijos), de nacionalidad mexicana, hicieron un viaje por carretera desde Nueva York al suroeste. La familia había vivido los tres años anteriores en esa ciudad, a la espera de obtener el permiso de residencia permanente, la *green card*; en el ínterin serían considerados extranjeros sin residencia permanente, *non-resident aliens* (a Valeria no le gusta esta designación, *alien*, que también significa *alienígena*, pero es normal en muchos países: el documento de identidad que yo llevé conmigo por varios años en Inglaterra se llamaba *alien identity card*). Ese viaje, y el trabajo de Luiselli como intérprete voluntaria en una corte migratoria de Nueva York, donde ayudaba a los inmigrantes a orientarse en los avatares burocráticos (las anfractuosidades del sistema), dio lugar al volumen *Los niños perdidos*.

En él se hace un breve bosquejo del viaje familiar. Atraviesan Nuevo México y Arizona pero no cruzan la frontera, cosa un poco rara, pues como ciudadanos mexicanos, con pasaportes y visas estadounidenses válidos, habría sido un sencillo paseo de ida y vuelta, y habrían visto, como yo, las buenas relaciones, el compromiso y las briosas comunidades gemelas de Douglas y Agua Prieta (al sur de Ánimas, donde ellos estaban). De vez en cuando los agentes de la Border Patrol detienen a los Luiselli y ellos sonríen, muestran su documentación y siguen su viaje. Al cabo de pocas páginas el viaje ha terminado y están de regreso en Nueva York. Poco después, todos menos Valeria tienen su *green card*. A la espera del documento, preocupada por su condición de migrante, Valeria se siente motivada a convertirse en intérprete voluntaria de la corte migratoria. Su experiencia de trabajar con migrantes indocumentados (menores de edad en su mayoría) es lo que anima su breve pero poderoso (y por momentos contradictorio) libro.

Las cuarenta preguntas del subtítulo aluden al «cuestionario de admisión» que se emplea en la corte, preguntas que a Luiselli le tocaba plantear para luego anotar las respuestas. La mayoría son simples y directas, como: «¿Por qué viniste a los Estados Unidos?» o «¿Ibas a la escuela en tu país?».

Pero hay también preguntas que evocan recuerdos dolorosos, como: «¿En tu viaje a los Estados Unidos te pasó algo que te asustara o lastimara?».

Estas preguntas suscitan historias de horror. Luiselli escribe que tantas mujeres y niñas son violadas en su camino a la frontera (dice que 80% sufren agresiones sexuales) que empiezan a tomar píldoras anticonceptivas antes de emprender el viaje. Menciona que la mayoría de las personas a las que interrogó habían llegado de Honduras, Guatemala y El Salvador, huyendo de la violencia, con historias de privaciones, padecer la brutalidad de las pandillas, perderse en el desierto, abandono y victimización.

Los migrantes llegan en busca de padres y parientes, en busca de refugio, para estar a salvo, para encontrar una vida… Y algunos descubren que las calles de Nueva York son tan peligrosas como las de Tegucigalpa.

En su viaje por México, en camionetas o en el techo de La Bestia, los migrantes son tratados con crueldad, secuestrados u obligados a trabajar en ranchos mexicanos prácticamente en condiciones de esclavitud. En la última década, ciento veinte mil migrantes han desaparecido en el camino, ya sea porque los asesinaron o porque se perdieron y sucumbieron a la sed y a la inanición.

Luiselli subraya una anomalía que yo descubrí en Nogales: que a los niños migrantes mexicanos y a los que buscan asilo provenientes de países centroamericanos no les dan el mismo trato. A los menores mexicanos los tratan con menos compasión o paciencia que a todos los demás. Si no pueden demostrar que son víctimas de tráfico o persecución, pueden detenerlos y deportarlos inmediatamente por la fuerza (el eufemismo oficial es «regreso voluntario»), sin ninguna medida migratoria formal.

El libro alcanza una mayor fuerza, y parte de su desorden, porque Luiselli misma está viviendo su propia historia migratoria, y, como los niños, desea vivir en los Estados Unidos. «¿Por qué viniste?» es una pregunta muy simple para un niño desfavorecido que huye del peligro, del hambre o de una familia rota. Pero ¿y para una escritora inteligente de buena familia, que sabe expresar sus ideas, acomodada, premiada, muy viajada y con estudios universitarios, alguien como la privilegiada Valeria Luiselli? A ella a todas luces le aflige ese conocimiento y dice no tener la respuesta. En este pasaje describe el proceso de una extranjera planteándose fijar su residencia en los Estados Unidos:

«Antes de venir a Estados Unidos, sabía lo que otros sabían: que la aparente impenetrabilidad de las fronteras y la dificultad burocrática de los laberintos migratorios era solo una capa que había que atravesar, y que del otro lado tal vez esperaba una vida posible. Supe luego que los que se van empiezan a recordar su lugar de origen como si estuvieran viendo el mundo a través de una ventana durante el mero culo del invierno. A través de esa ventana —escarchada por fuera, empañada por dentro— lo que ven es un esqueleto de mundo, un trozo de abandono, un tilichero lleno de cosas muertas y obsoletas».

Lo anterior podemos entenderlo mejor si usamos la palabra *hogar*, concebido como el lugar que dejaste; ahora, desde las alturas de la ciudad imperial, parece un montón de escombros, un lugar que nunca quieres volver a ver.

«En Estados Unidos, quedarse es un fin en sí mismo y no un medio: quedarse es el mito fundacional de esta sociedad. [...] Los que llegamos aquí empezamos, de forma inevitable y quizás irreversible, a querer formar parte del gran teatro de la pertenencia».

Esto es elocuente pero vacilante; es autoengaño y evasión. Habla de «quedarse» y no dar el siguiente paso, que debería ser el triunfo de un migrante: convertirse en ciudadana estadounidense. El hecho de que esquive la palabra *ciudadanía* es revelador, y creo que muestra lo nebuloso que es ese deseo de transformación para algunos migrantes. Incluso esta mujer brillante expresa vagamente el compromiso. Y eso de que «quedarse es un fin en sí mismo y no un medio» no es del todo cierto: he conocido migrantes (mexicanos muchos de ellos) que no querían más que conseguir trabajo, ahorrar algo de dinero y volver a casa. Podría quizá decirse lo mismo de la gran cantidad de escritores ingleses, músicos irlandeses, novelistas nigerianos, informáticos hindúes, intelectuales franceses, jugadores de hockey rusos y surfistas brasileños que vienen a los Estados Unidos (como la desdeñada mexicana) por el lugar y por la espontaneidad de un país conveniente y espacioso, así como por una oportunidad de enriquecerse.

De camino a El Paso paré en Las Cruces y platiqué con Molly Molloy, bibliotecaria en la Universidad de Nuevo México. Nacida en el pantanoso suroeste de Louisiana, me dijo que era más feliz ahí en el desierto alto y se había propuesto la misión de llevar una crónica detallada de los delitos y asesinatos ocurridos en la frontera.

—Siempre fue descarnada y peligrosa, pero no como ahora —me dijo mientras cenábamos en el pueblo de Mesilla, con aspecto tan mexicano como cualquier pueblito en México, con una vieja plaza y una iglesia del siglo XIX; por supuesto que Mesilla había sido un importante pueblo mexicano, luego engullido por el Tratado de La Mesilla—. La historia que se cuenta es que en Ciudad Juárez había cárteles peleando entre sí, pero eso no es cierto.

Molly alimenta escrupulosamente una base de datos con estadísticas y relatos de testigos de la violencia en Ciudad Juárez. Con esa información concluyó que el índice de homicidios subió en 2008, cuando llegaron a la ciudad ocho mil soldados del ejército mexicano. En pocos días aumentaron los asesinatos, los secuestros y los linchamientos, hasta alcanzar un punto crítico en 2010.

—Era una especie de terror —describe Molly—. Las tropas fueron responsables de la mayoría de los asesinatos. Los homicidios disminuyeron cuando las tropas se fueron.

Como la mayoría de la gente, ella recordaba los tiempos en que cruzar la frontera era una cuestión sin mayor trascendencia, pero aquello acabó en 1993 con la operación Hold the Line, «Defiende la frontera», en el sector de El Paso.

—La idea era poner a gran cantidad de agentes de la Border Patrol en zonas urbanas —me explicó Molly—. Cerraron los cruces fronterizos a peatones indocumentados —como los que iban de compras, los trabajadores de la frontera y los de medio tiempo— y eso estimuló la migración ilegal.

El éxito del presidente Clinton al cerrar el Tratado de Libre Comercio significaba que la industria manufacturera estadounidense se pasaba a México cruzando la frontera pero sin adentrarse muy lejos en el país. De hecho, la regla parecía ser que esas compañías estaban determinadas a quedarse muy cerca de los Estados Unidos, para que sus productos se pudieran despachar al otro lado de la frontera en unos cuantos minutos en camión. La mayoría de las fábricas estadounidenses en México se alcanzaban a ver desde los Estados Unidos. Y, por supuesto, el Tratado de Libre Comercio entró en vigor en enero de 1994, anunciado por Clinton con bombo y platillo como una manera de crear empleos. Sin embargo, la mayoría de los empleos se crearon en México.

—El primer efecto del Tratado de Libre Comercio fue la emigración de gente del sur de México que había perdido su modo de ganarse la vida, tanto agricultores como pequeños fabricantes

—me dijo Molly, haciéndose eco de algo que había yo escuchado en Nogales—. Algunas de estas personas acabaron en las maquiladoras y otras trataron de cruzar como pudieran.

Durante nuestra cena en Mesilla, Molly se fue descorazonando al describir el caos de la frontera, el mal gobierno en México y la desesperación de los migrantes.

—Yo ya no voy allá, ya no cruzo —me dijo—. Es… ¿cuál es la palabra?… Es muy cruel.

Al día siguiente, camino a El Paso, pasé por un puesto de control y me detuve para permitir que un agente de la Border Patrol me hiciera preguntas mientras su perro, impaciente, oliera el perímetro de mi carro.

—¿Cómo va todo? —pregunté al hombre.

—Tenemos a ocho sentados ahí adentro —dijo jalando la correa.

—¿Los encontraron en vehículos?

—Algunos en camiones y coches. Algunos vienen de los campos. Agarramos diez o doce al día.

—¿Qué hacen con ellos?

—Nos ocupamos de ellos de acuerdo con diversos protocolos. Ya se puede ir —dijo con un dejo de impaciencia.

—¿Puedo hacerle otra pregunta?

—Ya se puede retirar, señor —dijo, y su perro, que pareció captar su agitación, me babeó un poco.

Desde la ventana de mi motel, junto a la carretera interestatal en las afueras del oeste de El Paso, vi un taller mecánico que anunciaba cambios de aceite sin necesidad de cita. Mientras esperaba que le hicieran la revisión a mi carro, me fui a pasear un poco y para matar el tiempo me metí a un lote de carros usados.

—Este carro es perfecto para usted —escuché a un vendedor decir para animarme—. Usted necesita este carro.

Era José, un hombre de alrededor de cincuenta años, a quien pronto se le sumó un colega, Luis. Cuando los convencí de que no necesitaba otro carro y que al mío le estaban cambiando el aceite en el negocio de al lado, hablamos de la frontera.

—Ciudad Juárez siempre fue más rica que El Paso —dijo José—. Y mucho más grande. Juárez enriqueció a El Paso. Pero ahora ya todo es distinto.

—El otro día hubo diez asesinatos en Juárez —dijo Luis como quien no quiere la cosa.

Bostezando y encogiéndose de hombros, José dijo:

—Se está poniendo peor.

—¿Asesinatos de cárteles? —pregunté.

—Asesinatos del gobierno. El PRI. Ellos están detrás de todo —se refería al Partido Revolucionario Institucional, el afianzado partido dominante en México, que un año después fue derrotado por el Movimiento de Regeneración Nacional, Morena, de Andrés Manuel López Obrador.

Y tras enumerar los horrores de Ciudad Juárez, estos hombres me dijeron que vivían al otro lado de la frontera, en diferentes colonias de la ciudad. Juárez será peligrosa, pero la vivienda era mucho más barata que en El Paso, la comida era una ganga, y viajar todos los días de ida y vuelta entre una ciudad y otra por trabajo era muy fácil. Miles de mexicanos, con visas o pasaportes estadounidenses, cruzaban diariamente la frontera para trabajar o ir de compras a El Paso.

Luis, con nacionalidad estadounidense y pasaporte válido, había vivido y trabajado en varios estados fronterizos. Tenía la actitud beligerante del bromista, la familiaridad de un vendedor y una seguridad que él atribuía a su intransigencia.

—No puedo evitarlo: soy tozudo. Dios así me hizo, ajá.

—Deme un ejemplo —pedí.

—Claro. El otro día en Juárez andaba yo en el tráfico. Que veo mi teléfono celular y en eso oigo un pitido: un policía me dice que me orille a la orilla. «¡Está hablando por el celular!» Y que le digo: «No estoy hablando, solo lo estoy viendo». Y que me dice: «Deme diez dólares». «¿Por qué?», le pregunté. «¡Por hablar por teléfono! ¡Diez dólares! O le quito la licencia». Y que le digo: «No le voy a dar diez dólares, ni siquiera cinco». Y que me dice: «¡Deme su licencia!». Le di mi licencia, que era de Arizona, y le dije: «Ahora voy a sacarme otra por internet».

Eso era, en efecto, un ejemplo de tozudez, porque para obtener un duplicado de la licencia iba a tener que pagar veinticinco dólares.

—Me niego a darle una mordida a un policía.

—Con la policía mexicana —terció José— siempre hay problemas.

—Usted tiene suerte —me dijo Luis—. Usted es gringo y puede decirles lo que sea.

—¿Como qué? —pregunté.

Luis se empezó a animar; bajó el cuello y se puso a gesticular.

—Con la policía mexicana tienes que actuar. Si te dice: «Deme dinero», le dices: «Soy alemán, no hablo inglés». ¡Hazte el tonto! ¡Sé un gran actor! Cuéntales puras mentiras. Llévate un Golden Globe. Y así la policía no te puede hacer nada.

—Eres el único gringo que ha cruzado hoy el puente —me dijo Julián Cardona, periodista enjuto y sarcástico de Ciudad Juárez, a quien Alice Driver cita en su libro *More or Less Dead*: «Los grados de sadismo [en México] son enormes, y en gran medida son un reflejo de la impunidad que existe en el país».

Julián, que ronda los cincuenta y cinco, demostraba ser un astuto observador de la vida en Ciudad Juárez, donde ha dedicado toda su vida profesional a informar sobre sus excesos. Entre estos se cuentan muchas decapitaciones, cuerpos colgados de postes telefónicos y cadáveres tirados en las calles.

Quizá fui el único gringo que cruzó el puente a Ciudad Juárez aquel día, pero había miles de mexicanos apresurándose al lado estadounidense, y que cuando terminaban de trabajar volvían a México. Muchos niños de Nogales, Sonora, van a la escuela en Nogales, Arizona. «Sí, hablo inglés —escuchaba a menudo a lo largo de la frontera—. Estudié del otro lado».

Ciudad Juárez tiene la triste fama de haber alcanzado el récord mundial de homicidios violentos en 2010: 3 622 disparos, apuñalamientos, linchamientos y muertes por tortura. «No vaya», me decía la gente en El Paso. Sin embargo, está ahí a un lado, y el índice de asesinatos había bajado a menos de los cuatrocientos sesenta y ocho homicidios de Chicago en 2016. Cuando sopla el viento del sur, el polvo que se levanta en Ciudad Juárez puede hacerte estornudar en El Paso. El paisaje urbano de Juárez centellea de noche; de día es café pardo y bajo, disperso a lo largo de la orilla sur del río Bravo, visible desde su ciudad hermana al otro lado del río como una serie de colonias densas y colinas pelonas de poca altura. Del lado texano alcanzan a oírse sus cláxones, como se oía el golpeteo de los tiros en su año de asesinatos en masa. Algunas balas disparadas en Juárez hicieron agujeros en los ladrillos y el estuco de las construcciones de El Paso.

En una decisión poco común, Francisco Cantú, un joven agente de la Border Patrol en El Paso, desencantado de su trabajo renunció para convertirse en activista contra los maltratos cometidos en la frontera. En *La línea se convierte en río. Una crónica de la frontera*, su informe de 2018 sobre esa conversión, describe cómo era trabajar en El Paso en la periferia de la anarquía de los años más violentos: «La inseguridad de Ciudad Juárez flotaba en el aire como el recuerdo de un sueño roto. En las noticias, en textos académicos, en el arte y la literatura, la ciudad era eternamente presentada como un entorno de maquiladoras, narcos, sicarios, delincuentes, militares, policías, pobreza, feminicidios, violaciones, secuestros, desapariciones, homicidios, masacres, balaceras, luchas por el poder, fosas comunes, corrupción, decadencia y erosión: un laboratorio social y económico del terror».

Aquí el río es teórico, tan solo un conducto de cemento manchado de graffitis indignados, un chorrito de aguas agrias superficiales corriendo, como un lecho seco que podría verse en la Siria asolada por la sequía y las colinas que lo rodean igual de calcinadas, arenosas y sirias. El contorno del conducto marca la frontera, que por el índice delictivo había salido mucho en las noticias.

Un día de sol deslumbrante crucé el puente internacional a la ciudad de los superlativos infames.

En contraste con la pacífica y salubre El Paso, en Ciudad Juárez prácticamente no hay más que viviendas de un piso, casitas de cemento, chozas ruinosas de tejado plano y jacales en una cuadrícula inmensa de pedregosas calles estropeadas, con un millón y medio de habitantes, de los cuales aproximadamente una cuarta parte están empleados en las maquiladoras, casi todas de propiedad estadounidense. Los empleados mexicanos de esas fábricas trabajan por lo general turnos de diez horas por un salario diario promedio de seis dólares (en «Upheavals in the Factories of Juárez» —*Atlantic*, 21 de enero de 2016— Alana Semuels expone los deprimentes pormenores de estos empleos). A pesar del bombo y platillo en torno al Tratado de Libre Comercio, eso no se traduce en un salario decoroso. Juárez está mal de dinero y se está viniendo abajo; inhóspita, su aire de penetrante tristeza me pareció una atmósfera fronteriza: la ansiosa melancolía de la pobreza y el peligro.

En el apabullante cuento «Paso del Norte», del escritor mexicano Juan Rulfo (autor de una de las novelas más conocidas de México, *Pedro Páramo*), un hombre le pregunta a su hijo, que va rumbo a Ciudad Juárez:

«—¿Y qué diablos vas a hacer al Norte?

»—Pos a ganar dinero —responde el hijo—. Ya ve usté, el Carmelo volvió rico, trajo hasta un gramófono y cobra la música a cinco centavos. [...] Gana su buen dinerito y hasta hacen cola pa oír. Así que usté ve; no hay más que ir y volver. Por eso me voy».

En la más pura tradición de las baladas y cuentos de la frontera, este termina mal. El hijo le paga a un coyote para que les ayude a él y a otros a cruzar la frontera. Les disparan y todos mueren, excepto el hijo, que cuando regresa a su pueblo descubre que su esposa se fue con otro.

Había quedado de verme con Julián Cardona en el café El Coyote Inválido, junto al Kentucky Club, un bar que alguna vez fue próspero y bullicioso pero que había perdido su vitalidad y su clientela.

—A lo mejor eres el único gringo que viene en toda la semana —dijo Julián, burlón, mientras se tomaba su café—. ¡A lo mejor en todo el mes!

Dijo que los gringos ya no iban a Ciudad Juárez. Tampoco a Nuevo Laredo, Ciudad Acuña, Reynosa, Matamoros ni muchas otras ciudades fronterizas.

—Antes venían en busca de mujeres o drogas, o a cenar o a que les arreglaran el coche en los talleres de hojalatería —dijo—. Y hasta por ahí de 1993 los mexicanos solían pagar dos dólares para cruzar por abajo de la Avenida Juárez en una balsa inflable para ir a trabajar: las mujeres a limpiar casas y los hombres a trabajar en la construcción.

En la década de 1990, la porosa y relajada frontera se volvió mucho más formal y fuertemente patrullada, primero por una serie de medidas de seguridad y después a consecuencia del Tratado de Libre Comercio, que tuvo el efecto de convertir el lado mexicano de la frontera en un asentamiento, un suministro estable de mano de obra barata, y el confinamiento de los obreros detrás de la valla fronteriza se consideró fundamental.

—Y poco a poco los gringos dejaron de cruzar —dijo Julián… La ciudad había cambiado sus prioridades del turismo a la manufactura.

Agregó que se trataba de la ciudad fronteriza con mayor número de maquiladoras: de autopartes, computadoras, electrodomésticos y mucho más.

—Estábamos haciendo televisiones antes que China.

Esas fábricas empleaban a más de doscientos setenta y cinco mil obreros. Sus trabajadores vivían en barrios bravos.

—Medio millón de personas viven en esta colonia —me dijo.

Íbamos en su camioneta pickup por un vecindario de calles de tierra y casas de bloques de cemento y tejados planos. A todas luces eran casas de «hágalo usted mismo», mal armadas, con albañilería asimétrica, marcos de madera irregulares, matas de cables eléctricos colgando de los aleros. Las mujeres cargando agua en cubetas eran señal de que no había agua corriente.

—Hay una secundaria.

En el periodo de las matanzas, según me dijo Julián, llegaba a haber hasta veinticinco asesinatos en un día; el promedio era de diez diarios.

—Ibas manejando y te topabas con un cadáver en el suelo, a veces varios —redujo la velocidad de su camioneta para dejar que un escuálido perro de tres patas cruzara cojeando la calle pedregosa. Añadió—: Los soldados eran responsables de la mayor parte de los asesinatos y de la tortura. Ellos, junto con la policía, estaban detrás de la violencia. Eso sigue pasando. Adonde mandan a los soldados se incendian casas, hay asesinatos, torturas. Esa violencia promueve la historia de que es una guerra de cárteles.

—Pero sí que hay cárteles detrás de muchas de las matanzas, peleándose por el control de los territorios, ¿no?

—Sí, de eso no cabe duda —confirmó Julián—, pero si mandas a diez mil soldados a Juárez, tendrás masacres. La ciudad se tiene bien ganada su mala reputación, pero tienes que entender el porqué.

Me mostró en su teléfono celular un video que estaba circulando en México aquella semana, de una mujer en el estado de Guerrero torturada por soldados, con una bolsa de plástico tensada en la cabeza, mientras la interrogaban. «¿Vas a hablar?», repetía un torturador con uniforme del ejército.

La mujer no podía hablar, pues se estaba asfixiando, y el hombre quitaba la bolsa apenas el tiempo necesario para exigir las respuestas. «¿Ya te acordaste o quieres más?»

La mujer, amarrada, sigue llorando y dice no saber nada, a lo que el soldado responde bajando la bolsa con tanta fuerza que la mujer la succiona por la boca y silenciosamente se atraganta y forcejea.

—¿Ves su uniforme? Está en la Policía Federal —me señala Julián—. Esto mismo pasó en Juárez. Pasa en México todos los días.

Poco después de que el video se hiciera viral, el gobierno mexicano se disculpó por los «sucesos repugnantes» y los «actos ilegales» de la policía.

Almorzando en El Coyote Inválido, Julián habló de la cultura fronteriza.

La música de la frontera, me dijo, no son solo los narcocorridos, que celebran las hazañas de los cárteles mexicanos en la frontera, sino la música norteña, que adquiere su peculiar sabor por el uso de un vocabulario fronterizo que ha crecido de ambos lados. La mezcla cultural se da también del lado estadounidense, con grandes zonas empapadas de la alegre vida mexicana, pero también de la detestable narcocultura.

Prueba de que a los delincuentes del mundo entero les gustan los eufemismos es el uso de *piedra* o *foco* como sinónimo de *metanfetamina*, *perico* por *cocaína*; *choncha*, *mota*, *mostaza* o *café* por marihuana, y *agua de chango* para referirse a una heroína líquida, barata pero fuerte, que se inhala por la nariz. *Montada* es la palabra fronteriza para hablar de la tortura, normalmente la cometida por el ejército mexicano. *Albergue* se usa en la frontera para referirse a un refugio improvisado hecho por un migrante.

Fue Juan Cordero quien me enseñó la palabra *gabacho*, que la mayoría de los hispanohablantes reconocen como el término despectivo que se usa en España para referirse a los franceses, pero en la frontera (de donde se ha ido extendiendo a otras partes de México) *gabacho* es una palabra insultante para hablar de los gringos. Los gringos de la frontera devuelven el cumplido con el mucho más ofensivo *frijolero* (*beaner*). *El Gabacho* también puede referirse a los Estados Unidos en general, como en *Mi hermano se fue al Gabacho*.

Un *punto* es un sitio para comprar drogas, como en *un punto de venta*. *Picadero* alude a una casa para inyectarse heroína. Otra palabra común, *puchador*, se deriva de la palabra inglesa *pusher*: narcomenudista. Y si te robaron, había una vieja locución que no se usa en otras partes de México: *Me hicieron*. Una manera de «hacerte» era el *housejacking*: los mexicanos de la frontera empleaban ese término inglés, que significa levantar una casa separándola de sus cimientos, para referirse a un tipo de robo específico: cuando los maleantes se meten a tu casa a robar tus documentos, tu pasaporte, tu visa… los papeles que necesitas para cruzar la frontera.

—Estoy seguro de que viste halcones a lo largo de la frontera —dijo Julián. *Halcón* es el término fronterizo para vigía o espía, y muchos de ellos tienen un garbo comparable al de Artful Dodger en *Oliver Twist*.

Le dije que sí, los había visto en las colinas cerca del Comedor en Nogales, parados en las laderas, sopesando a migrantes que tal vez pudieran necesitar los servicios de un coyote o del pollero de algún cártel, siempre en busca de clientes dispuestos a pagar para que los conduzcan al otro lado de la frontera.

—Las ciudades fronterizas son ciudades de inmigrantes —dijo Julián—. Están pobladas de gente de todas partes. Puedes hablar con cualquiera.

De San Ysidro en el oeste (al otro lado de Tijuana) a Brownsville en el este (al otro lado de Matamoros), este derrame humano significa que un estadounidense que no hable español tiene una clara desventaja a la hora de ir de compras, ponerle gasolina al carro, comer en muchos restaurantes de la frontera del lado de los Estados Unidos o confraternizar con los trabajadores.

—No es como en la Ciudad de México o Chihuahua, donde hay jerarquías. Aquí no hay un rígido sistema de clases.

Esa era la razón por la que se había quedado a vivir en Juárez, según me dijo. Tenía una casa, y como fotógrafo y periodista (de los que había cada vez menos) podía ser testigo de cualquier cosa que pasara a continuación en esa desesperada ciudad.

Me pareció un ejemplo de gran determinación, porque tenía una visa para cruzar la frontera y a cualquier hora del día o de la noche podía ver, al otro lado del conducto que contiene los residuos verdosos del río Bravo, la floreciente ciudad de El Paso. Lo irónico del asunto era que gran parte de la prosperidad de El Paso se basaba en la mano de obra migrante y en las utilidades de las fábricas explotadoras de Ciudad Juárez.

El día que me fui de El Paso estuve platicando en un restaurante con un texano: un hombre con un libro en la mano que me hizo pensar que quizá tendríamos algo en común, y resultó que sí. Era lector; el libro era un poemario, él mismo escribía poesía, y le alegró que platicáramos y nos tomáramos un café en el Good Luck Café, que servía comida casera mexicana. Desde donde nos sentamos se veía Ciudad Juárez, así que mi pregunta natural era que si le gustaba tanto la comida mexicana, ¿no encontraría mejores platos del otro lado?

—Tal vez —respondió, y movió la cabeza para señalar el kilómetro que nos separaba de la frontera—. Dios, hace años que no voy para allá.

El valle del río Bravo del lado de Texas eran tierras de labranza; del otro lado, desierto chihuahense pedregoso.* Y luego volví, en medio de las bellezas del Big Bend y el desierto alto, descendiendo

---

* Como a sesenta y cinco kilómetros al sur de Van Horn, en una población llamada Porvenir, hay una placa triste. Ahí, el 28 de enero de 1918 un grupo de texanos, ganaderos anglosajones y soldados de caballería, sacaron de sus casas a quince hombres (el más joven tenía dieciséis años) y les dispararon a quemarropa en un acantilado con vista al río; después incendiaron Porvenir hasta reducirlo a cenizas.

al Box Canyon, a Amistad y Del Río, Texas, donde una cuarta parte de la población económicamente activa vivía del otro lado de la frontera y diariamente hacía una fila para cruzar el puente y trapear pisos, podar jardines o ir de compras. Almorcé en Del Río, en un restaurante donde me atendió Myrta, que, según me dijo, todos los días cruzaba a los Estados Unidos para preparar la comida mexicana que ahí servían.

—Allá ahora hacen autopartes y cinturones de seguridad, pero los obreros ganan setenta y cinco pesos al día. Prefiero ir diario a Del Río y hacer tacos.

Muchos de esos trabajadores de Del Río eran ciudadanos estadounidenses que vivían al otro lado del río en la antaño bulliciosa y atrevida pero ahora ojerosa Ciudad Acuña. Un mecánico al que conocí en Del Río me contó que todos los días iba y volvía de Ciudad Acuña, donde rentaba una casa por cien dólares al mes.

—Una casa similar aquí me costaría entre quinientos y ochocientos dólares.

La comida era más económica del otro lado de la frontera y cruzar solo tomaba diez minutos.

—Compré una casa en Ciudad Acuña por menos de veinte mil dólares —me dijo en Del Río Roy, también mecánico. Escuché esa misma historia muchas veces—. Todos los días voy y vuelvo.

La prosperidad de Del Río se debía a su cercanía con la Base de la Fuerza Aérea Laughlin, a trece kilómetros, y su necesidad de trabajadores civiles. Ciudad Acuña había sobrevivido gracias a que atrajo sesenta y tres fábricas en cinco parques industriales, donde se manufacturaban autopartes, bolsas de aire y electrodomésticos Oster (licuadoras, tostadoras, cafeteras, hornos de microondas), y estaba por cerrar un acuerdo para la instalación de una planta de ensamble de autos. Los obreros mexicanos con los que hablé eran renuentes a entrar en detalles, pero me confirmaron que el salario inicial era el equivalente a más o menos cuatro dólares diarios y llegaba a los siete dólares con cincuenta centavos diarios. La mayoría de las maquiladoras tenían dos turnos, de 7 a. m. a 4 p. m. y de 4 p. m. a 2 a. m. Hay cerca de cincuenta mil trabajadores en Ciudad Acuña, un número más grande que toda la población de Del Río. Como Acuña se jactaba de su aversión a los sindicatos, las empresas estadounidenses seguían trasladándose para allá, atraídas por la promesa de poderles pagar a los obreros menos de ocho dólares al día.

—Están contentos de tener esos trabajos —me dijo un funcionario del consulado en Nogales para refutar mi escepticismo.

Puede ser, pero la desesperación suele servir para justificar la explotación, y en mi breve caminata hasta Acuña me resultó evidente que se trataba de una ciudad de casas pobres y ánimo decaído, de gente viviendo en barrios obreros que recuerdan las viviendas de las plantaciones, y que los empleados de Oster difícilmente tendrían en su jacal una de las cafeteras eléctricas en cuya manufactura trabajaban sin descanso.

Cuando el turismo dominaba Ciudad Acuña había conciertos, bailes y los fines de semana corridas de toros.

—Los toreros venían de España y de la Ciudad de México —me informó Rubén en su tienda de souvenirs—. Venían muchos gringos a verlos. Alguien de aquí, el señor Ramón, ponía los toros. ¡Era una ciudad muy animada! —comentó señalando a la vacía calle principal, la calle Hidalgo, y a las tiendas de curiosidades, botas, sombreros, postales descoloridas, sin clientela—. Había gente por todas partes.

Los gringos venían en coche desde Houston por los restaurantes, y los aviadores de Laughlin cruzaban para emborracharse y perseguir mujeres en la zona de tolerancia en la orilla de la ciudad. Todo eso había cambiado. Había cantinas con letreros que decían LADIES BAR, «donde podías encontrar a una dama para llevar a casa», según Jesús, pero ahora aquellas cantinas estaban cerradas con tablones y en lo que antes era la Plaza de Toros ahora se ponía el mercado.

La carretera 277 desde Del Río hasta Eagle Pass seguía el contorno de la frontera, que era el meandro del río Bravo, centelleante con el sol de la mañana, lento, donde se podía nadar fácilmente. Con praderas y colinas verdes, granjas de nueces y huertos frutales, esta parte de Texas debe su exuberancia a su proximidad con el río y a la irrigación. La cosecha se la debe a los migrantes.

Eagle Pass parecía una ciudad en decadencia. Sus decorosas mansiones hablaban de un próspero pasado; sus casitas desvaídas, de un moribundo presente. Pero tenía un campo de golf de buen tamaño. Crucé el puente bajo que lleva a Piedras Negras y di un paseo hasta la más o menos nueva gran Plaza de las Culturas. Como me había ocurrido ya en algunas otras ciudades fronterizas mexicanas, me impresionó ahí la cantidad de familias con hijos jugando en el parque, comiendo helado, pateando pelotas de futbol. Esas familias daban colorido y vitalidad a las ciudades al sur de la frontera, y si en Piedras Negras había un gran museo y una importante biblioteca pública, del lado de los Estados Unidos no había nada parecido.

El Museo de la Frontera Norte en Piedras Negras enunciaba su propósito de «estampar, preservar y fortalecer la identidad del pueblo de Coahuila». Para ese fin, la historia de la ciudad y del estado se explicaba por medio de mapas, documentos, herramientas, armas y pinturas (no se menciona, sin embargo, que los nachos fueron inventados en Piedras Negras por Ignacio Anaya, *Nacho*, que en la década de los cuarenta trabajaba en el Club Victoria y un buen día se le ocurrió mezclar totopos de maíz con chiles jalapeños y queso derretido para los gringos que iban de Eagle Pass). La biblioteca del sótano estaba llena de gente hojeando libros, llevándoselos en préstamo o leyéndolos *in situ*, y el lema de la Sala Gabriel García Márquez (obsérvese el nombre de uno de los mayores escritores del siglo XX) era «Leer para vivir mejor».

Y quizá la razón sea simple. Piedras Negras era otra ciudad en la que los trabajadores de las fábricas tenían que aguantar empleos mal pagados. Una población con bajos ingresos, sin televisión o videojuegos, sin dinero para comprarse un coche, pasa su tiempo libre en parques y museos y saca libros de las bibliotecas.

—En los Estados Unidos los niños juegan con sus Xboxes —me dijo Mike Smith en Laredo, a medio día de camino en coche por tierras de labranza desde Eagle Pass. Mike trabajaba en el Holding Institute en campañas de alfabetización de adultos y asistencia social para población desatendida de Laredo—. Del otro lado de la frontera salen a pasear, hacen pícnics; las familias suelen crear sus propias actividades.

Pero las calles luminosas, la novedad y eficiencia de Laredo, y los días que pasé en el agradable Hotel Posada, en la vieja plaza, hacían que Nuevo Laredo, del lado mexicano, pareciera francamente horroroso: efecto, como en Ciudad Juárez, de las peleas de los cárteles entre ellos y contra el ejército mexicano. Laredo, Texas, era una ciudad de museos y universidades (entre ellas Texas A&M International), de estadios deportivos y escuelas. Sus tiendas estaban abarrotadas de compradores del otro lado de la frontera; tanta gente cruzaba el puente que, si pasar de los Estados Unidos a México representaba una caminata de diez minutos, de sur a norte podía tomar una o dos horas, pues la fila se estrechaba y enlentecía en el servicio de inmigración estadounidense. Estos viajeros por lo general tenían visas o permisos de trabajo.

Yo sabía por experiencia que alguna vez había sido diferente. Cuarenta años antes, siendo un hombre joven e inquieto, vigorizado por largos viajes por tierra entre culturas exóticas, había decidido ir en tren de Boston a la Patagonia, un trayecto de más o menos veintiún mil kilómetros que hice a lo largo de muchos meses. Llegué a Laredo en tren desde Fort Worth para viajar al sur, travesía que describo en *El viejo expreso de la Patagonia*. Había pasado la noche en Laredo, que me pareció tranquilo y bien iluminado. «Toda esa luz, en lugar de dar la impresión de calidez y actividad, lo único que hacía era poner al descubierto su vaciedad en un embotante resplandor». La ciudad tenía una población cercana a los ochenta mil (ahora es tres veces mayor); era un sitio de iglesias y tiendas, sobria y pequeña, y sin mucho movimiento después del anochecer. Nada de tráfico, nada de peatones.

Laredo en ese entonces era una ciudad fronteriza de tamaño modesto con pequeñas industrias, conocida sobre todo por su universidad, y Nuevo Laredo, rimbombante y vulgar, conocida por sus putas y sus tonterías, estaba atestada de turistas, aficionados a la adrenalina y borrachos.

En esos tiempos el cielo resplandecía sobre Nuevo Laredo, con las luces de las cantinas y los restaurantes; parado cerca de la ribera del río oía claxonazos y música provenientes de la otra orilla, una fiesta invitante. «Laredo tenía el aeropuerto y las iglesias —escribí—; Nuevo Laredo, los burdeles y las cesterías. Era como si cada una de las nacionalidades hubiera gravitado hacia su área de competencia». Me adentré en una ciudad que parecía anárquica, humeante, olorosa a chiles y perfume barato, abarrotada y ruidosa: «Los golfillos, las viejas, los tullidos, los vendedores de lotería, los jóvenes sucios y desesperados, los hombres ofreciendo bandejas de navajas automáticas, los bares de tequila y la incesante música bullanguera, los hoteles atestados de chinches…».

Por subrayar lo cutre y lo perverso podía parecer que lo reprobaba, pero yo estaba feliz. Para mí, eso era vida, y me sentía dichoso en esas calles sórdidas con mujeres bonitas en las puertas manoteando hacia mí. Yo era un viajero aficionado a la adrenalina, en busca de algo sensacional sobre lo cual escribir, pero no buscaba muy en lo profundo.

Influido por Graham Greene, había encontrado los lados contrastantes del drama fronterizo, como en su cuento «A través del puente», que tiene lugar en esas dos ciudades fronterizas, en el que unos policías estadounidenses andan en pos de un delincuente inglés fugitivo hasta que lo encuentran en Nuevo Laredo:

—Este es un lugar más bien espantoso, ¿no le parece? —dijo.

—Lo es —dijo el policía.

—No imagino qué pueda motivar a nadie a cruzar el puente.

—El deber —dijo el policía con pesadumbre—. Supongo que usted solo va de paso.

—Sí —dijo el señor Calloway.

—Yo habría esperado que allá hubiera, ya sabe a qué me refiero… vida. Uno lee cosas sobre México.

—Ah, la vida —dijo el señor Calloway. Hablaba con firmeza y precisión, como si se dirigiera a un comité de accionistas—: eso empieza en el otro lado.

Aquella vez hice un pequeño viaje por Nuevo Laredo hasta que finalmente abordé el tren, llamado El Águila Azteca, para San Luis Potosí y la Ciudad de México.

Los años no habían sido amables con Nuevo Laredo. Décadas de delitos menores, vandalismo y violencia de los cárteles habían dejado cicatrices: auténticas marcas de terror, casas demolidas, ventanas rotas y amenazas garabateadas como graffiti en casi todos los muros. Las fábricas habituales en los lugares habituales (zonas industriales vigiladas), pero la nota dominante era la ansiedad. La ciudad estaba tan ruinosa y solitaria como Ciudad Juárez, y por la misma razón: los cárteles habían dejado su hedor a violencia en las calles y los barrios maltrechos.

Hasta ese momento, las pequeñas ciudades de frontera habían sido bastante agradables porque estaban en carreteras secundarias, muchas de ellas poco convenientes para los grandes camiones que avanzaban pesadamente desde los almacenes del centro de México o de las maquilas cercanas. Junto con Ciudad Juárez y Tijuana, Laredo era un importante punto de entrada, un corredor del tráfico de drogas; los miles de camiones que entraban y salían permitían que los traficantes de cocaína encontraran el modo de pasarla.

En la década anterior, el Cártel del Golfo, el Cártel de Sinaloa (con el Chapo al frente) y los Zetas se habían enfrascado en una lucha de tres vías por la dominación; el ejército y la policía de México combatían a los tres y en ocasiones se les unían. Se sabía que los cárteles reclutaban a sus miembros más bravucones entre las filas de los mal remunerados, pero altamente calificados y aún mejor armados matadores de las fuerzas especiales del ejército mexicano. La sangrienta y prolongada disputa territorial de los cárteles se había registrado en media docena de libros, entre ellos *Améxica. Guerra en la frontera*, de Ed Vulliamy; *Líneas de sangre*, de Melissa del Bosque; *Bones: Brothers, Horses, Cartels, and the Borderland Dream* [Huesos. Hermanos, caballos, cárteles y el sueño de la frontera], de Joe Tone, y *Los Zetas, Inc.: la corporación delictiva que funciona como empresa trasnacional,* de Guadalupe Correa-Cabrera. Algo que es importante saber sobre México es que, basándose en su literatura y su periodismo, el país vive en un frenesí de autoanálisis y a menudo autoflagelación, en libros y artículos que al norte de la frontera casi no se conocen pero que es bastante fácil encontrar.

El caos que siguió deteriorando a Nuevo Laredo a lo largo de los últimos diez años está bien documentado: las historias de cadáveres que cuelgan de los puentes o se tiran en las calles, los atentados, las masacres… suficiente para desalentar a cualquiera que hubiera pensado en cruzar. Y se sigue escribiendo sobre eso, aunque los periodistas que lo han hecho han pagado un precio muy alto: convertirse en blanco de los cárteles. Dieciocho periodistas fueron asesinados en 2017, varios de ellos en Nuevo Laredo.

Puesto que no había gringos de visita, era fácil conseguir transporte: los taxis me rodeaban e imploraban. Pero al taxista que elegí, que dijo llamarse Diego, le resultó alarmante mi curiosidad.

—No escriba —dijo cuando me vio garabateando en mi cuaderno.

—¿Periodista? —preguntó.

—Pensionado —respondí en español.

Aceptó llevarme a hacer un tour por la Zona, la zona de tolerancia (él empleó el nombre con que se le conoce en inglés, Boy's Town), solo si le prometía dejar el cuaderno en el suelo y me guardaba la pluma en el bolsillo. También sugirió que me recargara bien en el respaldo y no me asomara por la ventanilla. Durante el trayecto se fue poniendo cada vez más nervioso, errático al dar las vueltas; decía que no iba a menudo por ahí y que (susurrando la palabra *mafia*) había accedido a mi solicitud solo porque eran las tres de la tarde. La Zona no era segura de noche.

—Queda lejos —dijo Diego, como si la distancia pudiera hacerme cambiar de opinión. Cuando le dije que no me importaba agregó—: y es peligrosa.

—¿En qué sentido?

—Drogas, crimen —dijo bajando la voz, para a continuación pronunciar las palabras que ningún viajero quiere oír—: gente mala.

—¿Qué tan mala? ¿Muy mala?

—La mafia —susurró.

—Estoy pensando —dije.

—Está bien, pero no hable con nadie. Nada de escribir ni de tomar fotos. Esta gente no quiere que se muestren sus caras.

Siguió manejando de calle pobre en calle pobre, cada vez diciendo entre dientes la palabra *peligroso*, a lo largo de aproximadamente dos kilómetros y medio, cerca de las vías del ferrocarril en el que me había embarcado hacía tantos años, cuando esa ciudad era sórdida y estridente, el sueño de un chico de la fraternidad. Tenía un recuerdo muy vago de haber echado un vistazo, y cuando leo lo que escribí en mi libro veo a un joven paseando por la ciudad, entusiasmado con el viaje que estaba haciendo, riéndose cuando un hombre le dice que en la Zona: «¡Hay mil putas!».

—¿Qué calle es esta?

—La calle Monterrey.

La zona de tolerancia de la vida social mexicana evoca una imagen de promesas de neón y luces deslumbrantes, meretrices y bellacos guiñándote el ojo, espectáculos de striptease y películas porno; de lujuria y prostituciones, la excesiva amante hispana dominando a las «piadosas y beatas alcahuetas para embaucar mejor». Para la diversión mecánica e inocente de la fantasía masculina y el parrandeo temerario, Boy's Town, Ciudad de los Muchachos, en su lindura traviesa, es el nombre perfecto.

Ahora Diego y yo estábamos pasando frente a un muro de casi tres metros que corría paralelo a la calle, la clase de muro solemne y limpio que podría cercar una escuela. Diego (suspirando e inflando los cachetes de la ansiedad) redujo la velocidad al pasar por una entrada en el muro, que parecía más el ingreso a un claustro degenerado que a una escuela, porque sugería una discreta exclusión. Una entrada y una salida, ambas tan estrechas que por ahí no podía pasar más que un coche a la vez, con apenas unos pocos centímetros de más a cada lado. En medio había una garita hecha de bloques de cemento y con barrotes en la ventana, desde donde se veía a dos muchachos con playeras harapientas y pelo enmarañado; otro muchacho se asomó balanceándose, con las manos sucias aferradas a los barrotes oxidados.

—Gringo —dijo a modo de saludo burlón.

Y tras pasar por esta ranura en la pared, pensé en lo fácil que sería quedar atrapado adentro, porque al pasar vi un tubo de hierro levantado con alambres retorcidos, como esos simples obstáculos inamovibles que se ven en las barricadas.

—¿Dónde?

—Adonde sea, solo siga manejando —dije, y volteé la cabeza para ver a los bravucones encargados de la puerta.

Ahora en el interior del complejo amurallado era como si hubiéramos entrado a una fortaleza, una pequeña, que hubiera sufrido una derrota y estuviera casi vacía: uno o dos carros estacionados, nada de luces ni letreros más que señalamientos de tránsito. El complejo cercado era del tamaño de una manzana; la calle que rodeaba sus muros era una circunvalación llamada Casanova, y las calles que la cruzaban por dentro tenían placas con los nombres de Cleopatra y Lucrecia Borgia, señal de que alguien en el departamento de planeación urbana de Nuevo Laredo tenía sentido del humor.

Flanqueaban esas calles unas grises casuchas de cemento de un piso, manchadas y ulceradas; algunas tenían viejos letreros pintados, la mayoría tenían números estampados con esténcil, todas eran oscuras y lúgubres y tenían las ventanas rotas. Mientras avanzábamos por la calle llamada Cleopatra, pedregosa y llena de baches, busqué otros carros u otros clientes. No había, sin embargo, más que hombres jóvenes, como los guasones de la garita de la entrada (imaginé que serían halcones), merodeando u holgazaneando. Como nuestro carro era el único en movimiento, los jóvenes se interesaron demasiado en él y nos gritaban al pasar.

Sorprendentemente algunas de las casuchas estaban abiertas. En dos o tres había mujeres sentadas en la puerta, solas o en grupos amigables. Eran mujeres mayores, y las que vi eran toscas, no coquetas; recordaban a los vendedores ambulantes de un mercado mexicano; desde donde estaban, sentadas en sillas plegables, con el mismo chillido hacían señas hacia nuestro carro tal como una madre impaciente podría regañar a un niño o amenazarlo a la hora de la cena.

Los clubes (Martha's Night Club y, en el extremo, la Zona de Antros) estaban cerrados con tablones. Estaba resumiendo su vacuidad y miseria como sombría y lamentable cuando recordé que, avanzando a sacudidas entre las casuchas, éramos la única cosa en movimiento adentro de ese complejo amurallado, y que para salir de ahí no había más que un estrechísimo paso: tanto que de hecho sería fácil para los jóvenes harapientos bloquearnos el paso con el tubo de hierro y asaltarnos.

Diego debe de haber pensado lo mismo, porque sin que yo dijera nada se dirigió a la salida, balanceándose entre los surcos, mientras las mujeres seguían gritándonos; se les sumaron otras dos mujeres de negro que gritaban desde la puerta de un tugurio llamado Disco Amazona.

Los jóvenes harapientos de la entrada se desternillaron de la risa cuando Diego pasó a toda velocidad y respirando entrecortadamente. Cuando se encontró a salvo de regreso en la calle Monterrey, dijo:

—Hace diez años estaba bien, pero esta ciudad cambió con toda la violencia.

Llegamos a un alto y un carro se nos emparejó. Diego subió la ventanilla y otra vez su rostro adquirió expresión de alarma; cuando le pregunté si pasaba algo y si estaba bien y cómo se llamaba ese barrio, no quiso responder.

Al dejarme en San Dario Avenue, el camino al puente internacional, me dijo:

—Mejor váyase.

Le agradecí. Pero no era fácil. La pasarela peatonal del puente estaba llena de gente, todos mexicanos, evidentemente con visas o documentos, camino a la puerta que tenía el letrero de US IMMIGRATION. No arrastrando los pies hacia la puerta, no avanzando: solo esperando, y yo esperaba con ellos. Al cabo de una hora me recibieron, mostré mi pasaporte y me hicieron señas con la mano para que pasara.

En Laredo fui a comer con dos miembros de la junta de gobierno del Holding Institute, la organización sin fines de lucro que ofrece ayuda a las ciudades fronterizas de Laredo y Nuevo Laredo (cursos para obtener la certificación de estudios, atención a la salud, ayuda humanitaria, clases particulares, cursos de inglés y mucho más), y nos echamos una platicada. El instituto, fundado en 1880 con el nombre de Holding Seminary of Laredo, se había convertido en una comunidad de servicio social infundida de un elemento espiritual, si bien los hombres con los que platiqué, que de piadosos no tenían nada, parecían laicos y directos.

Mencioné que acababa de hacer un paseo por la Zona.

—Es muy riesgoso —dijo Jaime Arispe—. Allá, por ser zona de tolerancia, no tienes derechos. Tienen a su propia policía.

Su colega Mike Smith agregó:

—Si te detienen, prepárate para tener que pagar un soborno.

Jaime nació en Ciudad Acuña en 1953. Su padre, trabajador civil en la Base de la Fuerza Aérea Laughlin en Del Río, iniciaba temprano su turno y a mediodía cruzaba a Acuña para comer y tomarse una siesta, y luego volvía a la base hasta la hora de checar tarjeta. La madre de Mike era mexicana, pero él había nacido en Laredo y tenía más o menos la misma edad que Jaime.

—Nadie hace viajes de placer a Nuevo Laredo —dijo Mike—. Ahora es una ciudad fabril. Sony tiene allá una planta, y también aquí. Hacen las mismas cosas: sistemas electrónicos, electrodomésticos, componentes de productos. Es una gran planta la de allá; tienen turnos de diez horas. Dan transporte y comida. La diferencia es que la planta de Sony de allá paga catorce dólares la hora y la de México un dólar.

Cuando comenté algo sobre la prosperidad de Laredo, Jaime dijo:

—Laredo es el mayor puerto fluvial de los Estados Unidos. Hay tres puentes; el Puente Internacional Comercio Mundial es solo para camiones.

—Aquí el buen comercio se traduce como buen sentimiento —dijo Mike—. A todo lo largo de la frontera, la gente está muy orgullosa de su ciudad. Les molesta que los metan en el mismo saco que a los demás.

—No somos McAllen —dijo Jaime—. Estadísticamente hablando, Reynosa es en la actualidad la ciudad fronteriza más peligrosa.

Les pregunté si habían visto a mexicanos cruzando ilegalmente la frontera.

—En Riverview Park —dijo Jaime—; allá en la ciudad, frente a la frontera. He ido ahí con mis hijos, y hay quienes se me han acercado a preguntar si puedo ayudarlos.

—Cruzan nadando —dijo Mike—; si logran llegar, pueden mezclarse con el resto de la gente. La mayoría de la gente a la que conozco en Nuevo Laredo, y conozco a mucha, quiere vivir aquí por motivos económicos. Saben que en las fábricas de allá les pagan menos que aquí.

Mencioné que las cantidades de dinero que se les pagaban a los coyotes y los cárteles parecían muy elevadas.

—Es una escala móvil —explicó Jaime—. Solo para cruzar pagan la tarifa más baja. Con la que le sigue pueden cruzar y además llegar a una casa de seguridad. Si pagan más, se les da ropa nueva, un corte de pelo y la casa de seguridad. Con la tarifa más alta, de unos cinco mil dólares, se consigue la ropa, el corte de pelo, la casa y clases de inglés. ¿Y para el cártel cuál es el riesgo? Uno muy pequeño en comparación con el tráfico de drogas.

—Es posible que ya hayas oído esto, pero es cierto —dijo Mike—: los cárteles son dueños de la frontera. Aquí son los Zetas: ellos corrieron de la ciudad al Cártel del Golfo.

Jaime sugirió que en mi trayecto hacia el este me desviara a una ciudad llamada Río Bravo, tomara una carretera secundaria a El Cenizo y observara el río, donde encontraría un punto de cruce frecuentado por los migrantes. Me dibujó un mapa con los nombres de las calles.

Al salir de Laredo seguí sus instrucciones; giré en dirección al sur en Río Bravo, me estacioné en el pueblito de El Cenizo y caminé cuesta abajo al río. Allí encontré un lugar idílico: una orilla cubierta de hierba, pabellones colgantes de sauces y cañas de bambú, un horizonte sin casas ni vallas a la vista, además de lo que parecía ser un trecho fácil de cruzar a nado, acaso quince metros de agua que corría lentamente.

La estampa más bonita aquel día cerca de la orilla fueron las mariposas amarillo azufre que revoloteaban sobre el lodo como confeti, algunas suspendidas con las alas dobladas, otras dispersas bajando en picada o volando en círculos. Contrastaban con las mariposas la basura y los desperdicios de nadadores migrantes que habían llegado al otro lado: ropas hechas nudo, zapatos desechados, botellas de agua, calcetines viejos y, como detalle lastimero, los cepillos de dientes que dejaban tirados los mexicanos huyendo de su país.

Láminas de plástico azul, con roturas remendadas con cinta adhesiva, amarradas en el bosquecillo de bambúes, completaban lo que un mexicano de la frontera, al ver un refugio improvisado, eufemísticamente llamaría *albergue*; y en ese pequeño escondite, las cañas molidas y los residuos revelaban que era un sitio donde poco antes unas personas habían buscado guarecerse o dormir un rato.

Eso era como a tres kilómetros de la carretera panorámica fronteriza, la bucólica Route 83, con granjas a ambos lados. Pero hay que hacer una corrección: en una carretera rural cerca de la frontera, como esta, siempre hay un recordatorio de los propósitos frustrados de los migrantes o de su cacería. Al poco rato de manejar por esa carretera sin curvas llegué a un puesto de control, tan imponente como cualquier frontera internacional, con agentes de la Border Patrol armados y perros detectores y una flota de vehículos. Y en el aire, sobrevolando la ciudad de Zapata a considerable altura, un gran zepelín blanco amarrado a un maizal: un balón de vigilancia.

Más tarde, ese mismo día, al otro lado del bulto fronterizo del lago Falcón, llegué a Roma, decadente pero singular en su decadencia. Roma era una ciudad comercial del siglo XIX fosilizada, que conservaba algunas construcciones de ladrillo y estuco atractivas pero abandonadas. Como muchas ciudades estadounidenses fronterizas que alguna vez fueron elegantes (Del Río, Eagle Pass, Douglas y otras), Roma, descuidada, con poco financiamiento, pasada por alto, apenas si existía.

Pero estaba bien construida y era venerable. Perteneciente originalmente a México, fundada en 1765, era en ese entonces un pueblo de adobe y se convirtió en una maravilla de ladrillo y mortero ciento veinte años después gracias a un comerciante alemán, Heinrich Portscheller. Se presentaba un resumen de su historia en una placa de bronce en la plaza… en la plaza desierta. Pero ese texto dejaba fuera los detalles más vívidos: que cuando inmigró a México, a los veintitantos años, procedente de Alemania, Portscheller había luchado en el ejército del emperador Maximiliano, que pronto sería fusilado; que desertó y se escondió en Texas, y luego cambió de bando y peleó por los mexicanos en varias batallas. Más adelante se estableció en Texas y se convirtió en ciudadano estadounidense, ladrillero y arquitecto. Supervisó la construcción, con ladrillos moldeados a mano en la década de 1880, de los elegantes edificios con elaboradas pilastras y cornisas que rodean la simétrica plaza de Roma, y de la iglesia, con sus balcones de hierro ornamentales, incluso el puente de hierro que se extiende sobre el río hasta Ciudad Miguel Alemán. Esa plaza central de Roma tuvo un momento de renovada gloria cuando en 1952 el director Elia Kazan la eligió para rodar ahí varias escenas de su película *¡Viva Zapata!*, con Marlon Brando como Zapata. Hoy, desde la orilla sur, familias de pícnic, pescadores en un rato de ocio y niños pequeños saludaban con la mano al gringo que estaba de pie en esa ciudad de apariencias.

No había ni un alma, ni en la plaza ni en la iglesia ni en ninguno de los negocios de las tiendas de la vieja Roma, aunque la Roma de la actualidad tenía una tienda Dollar Tree, un Dairy Queen, una gasolinera y una escuela. Crucé por el puente de hierro de Portscheller, algo tan fácil como atravesar una calle (una sonrisa, un saludo, nada de preguntas ni de un lado ni del otro) y me adentré a pie en Ciudad Alemán.

En esa otra orilla acomodé mi paso al de un hombre que se dirigía a Monterrey (a tres horas en camión por trece dólares) y observé que parecía fácil pasar a los Estados Unidos a nado.

—Nada fácil —me dijo—; aquí la corriente es rápida.

Dijo también que Ciudad Alemán era bastante tranquila, «no como las otras».

Sin embargo, Omar, un hombre de unos veinte años de edad que vendía piñatas a unos pasos de la Plaza Principal, dijo:

—Sí, es un lugar bonito, pero —esto lo dijo enfáticamente— no salga de la ciudad. A treinta kilómetros están los ranchitos y la mafia —bajó la voz y empezó a susurrar—: Aquí tenemos a los Golfos, que pelean con los Zetas por el control. Drogas, tráfico de personas, extorsiones… Están metidos en todo…

Por hablar así se le acabó el aire y se le hizo un nudo en la garganta… lo normal en un mexicano fronterizo al responder una pregunta sobre los cárteles. Era un cambio físico, un paso al eufemismo. Poco a poco se puso a hiperventilar, sumamente ansioso; hablaba con dificultad, lo hacía con evasivas y renuente, resollaba un poco, y luego desistió por completo y se dio la media vuelta. Era miedo.

El tema era horroroso; tan solo mencionar a los cárteles era un peligro. Las pandillas eran brutales, despiadadas, implacables, y estaban bien armadas; anunciaban por todas partes su salvajismo. ¿Adónde se podía acudir en busca de ayuda o protección? La policía y el ejército de México inspiraban el mismo terror.

Hacía de este miedo algo particularmente surrealista el hecho de que Omar vendiera piñatas, grandes piñatas, y que colgaran en torno nuestro, en el porche de su tienda, esas cómicas figuras de Mickey Mouse y el Chapo, de Bernie Sanders, de mujeres de pechos grandes, de botellas de cerveza, y esa piñata gorda de pelo naranja que representaba a Donald Trump.

Omar había ido a la escuela de Roma, al otro lado del río, pero no tenía esperanzas de volver jamás. Su tienda era el negocio familiar; además de piñatas vendían artículos para fiestas y disfraces, y seguiría dirigiéndolo, pues los mexicanos estaban dispuestos a despilfarrar dinero en parrandas. Y Ciudad Alemán, a pesar de los cárteles, era una ciudad bien regulada. Las fábricas funcionaban veinticuatro horas al día, las calles estaban limpias, los edificios pintados y presentables, aunque el negocio anduviera un poco lento.

Uno de los comunes denominadores que observé en las ciudades mexicanas fue este orgullo cívico. El barrendero con su carrito era un rasgo distintivo de todas las ciudades fronterizas que visité, y los lugareños alardeaban de que la vida era un poco mejor en su propia ciudad que en otras de la frontera, no obstante el hecho de que, estuviera uno donde estuviera, ahí dominaba un violento cártel de drogas. *Nuestra ciudad*. Esa sensación de pertenencia, la aseveración «Nací en Ciudad Alemán, crecí en Ciudad Alemán, este es mi hogar» me daba esperanzas, porque el hablante estaba a diez minutos de Roma, Texas, a pie.

Almorcé en una taquería, me tomé un helado y me senté en la plaza. Ahí platiqué con un hombre de la localidad sobre las maquilas de autopartes, y se rio y me dijo gabacho. Al volver al lado estadounidense le mencioné las piñatas al agente de inmigración.

—Me gustaría pegarle a la piñata de Bernie Sanders —me dijo.

—¿Y de Trump qué me dice?

—Está haciendo un buen trabajo. Lo necesitamos.

—¿Para construir un muro?

—Para todo, todo lo que está mal en este país. Hay muchas cosas que se necesita arreglar.

—¿Ha ido al otro lado? —pregunté moviendo el pulgar hacia el puente.

—Llevo años sin ir. He oído que es como el Viejo Oeste.

Me iba acercando a las ciudades de las que había partido semanas atrás: Rio Grande City, Mission y McAllen. Pero en vez de parar en ellas avancé otros sesenta y pocos kilómetros hasta Brownsville, el último puente a México, en este caso Matamoros. Brownsville era otro ejemplo de la frontera desdibujada, de México desbordándose sobre los Estados Unidos y traslapándose con él, dejando un margen de México en la orilla norte del verde río. Las calles y tiendas de Brownsville eran indistinguibles de las calles y tiendas de Matamoros, salvo porque, dada su fama de peligrosa, los gringos en Matamoros brillaban por su ausencia.

De todas formas, bastaba una breve caminata para llegar al otro lado, y aunque gran parte de Matamoros apestaba bajo un sol abrasador y se estaba viniendo abajo, un taxista llamado Germán me prometió que me mostraría el barrio caro de la ciudad. Se trataba de un sitio pretencioso del lado este, cerca del río; una comunidad llamada Villa Jardín (donde estaba ubicado el Consulado General de los Estados Unidos, cercado por muros a prueba de bombas con guardias armados y barreras), un enclave de calles sombreadas, con grandes árboles de ramas frondosas y mansiones, algunas decadentes y con aspecto de casa embrujada, otras con tejados abuhardillados, jardines de diseño y muros perimetrales más altos que los del consulado.

—Narcos —dijo Germán cuando pasamos por ahí.

—¿En esas casotas?

—Sí. Ellos controlan Matamoros. Los narcos viven en casotas.

—¿Y trafican personas?

—Personas y drogas: marihuana, coca... Pero sobre todo piedra, porque es la más barata y la más popular. En tu país, los consumidores no tienen mucho dinero.

En ese lugar los traficantes eran los Zetas; controlaban Matamoros y Reynosa. Ciudad Alemán estaba dominada por el Cártel del Golfo, Juárez por el Cártel de Juárez, Nogales por el Cártel de Sonora, y todos ellos, junto con el Cártel de Sinaloa, peleaban por Nuevo Laredo.

Había contratado a Germán para mi día en Matamoros. Me gustaba su carácter: de trato fácil, cómicamente fatalista, deseoso de agradar, agradecido por el trabajo de servirme de guía, y franco al hablar de sus hazañas. Me contó que nació en San Luis Potosí, que no se parecía nada a Matamoros: era tranquilo, tradicional, pero sin muchas oportunidades laborales. La acción, me dijo, estaba en la frontera. Había vivido en distintos sitios.

—He ido a los Estados Unidos; allá viví tres años. Mi novia tiene pasaporte estadounidense. Tenemos tres hijos —mirándome de reojo agregó—: ¡A lo mejor me caso con ella!

—¿Cómo llegó a los Estados Unidos?

—Fui con veinte cabrones a Miguel Alemán.

—¿El puente o el río?

—Cruzamos a nado. Fue fácil, y casi todos conseguimos chamba ahí cerquita, en Rio Grande City. Si hubiéramos subido por la carretera, la Border Patrol nos habría detenido en los puestos de control. Pero nos quedamos en la frontera. Trabajaba como electricista y ganaba mi buen dinerito. Después de tres años me vine nadando de regreso.

Hay un cruce parecido a ese en la novela de Yuri Herrera sobre la frontera, *Señales que precederán al fin del mundo*. Este libro, elogiado por la crítica («una obra maestra», «colosal», «fértil como leyenda»), es una narración oblicua y eufemística sobre una joven segura de sí misma, Makina, que está en busca de su hermano que emigró a los Estados Unidos. Se va de su pueblo a una ciudad y al «Gran Chilango» (la Ciudad de México), luego toma un camión a la frontera y hace un breve pero turbulento viaje: usando la cámara de una llanta como flotador cruza el río Bravo. De repente se vuelca, la rescatan, y empiezan sus aventuras en la otra orilla. Makina es una mexicana del momento presente: siempre desplazándose… en el tiempo, en el espacio, entre culturas. En ese aspecto cosmopolita me parece que estriba el valor del libro.

Aunque la novela describe de manera solemne y falta de coherencia los viajes de la estoica Makina, ese desdibujamiento también representa con exactitud la falta de comprensión de una migrante mexicana en los Estados Unidos. Herrera presenta con destreza las percepciones de una extranjera. El hermano, que se resiste a volver a casa, reconoce su confusión de migrante: «Ya se nos olvidó a qué veníamos». Las figuras de autoridad y la burocracia son una amenaza a lo largo de todo el libro, con la paradoja de que Makina necesita ayuda en la tierra extraña: «Y para qué llamar a la policía, si la medida de la ventura es que ellos no se enteren de que uno existe».

Esta paradoja también la vivió Germán cuando me llevó por las calles de Matamoros. Ya nos habíamos ido de Villa Jardín y ahora me mostraría el Instituto Regional de Bellas Artes, el orgullo de Matamoros. Seguía contándome:

—También la segunda vez que crucé lo hice a nado, pero más cerca de Brownsville, y eludí los puestos de control.

—¿Cómo le hiciste?

—Rodeándolos por el bosque —me dijo; había ido a dar, sano y salvo, cerca de Harlingen, Texas, como a cincuenta kilómetros de ahí—. Caminé nueve horas.

Me mostró los parques cerca del río, el Parque Cultural Olímpico, que cuenta con un centro para la cultura y las artes, una galería y, en una ciudad fronteriza que hoy día tiene la peor reputación, peor incluso que Ciudad Juárez o Tijuana, un teatro al aire libre para espectáculos de danza y recitales, un recordatorio de que la vida sigue.

—En el río anduve por un sendero que llevaba a la ribera y vi que de los dos lados estaba lleno de maleza, igualmente tupidas ambas orillas. Nadie pensaría que ese angosto río verde era una frontera internacional.

—¿Y la zona de tolerancia?

—Vamos.

Manejó rumbo al oeste por las calles calurosas hasta llegar al extremo de la ciudad, con cuadrículas de calles numeradas. Había aquí casas de una planta, tienditas, talleres mecánicos, búngalos cercados, perros ladrando y ni un solo árbol.

—Calle Ocho —dijo Germán.

—Putas.

—Sí, muchas.

La calle estaba flanqueada por casuchas de cemento con entradas al nivel de la banqueta, sin escaleras, y la mayoría de las puertas estaban abiertas. Germán se detuvo y me preguntó si quería entrar.

—Sí, pero espéreme.

Tendría veinte años, quizá menos, lozana, de shorts y playera, y de haber estado caminando cerca de cualquiera de las veinte universidades o escuelas de formación profesional de Matamoros, como el Instituto de Ciencias Superiores, por donde habíamos pasado una hora antes, habría podido tomarse por una estudiante. Entrecerrando los ojos por el sol deslumbrante, hizo una mueca y noté que llevaba frenos, algo inesperado en una prostituta, pero le daba a su sonrisa un torpe aspecto infantil.

—Venga conmigo —dijo, y entró por la puerta abierta. Junto a la puerta un letrero, SE RENTAN CUARTOS. Me recibió un olor de ambigua dulzura de perfume empalagoso y desinfectante. Eso era el lobby. Los cuartos, cada uno con una cama, estaban a izquierda y derecha, y en la pared, tan alta como yo, un cartel de la Santa Muerte, un esqueleto que llevaba un manto con capucha, un cráneo sonriente, la huesuda mano empuñando el mango de una guadaña. Es el santo de la gente desesperada y de delincuentes, narcotraficantes y putas; el santo que da esperanzas y no reprocha ni pide arrepentimiento. Lo único que pide la Santa Muerte es que la veneren.

Había dos mujeres sentadas con las piernas cruzadas en unos sillones a cada lado del lobby, donde un ventilador oscilaba a izquierda y derecha. Iban vestidas de negro; eran toscas, de mediana edad, con brazos rollizos. Con unos espejos de mano se ponían el maquillaje, se pintaban tersura en el rostro, mejillas rosadas y labios rojos, plasmándose máscaras de juventud poco convincentes.

—¿Qué quiere, señor?

Ahora el olor dulzón se había disipado y perdido su ambigüedad; había toques más intensos a moho, humedad, sábanas sucias. Veía las arrugadas colchas de las habitaciones y a la Santa Muerte sonriéndome desafiante.

—¿Cuánto por una hora?

La joven empezó a decir una cantidad cuando la más tosca de las mujeres sentadas ceceó en español:

—Cincuenta dólares.

La otra mujer le hizo un gesto de asentimiento a la joven.

—Ve con ella —me dijo con un guiño—, dile las cosas que te ponen feliz.

113

Dicha instantánea por cincuenta dólares. Fuera de todas las demás consideraciones, algo que me preocupaba era la mirada vidriosa de todos los rostros, señal de que quizá estaban drogadas.

—Lo siento, mi amigo me está esperando —dije, y me escabullí hacia el sol.

Germán se burló de mí cuando volví al carro y le conté lo que había dicho la mujer.

—¡Gringo, te podría haber hecho feliz!

—Y yo podría haber hecho muy infeliz a mi esposa.

Mirando el reloj, Germán dijo:

—Te voy a dejar en el puente. No es buena idea que estés en Matamoros cuando haya oscurecido.

Me quedé en Brownsville, pequeña y sosa en comparación con Matamoros, pero igual de mexicana, aunque un poco mejor cuidada, con un zoológico, el bien surtido Gladys Porter, pero muchas menos universidades. Era un año antes de que llegaran al puente migrantes de ciudades de Honduras y El Salvador dominadas por pandillas y de que se separara a las madres de sus hijos, bebés en algunos casos, con escenas de niños gritando y mujeres llorando. Los niños fueron llevados a jaulas de alambre en Brownsville (no muy distintas de la jaula del gorila occidental de tierras bajas en el Zoológico Gladys Porter) y se encerró a las madres en corrales en los centros de detención. Se encarceló a dos mil quinientos niños y se dejó desoladas a las madres (y algunos padres).

La justificación que dio el gobierno de los Estados Unidos a esta violencia bárbara e inhumana contra las familias fue una orden bíblica para que se rindieran, predicada por el fiscal general, Jeff Sessions, que con una sonrisa leyó sus notas: «Las personas que incumplen la ley de nuestra nación están sujetas al proceso judicial. Les citaría al apóstol Pablo y su claro y sabio mandamiento de Romanos 13 de obedecer las leyes del gobierno, porque Dios las ha ordenado al gobierno para que haya orden».

Después de una protesta pública en contra de que arrebataran a los niños de sus familias y los encerraran, el gobierno de los Estados Unidos se suavizó y cambio esas políticas. Sin embargo, las autoridades no reunieron a todas las madres con sus hijos y no se encontró solución para los otros once mil niños migrantes en centros de detención de veinte estados, en campamentos de Texas, y algunos en corrales en sitios tan lejanos como Oregón y Nueva York.

Para completar mi periplo por la frontera tomé el coche en Brownsville con dirección al este y avancé como treinta kilómetros sobre la Carretera 4 entre humedales. No vi ninguna casa en el camino, aunque a la distancia había una fábrica de plataformas petrolíferas con vigas verticales, extrañas y esculturales. Más cerca, en el pasto pantanoso, había aves de costa, grullas, garcetas níveas y garcillas bueyeras, y los aleteos de las aves migratorias que volaban pegadas a la costa rumbo al sur desde la Isla del Padre, burlándose de los guardias fronterizos humanos allá abajo.

Al final del camino, que se iba haciendo más arenoso hasta que estuvo cubierto de una capa de arena acanalada, la playa estaba inundada por las olas y llena de andarríos, chorlitos, vuelvepiedras, y una parvada de ocho pelícanos cafés volando en formación unos metros arriba de un letrero en las dunas que advertía: TEMPORADA DE ANIDACIÓN DE TORTUGAS. Dejé el coche en la carretera, caminé por la playa y me adentré en el Boca Chica State Park, hasta el punto donde el río verde se vuelca en el golfo de México.

Sin valla ni edificios, nada más que pasto, dunas costeras, aves y tortugas anidando.

Me hicieron detenerme en un puesto de control en la angosta carretera de regreso a Brownsville, y aunque el agente de la Border Patrol me hizo señas para que pasara la barrera, me paré y le pregunté qué estaban buscando.

—Estamos buscando a gente.

—¿Y la encuentran?

—De vez en cuando. La encontramos en carros. Cruzan el río y bajan por esta carretera. Los traficantes de personas a veces las traen en camionetas.

Tenía más preguntas, pero el agente me interrumpió con una orden.

—Ya se puede ir, señor.

Terminé la travesía que inició en Tijuana con una imagen de la frontera como la primera línea de un campo de batalla: nuestras altas vallas, sus largos túneles. Queremos drogas, dependemos de la mano de obra barata y, conociendo nuestras debilidades, los cárteles se pelean por ser dueños de la frontera. Los migrantes eran hombres jóvenes inquietos, tipos rudos y forajidos, ambiciosos aspirantes a estudiantes y peones rurales, y mujeres que no querían más que un trabajo mal pagado en una planta empacadora de carne o una granja de pollos. Y madres llorando porque las separan de sus hijos, cruzando la valla con dificultades y caminando en el desierto para salvar a sus familias.

Un encuentro específico se me quedó en la memoria, como una aparición que tuve el privilegio de presenciar: María, en el Comedor de Nogales, me había contado que dejó a sus tres hijos pequeños en Oaxaca. Abandonada por el marido, indigente, sin posibilidades de mantener a su familia, había dejado a los niños al cuidado de su madre y cruzó la frontera con otras cuatro mujeres desesperadas.

—Quería encontrar trabajo como mucama en un hotel —dijo suavemente.

Separada de las otras mujeres en el desierto de Arizona, se había perdido y fue detenida, golpeada, encarcelada y deportada. Sus ojos se llenaban de lágrimas al hablar de sus hijos. Más tarde la vi sola, rezando antes de comer, una imagen icónica de devoción y esperanza. Lejos de sus hijos, parecía la madre trágica de una leyenda mexicana, el fantasma de la Llorona lamentando su pérdida.

A veces una palabra susurrada, una imagen, un destello de humanidad puede ser una fuerte motivación para estudiar el mundo más a fondo.

Segunda parte. *México mundo*

Al otro lado de la frontera

Dejé mi carro del lado estadounidense y crucé la frontera de McAllen a Reynosa para pedir información sobre cómo obtener un permiso de importación de vehículos. «Traiga su carro y sus documentos mañana —dijeron— y le ayudaremos».

—El trabajo va mal, pero al menos por aquí está tranquilo —me dijo Ignacio, un boleador, mientras les ponía grasa a mis zapatos en la plaza de Reynosa—. ¿Cuántos años cree que tengo? Tengo cincuenta y ocho, y ya soy abuelo. Tengo el pelo negro porque soy indio. Y mire, ojos de indio: verdes. Mire. Indio puro.

Mencioné que tenía pensado ir manejando a Monterrey.

—Las carreteras son peligrosas —dijo—. A lo mejor tiene suerte. ¿Tiene una pickup?

—No, un carro normal.

—Qué bueno, porque si tuviera una camioneta se la robarían. ¿Ya vio que aquí no hay gringos? Ya no vienen. ¡Ya no hay gabachos!

Reynosa tiene muy mala imagen debido a la violencia de los cárteles. Con todo, sus dos grandes hoteles en la plaza eran económicos y agradables y cené muy rico en el restaurante La Estrella.

—En la calle Dama solía haber muchas chamacas —me dijo un hombre llamado Ponciano—. Venían muchos gringos a buscarlas. Ahora ya no tantos. Ahora hacemos cinturones de seguridad.

Niños con uniforme escolar corriendo por las calles, abrazando los libros; viejos escogiendo pimientos rojos y mujeres comprando harina para hacer tortillas; una población joven, algunos muchachos con playeras idénticas haciendo campaña para conseguir votos en favor de su candidato en las siguientes elecciones; feligreses entrando y saliendo de la catedral, y en las calles secundarias y el paseo peatonal, la gente haciendo compras o conversando en puestos de tacos. Pocas visiones más pacíficas que aquella.

Tiendas de curiosidades, de botas y de sombreros, pero ningún cliente estadounidense: los gringos de McAllen se quedaban en casa, sabiendo que los Zetas controlaban Reynosa. Pero la actividad delictiva era nocturna y fronteriza: sobre todo tráfico de drogas (cristal, agua de chango y marihuana) y de migrantes desesperados, así como arreo de niñas y mujeres para los burdeles de Texas y más al norte.

A la mañana siguiente crucé en carro la frontera a las nueve, por arriba del río Bravo, verde y estrecho en ese punto, serpenteando hacia el golfo. Me inquieta un poco ser tan llamativo. Ignacio tenía razón: no había gringos a la vista, ni en carros ni a pie. Pagué un depósito de cuatrocientos cincuenta dólares y algunas tarifas menores por mi permiso de importación de vehículo; fue como una hora de papeleo, con un ir y venir bastante amigable. No había fila, nadie esperando; yo era la única persona haciendo trámites en ese edificio lleno de empleados y policías.

—Y ahora se va de aquí para Monterrey… ¡Monterrey está con madre! —alardeó el guardia de seguridad del estacionamiento mientras con todo cuidado pegaba mi permiso en el lugar indicado del parabrisas, a la expectativa de la propina que vio rozándome los dedos—. ¡Es un precioso día para viajar, señor!

Al cabo de diez minutos vi la realidad de Reynosa; ya no la tranquila Plaza Principal, sino las calles llenas de baches, los caminos secundarios y las casuchas de la temible ciudad, dispersas a ambos lados de un canal estancado, más deslucido e inhóspito que lo que había dejado atrás.

Di vuelta en la calle equivocada y de pronto me encontré en un camino descuidado que iba estrechándose, rodeado de casuchas siniestras. Un hombre acostado boca arriba debajo de un viejo carro abollado rodó para salir de ahí y me dio instrucciones para llegar al puente que atraviesa el canal y lleva a la carretera a Monterrey.

Y al pasar por Reynosa propiamente dicha entendí que la plaza bonita cerca de la frontera era engañosa. Con su iglesia y sus calles estrechas de tienditas y taquerías, era agradable y no resultaba amenazante en absoluto. Todo el horror y el batiburrillo de Reynosa estaba oculto de los peatones errantes en busca de Viagra con descuento; había que adentrarse más en la ciudad para ver el desorden, los edificios ruinosos, la basura, los burros pastando al borde del camino. Reynosa no era su plaza, sino otra densa y calurosa ciudad fronteriza de mexicanos sin dinero que pasaban la vida escudriñando el otro lado, donde era fácil ver, a través de las tiras de la valla, pasando el río, mejores casas, tiendas más luminosas, carros más nuevos, calles sin burros y más limpias.

En el primer alto de la intersección de una descuidada calle de Reynosa, un hombre gordo, de mediana edad, pantalón corto y maquillado de payaso (cara blanqueada, nariz roja bulbosa, boca pintada) se puso a hacer malabares con tres bolas azules, y una niña pequeña de vestido andrajoso, evidentemente su hija, le pasó una tetera y él la balanceó en la barbilla. La niña corrió a los carros detenidos para pedir unos pesos.

En el siguiente semáforo, un hombre de huaraches y harapos hacía malabares con tres plátanos y flexionaba los músculos mientras hacía caras chistosas. Una mujer corría de un carro a otro con una canasta, ofreciendo tamales. Más adelante había un tragafuegos, un hombre flaco en piyama rosa apagando con la boca las llamas de una antorcha. Las extrañas estrategias medievales de la gente muy pobre, pensé: vestirse de payaso, hacer actos de circo, vender comida casera… pero no mendigar.

Los encargados de los puestos de control del camino principal, el Boulevard Miguel Hidalgo, eran policías y soldados enmascarados, que me miraron detenidamente antes de dejarme pasar. En unos cuantos minutos estuve fuera de Reynosa, rumbo al campo abierto, sobre el límite entre Tamaulipas y Nuevo León. Era la misma especie de paisaje texano de mezquites y cactus y ganado paciendo, el otro lado de un río que, debido a un tratado de 1836 y una guerra diez años después, convirtió ese valle en dos países, que últimamente habían vuelto a su anterior condición de zona de guerra, de cercas que se brincan, de mexicanos chapoteando locamente para cruzar el río, de trata de personas, narcotráfico y asesinatos aleatorios, de cárteles contendiendo por el dominio.

Me estaba adentrando en México más de lo que había hecho hasta ese punto de mi periplo.

La cabeza me daba vueltas por la ansiedad (¡todas esas advertencias!), pero llegó el alivio en forma de mariposas como las que había visto en el margen del río en El Cenizo, solo que allá había apenas un puñado. No estaba preparado para las grandes cantidades que había aquí, su extraña intrusión, primero los pequeños racimos averiados de pedacitos amarillos aleteantes, que se venían abajo al otro lado de la carretera, vacilantes y lentos; luego una masa rezagada de mariposas batiendo las alas, y poco más adelante, nubes tan espesas que por unos momentos me cegaron, mancharon las ventanillas y dejaron rayas polvorientas de escamas en el cofre de mi carro cuando me di contra ellas. Por varios kilómetros, una muchedumbre de mariposas aleteando sobre la carretera a Monterrey. Se estrechaban para atravesar los pasos del valle en una migración masiva, llevadas por el suave aire y la luz del sol. Esta selva de absurdo confeti alado siguió rodando cerca del suelo, sin nunca caer ni volar derecho, un progreso interrumpido que hacía que su vuelo hacia adelante pareciera una refriega.

Tiempo atrás había leído sobre esta migración de mariposas, el movimiento estacional de las monarca, pero se me había olvidado, y solo al verlas espolvoreadas por doquier, surgiendo en sus amarillos partos de entre los mezquites, recordé que venían cada año de los estados del norte de los Estados Unidos, convergían en Texas y volaban por esta parte de México. Fue un golpe de suerte cruzarme en su camino en el momento oportuno, y verlas me alegró. «Muchas culturas asocian a la mariposa con nuestras almas», leí más adelante. Algunas religiones la consideran símbolo de resurrección, y hay pueblos que «ven en la mariposa la representación de la resistencia, el cambio, la esperanza y la vida». Estos días, en la vida mexicana, las mariposas se identifican con los migrantes, abriéndose paso a la frontera y más allá.

Las ondulantes mariposas no cesaron: se mecieron y revolotearon todo el camino hasta Monterrey. Y Monterrey fue otra sorpresa. Antes de llegar ahí, sin embargo, me animó pensar en que mi viaje al otro lado de la frontera había durado casi una mañana completa y nada malo me había pasado, ni en las aldeas de La Vaquita y General Bravo ni en la salida al municipio ganadero de China en la presa El Cuchillo, lugar famoso por sus platos con cabrito. Ahí nada de controles de carretera ni bandoleros: solo sol, mezquites y mariposas, la silueta azul grisáceo de la Sierra Madre a lo lejos y adelante la enorme y moderna ciudad de Monterrey, que parecía haberse construido en la misma cantera, resaltada por el fastuoso Cerro de la Silla. Los mexicanos acostumbran decirles *cerro* a algunas montañas, aunque el pico más alto del Cerro de la Silla, Pico Norte, tiene más de mil ochocientos metros de altura.

Las mariposas embellecían la refinería y salpicaban las acereras y el campus del Instituto Tecnológico y de Estudios Superiores de Monterrey, la universidad tecnológica más importante de México. El Tec de Monterrey es la razón por la que la ciudad se ha transformado de centro industrial a líder en desarrollo de software, con cuatrocientas empresas de tecnología de la información en funcionamiento, que siguen expandiéndose. Muchos de sus egresados trabajan en compañías de software. Su éxito ha sido tal que ahora tiene campus en veinticinco ciudades mexicanas.

Esta es otra de las razones por las que los mexicanos se sienten menospreciados e incomprendidos. Monterrey, la tercera ciudad más grande de México, está a escasas dos horas de la ciudad más cercana de los Estados Unidos, que puede ser la triste pequeñita Roma, Texas, o su vecino más grande Rio Grande City, donde las escuelas están teniendo dificultades y no hay universidades técnicas ni nada que se compare con Monterrey, creciendo oculta tras su ensillada montaña.

Un simple rodeo en esta ciudad sorprendente (por su evidente riqueza, su trajín de ciudad próspera y su construcción intensiva) me llevó cerca del campus del Tec de Monterrey. Era la hora de comer, y para entonces, con algunas horas manejando, ya estaba menos nervioso por estar al volante, más tranquilo por haber llegado hasta ahí desde la frontera y sintiéndome menos llamativo, aún rodeado de mariposas, y en el ruido del tráfico.

Otra sorpresa fue que la taquería que elegí para comer estaba cerca de la estación Félix U. Gómez del metro de la ciudad, el Metrorrey, con más de treinta kilómetros de longitud, treinta y una estaciones y más líneas en construcción. No sabía que Monterrey tuviera un sistema de transporte rápido, pero era normal, pues esta ciudad de manufactura, empresas de tecnologías de la información, escuelas y colonias en expansión sería insostenible sin transporte barato.

Afuera de la taquería me puse a platicar con un motociclista, Manuel Rojas, que también era ingeniero de software en una compañía con oficinas cerca de ahí («Y tiene su sede en Massachusetts»). Manuel y sus amigos motociclistas estaban tratando de tomarse una foto grupal; me ofrecí a ser el fotógrafo y me presenté.

—El Tec de Monterrey es la mejor escuela de su clase en el país, y es la razón por la que esta ciudad tiene tanto movimiento. Yo estudié ahí, igual que la mayoría de estos cabrones —dijo Manuel señalando a los otros motociclistas—. También hay una facultad de medicina. Muy pronto tendremos más desarrollo de software que manufactura o industria pesada.

—¿Cómo es el sueldo para alguien que trabaje en tu empresa? —pregunté.

—El salario depende de la experiencia. Puedes empezar con quince mil pesos al mes, pero si eres bueno y tienes experiencia puedes llegar a cien mil.

Esa paga equivalía a sesenta y siete mil dólares al año y representaba un sueldo muy alto, modesto para los estándares estadounidenses, pero suficiente para que en Monterrey Manuel Rojas y sus amigos pudieran darse el lujo de tener una Harley-Davidson más o menos nueva y un departamento aceptable cerca de la ciudad, o bien una casa en alguna de las numerosas colonias.

La demanda de trabajadores en Monterrey había creado una crisis de vivienda y significaba que ese valle rodeado de montañas estaba atiborrado de un extremo al otro con casas cubiculares de dos pisos de estuco encalado, que a lo lejos parecían una aglomeración de cubitos de azúcar y de cerca mudos y austeros mausoleos ordenados en un cementerio residencial. Eran abundantes en las laderas del Cerro de la Silla de un lado, y en el par de montañas del norte, Sierra El Fraile y San Miguel… que no parecían ni fraile ni santo sino más bien un estupendo par de escoriales rocosos, sin árboles, de rasgos afilados. Pero incluso con los hoteles de cinco estrellas y los edificios altos, Monterrey tenía el aspecto punzante y herido de una ciudad mexicana que para existir tuvo que abrirse paso a estallidos entre las rocas.

Las rentas variaban, según me dijo Manuel. Podía conseguirse una casa en las afueras por trescientos dólares al mes, pero más cerca del centro de la ciudad podía ser diez veces más cara.

Manuel tenía treinta y pocos años, de habla educada, guapo en su atuendo de cuero negro, paciente con mis preguntas y amable al declinar mi invitación a tomarnos un trago o comer. Dijo que tenía que irse; iba con sus amigos a un rally en León y ya querían salir a la carretera, pues estaba a casi seiscientos kilómetros.

—¿Qué tan lejos está Saltillo?

—Puedes llegar en hora y media.

Así que manejé a Saltillo por una buena carretera en una tarde brillante, entre las abruptas colinas cafés del desierto de Chihuahua; hacia el sur no había tráfico pero vi pasar una sucesión de caravanas de tráileres dirigiéndose al norte, muchos de ellos transportando carros Chevrolet y Mercedes hacia a la frontera, lo que me recordó que estaba yo en la carretera federal 57, conocida como la autopista del Tratado de Libre Comercio.

A Saltillo le dicen el Detroit de México por su producción de automóviles (de las veinticinco plantas automotrices de México, cinco están en Saltillo o sus alrededores), pero también tenía algo del desorden de Detroit, la dispersión descontrolada de trabajadores pobres y mala vivienda y aglomeraciones de tiendas. Con todo, el centro de la ciudad, también como Detroit, tenía dos buenos museos y una catedral del siglo XVIII churrigueresca con tallados en cantera y plazas de edificios municipales venerables apropiados para Saltillo como capital de su estado, Coahuila. Manejé por su centro en busca de un hotel, pero me tocaban el claxon para que avanzara y pronto me descubrí echado de la ciudad.

Con el fin de tener una mayor libertad en la carretera, había hecho pocos planes y ninguna reservación. Mi método desde el principio del viaje y a lo largo de la frontera fue buscar a eso de las cuatro o cinco de la tarde un sitio para pasar la noche, encontrando alguno al borde de la carretera («Ese no tiene mala pinta»), pasar a la terraza y preguntar si tenían habitación y un lugar seguro para estacionar el carro. Siempre tenían.

Fue así como me encontré en el Hotel la Fuente, construido en un recinto amurallado en el borde de Saltillo. Para el observador externo era sórdido, con una mirada más escudriñadora resultaba adecuado, y como viajero desesperado a mí me pareció ideal. Como en los moteles mexicanos más baratos, su principal atractivo era su estacionamiento seguro y su guardia adusto, atributos recomendables en un país en el que el robo de carros es común. Mi habitación apestaba a moho, la luz era demasiado tenue para leer, la cama estaba llena de bultos y el baño estaba cubierto de polvo, pero después de un día de manejar por carretera lleno de ansiedad desde la frontera, parecía perfecto. El restaurante tenía aspecto espartano, pero la comida era magnífica en su sencillez provinciana.

Gracias a mis averiguaciones en la frontera tenía el teléfono de alguien en Saltillo, López, el amigo de un amigo, que había vivido en los Estados Unidos hasta que lo detuvieron por una infracción de tránsito y, al no poder explicar su estatus migratorio, fue detenido como ilegal y deportado a México. Después de diez años de trabajar en una fábrica en Texas, había adquirido la experiencia que le permitiría conseguir trabajo en alguna fábrica de Saltillo y poner en práctica sus habilidades. Nos reunimos en el Hotel la Fuente. Llegó con los brazos relajados; era un hombre amable, serio y algo triste. Era difícil calcularle la edad. En un país donde la gente madura pronto y trabaja duro, suelen verse viejos ya desde la mediana edad. Le calculé cincuenta y tantos, pero era posible que fuera mucho más joven. Fornido, de cachetes caídos, iba en mangas de camisa (hacía calor en Saltillo) y su apretón de manos era suave.

—Nunca había estado aquí —dijo López echando un vistazo al restaurante. Al ver el menú mencionó que muchos de los platos eran especialidades locales, como el pan de pulque, el cabrito asado y la machaca con huevo. López pidió el cabrito. Yo pedí sopa de tortilla y enchiladas y me maravillé de haber llegado tan lejos en un solo día.

—No estamos lejos de la frontera —dijo López—, pero sí estamos lejísimos del otro lado de la frontera.

—¿Qué clase de trabajo hacías en los Estados Unidos?

—Moldeo por inyección de plásticos —dijo clavando el tenedor en su cabrito—. Es lo mismo que hago aquí.

El término era nuevo para mí, y parecía un comentario de los que acaban con cualquier conversación, pero explicó que era un proceso importante para la fabricación de autopartes. Estaba en el área de control de calidad; me gustó su descripción de los defectos: *delaminación, ampollas, quemaduras.*

—¿Extrañas los Estados Unidos?

—Extraño a mis hijos. Mi novia y yo cortamos y ella los está criando allá. No tengo manera de visitarlos, pero mi ex a veces los lleva a Nuevo Laredo. Cruzan la frontera y nos vemos para comer —parecía que se le iban a salir las lágrimas—. Son dos niños, de ocho y doce años. Se están haciendo grandes.

—Cuéntame más de la fábrica en la que trabajas —dije.

—Es de termoplásticos. No es interesante. Me pagan como una cuarta parte de lo que ganaba en Texas, y aquí tenemos a gente con estudios. En Saltillo hay dieciséis universidades y muchos colegios de estudios superiores —masticó un poco—. Me las arreglaré, pero es que ahora todo es tan diferente… Hace veinte años no costaba nada cruzar la frontera: todos íbamos allá a hacer compras, cuando teníamos dinero. Pero fue empeorando más y más —suspiró—. ¡La política!

—¿La nuestra o la de ustedes?

—¡La de ambos! Nuestro gobierno es malo, y el suyo… Bueno, ya sabes lo que se dice: «Los mexicanos son delincuentes y violadores». Y la verdad es que yo trabajaba arduamente y todos los mexicanos a los que conocía eran buenos trabajadores.

Habló de las incertidumbres: que el Tratado de Libre Comercio podía renegociarse en perjuicio de México, que las estrictas políticas de inmigración significaban que de ningún modo podría volver a los Estados Unidos, que el presidente Enrique Peña Nieto era muy mal orador y tan mentiroso como nuestro propio presidente.

—¡No está en mis manos! —dijo riendo. Entonces hablamos de cosas más alegres: su nueva novia, que había entrado a trabajar a General Motors, los viajes para visitar a la familia de ella en

Monterrey y sus salidas a San Luis Potosí, donde él tenía amigos. «Es una ciudad encantadora», dijo, y me insistió en que hiciera ahí una parada.

Reflexionando sobre el estado de ánimo de López, me dio la impresión de que la experiencia de vivir en un gobierno corrupto, siendo uno mismo honesto, volvía a la gente algo cínica y recelosa de la autoridad, pero a la vez autosuficiente y dependiente de los amigos y de la familia, porque nadie más te ayudaría.

—¿Tienes alguna recomendación para mí? Voy hacia el sur.

—No manejes de noche. Estarás bien. Aprenderás mucho. Y la Ciudad de México es mucho más segura que antes.

Tenía que irse porque tampoco quería manejar de noche.

Cuando se fue me puse a escribir mis notas y no fui consciente de que una pareja había empezado a comer en la mesa de al lado, pero en eso los oí susurrando en inglés, así que los saludé: eran los primeros gringos que veía desde Texas.

Me dijeron que eran canadienses, que habían dado una vuelta equivocada en Ojinaga y que habían llegado hasta ahí en un carro viejo desde Chihuahua, a bastante más de ciento cincuenta kilómetros de ahí.

Eran Beth y Warner; no estaban casados, como me aclararon enseguida. Pero la esposa de Warner, Judy, era la mejor amiga de Beth, y cuando Beth dijo que se iría a México en carro para pasar el invierno, Judy dijo: «Warner necesita unas vacaciones. Él puede ser tu copiloto y regresarse en avión cuando llegues allá». Así, pues, emprendieron camino y «compartieron una habitación», según me explicó Warner, pero «con camas separadas». Eran agradables, y me pareció admirable que no armaran un alboroto por haber viajado en medio del desierto.

Yo quería hablar de México y las carreteras; ellos estaban preocupados por sus hijos y sus problemas.

—Mi hija es bipolar —dijo Beth.

—Mi hijastro es autista y aquejado de trastorno límite de la personalidad.

Les pedí que abundaran un poco más en el tema.

—Ella se niega a tomar sus medicamentos y entonces es horrible —dijo Beth.

—Lo que tiene mi hijastro son tendencias delictivas, pero en algunos sentidos es como si tuviera síndrome del sabio.

—¿Y es delincuente en qué sentido?

—Es la novia… No es realmente su novia porque ella es gay, pero él la adora, y eso es un problema para la amante de ella, que por cierto está loca. Pero bueno, van a bares gay y él se pone a platicar con un tipo y baila con él, y mientras están bailando su novia le saca al tipo la cartera. La amante de ella a veces alucina y de hecho una vez lo acusó con la policía, pero antes de ir a juicio retiró los cargos.

—Fue considerado de su parte.

—Resultó que a ella la buscaba la policía en relación con un homicidio en el que la mencionaron como cómplice, por manejar el carro en el que se dieron a la fuga.

—¿Entonces tu ahijado se libró de la acusación?

—No del todo. Sí fue a dar a la cárcel, pero eso es otra historia.

Fascinado y con ganas de conocer más detalles, desayuné con ellos (huevos motuleños, sobre tortilla, con frijoles, jamón y chícharos, plato típico de Yucatán) y me enteré de las estafas y delitos menores y de la vez en que la novia gay entró a la casa de Warner y se puso a romper cosas, mientras que el ahijado (blandiendo una pistola de municiones) fue acusado de agresión con arma mortal («Porque sí parece pistola, ¿ves?») y terminó tras las rejas.

Todo el tiempo que platiqué con Beth y Warner dejé de pensar en México y hasta se me olvidó que estaba allí, pues sus historias de locura y caos, contadas sin rodeos y con la voz monótona de Manitoba, atraparon mi atención. No dejaba de tener que disculparme por mis preguntas, pero me perdonaron la curiosidad.

Me hicieron recordar la observación del autor de cuentos de fantasmas M. R. James en su escalofriante narración «El conde Magnus»: «Su principal defecto era a todas luces la exagerada curiosidad, posiblemente un buen defecto en un viajero, sin duda un defecto que este viajero pagó demasiado caro al final».

Todo ese tiempo, mientras me tomaba el té que había traído de mi casa y hacía preguntas, Beth trataba de llamar la atención del mesero en inglés. Pero en el Hotel la Fuente el inglés no servía de mucho.

—¿Qué quieres? —pregunté.

—Una taza de agua caliente.

Le hice una seña al mesero y traduje la petición. Trajeron el agua.

—Eso hacen los chinos, beber agua caliente —comenté—. Le dicen té blanco.

—Voy a tomar té de verdad —dijo.

Sonreí confundido.

—Con tu bolsa de té —dijo Beth, y alargó la mano sobre la mesa hasta el platito en el que mi bolsa de té usada reposaba como ratón muerto. Como buena viajera ingeniosa, echó la bolsa en su taza.

Al sur de Saltillo estaba la inclinada carretera que atravesaba recta por los parduscos valles pedregosos de la Sierra Madre, erizada de yucas oscuras de las llamadas palmas chinas, que me hacían pensar en un ejército de miles de ancianos de espalda encorvada y pelos parados. De mi lado de la carretera no había tráfico, pero del otro lado había un embotellamiento de veintidós kilómetros (los conté con mi odómetro) de tráileres esperando a pasar un carro siniestrado.

La mayor parte de la carretera a San Luis Potosí era de cuota, en contraposición a una carretera libre, sin peaje. Las carreteras libres tenían menos mantenimiento y solían pasar en medio de los pueblitos que las de cuota circunvalan. A las libres las atravesaban topes, que hacían rebotar incluso al carro más lento y raspaban el chasis. Los topes podían ser exasperantes pero funcionaban para vengarse de los conductores que pasaban a toda máquina. Las ciudades de estas carreteras secundarias tenían los restaurantes, posadas y moteles de que carecían las de cuota, pero las de cuota por lo general eran más rápidas y seguras, excepto cuando había un choque y los tráileres podían quedarse varados largos kilómetros.

En un poblado al borde de la carretera como a treinta kilómetros al sur de la pequeña ciudad de Matehuala había un letrero escrito con pintura rojo sangre: CAPILLA DE LA SANTA MUERTE, decía. En mi mapa toda esta zona se llamaba El Llano del Lobo. Tentado por los nombres, y recordando lo que había visto de la Santa Muerte en el burdel de Matamoros, me salí de la carretera para hacerle una visita.

—Buenos días, señor —me dijo una mujer sentada en una silla de plástico y abanicándose en la entrada. Su vestido desteñido y su delantal banco no tenían nada de eclesiástico, pero dijo que la capilla era suya y que ella era la sacerdotisa.

—Pase. Bienvenido —dijo agitando el abanico.

La capilla, una construcción de cemento de un piso que quizá alguna vez había sido una tienda, estaba en una hilera de viejas tienditas solitarias revestidas de un polvillo grisáceo con venta de refrescos, herramientas de cultivo, tamales, y uno de esos negocios de reparación de llantas que a menudo se ven al borde de la carretera del México rural, vulcanizadoras.

De la capilla salía un olor a incienso; las paredes interiores estaban cubiertas con tela blanca y ramos de flores de plástico. Junto al altar en la pared del fondo había una estatua tamaño natural de la Santa Muerte, con todos sus atributos. Había visto fotos y carteles de esa imagen esquelética, pero era la primera vez que contemplaba toda su aterradora figura con sotana de satín blanco y traje de novia virginal, mostrándome una sonrisa sin labios y mirándome fijamente desde unas órbitas huecas. Tenía una hoz, como la imagen de la Parca, y un globo terráqueo y un escapulario, atributos (como el vestido de novia) de la Virgen María, figura familiar y servicial: protectora que a todos da esperanzas, fortuna a los pobres, escudo protector a criminales y narcos.

—Tengo fotos, tengo rosarios —susurraba tras de mí la mujer del abanico. Sentada afuera, tenía un aire de autoridad; parada en las sombras de la capilla, entre huesos y cráneos, agarrándose el delantal con una mano, era pequeña y un poco jorobada.

—Quiero comprar una foto —dije.

La mujer fue a una mesita en el costado y eligió una foto macabra del tamaño de un naipe.

—¿Cuánto cuesta?

—Lo que usted quiera dar.

—Le di unos pesos y dije que volvería.

—Esto lo mantendrá a salvo —dijo dándole unos golpecitos a la foto.

De vuelta en la carretera pensé que, hasta en garras del Tratado de Libre Comercio y todas sus novedades, el México eterno persiste. No importa cuán moderna sea la autopista mexicana, con casetas de cobro, áreas de servicio con gasolineras y cafés, mecánicos de uniforme azul saludando a clientes que piden el tanque lleno…, el viejo México siempre está en la periferia, en forma de figuras icónicas al margen de la carretera, los bordes llenos de malezas, en el pasto, la pradera cercana, bajo los árboles, la orilla del arroyo, la cabañita, la casita apenas visible bajo el flamante puente.

El panorama de mexicanos emblemáticos empieza a aparecer al lado de la impecable autopista, un gran alivio para el ojo y la mente. El charro en su caballo empuñando la fusta mientras recoge a sus vacas; el pastor con sombrero de paja persiguiendo a un chamaquito patizambo que corre a tropezones; el niño en huaraches y harapos, recargado en una barandilla, mirando a su rebaño de ovejas; el jinete balanceándose en su jamelgo y ajustando las riendas; la vieja con un bulto en la espalda avanzando penosamente entre el pasto crecido; el carro de mulas lleno de melones o sacos de frijol y un hombre inclinado sobre la ijada de la mula golpeándola con un látigo; una mujer de delantal blanco sentada debajo de un letrero de TAMALES Y CARNE SECA; un niño flacucho persiguiendo a un perro flaco que persigue a una gallina flaca… y a lo lejos se alcanza a ver una vieja ciudad y su iglesia de capiteles color queso. Me acordé de Ray Midge en *The Dog of the South* de Charles Portis: «Les dije adiós con la mano a unos niños que llevaban cubetas de agua y a viejas con chales en la cabeza. Era una mañana fría. *Soy un gringo de buena voluntad en un Buick chiquito. ¡Trataré de observar sus costumbres!* Eso es lo que expresaba mi saludo».

Así, llegué a San Luis Potosí atravesando la meseta de estos agridulces recordatorios de lo antiguo que permanece en el presente, lo que el poeta potosino Manuel José Othón (1858-1906) describía así: «Mira el paisaje: inmensidad abajo, / inmensidad, inmensidad arriba; / en el hondo perfil la sierra altiva / al pie minada por horrendo tajo». Después de varios días manejando y pasando la noche en moteles en mi larga travesía desde casa y a lo largo de la frontera, pensé: «Me quedaré aquí un tiempo».

San Luis Potosí es víctima del hábito mexicano de la vieja armoniosa ciudad colonial que se vuelve mártir de la brutal causa modernizadora: la burocracia la destruye para darle vida. Tiene un centro histórico con una majestuosa catedral, iglesias y templos; la Plaza de Toros Fermín Rivera; plazas adoquinadas rodeadas de portales con tiendas y restaurantes; edificios que se van haciendo más feos conforme se extienden a los suburbios; y finalmente, fábricas de fachada plana en la parte industrial de la ciudad, que produce empleos e ingresos. En el caso de San Luis Potosí las fábricas hacen carros, partes para aviones, robótica, puertas de vidrio, tecnología médica y mucho más; su planta laboral está compuesta de trabajadores de la cadena de montaje y también egresados altamente calificados de las dieciséis universidades e institutos tecnológicos de la ciudad.

Paseando en carro por la parte vieja de la ciudad vi un letrero en el tejado de un edificio alto, HOTEL MARÍA CRISTINA, así que me dirigí a él. A pesar de su nombre pretencioso, era un hotel servicial, a cuarenta dólares la noche, a pocos minutos a pie a todos los lugares históricos, además de que contaba con un estacionamiento donde mi coche estaría a salvo de robo o destrozos.

En esta ciudad de un millón de personas y con todos los trastornos que conllevan el tráfico y las fábricas, uno imaginaría un lugar patas arriba e irreconocible con tanta modernización. Pero San Luis Potosí era pobre, y los potosinos estaban agobiados por un peso que se debilitaba y por lo caro que era ganarse la vida. Cuando eso pasa, tal como había yo observado en todo el Sur profundo estadounidense en mi anterior larga travesía por carretera, la gente conserva su cultura. Los adinerados, arribistas y esnobs nuevos ricos subrayan su mejorada condición social desechando las tradiciones populares a las que los pobres se aferran (¡tienen tan poco a lo cual aferrarse!). El escritor inglés V. S. Pritchett observó esto en sus viajes por España y otros lados: «El pasado de un lugar sobrevive en sus pobres».

Esto es lo que explica la densidad y diversidad de México, sus fiestas que se originan en ceremonias aztecas, sus creencias provenientes del culto a la muerte, las máscaras que en la actualidad usan escolares y parranderos en las plazas y que tienen su equivalente entre los zapotecas, que florecieron y usaban esas mismas máscaras hace dos mil años.

La gastronomía es cultura, y la cocina tradicional pervive en lugares que han sido ignorados por los chefs gourmet o por los restaurantes de lujo. La comida callejera de México tiene variantes locales y suele ser exquisita; muchas veces los comensales prefieren echarse sus antojitos en mesas con bancos adosados o en taburetes que una cena de tres tiempos en algún restaurante. Entre las mejores comidas que probé en México están las que disfruté en San Luis Potosí, y al alivio de poder pasear y no tener que buscar estacionamiento se sumaba el placer de llegar caminando a un restaurante potosino.

—¡Somos tocayos! —me dijo Pablo, el dueño de un restaurante cuando nos presentamos. Un tocayo es aliado y un posible amigo. Me dio a probar las enchiladas potosinas y su propia variante de las enchiladas suizas (lo de *suizas* es una hipérbole: alude a la salsa cremosa y al abundante queso de este plato mexicano). Los buenos modales también persisten en sociedades tan pobres que estafadores y gente rica no les hacen caso y por tanto permanecen libres de su corrupción; para ellas la amabilidad es un hábito de vida, un modo de seguir adelante. El filósofo y viajero inglés R. G. Collingwood compendia otro aspecto de la amabilidad mexicana en una perspicaz observación; en su libro *The New Leviathan* (1942) escribe: «Los modales más encantadores los he encontrado en países donde los hombres cargan con cuchillos, y si alguien les dice una mala palabra o los ve feo se los clavan». Pablo, siendo mi tocayo, se volvió un informante amable.

—¿Por qué hay tanto alboroto en esa plaza? —le pregunté la noche siguiente (esa vez cené pozole verde: maíz cacahuazintle, pollo, tomate verde, rebanadas de aguacate y mucho más).

Al pasar por la espléndida Plaza de Armas, con su espectacular catedral y su ornamentado Palacio de Gobierno, había oído a una mujer denunciando algo a gritos en un micrófono bajo una manta ondeando mientras una multitud con expresión adusta la observaba.

—Está con la caravana —dijo Pablo, y me explicó que se trataba de un movimiento de mexicanos preocupados, dispuestos a mantener vivo el recuerdo de los cuarenta y tres estudiantes que habían sido secuestrados y estaban desaparecidos (asesinados seguramente) en el estado de Guerrero tres años antes. Las muertes de los estudiantes seguían siendo un misterio y los padres seguían exigiendo justicia y llorando su pérdida.

Después de cenar, camino al hotel, atravesé la Plaza Fundadores (que conmemora los inicios de la ciudad en 1592) y me quedé un rato en la Plaza de Armas para escuchar. Ahora el viento había amainado y alcancé a leer la manta: ¡AYOTZINAPA! ¡LOS ASESINOS ESTÁN EN LOS PINOS!

Ayotzinapa era el sitio donde estudiaban los jóvenes secuestrados en septiembre de 2014.

Extendidos sobre los adoquines bajo la manta había grandes retratos de unos muchachos, cada uno con el letrero de NOS FALTAN y sus respectivos nombres: Marco Antonio Gómez Molina, Jorge Álvarez Nava, José Luis Luna Torres y otros.

Este era otro ejemplo de simultaneidad mexicana, como el pastor a un lado de la autopista: en la vieja plaza encantadora, en una tarde de fiesta, en medio de familias disfrutando el aire nocturno, jóvenes disfrazados de brujas y duendes, motociclistas de chamarra de cuero con la palabra *Rebeldes* recargados en sus motos, niños con juguetes de lucecitas que se prenden y apagan, los globeros y los mirones curiosos ahí parados como yo… una mujer desesperada daba alaridos sobre asesinatos y cárteles del narcotráfico.

—¡¿Cuándo sabremos?! ¡¿Cuánto tenemos que esperar?! —señalando con el micrófono hacia el Palacio de Gobierno, amplio edificio café de aspecto implacable, gritaba—: ¡Les vengo a hablar de esta injusticia! Les aseguro que esas personas del gobierno saben más de lo que dicen, y su silencio los hace cómplices de esos horribles asesinatos.

Aunque los niños seguían jugando, estimulados por su propio regocijo, y los hombres sonrientes pregonaban sus globos y juguetes, la gente mayor observaba con alarma.

—¡Piensen en sus madres! ¡Piensen en las familias de esos estudiantes asesinados que no han podido tener un sepulcro digno!… ¡Sus espíritus claman justicia!

Cuando terminó, me acerqué a hablar con ella; fui el único que lo hizo. Las familias y los parranderos tenían actitud tímida, quizá avergonzados por las acusaciones, cautelosos de que nadie los viera y pensara que pudieran ser parte de esa manifestación. A los mexicanos por lo general les indignaban los asesinatos, pero la ira de esa mujer, su audacia en ese escenario tranquilo, hacía más pública la indignación, y puede ser que los espectadores temieran las consecuencias.

Pero esa mujer… ella sí era intrépida.

—Soy extranjero —le dije—, solo un gringo paseando por aquí, pero he estado escuchándola y me interesa lo que dice.

Dijo llamarse María.

—¿De dónde es? —me preguntó.

Se lo dije.

—Hace dos años fuimos con la caravana a los Estados Unidos para informarle a la gente, y muchos escucharon y compartieron nuestra preocupación. Fueron muy receptivos.

Y María me contó los hechos. Había habido un secuestro masivo en la Escuela Normal Rural de Ayotzinapa, en el estado de Guerrero. Los estudiantes iban en dos autobuses para viajar a la Ciudad de México para conmemorar la masacre de 1968 en la Plaza de las Tres Culturas de Tlatelolco, donde cientos de manifestantes (la cantidad de muertos aún se mantiene en secreto) fueron asesinados por francotiradores y paramilitares. Pero los camiones fueron detenidos en Iguala, donde arrestaron a los estudiantes y los entregaron a un cártel. Me dijo María que, según se creía, habían llevado a los estudiantes a un basurero y los mataron por orden del alcalde de Iguala, que estaba confabulado con los narcos y la policía. Solo dos cadáveres fueron encontrados e identificados; los demás se esfumaron, «y están clamando por justicia».

—¿Ha habido avances en la investigación? —pregunté.

—Han pasado tres años de los asesinatos y seguimos sin saber qué es lo que realmente pasó. Solo sabemos que los muchachos desaparecieron. Cuarenta y tres asesinatos en un lugar.

—¿Y no hay sospechosos?

—El exalcalde está preso pero no ha dicho nada. Alguien sabe: alguien en el gobierno, el ejército o la policía. Este es un gobierno de secretos. Si hay secretos, no puede haber justicia.

Le pregunté por qué estaba haciendo eso, denunciando al gobierno y exigiendo respuestas, ahí y en ese momento.

—Porque no hemos tenido ninguna respuesta. Las familias están muy tristes: perdieron a sus hijos. Yo estoy aquí como recordartorio. No soy la única. Si va a la Ciudad de México verá un gran campamento manifestándose frente a la Procuraduría General de la República.

—¿Y qué me dice de los escritores? ¿Ellos están protestando?

—Sí, muchos —dijo María.

—¿Juan Villoro?

—Villoro ha escrito mucho sobre el tema y es amigo de nuestro movimiento.

En las sombras trasnochadas de la plaza, María y su pequeño grupo de personas en busca de la verdad desataron la manta y enrollaron los retratos de los estudiantes muertos (la flácida tela hecha jirones por el uso, los colores de los rostros agrietados y deslavados) mientras los curiosos se dispersaban y la plaza recuperaba su espíritu festivo.

Esa mención de Juan Villoro fue fortuita. Es uno de los escritores más ilustres de México: novelista, autor de cuentos y prolífico periodista y crítico social. Yo llevaba un tiempo en comunicación con él. Anoté preguntarle qué pensaba de los estudiantes asesinados. Como María, Juan era un recordatorio necesario, en este caso del lado oscuro de México, el México sobre el que todo mundo rumorea. No tienes que estar mucho tiempo en él para entender que es un país de obstáculos, una cultura de inconvenientes.

Los obstáculos en la sociedad mexicana oscilan entre las masacres y las adversidades y los fastidios prosaicos. Podría uno preguntarse: ¿por qué una madre de niños pequeños (como muchas a las que conocí en la frontera) corre el riesgo de saltar la valla y soportar las privaciones de caminar en el desierto solo para trabajar por un salario mínimo en una planta empacadora de carne (como alguien me dijo) o un hotel? Una respuesta obvia es que los riesgos y privaciones en México son mucho peores que los que se tienen que soportar al cruzar la frontera.

Esos inconvenientes, chicos y grandes, los padece todo mundo excepto los peces gordos, para quienes la vida es un transbordar de un lado a otro en limusinas, escoltados por matones, o volar por encima del tumulto en sus helicópteros privados.

La paranoia es la condición crónica de los peces gordos, bien conscientes de las disparidades en el ingreso. En México el peculiar resentimiento hacia los ricos o a los que les va bien se expresa en el sarcasmo del habla popular: se les dice *fresas* a personas adineradas presuntuosas, y sus elegantísimos hijos, obscenamente privilegiados, son los *niños bien*. Esta gente bonita existe en una atmósfera cargada de recelo y a menudo acompañada de musculosos guardaespaldas intimidantes.

Esto lo descubrí de una manera poco importante pero inusual en San Luis Potosí. El Hotel María Cristina decía que su lavandería no estaba funcionando, pero un empleado me dijo que no sería difícil encontrar una lavandería como a seis cuadras de ahí. Al salir del hotel y bajar por la estrecha calle Juan Sarabia a la esquina con la calle de Los Bravos, vi una camioneta todoterreno pararse y obstruir el tráfico al estacionarse en lugar prohibido, enfrente del austero Hotel Nápoles. Dos hombres de negro, con lentes oscuros opacos, salieron y le abrieron la puerta trasera a un hombre de mediana edad de fedora y chaqueta color beige echada sobre los hombros como si fuera una capa. Esta figura mimada y muy protegida, con aura de dinero y poder, un cabrón en sentido admirativo, quizá un padrino, dio tres zancadas al Hotel Nápoles y a la entrada de un café en su interior, La Colomba, donde lo saludó un hombre de bigote y sonrisa siniestra que lo abrazó y lo condujo al enigmático café, que estaba cerrado al público.

Esa llegada dramática me llamó la atención; ansioso por saber más, me detuve y me puse a observar, preguntándome quién podía ser ese cabrón. Ahí estaba yo embobado cuando los guaruras posaron sus lentes oscuros sobre mí y se acercaron, hinchándose visiblemente a cada paso. En ese momento caí en la cuenta de que iba yo cargando un montón de ropa sucia, una absurda maraña de prendas en las que un guardaespaldas suspicaz podía suponer que llevaba un arma escondida.

—¿Hola? —farfulló el guarura más grande y se puso a hostigarme y a husmear en mi montón de ropa.

—Ropa sucia —dije, y me escabullí.

Pero la lavandería estaba cerrada. Eso significaba que tenía que regresar con mi bola de ropa sucia a la esquina de Juan Sarabia y Los Bravos, y esa vez los dos fortachones me miraron con creciente recelo, labios apretados, hombros echados atrás, como si yo fuera un asesino cercando su presa, sin soltar su absurda maraña de ropa, con las manos escondidas. Parecían listos para derribarme.

—¡Ropa sucia! —volví a decir, elevando la voz, y los pasé a toda prisa.

En México los ricos están protegidos, se les facilita el progreso en cada fase de la vida, así que se les permite darse sus aires. Los pobres, a su manera afable, luchan por mantener la dignidad.

Y la mitad del país vive en la pobreza. Una encuesta reciente concluyó que 55.3 millones de mexicanos (de una población de ciento veintisiete millones) puede describirse como pobre o indigente. El trabajador mexicano promedio gana apenas un poco más de quince mil dólares al año. Para ellos, que sufren la incompetencia política de sus gobernantes y la amenaza de la delincuencia, la vida es dura y la burocracia paraliza a todos; nada es fácil. Hasta los aspectos más simples de la vida son una dificultad: encontrar trabajo, encontrar vivienda, encontrar médico, escuela, un lugar donde estacionarse…

Se pensaría que la injusticia, las escaramuzas en tal competencia, crearían conflicto, pero mi experiencia en México, con algunas excepciones, demostró lo contrario: un afán de eludir la confrontación y un refugio nutricio en las comodidades de la vida familiar. Darse cuenta de que todo mundo está en el mismo barco, sitiado por el mal gobierno (término siempre acompañado de un suspiro de frustración), tiende a crear la afinidad solidaria que ayuda a darle coherencia a una comunidad. El hecho de que las familias estén intactas, se aprecie a la infancia y los ancianos gocen de respeto, ayuda a apuntalar el marco social y mantiene a México en marcha, aun en los peores tiempos. Lo que había aprendido con las madres que intentaban cruzar la frontera no era que desearan iniciar una nueva vida en los Estados Unidos, sino que esperaban, como solución, ganar suficiente dinero para mantener a su familia unida en México.

Pero la esperanza, la determinación y la disposición a correr riesgos no bastan para superar la maldición del mal gobierno o la hostilidad de lo cotidiano, es necesaria la conjura del mal. Otro rasgo de la vida mexicana es la búsqueda de mediación o protección en los rituales. No solo el rezo, aunque todo mundo reza, sino las fiestas ceremoniales, los bailes, la música, los disfraces, las ofrendas y altares de flores y reliquias, la veneración de esas figuras como el engolado ideal con aspecto de cowboy del cabrón superior, o el verdaderamente aterrador esqueleto de la Santa Muerte, cuyo principal santuario, en la Ciudad de México, deseaba ver. Toda esa magia propiciatoria y el antiguo remedio de la súplica, la mascarada… En casi todo el mundo, ponerse una máscara es una manera de hacer magia creando un nuevo yo.

Las máscaras africanas del Museo Etnográfico del Trocadero, en París, le llamó la atención a un joven Pablo Picasso: «Un olor a moho y negligencia me hizo un nudo en la garganta. Estaba tan deprimido que habría preferido irme de inmediato —dijo—, pero me obligué a quedarme; me esforcé en examinar estas máscaras, todos estos objetos que la gente había creado con fines sagrados, mágicos, para fungir como intermediarios entre ellos y las fuerzas ocultas y hostiles que la rodeaban, procurando así superar sus miedos al darles forma y color. Entonces entendí lo que significaba la pintura. No es un proceso estético; es una forma de magia que se interpone entre nosotros y el universo hostil, un medio para asir el poder imponiéndoles una forma a nuestros terrores y a nuestros deseos. El día que entendí eso había encontrado mi camino».

En México las máscaras no son nada nuevo. Las exhibiciones del nutrido Museo Nacional de la Máscara, en San Luis Potosí, son prueba de que estas tierras llevan milenios confiando en las mascaradas: las soberbiamente trabajadas máscaras zapotecas de jade y turquesa que ahí pueden verse tienen más de dos mil años, y en los festejos actuales se usan unas parecidas.

En las fiestas mexicanas hay máscaras de cráneos por doquier, pero también de murciélago, y me había preguntado por qué. El museo tenía la respuesta. En la persistencia de la memoria, el pasado animando al presente, la máscara de murciélago se representa con las mandíbulas abiertas, las oscuras alas ensanchándose en un batir congelado, prestas las garras por los aires. El murciélago era una deidad predominante en Monte Albán miles de años atrás, y el murciélago vivía en Xibalbá, lugar oculto, el inframundo donde reina la noche. Relacionado con la fertilidad, en zapoteca al murciélago se le decía *bigidiri zinia* («mariposa de carne») y era un dios benigno. En México hay sesenta y tres especies de murciélagos, que van del denominado cola libre o guanero, que mide ocho centímetros y come insectos, al murciélago espectral, con envergadura de diez metros, que se alimenta de reptiles, pequeños mamíferos y otros murciélagos.

Como necesitaba caminar, y ya me había pateado las calles estrechas del centro histórico, decidí subir al Cerro El Potosí, la montaña arriba de la ciudad, más allá del Parque Tangamanga. La guía turística recomendaba llevar zapatos cómodos, agua y pantalones largos para protegerse de las espinas del *Agave lechuguilla*. Me puse en marcha una fría mañana, empezando a andar por el sendero a dos mil metros, y subí pesadamente hasta llegar a los dos mil quinientos de altitud. A partir de ahí avancé lento y jadeando, y descubrí que eso de *lechuguilla* es inexacto: su nombre coloquial en inglés, *shin dagger* («puñal de espinillas»), es más acertado. Tumbado sobre una roca plana calentada por el sol para recuperar el aliento, procrastinando, pronto abandoné el propósito de llegar a la cima del Potosí, pero me estremeció lo que vi abajo y a lo lejos, las montañas de piedra que se desplegaban en todas direcciones, la agreste belleza de los peñascos.

Llevaba una semana manejando por este paisaje montañoso y lo consideraba otro amontonamiento alborotado de la Sierra Madre Oriental. Pero ese nombre era demasiado bonito. Gran parte de lo que había visto de la sierra, al sur de la frontera, podría llamarse con más exactitud tierra baldía: vasta, dramática, afilada, inhóspita y, en palabras de Manuel José Othón, el poeta potosino más famoso, «salvaje desierto», «árido y triste, inmensamente triste», sitio con barrancos de «fondo terrible», «bloques gigantes» secados por «ardientes rayos», además de «la llanura amarguísima y salobre, enjuta cuenca de océano muerto».

En el poema «Una estepa del Nazas», Othón describe el paisaje de esa población un poco al noroeste, en el estado de Durango:

Rueda el río monótono en la austera
cuenca, sin un cantil ni una rompiente
y, al ras del horizonte, el sol poniente,
cual la boca de un horno, reverbera.

Y en esta gama gris que no abrillanta
ningún color; aquí, do el aire azota
con ígneo soplo la reseca planta...

En arranques de masoquismo romántico, Othón recorrió esos terrenos para llegar a las áridas comunidades de esa región. Él era también agente del Ministerio Público, y fue a algunos de esos puestos solitarios porque se le asignaron. Les sacó todo el provecho posible a sus distintos lugares de exilio y describía en poemas angustiados los pormenores físicos del difícil mundo que le circundaba.

Nunca había oído hablar de este poeta hasta que, uno o dos días después de mi ascenso al Cerro El Potosí, visité el Museo Othoniano, en la estrecha calle que ahora lleva su nombre, detrás de la catedral. No hay mucho que ver en la polvorienta casa: solo algunos libros en descomposición, su pequeño escritorio, su tintero, su cama de hierro, su retrato fotográfico (bigote hirsuto, ojos dulces) y algunas cartas enmarcadas y desvaídas.

El pequeño folleto sobre Othón (de cinco pesos) mencionaba cómo, a fines del siglo XIX, cuando era agente del Ministerio Público y vivía en la elegancia de San Luis Potosí, capital del estado y centro de cultura, fue llamado al interior, a la pequeña ciudad de Cerritos, en el noreste, y a Santa María del Río, montañas rocosas con laderas empinadas y cumbres con picos, entre cuencas áridas y arroyos pedregosos. Una nota atormentada de fatalismo desesperado recorre su poesía, como cuando en paisajes remotos celebra lo salvaje, los parajes inhóspitos. Es como si, entre todas esas rocas, bajo un árbol sin hojas, estuviera en harapos esperando a Godot.

Si se estudia más a fondo la enigmática historia literaria de Othón se descubrirá que sus poemas fueron traducidos al inglés por Samuel Beckett. No fue su hastío de la tierra baldía lo que atrajo a Beckett (aunque predomina la tierra baldía) sino su falta

142

de dinero. Cómo ocurrió esta traducción es una historia fuera de lo común. Aunque Othón era célebre en su tierra por su «Idilio salvaje», «El himno de los bosques» y «En el desierto», esa admiración era orgullo nacional de muchos escritores mexicanos. Pero para el resto del mundo, Othón siguió siendo un desconocido.

Su oscuridad se asemeja un poco a la de Beckett, que en 1950 tenía cuarenta y cuatro años, nadie lo conocía fuera de su pequeño círculo de amigos, estaba deprimido y frustrado por los rechazos de los editores, vivía en París prácticamente en la penuria y escribía sobre las pérdidas, el sufrimiento y la muerte. Aunque algunos de sus poemas habían aparecido en revistas de poca circulación, sus novelas y obras de teatro aún estaban por publicarse. Había terminado de escribir *Esperando a Godot*, pero no se había llevado a escena. Estaba dispuesto a aceptar cualquier oferta de trabajo razonable.

Un joven estudiante mexicano en París (el desconocido y aún inédito Octavio Paz) se acercó a Beckett con una propuesta de traducir cien poemas de treinta y cinco escritores mexicanos. Eso se financiaría, como un meritorio proyecto cultural, con fondos de la Unesco. Beckett aceptó. «El dinero cayó del cielo —escribe su biógrafa Deirdre Bair—, pero la tarea era casi insalvable». Lo que la hacía tan difícil era el hecho de que Beckett no conocía muy bien el español… algo raro, en esas circunstancias, para un posible traductor. Sin embargo, con ayuda de un diccionario y la asistencia de un amigo que hablaba el español con soltura, volvió todos los poemas al inglés y, en su perseverancia, los hizo suyos.

Estaba contento por el dinero, pero el libro no se publicó entonces. Un año después se llevó a escena *Godot*, fue muy aplaudido, y Beckett se convirtió en una celebridad literaria. En 1958, a los cincuenta y dos años, Beckett por fin había encontrado la aceptación que había buscado, y ahora que su obra se demandaba, una editorial universitaria aprovechó la oportunidad de usar su nombre. Así fue como apareció la colección poética *Anthology of Mexican Poetry*.

Pero hay una conexión singular entre Samuel Beckett, «el gramático de la soledad», sumido en su cómica melancolía irlandesa, escondido en un diminuto departamento en París, y la condición de Manuel José Othón, el ermitaño mexicano de fines del siglo XIX, rumiando en la árida tierra baldía en medio de México. Hacia 1900, Othón, que al parecer se quedó sin palabras, en un poema desconsolado escribió la línea becketiana: «¡El desierto, el desierto… y el desierto!».

Primera comunión en San Diego de la Unión

En ciertas partes, el desierto de piedras rotas y polvo punzante en el estado de San Luis Potosí, que se adentra en el de Guanajuato, se tranquiliza entre las dramáticas alturas de la Sierra Madre, con el páramo flanqueado por magníficas montañas de resplandecientes picos de granito angulosos, unos como cuchillos astillados y otros como huesos negros fracturados o salpicados de tinta de obsidiana. Había sacado mi coche del estacionamiento del hotel y emprendí el viaje por la mañana desde San Luis Potosí. En Santa María del Río, donde terminaban las zonas urbanizadas, me encontré de nuevo eufórico viajando hacia el sur en plena autopista soleada.

Era sábado, día de mercado, así que giré hacia el suroeste para seguir por carreteras secundarias y llegué a la apiñada ciudad de San Diego de la Unión. Tras la gran ciudad de San Luis Potosí, me atrajo su pequeñez, rodeada de los prados verde oscuro del estado de Guanajuato. Me paré solo para echar un vistazo, con la curiosidad ociosa que se puede permitir cualquier persona en México que disponga de un carro y no tenga ningún sitio específico adonde ir.

La imagen dominante (una deslumbrante escena) en la calle principal de la ciudad era de unas niñas de nueve o diez años con relucientes vestidos blancos, velos de encaje blanco, el pelo negro bien peinado, algunas con guantes blancos, las caritas blanqueadas con polvo, rímel en las pestañas, los labios pintados de rojo: pequeñas novias maquilladas dando traspiés en los callejones de adoquín. Revoloteaba en torno a ellas un amantísimo séquito: mujeres mayores (madres, tías, hermanas grandes) haciendo de acompañantes en humilde ropa de calle, más humilde aún en la cercanía de las exquisitas princesas.

144

Las seguí fascinado, y platicando en el camino con algunos admiradores curiosos me enteré de que las niñas se dirigían a su primera comunión en la iglesia de capiteles gemelos en el centro, la Parroquia de San Diego de Alcalá, llamada así por el santo patrono de la ciudad.

Era una ciudad pobre; el desabastecido mercado era prueba de ello. Las casas eran sencillas, las calles secundarias se encontraban en mal estado; imaginé que casi nunca la visitaban forasteros. Los turistas mexicanos acudían a San Luis Potosí por las luces, las plazas y los restaurantes, pero en San Diego no había mucho que retuviera al visitante.

En San Luis Potosí me había acordado de la frase perspicaz de Pritchett: «El pasado de un lugar sobrevive en sus pobres». Aquí estaban las pruebas más decisivas: las galas del día de la primera comunión, la persistencia de la tradición de vestir a las niñas con color blanco de pureza, y la procesión sabatina a la que iba sumándose más gente al pasar por la ciudad, para llegar a la iglesia parroquial convertida en jubiloso desfile, con las niñas, elegantes quizá por primera vez en su vida, siendo el centro de atención.

Esperé hasta que todos hubieron entrado a la iglesia en fila, las comulgantes, las familias, los embobados vecinos… y entre estos últimos se contaban agricultores, mecánicos con overol azul y puesteros, algunos de la carnicería, con los delantales arrugados en las manos, la tela blanca con salpicaduras de sangre por los trozos de carne de vaca y cabezas y manitas de puerco que esa mañana habían cortado con el cuchillo.

Me senté en un banco de atrás y escuché el órgano sibilante y a la gente cantando himnos con todo entusiasmo y balanceándose a su ritmo. Cuando los feligreses se hubieron sentado, el sacerdote se inclinó en el púlpito tallado y pronunció una homilía sobre la inocencia y la pureza. Les pidió a las niñas que se acercaran. Con sus piernas flacuchas y sus sedosos vestidos blancos, tímidamente y a tropezones pasaron al frente y el sacerdote les habló de ese día especial, «un nuevo día en su vida».

«Un día especial», añadió, y dijo que el santo que se festejaba en esa fecha era san Judas: no el traidor, sino san Judas Tadeo, patrono de las causas pérdidas, los últimos recursos, las posibilidades remotas y los callejones sin salida, y quizá debido a la esperanza que su imagen ofrece a la gente desesperada, es un santo popular en la hagiografía mexicana. La capilla de san Judas Tadeo en San Luis Potosí estaba cubierta de ruegos garabateados, ofrendas y llameantes repisas de veladoras. San Judas es el santo que ocupa el segundo lugar de popularidad en México. El más venerado es la Virgen de Guadalupe, que en 1531 se le apareció al indio chichimeca Juan Diego Cuauhtlatoatzin en el cerro del Tepeyac (cerca de la Ciudad de México). La virgen, hablando en la lengua de Juan Diego, el náhuatl, le ordenó que construyera un santuario en su honor, que hoy sigue en pie y es muy visitado. (Con todo, la popularidad de estos dos santos está en fuerte competencia con la de la Santa Muerte, el esqueleto con un manto cuya huesuda y sonriente imagen está en todas partes.)

Una por una, las niñas de blanco pasaron de puntitas al comulgatorio y se arrodillaron para recibir el sacramento; cuando echaron atrás la cabeza como coristas y sacaron la lengua, sus velos temblaron.

Me quedé sentado, confortado por la tranquilidad de la ocasión, animado por las sonrisas orgullosas en los rostros de parientes y amigos, el placer que encontraban en el viejo ritual, y la belleza de las niñas de esta pobre ciudad vestidas para la ocasión.

Luego me escabullí y caminé por la calle principal de San Diego de la Unión en busca de un lugar donde comer.

Un hombre con los ojos entrecerrados por el sol se rio cuando le pregunté si había un restaurante en la ciudad. Me dijo que solo antojitos, y tampoco muchos; los restaurantes más cercanos estaban en Dolores Hidalgo, a poca distancia de ahí.

Más carreteras secundarias y flores silvestres volando en el viento hasta llegar a otra ciudad pequeña, pero esta de gran importancia histórica y muy visitada (por eso había restaurantes), celebrada como la cuna de la Independencia de México. El cura local y entregado militar insurgente Miguel Hidalgo tocó las campanas de la iglesia el 16 de septiembre de 1810. Convocó a sus feligreses, a los que dirigió una arenga en repudio a los españoles, el Grito de Dolores, para levantarse en armas contra el mal gobierno y la opresión. Con ese acto dio inicio la guerra de Independencia de México, pero las denuncias de los gobiernos corruptos siguen siendo al día de hoy un grito que se escucha por todo el país.

Cené pozole y nopales asados y volví a la carretera para encaminarme a la cercana ciudad de San Miguel de Allende.

San Miguel de Allende: la oscuridad, la luz y los gringos

Recorrido tranquilo, días soleados, buenas carreteras, sobre todo las que pasan por el campo en Guanajuato: verdes pastizales con vacas alimentándose, viejos corrales de madera y ranchitos con rojos tejados, flores silvestres, mariposas y halcones empujados por la corriente en el cielo despejado.

Esto es México de día, pero para cualquiera que viajara por el país sería un error creer que eso es todo. Gracias a los comentarios entre dientes y advertencias cautelosas, me hice consciente (como haría todo el que oyera el siniestro susurro de esos rumores) de que hay un substrato de delincuencia incluso en los lugares prósperos de México… sobre todo en los lugares prósperos, y que adquiere formas inesperadas.

San Miguel de Allende es elaboradamente pintoresco, restaurado con buen gusto en algunas partes, bien conservado en otras, y retiene hermosamente sus tradiciones. Refugio de artistas y destino de fin de semana de paseantes chilangos, recibe multitudes de turistas tanto mexicanos como extranjeros. En muchos sentidos, la colorida ciudad, con su encantadora plaza arbolada (El Jardín), la catedral barroca, sus numerosas galerías y tiendas de souvenirs, sus conciertos casi todas las noches, sus excelentes restaurantes, sus bares amigables, sus jardines botánicos y su puñado de hoteles de cuatro o cinco estrellas, es la apoteosis de lo mexicano. Todo esto, y un centro histórico salubre, una ciudad hospitalaria con comensales, bebedores, paseantes, compradores y con los miles de jubilados, gringos en su mayoría, que ahí se han afincado.

Con su altitud de mil novecientos diez metros, San Miguel modera el paso de sus paseantes quienes, jadeantes, avanzan pesadamente cuesta arriba. Ha sido destino de expatriados desde fines de la década de 1930, cuando un artista estadounidense, Stirling

Dickinson, ayudó a fundar una escuela de bellas artes (y atrajo a muchos otros expatriados bohemios). Más adelante el pintor peruano Felipe Cossío del Pomar, exiliado debido a sus ideas izquierdistas, recibió la autorización del gobierno para abrir una escuela de artes en un exconvento. El muralista y revolucionario David Alfaro Siqueiros (uno de «los tres grandes» muralistas mexicanos junto con Orozco y Rivera) dio un curso de pintura mural aquí, en la Escuela de Bellas Artes, en 1948. En el refectorio de lo que fue el Convento de las Monjas y ahora es un centro cultural hay un mural suyo que son brillantes retazos de abstracción, a pesar de haber quedado inconcluso: se dice que el temperamental pintor abandonó el mural y San Miguel en un arrebato de furia. Junto con otros artistas mexicanos visitantes, contribuyó a crear una atmósfera receptiva de congenialidad artística en la ciudad.

—Venían muchos gringos después de la Segunda Guerra Mundial —me dijo Lupita, la gerente de mi hotel. Stirling Dickinson promovió esas llegadas—. Tenían la G. I. Bill y les gustaba el ambiente y el buen clima que aquí tenemos.

Sigue siendo frecuentado por ceramistas, pintores y jubilados. Trece mil personas, que representan a grandes rasgos el 10% de la población, son expatriados, comprometidos con su vida en ese lugar y, algo raro para México, los gringos residentes, con deseos de dar algo a cambio, participan en cualquier cantidad de proyectos caritativos. La filantropía es una buena idea, y así lo reconocen los oriundos del lugar, pero la presencia dominante, o al menos la más visible, es la de los gringos. Como extranjeros a los que les va bastante bien y viven en una burbuja, privilegiados y parasitarios por naturaleza, igual que comunidades de expatriados en otras partes del mundo, tienen una compleja relación con los verdaderos mexicanos, por lo general campesinos, que inevitablemente trabajan a su servicio. Y también, como en otros lugares así, los gringos están atentísimos al problema de la servidumbre y al murmullo de las historias que se intercambian: la cámara de resonancia en que se convierten la mayoría de las comunidades de expatriados, lugares que funcionan con el chismorreo.

El clasicismo colonial pervive intacto en el centro histórico de la ciudad, pero la expansión de casas trofeo, mansiones, condominios, conjuntos residenciales vallados y casas exclusivas que atestan sus márgenes le han dado lo que parece una densidad urbana insostenible y un exasperante problema de estacionamiento, responsables de que estar en San Miguel sea como estar atrapado en un ciclorama de hermosura colonial.

La construcción continúa desenfrenada. Cuando preguntaba por zonificaciones o regulación, los mexicanos sonreían y hacían la versión mexicana del signo de dinero, que no consiste en frotarse los dedos sino en formar una especie de garra de cabeza uniendo el índice y el pulgar.

A decir de casi todos, San Miguel de Allende es uno de los destinos para la jubilación más deseables del mundo. Las casas de sus llamadas «comunidades planeadas», como el Rancho los Labradores, se cotizan en millones de dólares, al igual que las casas de lujo tras portones de seguridad, si bien muchos departamentos y condominios cuestan mucho menos. Pero, como en otras ciudades de México que atraen a la gente con dinero y relaciones, San Miguel tiene su cuota de rumores sobre historias criminales e incidentes violentos.

En 2016, en tres ocasiones, sin previo aviso, explotaron bombas en bares, con saldo de algunas personas heridas. No se determinó ningún motivo. Quizá extorsión, intimidación, venganza... nadie supo. El gobierno no hizo investigaciones, no detuvo a nadie, no hubo informes policiacos. La ausencia de noticias verificables provoca rumores, y lo que se cuchicheaba en San Miguel era que estaban relacionados con bandas criminales. Le pregunté a un hombre, propietario de un negocio cercano, qué sabía al respecto.

—Probablemente un pleito entre narcos tratando de marcar territorio —dijo—. Desde entonces no ha vuelto a pasar.

Eso era otro ejemplo del mantra mexicano «Sin terror no hay negocio». Abundaban las historias de atracos nocturnos, y yo vi en San Miguel a más policías haciendo su ronda que en ningún otro lugar por el que hubiera pasado, como algo para tranquilizar a los jubilados y animar a más fureños a que se instalen ahí.

Como gran parte de la prosperidad de San Miguel se basaba en su boom inmobiliario, muchos de los susurros sombríos que escuché se referían a estafas de tierras.

—Compré un inmueble y lo arreglé —me contó una mujer mexicana—. Luego compré un terreno adyacente y pensé que podría construir ahí unos condominios. Lo pensaba como una inversión para mantenerme en la vejez. Pasaron los años, seguí haciendo mejoras, rentando los condominios que había construido. Y estaba planeando venderlo todo cuando recibí malas noticias.

Estábamos sentados en un restaurante. Ella había comido lento mientras hablaba. En eso bajó el tenedor, tomó un poco de agua e intentó continuar, pero el recuerdo de esas malas noticias le hizo tartamudear y callarse.

—Está bien —la tranquilicé—, puede contármelo en otro momento.

—Solemos decir que es mejor no contar demasiado sobre esos asuntos —dijo sacudiendo la cabeza, y prosiguió—. En la oficina de Hacienda, cuando estaba haciendo una solicitud para obtener una copia de mis escrituras, me dijeron: «Esas no son sus escrituras. Esa tierra le pertenece a alguien más. Aquí tenemos las escrituras», y me enseñaron los papeles que demostraban que mi terreno, mi casa, los condominios, ¡todo!, pertenecía a un hombre al que yo no conocía.

—¿Cómo es posible?

—Mordidas, sobornos —se encogió de hombros y continuó—: Un abogado deshonesto, un notario deshonesto… Redactaron una serie de documentos falsos que ponían a este hombre como el dueño de mi propiedad.

—Parece increíble —dije—. Para empezar, es la cosa más torcida que pueda haber.

—Sí —dijo; empujó el plato a un lado con los nudillos (para no maltratarse el manicure) y se quedó viendo hacia una fuente que dejaba caer agua en un cuenco. Llegó un colibrí, hincó el pico en una capuchina y retrocedió, se mantuvo unos momentos más en el aire y se abalanzó a una nueva flor; no volaba, levitaba de flor en flor.

—No puedo venderla si no demuestro que soy la propietaria. Y para demostrar que lo soy, tendré que demostrar que esas escrituras son una falsificación. Podría tomar años, y yo no me estoy haciendo más joven.

El chanchullo era diabólico, un desconocido falsificando unas escrituras de propiedad, notariarlas y antedatarlas para meterse en la vida de esta mujer asegurando ser el dueño de la considerable propiedad y no solo impedirle venderla, sino sostener que él había sido el dueño todo ese tiempo.

Ella juró que lo pelearía, pero que sus recursos eran limitados: su dinero estaba invertido en la propiedad, en mejoras y reparaciones. Tenía un abogado, pero no estaba segura de poder ganarle a alguien que no solo era un sinvergüenza, sino que tenía suficiente dinero para sobornar a los funcionarios que habían actuado en complicidad para hacer las escrituras falsas y, en fin, arrebatarle todo lo que tenía.

Era una mujer asediada, pero valiente, y le deseé suerte. Había oído otras historias de negocios inmobiliarios malogrados y de la petición de sobornos para acelerar transacciones o cualquier cosa para la que se requiera un permiso del gobierno. Con todo, estas historias palidecían frente a la saga de la corrupción de Walmart en México de la que informó el *New York Times* (17 de diciembre de 2012). Walmart quería construir una tienda enorme cerca de las antiguas pirámides de San Juan Teotihuacán, importante atracción turística a las afueras de la Ciudad de México. Sin embargo, los desarrollos comerciales estaban prohibidos cerca de ese sitio histórico, según se estipulaba en un mapa de zonificación. Entonces Walmart sobornó a funcionarios mexicanos para que volvieran a trazar el mapa a su conveniencia. La empresa obtuvo el permiso de construcción para erigir la monstruosa y obscena tienda en las cercanías de las pirámides. Pero ahí no terminó la cosa.

«Gracias al pago de ocho sobornos de $341 000 dólares en total —continuaba el reportaje del *New York Times*—, Walmart construyó un Sam's Club en uno de los barrios más densamente poblados de la Ciudad de México, cerca de la Basílica de Guadalupe, sin permiso de construcción, permiso ambiental o estudio de impacto urbano o siquiera una autorización para el uso de la vía pública. Gracias a nueve sobornos que ascendieron a $765 000 dólares, Walmart construyó un enorme centro de distribución de productos perecederos en un terreno inundable y ambientalmente frágil al norte de la Ciudad de México, en una zona donde la electricidad era tan escasa que muchos pequeños desarrolladores fueron rechazados».

De cualquier manera, muchos consideran que San Miguel de Allende es un gran lugar para vivir. La gran cantidad de jubilados que ahí se han avecindado, y que lo atiborran en fines de semana, lo han hecho más mexicano, y por razones tanto sentimentales como prácticas han ayudado a conservar su carácter, dándole vida con conciertos, festivales, encuentros literarios y exposiciones.

—Pero esas actividades las encuentras en muchos complejos habitacionales para jubilados —le dije a un hombre oriundo de California que había decidido hacer de San Miguel de Allende su hogar en su vejez.

—México es una gran opción para gente mayor jubilada —me dijo.

—¿Por las actividades culturales? ¿El clima? ¿El bajo costo de la vida? ¿Qué?

—Todo eso. Y en México siempre puedes encontrar alguien que te cuide —respondió.

Y barato. Por mil pesos a la semana, podías contratar a una empleada doméstica que trabajara ocho horas al día (los domingos libres) limpiando y preparando comidas sencillas; quizá el doble si era de planta. Una enfermera nocturna costaría aproximadamente veinticinco dólares a la semana. A los jardineros y trabajadores no especializados se les pagaba una miseria.

Era fácil ver por qué a los extranjeros y turistas locales les atraía San Miguel de Allende. La ciudad estaba hecha para pasear, comprar, beber y cenar. Por casi un siglo, hasta 1990, el mayor empleador de la ciudad había sido la fábrica textil La Aurora, a quince minutos caminando de la plaza principal. Cuando cerró, en lugar de demoler el sólido edificio construido en un terreno de dieciséis mil metros cuadrados, se convirtió en un centro de arte y diseño: galería sobre galería, con cafeterías y restaurantes. Aquí y allá, montones de maquinaria de hierro en pedestales, cual esculturas vorticistas.

Casi todas las noches hay un concierto en el quiosco del Parque Benito Juárez, o bien en alguno de los seis teatros y auditorios. En el Jardín se presentan mariachis y tienen también unas noches musicales con elaboradas puestas en escena, como una a la que llegué por casualidad, del grupo Mono Blanco: once músicos rasgueando y golpeando sus instrumentos, entre ellos un arpa, un ukelele y una mandolina, mientras una guapa señorita bailaba el tradicional jarabe tapatío: con vestido vaporoso brincaba y sacudía la falda, zapateaba y, coqueta, daba vueltas alrededor de un joven petulante de cara redonda vestido de granjero con sombrero de paja aplastado, acaso imitando a un mono blanco, taconeando, como ella, en un diálogo de golpes y percusiones entre pies felices.

En la Parroquia San Miguel Arcángel, la icónica iglesia (torres color rosa, fachada florida, patio alisado por siglos de practicantes posando ahí la suela, avejentada piedra cual magnífico castillo de arena con cicatrices corroído por una ligera lluvia), asistí a una de las muchas bodas mexicanas de ese fin de semana, como celebrante sin invitación que se sienta a ver y oír donde no lo vean. Ese despliegue de elegancia y pobreza una al lado de la otra (la elegancia, tímida; la pobreza, exuberante) asemejaba una pintura del Bosco o un mural mexicano, parecidos ambos en su representación de lo grotesco en el aluvión de sus varias capas de rareza y su distorsión de los cuerpos.

Los invitados estaban en la fase de congregarse, saludarse y besarse en el adoquín del patio a la entrada de la iglesia. La novia regordeta, nerviosa, se apartaba el velo; de voluminoso vestido y diadema centelleante, atendida por un grupo de hombres jóvenes de traje negro, pelo alisado, hombros amplios y sonrisas confiadas; las damas de honor, de todas formas y tamaños pero con idénticos vestidos morados y zapatos de tacón de aguja, se tropezaban peligrosamente en los adoquines. En derredor, matronas barrigudas con vestidos entallados, esposos corpulentos de traje amarillo con formidables patillas y bigotes caídos, niños demasiado arreglados y viejas brujas maquilladísimas con mantones y bombasí.

Añádanse a ese surrealista espectáculo de riqueza los niños andrajosos de San Miguel a unos pasos de ahí, mirando boquiabiertos o pateando a los perros callejeros, incitándolos a ladrarles a los invitados, arrastrando globos y juguetes de ruedas. Unos trabajadores en overoles manchados de pintura les daban chupadas a sus cigarros y señalaban, y monjas tapadas con hábito blanco se cernían sobre unas ollas de sopa que servían en tazones, mientras cerca de ahí, en una estufa humeante, una mujer freía carne y otra echaba tortillas en un comal.

Como espectáculo, era una oportunidad para que la gente de la ciudad mirara boquiabierta, bromeara, comiera, se fundiera con la multitud, como una panda de mendigos suplicantes haciendo fila para las limosnas, algunos con cuencos de monedas, otros despatarrados, una amamantando a un niño, otra desesperadamente señalando a su bebé comatoso y suplicando ayuda… y a unos metros de ahí los vestidos de tafetán, los mantones de seda, los trajes relucientes, los deformes invitados a la boda apagando las colillas de sus cigarros con los costosos zapatos para entrar al templo.

En eso, del interior de la iglesia, el pregón de unos acordes, música de órgano. Los invitados se pusieron en posición de firmes y, acomodándose la ropa, empezaron a caminar arrastrando los pies bajo las bóvedas de la nave central. Por la energía y entusiasmo de esta ajetreada ciudad era fácil entender por qué la gente quería visitarla.

—Reposo, tranquilidad —decía Lupita, la gerente del hotel, en alabanza del lugar.

Pero yo no buscaba reposo ni tranquilidad. Ese fin de semana fue una anormalidad. En México es agradable sentarse en la playa, inerte y soleada, a tomarse un mojito, pero ¿quién quiere oír hablar de eso? Lo que uno ansía al leer narraciones de viajes es lo inesperado, una probada de miedo, la súbita aparición de un malvado policía que amenaza con perjudicarte al borde de la carretera.

Extorsión: «¿Cómo nos podemos arreglar?»

Me fui de San Miguel con ánimo sosegado un lunes temprano, en una mañana de sol y cielo despejado, en dirección a la Ciudad de México. Seguí por caminos urbanos para circunvalar la gran ciudad de Querétaro, pero al cabo de ochenta kilómetros me encontré de nuevo en una autopista de cuota, rodando hacia las afueras de la ciudad de veintitrés millones de habitantes. La mitad de esa enorme cantidad de chilangos (como se llaman a sí mismos los residentes de la Ciudad de México) están clasificados como gente que vive en pobreza extrema; muchos gozan de enormes riquezas, y se calcula que quince mil niños viven en la calle. Adentrándome por el Periférico en la zona conurbada (cerritos llenos de casas, aire polvoso, una masa indistinta de edificios lejanos), la ciudad parecía inmensa y sobrecogedora, visiblemente destartalada y sobrepoblada, un fárrago casi inimaginable de la más fea versión de la vida urbana.

El letrero BUENA VISTA se me quedó en la memoria, no solo porque el paisaje de bloques de viviendas y fábricas era desagradable, sino porque cerca de ahí un policía en motocicleta se me acercó para indicarme, con el dedo rechoncho de una mano metida en un guante de cuero, que lo siguiera.

En el tráfico pesado (tráileres, camiones, carros a toda velocidad) eso tenía sus bemoles, y lo dificultó especialmente el hecho de que me llevó a una salida de vehículos detenidos, y pasando esa, a un camino lateral y de ahí, avanzando de tope en tope delante de mí, a una serie de calles sórdidas, donde finalmente se detuvo y me hizo señas para que me estacionara detrás de él, en ese barrio de viviendas decadentes, en un callejón sin salida.

Algunos peatones sobresaltados (mal vestidos, zarrapastrosos) nos vieron y se alejaron apresuradamente, sorteando vallas, guareciéndose en portales… y me quedó claro que tenían más idea que yo de lo que estaba por ocurrir.

Cuando el policía bajó de su moto y se acercó a mi carro pavoneándose, me di cuenta de que era de corta estatura y vientre abultado. Su rostro estaba casi al mismo nivel que el mío… y yo estaba sentado. Su casco enmarcaba su rostro y parecía estrujarlo, concentrando la furia en sus musculosas mejillas, con un destello cruel en los ojos negros. Pero para entonces, y desde que se me estaba acercando, con pies chuecos en grandes botas, ya me estaba gritando.

Bajé la ventanilla.

—Buenas tardes, señor —saludé.

Sus gritos ahogaron mi voz, y al principio no tenía idea de lo que estaba diciendo.

—No hablo muy bien el español. Por favor hábleme despacio.

—Las placas de tu coche no son mexicanas, ¡y estás manejando en nuestras carreteras!

—Tengo los documentos: el permiso de importación del vehículo, mi seguro, mi visa. ¿Se los muestro?

Los traía en mi portafolios, dentro de la cajuela, pero estaba vacilante: ¿bajar o no bajar del carro? Yo era mucho más alto que el policía y él podría alegar que por mi estatura quise provocarlo, pero temí además su proximidad física y me sentía más seguro hablándole a través de la ventanilla.

Interrumpiéndome, gritó:

—Lo que estoy diciendo es que tus placas son ilegales. ¿Entiendes? Tienes prohibido manejar en nuestras carreteras, estás desobedeciendo las leyes.

—Tengo un permiso —dije.

Para ese momento ya echaba espuma por la boca, encolerizado, y mientras pegaba de gritos con su congestionada cara me di cuenta de que estaba envuelto en cinturones: en uno llevaba una pistola enfundada; en otro las esposas; en otro una macana, un teléfono, cadenas cromadas… y su uniforme se ceñía mucho a su cuerpo gordo y duro, como si, en medio de su furia, como hacen algunos animales al entrar en pánico, se hinchara para que su postura resultara aún más amenazante.

—¿Quiere ver mis papeles?

El hedor ardiente de esa parte decadente de la ciudad se me aferró a la nariz cuando él se inclinó, me acercó el rostro, cada vez más oscuro, y me gritó:

——¿Sabes qué te puedo hacer? —Esas palabras, en boca de un enfurecido policía mexicano, se apoderan de tu atención, lo mismo que «Puedo hacer lo que quiera». Después de todo, es un país en el que la policía ha sido responsable de homicidios arbitrarios, secuestros, ahogamientos y tortura (electrocuciones y garrucha medieval incluidas). Y en medio de mi angustia, recordé, dado que había mencionado mis placas, cómo algunos días de la semana ciertos carros, de acuerdo con los números de sus placas, tenían prohibido circular. Se trataba del programa Hoy No Circula, pensado para combatir la tóxica (y visible en forma de nube café) contaminación del aire en la Ciudad de México.

—¿Es porque no puedo manejar hoy con estas placas, por el Hoy No Circula?

Pero él estaba demasiado enojado para escuchar. Sus ojos eran muy pequeños (piedrecitas oscuras diminutas, atravesadas por un destello perverso) y su nariz era un hocico alargado, como un arma blanca. Sus manos enguantadas eran ahora dos puños de cuero. Parecía que su enojo tenía algo de teatral, que estaba amplificando sus gritos para intimidarme.

Funcionó. Tenía miedo. Ese «Puedo hacer lo que quiera» era una amenaza de lo más preocupante. En otras partes he escrito sobre sustos que me he llevado en mis viajes, casi siempre por alguien con pistola: un muchacho en Malaui, un bandolero en el desierto del norte de Kenia, y tres muchachos con lanzas oxidadas que me abordaron en una laguna en las islas Trobriand y amenazaron con matarme a puñaladas. También estaba la aprensión, rayana en miedo, que había sentido mientras remaba en un río rumbo a Mozambique, cuando otro remero (un malauí, que conocía bien ese tramo) señaló más adelante unas chozas de barro en la orilla semiocultas tras unos altos juncos.

—En ese lugar hay gente mala —señaló, y era un lugar que no podíamos eludir.

El miedo es una sensación de debilidad física, el conocimiento certero de estar atrapado, indefenso y en peligro. Y algo que subrayaba esa sensación era que todo ese tiempo, mientras el policía gritaba, los lugareños (habitantes de la barriada, niños descalzos, mujeres cargando fardos) pasaban por ahí, me veían de reojo y seguían adelante. Sabían lo que estaba pasando, así que a mí me alarmaba también su reacción: su miedo se sumaba al mío.

—Puedo llevar tu coche al corralón.

No conocía esa palabra, que él seguía repitiendo. Debí deducirlo: *corral* es bastante clara y denota algo cercado. Más adelante averigüé que *corralón* es un depósito de vehículos o un lugar adonde la grúa lleva los carros que levanta. Pero ahí no basta con pagar una multa y llevarse el coche: primero hay que demostrar que se es dueño del carro, y para eso se requieren documentos notariados, un abogado, visitas a diferentes oficinas, y una multa de hasta quinientos dólares por las molestias causadas al departamento

157

de policía y al depósito de vehículos. Cuando me estaba amonestando un policía furioso en una callejuela de una colonia marginal, yo no sabía cuán grave podía ser esa amenaza del corralón.

Pero seguía asustado. La manera aceptable de abordar el tema de un soborno o mordida en México es decir: «¿Cómo podemos resolver esto?», pero yo estaba demasiado atontado para recordar esa manera delicada de hacer la propuesta, así que hablé sin rodeos:

—¿Qué quiere?

—Deme cincuenta.

—¿Cincuenta pesos?

—Cincuenta dólares.

—No tengo cincuenta dólares —saqué mi billetera. Tenía uno de veinte, algunos más pequeños y una abundancia de pesos—. Tome —dije ofreciéndole un billete de veinte dólares.

Pasándole los dedos enguantados por encima dijo:

—Quiero trescientos.

—Había dicho que cincuenta…

—Ahora son trescientos —sus dientes, cuadrados, estaban manchados, y tenía la gorda cara llena de marcas de acné mal cicatrizado.

—¿Cómo se llama, señor? —he descubierto que a veces eso funciona para enfriar un poco las confrontaciones.

—¡Antonio! —gritó— ¡Trescientos dólares!

—Gracias, Antonio. Yo me llamo Paul —no había visto mis documentos ni me había pedido la licencia—. Estoy de visita en México. Tengo una visa y un permiso de importación de vehículo. Soy jubilado… un pensionado. No tengo trabajo. Soy un gringo viejo, un gabacho. No soy rico. No tengo trescientos dólares para darle.

—Tienes tarjetas en la billetera —tonto de mí por haberla abierto—. Ve al cajero automático.

—No es posible.

Su respiración era pesada.

—¡Ve a un banco!

—No puedo hacer eso —además, la idea de encontrar un banco en esa sórdida esquina de la Ciudad de México parecía risible.

Eso provocó que se pusiera a gritar con intraducible furia y pensé: «Tiene la pistola, las esposas, la macana. Él es la ley. Puede detenerme por cualquier cargo o inventarse uno. Puede sembrarme drogas. Pueden encerrarme y yo perder el carro».

—Con permiso —bajé del coche.

No retrocedió; se quedó ahí, y ahora los transeúntes que miraban boquiabiertos se alejaron rápidamente a esconderse detrás de la valla de la vecindad y montones de basura y escuchar desde ahí.

Fui a la cajuela del carro y, ocultando mis movimientos, saqué un billete de cincuenta dólares de un sobre que tenía en el portafolios. Cerré la cajuela con llave y le di el billete de cincuenta, el de veinte y unos más pequeños.

—¡Dije trescientos!

—No los tengo.

—¡Consíguelos! ¡Ve a un banco!

Pasaban de las cuatro de la tarde, hacía calor, estábamos en una colonia proletaria y, aunque un policía estaba intimidándome en una calle secundaria, el ruido del tráfico en el paso elevado detrás de los edificios en ruinas era desconcertante: los claxonazos, el estrépito. Y la cantidad de mirones había aumentado, esa gente pobre estaba encantada de ver a un gringo ofreciéndole a un policía el equivalente a tres meses de salario de un trabajador promedio (en la Ciudad de México en el nivel más bajo, como el de esa colonia) y al policía rechazándolo de un manotazo. Yo estaba fascinado pero angustiado, pues ese retorcido policía era alguien a quien tenerle miedo, la encarnación de lo que todos los mexicanos temen: la autoridad corrupta.

Mientras tanto, había regresado a mi carro. Repetí que era jubilado y no tenía el efectivo. Repitió que quería trescientos dólares y su enojo no había disminuido cuando, con baba en los dientes descoloridos, volvió a amenazarme con el corralón y la tortura de un litigio interminable y una montaña de documentos.

¿Por qué no le di los trescientos? Ya muchas veces había dado mordidas bajo presión. En la India nada se mueve sin un soborno, y también en China, África, Brasil, Pakistán y Turquía me habían querido sobornar. Estaba yo sentado en un cubículo de la oficina migratoria del Aeropuerto Ngurah Rai, en Denpasar, Bali, cuando un uniformado con el ceño fruncido y postura amenazante me amenazó:

—Deme lo que quiero o lo pongo en el siguiente avión a Kuala Lumpur.

Le di ciento veinte dólares.

En esos sitios yo solía andar muy alerta, pero esa vez en México me desorienté y en algún sentido me volví irracional. Había olvidado la respuesta correcta. Estaba angustiado; había un ataque a mis sentidos, tenía el corazón agitado. Existía en una realidad distorsionada en la que el tiempo se había suspendido; era lo más cercano a un sueño surrealista que hubiera yo jamás tenido en un viaje.

Es más, según concluí más adelante, tenía demasiado miedo como para cambiar mi historia de que no tenía dinero, y, por supuesto, no confiaba en él. Si le daba trescientos, exigiría más. Tampoco era yo lo bastante listo como para darme cuenta de que sus gritos de llevarse mi coche al corralón eran una amenaza común, que a menudo se cumplía. «Puedo hacer lo que quiera» era una afirmación preocupante, pero por el momento, con la confusión por el miedo y el aturdimiento, mis reacciones eran lentas, y supongo que eso a él le pudo parecer obstinación.

Habían pasado como quince o veinte minutos, que normalmente no son mucho tiempo, pero son un lapso tortuoso cuando se está sometido a un interrogatorio en un callejón de una colonia pobre de la Ciudad de México.

Finalmente, el poli gritó frustrado:

—¡Su billetera!

La saqué.

—¡Ábrala!

La abrí, y al hacerlo metió sus dedos regordetes y lo sacó todo: los noventa o cien dólares, los pesos (quizá doscientos en total). Se los metió en el bolsillo.

—Quisiera un recibo, por favor —solté imprudentemente.

Y accedió, porque aquello era algo habitual y hasta la policía corrupta tiene reglas. Para evitar que un segundo policía me extorsionara, cogió un pedazo de papel y escribió: XL-TOTAL. DF-OMEGA, y la fecha y la hora. Me lo entregó y se fue en la moto.

160

Yo me quedé un rato temblando en mi carro. Seguía tembloroso y casi sin aliento cuando me fui de ahí. Aturdido, en mi delirio tomé el camino equivocado. Seguí manejando para tranquilizarme y terminé dos horas después en la carretera a Toluca, más allá de la orilla poniente de la Ciudad de México. Como el policía se había llevado todos mis pesos, no pude usar la carretera de cuota (costo: cuarenta pesos) que me habría devuelto a la ciudad a toda velocidad.

Así, pues, seguí la fila de carros que cada tanto se detenían en embotellamientos, hasta llegar a mi hotel, La Casona, en la colonia Roma, adonde llegué seis horas tarde.

—Me da muchísima pena —dijo el dueño del hotel cuando llegué y le conté lo que me había pasado. Chasqueaba la lengua mientras escuchaba mi historia. Se llamaba Rudi Roth, de familia suiza pero nacido y criado en México. Era un aventurero al que le gustaban mis libros, pero era más temerario que yo: aficionado a la vela, había navegado solo por el Atlántico, y también era piloto y había volado en solitario por todo México en su avioneta. Además era cazador. Unos meses antes había tenido un derrame cerebral que ahora lo tenía confinado a una silla de ruedas. Comprensivo, muy inteligente y valiente, se hizo buen amigo mío.

—Pero eso no pasa muy seguido —agregó.

Y sin embargo volvió a pasar, no lejos del hotel. Tomé el coche para ir en busca del edificio donde había vivido William Burroughs en 1950, con un Jack Kerouac de veintiocho años como su huésped fumador de mota (que estaba trabajando en un borrador de *En el camino*). Avancé tres cuadras y al doblar en la calle Medellín, no vi el letrero de UN SOLO SENTIDO. Avancé quizá cinco metros en sentido contrario y en cuanto me di cuenta de mi error empecé a dar una vuelta en U. En eso se me acercó un joven policía; me pidió esperar. Le hizo señas a otro policía, mayor que él, evidentemente su superior.

El de mayor rango era fornido e iba armado. Me habló en un tono razonable.

—Ha incumplido la ley —refirió—. Esta calle es de un solo sentido. Puedo llevarme su coche, meterlo al corralón. Va a tener que pagar mucho dinero para sacarlo, y se necesitarán documentos especiales y un abogado. También podría detenerlo por incumplir la ley. Habría una multa. ¿Sí se da cuenta de lo grave que es esto?

No lo impugné. Aquello era tal vez una probadita de lo que mucha gente de color en los Estados Unidos vive cuando algunos policías los paran arbitrariamente. No dije que era un pensionado, un gringo viejo sin trabajo, de paseo por su maravilloso país. Dije:

—¿Cómo podemos resolver esto?

—Doscientos cincuenta —respondió.

—¿Pesos?

—Dólares.

Cogí los billetes que tenía guardaditos, le fui poniendo unos de veinte en la mano, contándolos, y cuando llegué a doscientos cuarenta señalé:

—Doscientos cuarenta está bien.

Y detuvo el tráfico para que yo pudiera terminar de dar mi vuelta en U. A mi lista de las inconveniencias que tienen que soportar los mexicanos agregué: «la policía».

Mi experiencia con la policía era un ejemplo insignificante de corrupción, pero sin duda una buena lección. Los mexicanos reconocen que la fuerza policiaca en muchas ciudades tiene en su nómina a narcos que extorsionan y asesinan impunemente. El historiador y antropólogo Claudio Lomnitz ha escrito que el Estado mexicano subsiste con sobornos y extorsiones. En un fresco y persuasivo ensayo, señala tres posibles causas de esta crisis de corrupción. En el siglo XIX, el Estado quebró y se debilitó por pelear guerras pequeñas pero costosas con España, Francia, los Estados Unidos y con su propia población indígena. La inestabilidad financiera de México continuó en el siglo XX y más allá de la Revolución de 1910.

Entonces, ¿cómo se mantiene el país? Por el comercio informal (gente que trabaja al margen de la ley), que domina hasta dos terceras partes de la economía mexicana, y su infraestructura improvisada. Esto implica infracciones menores… millones de infracciones menores. «Pero la única forma de regular una economía sumergida es practicar pequeñas formas de corrupción: por ejemplo, los policías que aceptan sobornos para hacerse de la vista gorda». Esa corrupción se ha vuelto sistémica, una manera de hacer negocio. Los policías ganan dinero extorsionando a quien pueden. La escasa base tributaria es la segunda causa de corrupción. México, que, como Arabia Saudita, es fundamentalmente una petrocracia, sobrevive porque 30% de sus ingresos tributarios provienen de una fuente confiable: Pemex, la empresa petrolera nacional. La mayoría de los ciudadanos no pagan impuestos, ya sea porque son demasiado pobres o porque existen fuera del sistema. «Esa base tributaria tan reducida hace que la capacidad de pedir responsabilidades sea escasa».

«La ciénaga de impunidad de México se debe en gran parte a las políticas estadounidenses en materia de control de armas y lucha contra el narcotráfico». La frontera ha sido históricamente asimétrica, escribe Lomnitz al describir la tercera razón. Los Estados Unidos han criminalizado la economía que satisface su gran apetito por consumir drogas. Eso significa que, como el cumplimiento de la ley en México es débil y corrupto, «la tentación de dejar que se lleven a cabo allí las actividades legales relacionadas es natural e incluso perfectamente previsible». También se fomenta el tráfico fronterizo, porque en México las pistolas están prohibidas, pero en los Estados Unidos hay venta legal de armas. La consecuencia es que «México paga un precio desproporcionado por los hábitos de consumo de drogas y el uso de armas en el país vecino», lo que se traduce en un mayor debilitamiento del Estado y en la creación de una serie de paradojas que en la frontera son evidentes.

Por ejemplo, el mismo año en que Ciudad Juárez tuvo un índice de homicidios mayor que Bagdad, El Paso, al otro lado del río, fue considerada la segunda ciudad más segura de su categoría en los Estados Unidos. «Pero ¿dónde compraban sus armas las bandas de Ciudad Juárez? En El Paso. ¿Y adónde iban a parar las drogas que circulaban por Ciudad Juárez? A El Paso».

—Debe tener cuidado, don Pablo —me dijo Rudi Roth en su hotel—. México es surrealista.

Gabriel García Márquez, que había vivido más o menos cerca del hotel de Rudi, calificaba a la Ciudad de México de «luciferina», y le parecía tan fea como Bangkok. Leonora Carrington, inglesa expatriada, escritora y pintora surrealista, cuyo estudio estaba cuatro cuadras al sur en esta misma colonia Roma, en la Calle Chihuahua, en una ocasión dijo: «En México me sentía como en casa… como si estuviera nadando en una alberca que me es familiar pero tiene tiburones».

Juan Villoro: la masacre

En la plaza de San Luis Potosí, la mujer desafiante que en voz alta acusaba al gobierno de no investigar los asesinatos de los cuarenta y tres estudiantes de Ayotzinapa había mencionado que el escritor Juan Villoro había escrito largamente sobre la masacre. Villoro era amigo mío, y poco después de llegar a la Ciudad de México cené con él para que comentáramos las enseñanzas que yo había prometido obtener.

Alto, barbudo, atlético a sus sesenta y un años, Villoro es uno de los escritores más consumados y respetados de México: novelista, autor de cuentos, dramaturgo y periodista. Escribe sobre libros, deporte, política y rock. Tiene una columna semanal en *Reforma*, el periódico de mayor circulación de México, así como una columna mensual en el diario madrileño *El País*. Explicó su ética laboral y el hecho de que ser prolífico es una necesidad del escritor *freelance* en México. «Para ganarnos la vida tenemos que seguir escribiendo».

Hombre modesto, hizo a un lado las preguntas sobre sí mismo y me habló de su padre. Luis Villoro nació en Barcelona en 1920 y ahí inició sus estudios de filosofía. En el caos de la Guerra Civil española se mudó a Bélgica, donde siguió estudiando. Consciente de la sombra de la Segunda Guerra Mundial, que ya se acercaba, y la inminente invasión alemana de Bélgica en 1940, decidió emigrar a México. Establecido en el entonces Distrito Federal, se graduó en Filosofía. Había escrito sobre Descartes, Wilhelm Dilthey (filósofo alemán, 1833-1911), el *Tractatus* de Wittgenstein, filosofía política y medieval, y los ingredientes de la ideología. Observador cercano de la gente de Chiapas, escribió el libro fundamental sobre la conciencia de los pueblos indígenas, *Los grandes momentos del indigenismo en México*. Uno de sus libros sobre los sistemas de creencias tiene el intraducible título de *Creer, saber, conocer*. En inglés, *saber* y *conocer* solo tienen un equivalente, *to know*, con múltiples matices de significado.

—Un hombre asombroso —reconocí—. Una gran mente.

—Y un poco mujeriego —dijo Juan—. Tuvo cinco esposas. Mi madre fue la primera.

A Juan le costaba hablar de sí mismo, pero yo había leído su obra y sabía que era alguien muy leído y viajado. Como tuvo periodos de vivir y estudiar en los Estados Unidos, hablaba el inglés con despreocupada soltura, y a menudo empleaba expresiones coloquiales obtenidas de su conocimiento del rock. Autor de más de treinta libros, ha ganado varios premios literarios, entre ellos el prestigioso Herralde por su novela *El testigo*. Están traducidos al inglés un volumen de cuentos, *Los culpables* (*The Guilty*), y una novela, *Arrecife* (*The Reef*).

«Bienvenido —me había dicho por correo electrónico cuando llegué y le expliqué las circunstancias—. ¡Siempre puedes contar con una sorpresa ilegal cortesía de la policía mexicana!»

Nos encontramos en La Casona (Rudi Roth era su amigo y excompañero de escuela) y caminamos a un restaurante cerca de ahí llamado Merotoro. Compartimos las especialidades, quijada de cerdo y *fettuccine* con conejo, y luego (porque así es México: comida rica y asesinatos espeluznantes) me habló del destino de los estudiantes de Ayotzinapa.

—Tengo que ir un poco para atrás y explicarte cómo es la escuela —dijo Juan—. Lázaro Cárdenas, el mejor presidente que hemos tenido, a fines de la década de 1930, estaba sumamente interesado en la educación y alentó el crecimiento de las escuelas rurales. Por muchos años habíamos tenido escuelas normales, pensadas para preparar a maestros que fueran al campo a enseñar a las escuelas de ahí. Al principio había treinta o cuarenta escuelas normales, pero hoy en día solo hay trece.

Sonriendo pero serio, sacudió la cabeza, así que hice la pregunta obvia:

—¿Por qué tan pocas?

—El gobierno mexicano empezó a cerrar las escuelas por diversas razones; en todo caso, las escuelas rurales no son prioritarias en este país. Los maestros de las escuelas criticaron la situación, pues cerrarlas había sido muy injusto —me miró a los ojos y añadió enfático—: El gobierno, tan corrupto.

En años anteriores, Juan me había impresionado al hablar públicamente de la corrupción gubernamental en México y había repetido esa aseveración en sus columnas periodísticas. Su franqueza, siempre expuesta de manera imaginativa, es apenas una de las razones para apreciar la obra de Villoro.

—A consecuencia de esa actitud del gobierno, muchos maestros rurales se volvieron activistas sociales, y unos hasta se hicieron guerrilleros, entre ellos algunos maestros y estudiantes de Ayotzinapa. Esto pasó muy pronto. Un maestro fue Lucio Cabañas, a quien secuestraron y mataron. Otro fue Genaro Vázquez Rojas, a quien también asesinaron. Estos dos asesinatos ocurrieron en la década de los setenta.

—¿Qué habían hecho para recibir ese trato?

—Querían cambiar las escuelas rurales, como los otros maestros, y liberalizar la educación —volvió a sonreír; una sonrisa de Juan Villoro siempre parecía introducir una contradicción—. Pero piensa en esto. Después de 1968 hubo mucha retórica del gobierno llamando a tener un país libre. Al mismo tiempo estaban reprimiendo a activistas sociales en el estado de Guerrero.

—¿Por qué precisamente ahí?

—Las escuelas rurales —dijo, dando a entender que representaban ideas nuevas, una especie de ilustración—. La educación en México convierte a la gente en activista. Se da cuenta de los problemas. Pero en México es muy difícil encontrar soluciones directas a los problemas.

—¿Te refieres a soluciones que surjan de las acciones del gobierno?

—Sí —aclaró—. La idea suele ser: «Deja que lo resuelvan ellos mismos, dales tiempo. No les hagas caso». Ve a los zapatistas. Después de todo este tiempo —se refería al transcurrido desde el levantamiento del Ejército Zapatista de Liberación Nacional en 1994— ahora tienen salud, educación y bienestar. Han creado un país dentro de un país.

Parecía que se había ido por las ramas, pues había empezado diciendo que las escuelas normales, que producían maestros para las escuelas rurales, se habían ido haciendo cada vez menos. ¿Cómo pasó eso?

—Okay, hay una ley no escrita de que si una escuela no tiene nuevos estudiantes, hay que cerrarla. «Tenemos que cerrar la escuela. No hay suficientes estudiantes para justificar mantenerla abierta», dicen.

—Pero eso tiene sentido. Si no hay nuevos estudiantes, ¿por qué habría que mantener abierta la escuela?

Juan levantó la mano para indicar cautela y precisó:

—¿Pero por qué no hay nuevos estudiantes? La reducción en los números se obtiene por diversos medios: muchos obstáculos. Al gobierno «se le olvidó» enviar los formularios de ingreso, «se le olvidó» ocuparse de ellos, o simplemente hizo caso omiso de todo el proceso de ingreso.

—Contuvo la entrada de estudiantes —concluí.

—Exactamente. Los estudiantes tuvieron que luchar por su educación, y cuando eso pasa se cultiva una tradición en la que la lucha social forma parte de su enseñanza. Al combatir la pobreza, se vuelven activistas sociales por el solo hecho de ser estudiantes. Sus enemigos son los políticos corruptos y los capos de la droga —volvió a sonreír e hizo una pausa para dar mayor énfasis a sus palabras—, que a menudo son las mismas personas. Los verdaderos dueños del estado de Guerrero.

—Es como si el gobierno mexicano tuviera la creencia fija de que cualquier resistencia es subversiva. Los pobres, al oponerse a su pobreza, son subversivos.

—Sobre todo en Guerrero.

Puede ser que Guerrero no sea ampliamente conocido entre quienes no son mexicanos, pero muchas de sus ciudades y pueblos son importantes centros turísticos en la costa del Pacífico: Acapulco, Ixtapa, Zihuatanejo, los hoteles de lujo y las playas. El pueblito de Ayotzinapa, sin embargo, estaba en el interior, sumido en la pobreza: en el montañoso centro del estado.

—Soy el abuelo de esta generación —dijo Juan—. Trato de orientarlos. Están luchando por el derecho a estudiar, y en el proceso se convierten en activistas. Por ejemplo, como protesta cerraron la carretera principal a Acapulco, la Autopista del Sol, y en esa acción los policías federales mataron a dos estudiantes.

Eso fue en 2002, pero cerrar la principal carretera de Acapulco a la Ciudad de México era una forma habitual de protesta: no violenta, pero perjudicial. Apenas cinco meses antes de mi cena con Juan, un grupo de maestros de Guerrero habían ocupado dos casetas de la Autopista del Sol y permitieron a los automovilistas pasar sin pagar, pero les entregaban folletos donde explicaban las razones de su huelga. También exigían que se entregara vivos a los cuarenta y tres estudiantes desaparecidos de la escuela normal de Ayotzinapa.

—Los estudiantes están acostumbrados a cerrar carreteras como parte de sus protestas... o a tomar autobuses. Es una táctica aceptada.

—Los estudiantes no tienen dinero, vehículos ni acceso a la estructura de poder —dije—. Es una guerra de clases.

—Sí.

Mientras hablábamos seguíamos comiendo y yo anotaba las palabras de Juan en mi cuaderno; eso era ideal, porque podía pedirle que repitiera algunas oraciones, o me deletreara nombres o aclarara sus afirmaciones. Y el restaurante era chico, silencioso, y pudimos estar ahí sentados sin que nadie nos interrumpiera. Luego nos sirvieron un postre de chocolate, y en un sentido ese manjar hizo que me sintiera un poco avergonzado de nuestro entorno pacífico mientras él me describía un conflicto muy crudo: típica incongruencia mexicana.

—¿Y los cuarenta y tres estudiantes? —pregunté.

—A eso iba. Tienes que conocer los antecedentes: la difícil situación de las escuelas rurales. La actitud del gobierno: sospecha y opresión —se reclinó en el asiento y dijo simplemente—: La situación estaba dañada estructuralmente desde el principio.

Me recordó otra masacre, el asesinato en 1968 de cuatrocientos o más estudiantes por tiradores del ejército mexicano en la Plaza de las Tres Culturas de Tlatelolco, en la Ciudad de México, y de cómo, después de 1968, el gobierno sospechaba y censuraba cualquier reunión de jóvenes. Los conciertos estaban prohibidos, no se podía poner rock en la estación de radio nacional. Esas sanciones habían perdurado como diez años. Al final de esa época el mismo Juan inició un programa de radio en el que se ponía música de Led Zeppelin, Pink Floyd y David Bowie. Pero nadie olvidaba el horror de la masacre de 1968.

—Entonces, en septiembre de 2014 los estudiantes de Ayotzinapa estaban preparando un acto para conmemorar esa masacre. Necesitaban dinero para ir a la capital de Guerrero, pero como no tenían, tomaron cinco autobuses.

—¿Se apropiaron de ellos?

—Sí, como tomarlos prestados por un rato. Eso era una táctica normal. Usar autobuses al azar. Al principio no era problema. Un grupo numeroso de estudiantes fue a la ciudad de Iguala a bordo de ellos. Los escoltaron la policía local, los policías federales y el ejército. En eso el comandante en jefe de las fuerzas armadas, que estaba a cargo de toda la acción, ordenó que tenían que detener los camiones. El alcalde había estado en comunicación con todas las fuerzas todo el tiempo. ¿Por qué detuvieron los camiones en ese preciso momento?

—Quién sabe.

—Por órdenes del alcalde, porque uno de los camiones estaba preparado para pasar drogas de contrabando a los Estados Unidos, con escondrijos y compartimentos muy sofisticados. Hace unos años se detuvo a un camión parecido en Chicago, un camión que se veía normal pero dentro de las pareces estaba lleno de drogas.

—¿El alcalde era parte del complot?

—José Luis Abarca, un conocido y confirmado capo de la droga. Ahora está en la cárcel. También su esposa era cómplice. Él había matado a gente, es un asesino. Esto es un hecho demostrado.

—¿Y los estudiantes?

—Secuestrados —dijo Juan—, desaparecidos, evidentemente asesinados. Vinieron expertos internacionales y sacaron a la luz la mayor parte de la historia, pero cuando pidieron entrevistar a miembros del ejército, no se les dio autorización. Así, mucho de la historia no se ha contado. Pero como el camión tenía drogas, lo recuperaron y mataron y cremaron a los estudiantes que iban en él, después de haberlos secuestrado.

—¿Y qué sentido tenía matarlos?

—Si sabían que el camión tenía drogas, y sabían de la colusión entre la policía y los capos de la droga, eran testigos de los que había que encargarse. Este país es muy violento, y para matar a cuarenta y tres estudiantes no tenían que pensárselo dos veces.

—¿En todo este tiempo nadie ha descubierto qué hay detrás de todo esto?

—Se sabe que los estudiantes fueron asesinados, ¿pero dónde están los cuerpos? Solo dos se han encontrado. El gobierno ha hecho todo lo posible para obstruir la justicia.

—¿Pero por qué?

—Cuentan con que la gente lo va a olvidar.

Sin embargo, en un país pobre la gente valora lo poco que tiene: su dignidad, su vida, sobre todo sus hijos… y su buena memoria. Su memoria es despiadada.

* * *

Lo recordaban todo. Los estudiantes sobrevivientes, los maestros, madres y padres llorando la muerte de sus hijos, los que pasaban por ahí. Y cuando el periodista estadounidense John Gibler (*México rebelde*, *Morir en México*) viajó a Iguala y Ayotzinapa en busca de esta gente, y a lo largo de dos años escuchó sus historias, oyó cosas que sorprendieron incluso a Juan Villoro. Unos meses después de mi cena con Juan apareció su informe de estas revelaciones: *Una historia oral de la infamia. Los ataques contra los normalistas de Ayotzinapa*, que contiene testimonios de muchísima gente que presenció la masacre o sufrió las repercusiones del secuestro masivo.

Como había dicho Juan, los estudiantes de, para dar su nombre completo, la Escuela Normal Rural Raúl Isidro Burgos querían encontrar unos camiones para ir a un acto en la Ciudad de México, una manifestación para conmemorar la masacre de 1968 por la policía y el ejército mexicano (y francotiradores) en Tlatelolco. Esa acción fue ordenada por el presidente de México, Gustavo Díaz Ordaz, quien más adelante negó que hubiera tenido lugar una masacre y lo llamó confrontación. El aniversario era el 2 de octubre. Los estudiantes de Ayotzinapa salieron el 25 de septiembre para adueñarse de los camiones en Iguala. Al día siguiente los atacaron; a seis los asesinaron en refriegas en la carretera en Iguala, uno quedó en coma con una bala en la cabeza, y cuarenta y tres estudiantes de Ayotzinapa, la mayoría de diecinueve o veinte años, uno de diecisiete, fueron secuestrados, sufrieron una «desaparición forzada», un levantón monumental en el que nunca se supo más de los levantados.

El único rastro que se encontró de los cuarenta y tres estudiantes fue un fragmento óseo, que más adelante se demostró que había sido plantado por la policía para respaldar una historia inventada. Varios informantes le mencionaron a Gibler el detalle que había oído Juan, la versión de que un camión posiblemente contenía heroína para llevar de contrabando al norte. Pero había cinco camiones, y todos fueron atacados.

Los testigos oculares del asalto armado a los camiones mencionan que los estudiantes estaban impactados. Esto se refleja en el título en inglés del libro de Gibler, *I Couldn't Even Imagine That They Would Kill Us* (Ni podía siquiera imaginar que nos iban a matar). Sabían que podía haber dificultades o discusiones, pero no habían imaginado que la policía tiraría a matar. Tomar autobuses para asistir a una manifestación era una práctica aceptada: muchos choferes se coludían con los estudiantes y usaban el secuestro de sus vehículos como excusa para darse unos días de descanso.

En un testimonio tras otro, los estudiantes le describieron a Gibler cómo los camiones partieron y, al cabo de unos minutos, el horror de la emboscada que les tendió la policía municipal, las ventanillas haciéndose añicos, el paso de las balas, estudiantes golpeados (heridos muchos de ellos), la sangre y los huesos rotos. Después la policía abordando los camiones, gritando insultos, exigiendo nombres, amenazando a los estudiantes y llevándoselos a rastras. La cadena de voces del libro es congruente, versiones que se respaldan unas a otras y aportan nuevos detalles. Pero todo surge del punto de vista de los estudiantes y el efecto es caótico: temeroso, frustrante, una perplejidad infernal conforme el asalto se prolongaba hacia la noche, los estudiantes negándose a dejar a sus camaradas caídos, buscando ayuda.

Pero nadie ayudaba. Había cuarenta estudiantes heridos, muchos de gravedad, con heridas de bala. Aun cuando sus compañeros se las arreglaron para llevar a distintos hospitales a los heridos (sangrando, algunos agonizantes), se toparon con la indiferencia de las enfermeras y el desprecio de los médicos. Un médico que se negó a atender a los estudiantes heridos, entrevistado por Gibler, desestimó todo el asunto y menospreció a los estudiantes, considerándolos unos agitadores. «No sirve de nada esa escuela», le dijo un cirujano a Gibler. Y los estudiantes, los ayotzinapos, «son delincuentes». Sus protestas son perjudiciales («Dejan todo sucio, feo»); merecen lo que les pasó. El cadáver de un estudiante acribillado a balazos que encontraron en la calle tenía el rostro desollado y los ojos arrancados. Las extremidades de otros habían sido amputadas.

«Entonces, quitarles el rostro, sacarles los ojos, descuartizarlos y calcinar los cuerpos —le pregunta Gibler al doctor—: ¿eso le parece bien?».

«Sí —contesta el hombre—. La verdad que sí».

Al clasificar las pruebas y revisar los relatos, Gibler demostró que la explicación que daba el gobierno de los asesinatos y el secuestro era falsa e interesada: mentira que un cártel lo hubiera planeado y organizado, que se confundiera a los estudiantes con una pandilla de narcotraficantes rival, que después del secuestro se hubiera disparado a los cuarenta y tres estudiantes y se hubieran incinerado sus cuerpos en el basurero local, que sus cenizas se hubieran echado en bolsas y arrojado al río San Juan.

«Una cantidad apabullante de pruebas describen una realidad muy diferente —escribe Gibler—. Entre el 26 y el 27 de septiembre, numerosos policías municipales de Iguala, Cocula y Huitzuco colaboraron con la policía estatal de Guerrero y la policía federal para dedicar varias horas actos de violencia espeluznante contra estudiantes universitarios desarmados, mientras el ejército mexicano observaba desde las sombras».

Sobre esos policías: no son los protectores que deberían ser. A Gibler, diferentes personas de Iguala que están enteradas (entre ellas un periodista y una regidora) le aseguraron que no hay separación entre la policía y los narcos. Casi toda la fuerza policiaca está compuesta de narcos en uniforme de policía que usan las armas y las patrullas de la policía. Les dicen *los bélicos*, y fueron ellos quienes llevaron a cabo el ataque contra los estudiantes.

«En México, todos los niveles de la policía y el ejército se han fundido por completo con las fuerzas del crimen organizado —concluye Gibler—. Ya no es exacto hablar de corrupción, si es que alguna vez lo fue».

Pero ¿por qué ocurrió el ataque? ¿Por qué las muertes? ¿Por qué secuestraron a los cuarenta y tres estudiantes y por qué nunca los encontraron? El libro de Gibler no responde estas preguntas, y tampoco pueden encontrarse las respuestas en ningún otro libro, ni reporte oficial, ni en los padres de los estudiantes o cualquier informante.

Lo que es evidente es que el tono que impera entre los atacantes es de venganza: contra los estudiantes que protestan, sus posturas de izquierda, su desobediencia civil y sus acciones que se traducen en trastorno social. Es reflejo de esta amargura la actitud rencorosa de los médicos y enfermeras que dieron tan poca ayuda a los heridos. A los estudiantes (pobres, despreciados, alumnos de una pequeña universidad rural famosa por sus posturas radicales) los odiaban porque tomaban los camiones, los odiaban por sus ideas, los odiaban por su sentido de justicia y por su activismo político.

Según una teoría, el alcalde y su esposa están detrás de todo. Como señala Villoro, José Luis Abarca era también un capo de la droga. Su esposa, María de los Ángeles Pineda Villa, tenía ambiciones políticas (además de vínculos con miembros de un poderoso cártel local) y en la noche de la matanza y los secuestros estaba ofreciendo un baile para celebridades en Iguala, en el que se dirigiría a dignatarios y (quizá) ordenó a la policía que tomara las acciones necesarias para que su discurso no fuera perturbado. Desapareció con su esposo después de la noche de violencia, pero finalmente se encontró a la pareja, que fue detenida y encarcelada, aunque no los condenaron por ningún delito. Al día de hoy, el gobierno mexicano no ha imputado a nadie por el secuestro y la desaparición de los cuarenta y tres estudiantes. El dolor de esa injusticia ha sido traumático.

«Algo en los acontecimientos de Iguala (la combinación de horror, culpabilidad estatal e incompetencia estatal consumada) daba contra el núcleo mismo de un pueblo cansado de la violencia y la depravación del gobierno —escribe Gibler sobre las secuelas—. El enojo podía palparse por doquier».

El enojo no ha disminuido, las protestas continúan y las madres y padres en duelo («Somos víctimas de nuestro propio gobierno —dice una madre— porque somos campesinos») siguen buscando respuestas y han rechazado toda compensación económica: «Nuestros hijos no están en venta».

Interesado en saber más, le escribí a John Gibler para preguntarle sobre la participación del gobierno mexicano en la masacre.

«Hay una cantidad apabullante de información documentada sobre la participación federal en los ataques —me escribió—. Pero también, y esto es para mí fundamental, y trato de subrayarlo en el epílogo del libro: considero que el «encubrimiento» del gobierno federal forma parte de los ataques mismos. Desde que cuarenta y tres estudiantes desaparecieron y siguen sin encontrarse, la violencia no solo está contenida o concentrada en el pasado (como pasa con los asesinatos y heridas), en la noche de la agresión física inicial. La violencia, tanto material como emocional, contra los estudiantes y sus familias se mantiene y extiende hasta el presente por el acto de la desaparición forzada.

»La administración de esa desaparición (las mentiras, la tortura y las omisiones del gobierno en su encubrimiento) es parte integral de la atrocidad».

A continuación me escribió que el gobierno federal, al ser cómplice del encubrimiento, inventó pruebas, destruyó pruebas de los testigos oculares y torturó a gente para obligarla a mentir. A pesar de que investigadores independientes habían documentado toda esa perversidad, el gobierno siguió falsificando su participación en la masacre.

«No cabe duda de que el gobierno federal participó en los ataques —prosiguió Gibler— y no cabe duda de que el gobierno federal coordinó un enorme encubrimiento grotesco. Lo que seguimos sin saber es por qué. Preguntas qué motivó los ataques.

El Grupo Interdisciplinario de Expertos Independientes [formado por abogados imparciales y defensores de los derechos humanos] plantea la hipótesis de que los estudiantes pudieran haberse apropiado, sin saberlo, de un autobús comercial con un gran cargamento de heroína.

»Es una hipótesis lógica que podría explicar la naturaleza caótica e intensificada de los ataques. Si se demostrara, indicaría que, en efecto, la policía y el ejército controlan y administran el tráfico de drogas. Sin embargo, creo que, independientemente de la motivación que detonó los ataques, la naturaleza precisa de la brutalidad (la combinación de asesinatos, mutilaciones y desapariciones masivas forzadas) se dirigió a los estudiantes por radicales, organizados, pobres... estudiantes indígenas rurales de una escuela famosa por organizarse contra el gobierno y por sus vínculos históricos con movimientos rebeldes armados».

Ayotzinapa es trágica pero instructiva, y todos sus aspectos explican el temperamento mexicano: desde la persona pobre hasta el médico o dentista de clase media que ve a los estudiantes como unos quejosos, hasta un gobierno que no siente ninguna obligación de ser justo. La gente en el poder (la policía, los políticos) cree que puede asesinar impunemente. Sobre todo, Ayotzinapa revela la penetración de los cárteles en todas las instituciones mexicanas.

También por eso una figura de autoridad que sataniza a los mexicanos y los estereotipa de manera insultante (como el presidente de los Estados Unidos), o que menosprecia a los pobres y los somete a detenciones arbitrarias, es un déspota que resulta familiar e inspira cinismo. Los mexicanos pasan muy poco tiempo clamando contra el gobierno estadounidense porque en su experiencia el gobierno, por naturaleza, es corrupto y a menudo criminal, y los pobres son sus víctimas.

El taller

Sin advertencia previa, el escritor mexicano Guillermo Osorno envió una invitación a una serie de novelistas, editores, periodistas y comunicadores mexicanos para preguntarles si les interesaba formar parte de un taller literario con duración de diez días, se llevaría a cabo en el Centro Horizontal, espacio cultural ubicado en la calle de Colima, en la colonia Roma Norte. La Zona Metropolitana del Valle de México se había visto sumamente afectada por el reciente terremoto con epicentro en Puebla: había zonas con casas caídas, calles cerradas, cintas amarillas de advertencia y avenidas con pilas de escombros de los muros colapsados. Tiempo después alguien me comentó que, debido al trauma del suceso, muchos ciudadanos anhelaban formar parte de un grupo comprensivo para hablar, escribir, compartir historias, aliviar el dolor provocado por el terremoto.

A los destinatarios de la invitación se les pidió que enviaran una muestra de su escritura. Si se consideraba adecuada (inteligente, original, bien escrita) se reservaría un lugar para su creador. Las clases serían gratuitas.

Al profesor tampoco se le iba a pagar. Se sugirió, sin embargo, que el maestro (un escritor gringo) quizá deseaba mejorar su español. Y aunque las clases, principalmente en inglés, tendrían lugar todos los días de las diez de la mañana al mediodía, los estudiantes que así lo desearan podrían comer con el maestro (para sostener más discusiones literarias) o salir en excursiones por la ciudad para visitar sitios de interés por la tarde. Otro detalle: el escritor gringo cubriría sus propios gastos y se dejaba en claro que el evento no tenía relación alguna con la embajada de los Estados Unidos ni ninguna organización extranjera.

Yo era el escritor gringo. Juan Villoro y el director del Centro Horizontal, Guillermo Osorno, revisaron las participaciones y eligieron a veinticuatro estudiantes. Había entre ellos jóvenes, gente madura, algunos más bien viejos, hombres y mujeres, todos ellos talentosos, la mayoría de la Ciudad de México y el resto originarios de ciudades cercanas, como Querétaro y Cuernavaca, o sitios más lejanos, como Oaxaca y Durango. Uno era estadounidense pero con mucho tiempo de residir en México; otro tenía doble nacionalidad mexicana y estadounidense. Eran brillantes, divertidos, perspicaces, generosos y amables, contentos de estar incluidos en los diez días de plática y escritura, y la mayoría hablaba bien el inglés.

También eran sinceros, y todos, excepto uno (Adán Ramírez Serret, un tipo pícaro y simpático y a la vez un periodista tenaz e ingenioso), habían ido a los Estados Unidos. Valerie Miranda, la de la doble nacionalidad, trabajaba para un importante sitio de internet y dividía su tiempo entre las oficinas de Los Ángeles y la Ciudad de México. Era una mujer elegante de cabellera oscura de ascendencia mexicana y escandinava, de estatura más alta que el promedio entre las mexicanas, y podría haber pasado por inglesa, francesa o estadounidense, una ambigüedad que era el meollo de la historia que contó el primer día de clases.

—Mi esposo y yo estábamos en Utopia, Texas (por favor chequen el nombrecito), con un amigo de mi esposo —contó Valerie, de pie y llamando la atención de la concurrencia—. Decidimos ir a tomar un café; él iba platicando con su amigo en la banqueta y les comenté que yo iría por el café. Hay algo que debo mencionar: mi esposo y su amigo tienen apariencia muy mexicana. Sé que yo no parezco mexicana en un sentido convencional. Había cola en la cafetería, pero no me importó esperar. Al poco rato oí a un hombre atrás de mí diciendo: «Allá afuera hay dos mexicanos, vamos a joderlos». Me escabullí y les dije que teníamos que irnos enseguida.

En el silencio horrorizado que vino a continuación, Diego Olavarría levantó la mano. Era un tipo delgado, de barba, que a menudo ladeaba la cabeza como en actitud de estar escudriñando, que se describía como cronista, ocupación con la que yo me podía identificar.

—Estaba en Lieja, Bélgica —dijo mesándose la crespa barba. Hablaba el inglés con la misma soltura que Valerie y era tan joven como ella—. Un amigo y yo estuvimos a punto de pelearnos con tres adolescentes xenófobos. Uno parecía ser de ascendencia norteafricana, y los otros dos podrían haber sido de Europa del Este. Se nos acercaron en una calle oscura de un mal vecindario, ya bien entrada la noche, y nos lanzaron un encendedor. Luego nos insultaron y exigieron que habláramos francés. Mi amigo y yo habíamos estado hablando en español, y por lo visto eso había detonado el enfrentamiento. Nos gritaban *Tu es en Belgique! Parle français! Parle français!* —se oyeron murmullos entre la clase cuando Diego se puso a hablar de repente en francés—. Esa xenofobia nos agarró por sorpresa —prosiguió—. Me preguntaba si, muchos años antes, a sus padres no los habrían acosado a gritos por no hablar el idioma. Quizá esos muchachos sintieron que ahora era su turno de vengarse con los que parecían aún más fuereños que ellos. Sea como sea, fue triste. Al final nos alejamos de ahí ilesos, pero descorazonados.

La eficaz franqueza de Valerie y Diego y su capacidad de narrar una historia fijaron el tono del taller. Agradecí la suerte de tener una semana o más con esos estudiantes maravillosos y les conté que ahora sentía, bendición del viajero, que tenía veinticuatro amigos.

En la cajuela de mi carro llevaba treinta y tantos libros que había traído de casa, traducciones al español de mis obras: *La costa de los mosquitos*, *En el gallo de hierro*, *Mi otra vida*, *El Tao del viajero*, *Elefanta suite* y otros títulos que se habían estado acumulando en cajas en mi sótano. Los llevé a la clase el primer día y se los regalé a quienes pudieron responder una serie de preguntas literarias.

Se veían un poco aprensivos. Los estudiantes detestan que los pongan tan evidentemente a prueba.

Al principio todas mis preguntas se relacionaban con México: ¿Quién escribió *Mexico City Blues*? ¿En qué ciudad se sitúa *Bajo el volcán*? Di los títulos de los libros de Graham Greene, Aldous Huxley y Evelyn Waugh sobre México. B. Traven escribió *El tesoro de la Sierra Madre*; di cuál era su verdadera nacionalidad y menciona otro libro suyo situado en México. ¿Qué poeta gringo se fue de México en barco? ¿Qué escritor estadounidense se supone que murió en Chihuahua?

Respondieron correctamente todas excepto la de Waugh (*Robo al amparo de la ley*) y los últimos dos: Hart Crane y Ambrose Bierce. Cuando me quedé sin preguntas sobre México les hice otras más generales: ¿Qué novela empieza con la frase «Llámenme Ishmael»? ¿Quién escribió el cuento «La dama del perrito»? ¿Qué novela empieza «Solemne, el gordo Buck Mulligan avanzó desde la salida de la escalera, llevando un cuenco de espuma de jabón…»? ¿Qué escritor empezó así un poema: «Me imagino de quién son estos bosques»?

Fallaron la del relato de Chéjov, pero las demás preguntas sí las respondieron. Sentí que estaba en buenas manos.

En eso Héctor Orestes Aguilar salió con que tenía una pregunta para mí:

—Señor, ¿puede usted decirme qué novela empieza «El pasado es un país extraño; allí las cosas se hacen de otra manera» y quién la escribió?

Poner al nuevo profesor en un aprieto el primer día de clases es una provocación antiquísima, una manera de poner en jaque, una hostilidad velada; un estudiante deja sentado así su poder y entretiene a sus compañeros. Héctor, uno de los estudiantes de más edad, con atuendo formal y corbata azul, tenía apariencia de burócrata o de vendedor de seguros.

Le pedí que por favor repitiera la pregunta, cosa que hizo con todavía más pedantería que la primera vez.

—Esa es difícil —dije, y lo vi sonreír con renovada confianza—. Me pregunto si alguien del grupo conoce la respuesta.

Héctor echó un vistazo desafiante a los estudiantes, pero la ola de cabezas moviéndose a izquierda y derecha hacía pensar que nadie sabía, ni siquiera Villoro u Osorno.

—¿Puedes darnos una pista, Héctor? ¿Alguna señal?

—¿Entonces no lo sabe? —preguntó Héctor.

—Estoy pensando —respondí, y me sostuve la cabeza con el puño en un gesto pensativo.

Ahora la clase empezó a retorcerse, pues parecía que Héctor había ido un poco demasiado lejos y había demostrado ser un sabelotodo, un listillo o, aún peor, un pedante, divertido quizá en una cantina cotorreando con los cuates, pero desagradable en un salón de clases intentando poner en evidencia al nuevo maestro.

Para crear una atmósfera de suspenso aún más insoportable y darle a Héctor un aire de superioridad, saqué provecho de mi vacilación. Sobreactuando, puse expresión afligida. Me jalé los pelos. Pero al darme cuenta de que estaba exagerando y que estaba poniendo a los estudiantes en una situación embarazosa, al fin dije:

—Son las primeras líneas de *El mensajero*, de L. P. Hartley, escritor inglés —y al ver que Héctor se desinflaba, me acerqué adonde estaba sentado y pedí—: Ahora dime por favor, si puedes, los títulos de otras novelas que haya escrito L. P. Hartley.

Después de estas bromas, les conté por qué estaba viajando por México: porque me atraía la idea de recorrer ampliamente un gran país y porque en los Estados Unidos, con la actual presidencia, México y los mexicanos habían sido reducidos a estereotipos. Una magnífica razón para viajar, señalé, era echar por tierra los estereotipos.

—Al salir de mi casa y venir para acá en carro esperaba demostrar que estamos cerca —dije—. Me pongo al volante y manejo rumbo al sur, y en una semana o poco más ya estoy en la frontera —dejé que masticaran estas palabras y agregué—: Amigos, estamos en el mismo camino.

Les anuncié que cada día abordaríamos un tema distinto. Ese día sería sobre el viaje, sobre irse de casa. Y en días sucesivos: la memoria, el acto de presenciar, de leer, de escribir. A lo largo de esos diez días escribirían un cuento; yo sugeriría temas posibles. Al final del taller los leeríamos y comentaríamos.

Así que los alenté a hablar de viajes, de los cambios que percibían en su ánimo y en la conciencia de sí mismos cuando se alejaban de su casa. Uno por uno describieron esa experiencia, la individuación, tan importante en el proceso creativo.

—Yo he viajado por Etiopía —dijo Diego Olavarría. También había pasado tiempo en Cuba y Honduras, y había escrito reportajes sobre esos sitios. Era un hombre joven, aproximadamente de veinticinco años, delgado, con barba crespa, que hablaba un inglés muy claro. Había estudiado en los Estados Unidos, trabajaba como traductor y había publicado un libro sobre Etiopía, *El paralelo etíope*, que, según supe más adelante, había ganado un codiciado premio literario en México.

Diego habló de los descubrimientos de su viaje por África, de la pobreza que había visto, pero también precisó que si Oaxaca y Chiapas fueran naciones soberanas, estarían entre las más pobres del mundo.

Otros también hablaron: Claudia Muzzi, de ascendencia italiana, había viajado por Italia y, en efecto, hablaba italiano, pero sus experiencias más memorables habían tenido lugar en los Estados Unidos, concretamente en Georgia. Planeaba escribir sobre eso en la semana.

Héctor no era el burócrata que al principio sospeché, sino un exdiplomático, lingüista y ensayista. Había trabajado en el servicio exterior mexicano como agregado cultural en las embajadas de Bélgica, Austria, Eslovaquia, Hungría, Bulgaria, Croacia y otros lados. Hablaba alemán y francés y había viajado mucho por Europa. A todos nos alentó a leer a L. P. Hartley.

Luisa era la editora de una revista de viajes y había visitado muchos países. Raúl era periodista de radio que había vivido varios años en El Centro, California, e informaba sobre la frontera. Ernesto era empresario aspirante a poeta. Emilio era un científico que estudiaba meteorología y había acampado en muchos países, y también era un artista que había expuesto su obra en Europa. Yael Weiss era miembro de una familia judía mexicana y había tenido una experiencia memorable en Las Vegas, Nevada, sobre la que escribiría. Rosi Zorrilla era comerciante de arte y escritora. Michael Sledge, el estadounidense, estaba escribiendo una novela basada en la vida de Edward James, aristócrata inglés (y posiblemente hijo ilegítimo del rey Eduardo VII), coleccionista de pinturas surrealistas y creador de una mansión (Las Pozas) y un jardín fabuloso cerca de Xilitla, en el estado de San Luis Potosí. Guadalupe Nettel era madre de dos hijos y, según supe después, una escritora muy conocida: varios de sus libros se habían traducido al inglés.

Había otros igual de singulares, viajados y prometedores. Sentí que estaba en buenas manos. Esa primera mañana hablamos sobre el irse de casa para cumplir ambiciones literarias, los obstáculos para que nos hagan caso o nos publiquen y, en esos días, las dificultades de viajar a los Estados Unidos. «Antes era tan fácil», decían.

Julieta, que dijo haber empezado a escribir sobre el comportamiento de los perros y habló con franqueza sobre sus dos matrimonios con el mismo hombre, con un intervalo de separación, dijo:

—¿Qué quieres hacer y cómo podemos ayudar?

—Una de mis ambiciones en la Ciudad de México es ver la capilla de la Santa Muerte —declaré—. He oído que está enclavada en un rincón de la ciudad y que vale la pena verla. Ya fui a una capilla de la Santa Muerte en el norte, pero se supone que la de aquí es adonde van los peregrinos.

Había hablado con entusiasmo y ganas pero cuando terminé, al aguardar una respuesta, no hubo ninguna. Llené el silencio incómodo diciendo que también había visto imágenes de la Santa Muerte en la frontera, por lo general en las chozas y colonias más pobres.

—Podría ser peligroso —apuntó Diego al fin, y habiendo viajado por El Salvador y Etiopía, algo sabía de peligro—. Podría haber reparos a nuestra visita. Podrían hacernos una advertencia, podría haber bronca. Creo que antes deberíamos hablar con alguien. Quizá esta semana.

—¿Alguno de ustedes ha ido?

Murmullos de negación recorrieron la sala, como el crujido de las hojas, susurros apagándose hasta no ser más que un vibrante silencio.

—¿Sabes dónde está… la iglesia?

Más murmullos, los estudiantes deliberando, cabezas sacudiéndose: nadie tenía ni idea.

—¡Entonces tenemos que hacerlo! —dije, y se rieron.

—Primero vamos a comer —sugirió Julieta, y seis de los estudiantes me llevaron a Coyoacán, a un restaurante llamado Los Danzantes, en la orilla del Jardín Centenario, plaza con una fuente, niños jugando, músicos ambulantes rasgueando guitarras.

De entrada nos llevaron hierba santa, una hoja verde aromática, con un queso suave derretido.

—Coyoacán alguna vez fue un pueblito —dijo Julieta.

—Formaba parte del lago —añadió Guadalupe.

Y luego nos sirvieron tacos con chapulines.

—Aquí vivió Hernán Cortés —dijo Adán.

Con una idea mexicana del tiempo histórico, Adán remontó su mente quinientos años atrás e imaginó al conquistador en su hacienda, sita en el número 57 de la Calle Higuera, aunque no hay ningún letrero que indique que ahí vivió con su amante, doña Marina, conocida como la Malinche.

Hace como veinte años un reportero tocó la puerta de la casa de Cortés y preguntó por qué un sitio que representaba un momento tan definitorio de la historia nacional no era un museo. Después de todo, ahí escribió Cortés sus crónicas. La dueña de la casa, una pintora, dijo: «Si México hiciera de esta casa un museo sería como si la gente de Hiroshima erigiera un monumento en honor del hombre que arrojó la bomba atómica». Y en cuanto a la amante, la Malinche, el nombre se había convertido en insulto: ser malinchista era ser amante de los extranjeros, un traidor.

Entretanto, Adán me jalaba de la manga:

—Y Frida Kahlo y Trotsky —decía.

—Más tarde podemos ir caminando a sus casas —propuso Rosi—. Aquí está su sopa de tortilla, don Pablo. Tome un poco de vino.

Y pensé: «Estoy contento. He alcanzado esa meta escurridiza de un viaje: un destino. He llegado. Estoy feliz, uno de los estados de ánimo más difíciles de describir».

Estaba terminándome la sopa cuando sirvieron unos plátanos fritos y después un plato de huesos de vaca abiertos por la mitad con una gelatinosa sustancia gris temblando en el interior.

—Le decimos *tuétano* —señaló Rosi.

—Médula, *cow marrow* —me explicó Raúl.

—Yo no quiero, gracias, pero les puedo asegurar que estos son fémures —dije picando los huesos con los dientes de mi tenedor, y en ese momento me di cuenta de que estaba un poquito borracho—. Observen este bulto, o cabeza, que se une con el hueso pélvico —se rieron, y en eso nos llevaron otro plato a la mesa—. ¡Ah!, más tacos.

—De pato —dijo Yael.

Luego unas tostadas con tartar de atún, nopales, huitlacoche, más chapulines, chicharrón, etcétera.

Levantando su copa, Julieta, con una risita alegre, dijo algo así como: «Cogieron demasiado».

Hubo risas. ¿Había yo entendido bien? Y entonces se corrigió:

—¡Comieron demasiado!

Así está mejor. En México, *coger* es una manera algo vulgar de referirse a las relaciones sexuales.

Hablamos de palabras. Rosi dijo:

Gilipollas se usa en España pero aquí no. Cuando queremos decir *asshole* decimos *pendejo* o *cabrón*, pero *qué cabrón* también puede entenderse como halago.

—¿Qué clase de cabrón es Donald Trump?

Al principio era difícil sacarles su opinión sobre esto, pero ya estaba avanzada la tarde y nos encontrábamos sentados en torno a las salpicaduras y restos de un largo almuerzo, con fuentes de tacos, tortillas rotas, algunos largos huesos de tuétano y vasos de vino con marcas de lápiz labial.

—No le caemos nada bien —dijo Raúl.

Los insultos ordinarios de Trump eran muy conocidos, y tan hirientes en su punzante brusquedad que la mayoría de los mexicanos a los que les preguntaba se encogían de hombros, como si no quisieran rebajarse a comentarlo. De los inmigrantes mexicanos Trump había dicho: «Traen drogas, crimen y son violadores» y «El sistema jurídico mexicano es corrupto, igual que el grueso de México». Ovacionado por sus seguidores, cacareaba: «México no es nuestro amigo».

—Peor que un cabrón —dijo Rosi—. Y diferente.

—Díganme palabras que lo describan —pedí.

—Mamón —afirmó Rosi—. Piensa que nadie es mejor que él.

En el español mexicano coloquial, *mamón* tiene un sentido mucho más amplio que alguien que sigue succionando las mamas: es alguien engreído, idiota, arrimado, imbécil, gorrón, zopenco.

—Estúpido —agregó—, vulgar.

—Cínico —aportó Guadalupe—. Mentiroso. Engreído.

—Tonto, perverso, payaso —dijo Julieta.

—Astuto —apuntó Yael: no perspicaz sino, en el sentido mexicano, malicioso y calculador—. Decadente.

—Loco —continuó Raúl—. Cuando habla de levantar un gran muro… No sabe que los mexicanos viajan todos los días de ida y vuelta para trabajar en los Estados Unidos o para comprar cosas. Cuando viví en El Centro, California, era periodista de radio y cubría la frontera. En esos tiempos, en 1990, un muchachito de quince años estaba trepando por la valla y cuando llegó hasta arriba, un agente de la Border Patrol le disparó. Cayó del lado mexicano y murió.

—Me gustaría averiguar más sobre eso —dije—. ¿Recuerdas su nombre?

—Eduardo Zamora —contestó Raúl. Al cabo de veintisiete años, el nombre seguía fresco en su memoria.

Cuando investigué ese caso encontré muchos otros: mexicanos desarmados asesinados de un tiro mientras trataban de cruzar la frontera.

—Pero la mitad del electorado en los Estados Unidos quería a Donald Trump —dije.

—¿Por qué?

Les comenté que, basándome en mis viajes por el Sur profundo en los años de Obama, comprendía a los votantes de Trump y sabía por qué la zona rural del país sentía que los políticos de Washington, desconectados, pomposos y ocasionalmente corruptos, la pasaban por alto y la despreciaban. Muchos estadounidenses estaban desconcertados por tener que adaptarse a los reasentamientos de refugiados sirios, somalíes y afganos (a su cuidado y alimentación), cuando muchas comunidades locales tenían problemas económicos. ¿Y por qué estaban desempleados? Porque la industria manufacturera de sus ciudades se había externalizado a China, India y México. La mayor proporción de soldados estadounidenses provenía de esas comunidades, y a ellos, al igual que a sus padres, les sentaba mal ser instrumentos de los cambios de régimen en el extranjero. Los Estados Unidos parecían inseguros, violentos y caprichosos, y el presidente Obama parecía distante e indeciso. Había menospreciado a la policía y su fiscal general les había dicho racistas a los policías.

Súmese a esto la arrogancia de Hilary Clinton, tan segura de que ganaría que hizo una campaña desanimada y no entendía las preocupaciones de los votantes. Trump, que captó esas preocupaciones y ese descontento, prometió reparar Washington y la frontera, poner a los Estados Unidos primero, dejar de pelear en guerras extranjeras y crear empleos. Había también un subtexto de xenofobia en muchos de sus discursos. Sacó provecho de la desconfianza hacia los Clinton y menospreciaba sutilmente al Partido Republicano. Ofreció respuestas simples y convincentes a los problemas complejos que los Estados Unidos enfrentaban. Su mensaje resonó, y, como yo había pasado los dos años anteriores manejando por las carreteras secundarias de zonas rurales y suburbanas de los Estados Unidos escuchando a la gente, no me había sorprendido que ganara.

En ese punto de la conversación cambié al tema de la policía mexicana. En ese grupo, a casi todos los había detenido la policía alguna vez. Rosi reconoció:

—Es como si a nadie le tuviéramos tanto miedo como a la policía.

Las extorsiones de los policías se debían en parte a que ganaban muy poco: entre ciento cincuenta y trescientos dólares al mes.

—Esto se está poniendo deprimente —señaló Julieta—. Vamos a la Casa Azul.

La Casa Azul, en Coyoacán, a pocos minutos a pie del restaurante, era donde nació y creció Frida Kahlo, y también donde vivió con Diego Rivera y donde murió, en un cuarto de la planta alta. Convertida en museo, estaba llena de extraordinarios cuadros de la pintora y también muchos de Diego, fotografías familiares y parafernalia, como los corsés y aparatos ortopédicos que había usado Frida (que sufrió treinta operaciones, entre ellas la amputación de una pierna). Afuera de los cuartos, pequeños y sofocantes, había un patio: una jungla suburbana de parras domesticadas y árboles podados; la casa entera una obra de arte, una especie de escultura habitable.

—¿Qué te parece? —preguntó Rosi. Ella era la comerciante de arte, siempre inquisitiva.

—Encantadora —dije—. Podría vivir aquí.

Pero pensé: la casa de Frida, su arte, su ropa, especialmente su traje de china poblana, eran expresiones profundamente personales de un yo apasionado. No pude formularlo así cuando hablé con Rosi, pero sentía que para que el arte, la escritura o cualquier expresión creativa tenga valor, debe ser apasionada y personal. Y con todo, Frida era un caso especial.

Se había convertido en una de las principales exportaciones de México, aunque ahí su estilo se consideraba afectado y un poco pasado de moda. Los extranjeros la adoraban, así que se la promovía, con su imagen en playeras e imanes de refrigerador, así como en una muñeca Barbie Frida bastante costosa. Su casa y su jardín silvestre eran ampliamente publicitados como atracciones para turistas y se anunciaban en los turibuses.

Es «espantosa pero única», según resume el narrador del cuento de Juan Villoro «Amigos mexicanos», en el que el impertinente periodista estadounidense Katzenberg está en busca de mexicanismos elocuentes. «No entendía que los afamados trajes regionales de la pintora ya solo se encontraran en el segundo piso del Museo de Antropología, o en rancherías extraviadas donde nunca eran tan lujosos ni estaban tan bien bordados».

Para el viajero que contempla México, Frida es un rodeo y una distracción. Su talento como artista, su narcisismo neurótico, el convertir todo su yo en arte (su amor, su sufrimiento, su vida propensa a los accidentes), y en el proceso hacer de sí misma un ícono, pues la tradición mexicana está llena de íconos, especialmente de madonas. No afectó su carrera el hecho de que Diego Rivera a los cuarenta y tres años dejara a su esposa y se casara con una Frida adolescente de diecinueve. Y Diego no era un novio cualquiera. «Esos ciento cuarenta kilos de carne gesticulante que agita pinceles y escribe manifiestos —como lo describe Rebecca West en su libro póstumo *Survivors in Mexico*— que se parecía a Mao Tse-Tung pero era una amalgama de Pantagruel, Barnum y el barón de Münchhausen». Frida lo amaba como esposa, hija, protegida, madre. Pero Frida, la madona mutilada del bigote y la uniceja, era quizá más admirada en Europa y los Estados Unidos que en el propio México.

La casa de Trotsky, no lejos de ahí, sobre una avenida transitada, era, más que una casa, un santuario en honor de su anterior ocupante, que está enterrado ahí. En 1940 un magnicida estalinista le hizo pedazos el cráneo con un piolet, un bastón de alpinista. El asesino, Ramón Mercader, fue elevado a héroe de la Unión Soviética cuando salió libre tras veinte años en una cárcel mexicana.

—Es deprimente —dijo Julieta—, y el edificio está horriblemente modernizado.

Luego fuimos al mercado de Coyoacán y caminamos entre puestos de tacos, huacales de mangos, animales muertos, pescados de ojos mortecinos brillantes sobre bloques de mármol, chiles colgados como cadenas de petardos y charolas de chapulines tostados.

—Te dije que México es surrealista —recordó Rudi en el Hotel La Casona cuando le conté cómo había estado mi jornada.

—Fue un buen día —admití, el primero como maestro en la Ciudad de México.

Los siguientes días estuvieron igual de ocupados y fueron también muy agradables. El terremoto reciente había dañado muchos edificios de la colonia Roma, donde nos reuníamos para tener la clase. Más surrealismo: casas partidas por la mitad, edificios con pisos desplomados, grandes huecos en las paredes, escombros de bloques de cemento hechos trizas donde alguna vez hubo un inmueble... y al lado, un edificio intacto. En muchas plazas elegantes había familias desplazadas viviendo en tiendas de campaña.

—Les cuento una historia extraña —propuso Guadalupe un día en la clase—. En Oaxaca hay un viejo yacimiento, Atzompa, donde unos arqueólogos encontraron la tumba de un señor importante, un gobernador. Lo identificaron porque ahí estaba inscrito su nombre: Ocho Temblor —ese nombre era señal de su poder—. En su tumba encontraron un tarro y en el tarro muchos huesos y fragmentos de barro que parecían partes de un animal. Cuando empezaron a armar las piezas de barro se dieron cuenta de que estaba formándose un cocodrilo. Lo terminaron de armar cierto día: el 7 de septiembre. En el momento en que el cocodrilo estuvo entero ocurrió el terremoto. El epicentro fue en Atzompa.

Héctor se mostró escéptico; dijo que parecía demasiado pulcro. En todo caso, lo que le llamaba la atención era que había pocas noticias sobre el terremoto de Oaxaca que tiró abajo pueblitos pobres, destruyó casas humildes y dejó un saldo de más de cien personas muertas, pero doce días después, cuando la Ciudad de México fue sacudida por un terremoto (probablemente causado por el movimiento de las mismas placas tectónicas bajo la falla de la Sierra Madre) hubo mucho clamor, pues afectó a gente rica y casas costosas.

—Mencionaste los estereotipos de México —dijo Héctor—. Estoy de acuerdo. Hay muchos. Por esta razón, cuando teníamos actos culturales en las embajadas donde trabajaba, me negaba a mostrar una imagen de Frida o un esqueleto. Estoy en contra de ellos como símbolos de cultura nacional. Esas imágenes creaban un estereotipo y yo quería mostrar cultura contemporánea. ¿Por qué no a mujeres ensayistas? ¿Por qué no a músicos modernos? Somos una civilización fuerte en el aspecto cultural, mucho más grande que los estereotipos.

Debatimos en torno al tema. Algunos estuvieron de acuerdo con Héctor. Otros dijeron que los retratos de Frida eran íconos poderosos. Y un día, para demostrar que algunas personas se resistían al mal gobierno, caminamos a Reforma, donde se había instalado una protesta permanente enfrente de la Procuraduría General de la República. Había montones de personas acampando: parientes de los cuarenta y tres estudiantes que habían sido asesinados en Ayotzinapa, tiendas agitándose al viento, letreros y pancartas enormes, bocinas estridentes y resistencia. Hasta ese momento, esa protesta había durado ya mil cien días.

Más restaurantes, seminarios a la hora del almuerzo y más excursiones: al Museo de Bellas Artes y al Antiguo Colegio de San Ildefonso (con sus brillantes interiores cubiertos de murales indignados de Orozco, Rivera y otros), donde se estaba exponiendo la muestra «El Che Guevara en África». Consistía en una crónica sustentada en fotografías y textos del intento del Che por generar una rebelión popular en el Congo en 1965. Su *Pasajes de la guerra revolucionaria (Congo)* es el poderoso relato de un hombre idealista en campaña por llevar un cambio a África, en una época en la que yo era maestro en los montes de aquel continente. Él estaba en los bordes de Katanga, en el Congo, y yo en Malaui, a poco menos de mil kilómetros de ahí. Me podía identificar fácilmente con ese libro, que empieza: «Esta es la historia de un fracaso», y termina: «No olvidaré la derrota ni sus más preciosas enseñanzas».

Héctor supervisó nuestra visita al Museo Nacional de Antropología, un edificio de extraordinaria modernidad. El guía nos explicó el diorama de campesinos en chozas de barro rodeados de pintorescas artesanías y utensilios sencillos, ollas de barro calentándose en la fogata. Había como doce montajes así: aquí Las Pachitas, allá los zapotecas, los mixtecos, los nahuas, cada uno con sus faldas, blusas o sombreros distintivos, sus tejidos, sus costuras, las chaquiras de los huicholes, las telas bordadas de los otomíes y ejemplos de las sesenta y dos lenguas y trescientos dialectos.

—¿Cómo vivían? —pregunté.

—Como viven ahora —respondió el guía.

Los otomíes en Tequisquiapan, Querétaro; los totonacas en Veracruz; los mixtecos en los valles y montañas de la Mixteca Alta. Es más: todos aún existen, aunque quizá no en la forma idealizada que retrataban los montajes del museo antropológico. Es la población más pobre.

—Son la gente que trata de cruzar la frontera —apuntó Diego—. Muchos de ellos quieren migrar a los Estados Unidos.

Me vino a la mente el recuerdo de María, madre de tres hijos, dando gracias por su comida en Nogales, su postura y su solemne rostro zapoteca, como la viva imagen de la Llorona; la mujer que se había perdido en el desierto de Arizona y la habían detenido, golpeado y deportado, y que en su valentía y desesperación me había inspirado a adentrarme más en territorio mexicano. De hecho, desde que la conocí, mi misión fue viajar a su región, la Mixteca Alta de Oaxaca, y ver las condiciones que impulsaban a la gente del lugar a correr el riesgo de cruzar la frontera.

—Pero ustedes también tienen pueblos indígenas —dijo Héctor acercándose a mí—. Y son igual de pobres.

Le repetí lo que me había contado la mujer tohono o'odham en Gila Bend: que su nación estaba separada por la frontera, la mitad de la gente en Arizona y el resto en el desierto de Sonora, en México, donde llevan una vida más tradicional. Le dije que era orgullosa, que hablaba su lengua con soltura y que «no existe una palabra o'odham para decir *muro*». Para su nación, esa frase se había convertido en algo así como un grito de guerra.

Mientras tanto, el taller se desarrollaba de manera habitual: dos horas por la mañana, una discusión durante el almuerzo, siempre una excursión y con frecuencia una cena: días enteros con dos docenas de estudiantes que se habían hecho mis amigos. Hacía más de cuarenta años que no enseñaba en un salón de clases, y redescubrí el placer del intercambio con alumnos inteligentes y comprometidos. Cada día estaba impaciente por verlos; disfrutaba su compañía y me sentía agradecido por su camaradería.

—Hora de escribir algo —dije una mañana, y les entregué una lista de temas ambiguos, para acicatear su imaginación: «Lo auténtico», «El extraño», «En el laberinto mexicano», «Las máscaras de México» y otros.

Los relatos que entregaron eran diferentes entre sí pero con muchos temas en común: identidad, malentendidos, riesgo, soledad, confusión, muchas veces a la sombra de los Estados Unidos. Eran desenvueltos, escritos con seguridad, de estilo experimental, todos ellos deslumbrantes. Todos argumentaban contra los estereotipos, muchos retrataban personas en su intimidad, en algunos casos gente extraordinaria o escenas fuera de lo común. Con frecuencia aparecía la muerte junto con situaciones incómodas, soledad, amores perdidos, violencia, insultos y las satisfacciones e inconveniencias de ser mexicano.

Muchos estudiantes del taller eran escritores considerablemente talentosos y consumados, con mucha obra publicada en México, pero solo una tenía una bien merecida fama en Estados Unidos, Canadá y Europa: Guadalupe Nettel. Tres libros suyos se habían traducido al inglés: unas memorias, *El cuerpo en que nací* (*The Body Where I Was Born*), acerca de enfrentarse a la posibilidad de la ceguera; una novela sobre romances inconvenientes, *Después del invierno* (*After the Winter*); y una colección de relatos breves, *El matrimonio de los peces rojos* (*Natural Histories*). En un cuento de *El matrimonio de los peces rojos*, un científico mexicano que da clases en los Estados Unidos y Europa solía decir que la gente obtiene reconocimiento en México solo cuando ha hecho una carrera exitosa en el extranjero. Eso mismo le había pasado a ella: Guadalupe ganó fama en México después de haber ganado premios y haber sido traducida al inglés y al francés. Lo mismo les pasa a escritores de muchos otros países, que, por autoestima y para ganarse la vida, necesitan la autoridad de una aprobación en el exterior.

La condición del forastero, una experiencia de soledad, figuraba en los mejores relatos. El extraño en la historia de Julieta García González era un hombre en un restaurante. La narradora, una mujer solitaria, entra al lugar, ve a este apuesto joven y dice: «Hola, nene, ¿cómo estás? ¡Te extrañé!». El hombre se queda estupefacto y avergonzado, pero la invita a sentarse. Ella pide una copa de vino. Él se siente cómodo con su presencia, su olor. «Eso significaba que también podía olerme: los rastros de infelicidad… que en un sentido podía percibir los seis meses que estaba tratando de dejar atrás».

Él pregunta: «¿Cómo estás, mi cielo?» y ella se ofusca. Chocan las copas. Ella dice: «¿Me extrañaste?». Su fantasía de acercarse a un extraño «como si fuéramos amigos».

El hombre le sigue el juego, hablan, beben un poco más, y luego él dice: «¿Nos vamos?». Cuando se van, la mujer le advierte: «No me digas cómo te llamas». Él dice lo mismo y le pide un abrazo. Se abrazan apasionada pero brevemente: él se va y no mira atrás. El brazo de la mujer arde donde él la tocó: «como una erupción. El efecto se prolongó… y me gustó».

Otra extraña, Claudia Muzzi, escribió sobre su visita a Newnan, Georgia, donde se presentó como editora, interesada en escribir una nota sobre los últimos tratamientos contra el cáncer de mama. En su recorrido por un «lujoso» centro de tratamiento contra el cáncer advierte los rostros de los pacientes, «demasiado enfermos para reflejar la presencia de una intrusa, una especie de turista de las dolencias, un buitre». Después de perderse y rezagarse, regresa y recibe un trato brusco, como el que se da a una extraña: «Hacía rato que se había terminado el horario de sonrisas del personal», comenta la visitante mexicana rechazada al volver.

En «El cuartito», de Guadalupe Nettel, los inmigrantes mexicanos son los extraños, interrogados en la frontera con los Estados Unidos. «Desde que era niña he pasado tantas horas haciendo cola en aduanas de los Estados Unidos que sé que la espera puede ser larga y agotadora. […] Todo parecía diseñado expresamente para alentar la desesperanza. Es una lotería…». En el sufrimiento y la demora, el pensamiento: «La frontera norte es una herida que duele a todos los mexicanos». En cuanto a la indignidad del interrogatorio, «Todo ser humano debería vivirlo al menos una vez, para saber lo que otros tienen que sobrellevar».

Poco después de haber leído este cuento de Guadalupe leí sus obras traducidas al inglés: sus memorias, *El cuerpo en que nací*, y su volumen de cuentos, *El matrimonio de los peces rojos*. Las memorias, profundamente personales y emotivas, estaban bellamente forjadas. Los cuentos me parecieron asombrosos y originales, sobre gente que existe en adyacencia a unos animales que reflejan sus vidas de una manera extraña pero precisa: peces, gatos, una serpiente y, en el último relato, un hongo. Lo que más me impactó fue la amplia experiencia que se revela en las historias, de amor y matrimonio (por lo general desastroso) y de viaje (bellamente observado). Y me llamó la atención cuán cosmopolitas eran Guadalupe y muchos otros, dado que la Ciudad de México estaba conectada con el mundo, quizá más con el gran mundo que con el necesitado interior de su propio país.

El gringo en un pueblito de Oaxaca, en el cuento de Michael Sledge, no se da plena cuenta de su extranjería hasta la celebración en julio del Lunes de Cerro, cuando el pueblo entero y sus quinientas familias se reúnen a comer y beber. La fiesta es estridente, los hombres se visten de mujeres, se ponen pelucas y máscaras. Los hombres vestidos se abalanzan sobre los borrachos, les dan vueltas y siguen su camino. Cuando empiezan los desmanes, al narrador lo agarra una mujer enmascarada y bailan muy a gusto, pero en eso ella se quita la máscara. Es Félix, el jardinero del narrador, un íntimo amigo. «Pero se había roto el encanto. Ahora que se había mostrado, ninguno de los dos podía seguir bailando, y de hecho estábamos un poco avergonzados por la intimidad en la que de repente nos encontrábamos». Se despiden con torpeza, como desconocidos.

La extranjera en «La gringa» de Héctor Orestes Aguilar era Mariana, una refugiada polaca. «Pequeña, regordeta, de grandes ojos verdes y piel muy blanca», llegó a México para hacerse una carrera de artista y fotógrafa. En su casa señorial preside exposiciones. Pero en eso el narrador alcanza a ver fugazmente a otro extraño, que recuerda haber visto en una fiesta cuando era niño. «Vi a B. Traven en la sala de la casona. Es decir, vi la mitad de su cuerpo, todo lo que pude ver de niño: solo sus botas cafés y sus pantalones caqui. Nunca olvidaré que todos los niños que estábamos ahí lo llamábamos por su apodo, Skipper».

Este dato es cierto. La viuda de Traven hablaba de cómo su huraño esposo fantaseaba con capitanear un barco y le gustaba que le dijeran Skipper, *capitán*.

Me di cuenta de que ser forastero era un destino que muchos de estos estudiantes comprendían bien. La extraña en el relato «Juana Lao» de Luisa Reyes Retana era una mujer que, al morir su abuelo, encontró unas cartas en sobres cerrados dirigidas a un tío que había muerto veintisiete años atrás, lo que la llevó a Cuba y a la revelación del hondo secreto de su tío. En «Gringa», Yael Weiss (escritora, traductora y editora) se describe como una mexicana que no se ve mexicana: como una gringa, pecosa, pálida, «una mezcla de europeos, asiáticos, nativos de los Estados Unidos, con antepasados tanto judíos como católicos». Sintonizando con unos raperos negros en Las Vegas y usando *mexicana* como un modo de no desentonar, «mi identidad mexicana me estaba pigmentando por primera vez en la vida. Al principio me sentí ambigua, traidora, una intrusa usando una coartada mexicana. [...] El nuevo racismo contra los mexicanos me hizo verme morena».

Ese relato me recordó los diferentes rostros de la clase: unos cuantos parecían gringos; otros, morenos, indígenas, españoles, italianos, europeos del este... De toda clase. No hay un rostro mexicano.

Por sentirse pasados por alto y despreciados, estos escritores estaban hiperalertas: Rosi Zorrilla en Cuba desentrañando un malentendido, Miriam en un restaurante observando a un gringo quejándose de su cena. María Pellicer, en el aeropuerto de Las Vegas, describe a una mujer que acaba de bajar de un avión procedente de Inglaterra y que se cae de borracha en la fila de inmigración y recibe un trato amable de la policía. Valerie en su departamento grabando a un helicóptero que de repente se apareció por ahí, sostenido en el aire, «como una enorme araña contemplando a su presa», es decir, a su blanco. Unos terroristas somalíes escondidos con artefactos explosivos en el albergue de al lado. La Ciudad de México, un mundo de extraños.

Lo mejor de la enseñanza es que también se aprende de los alumnos. Gracias a la disquisición de Adán Ramírez Serret sobre los escritores extranjeros supe de Jorge Cuesta, que fue anfitrión de Aldous Huxley y discutía con Octavio Paz. Interesado en saber

194

más de él, lo busqué. Fue científico además de escritor y editor. Se casó con la exesposa de Diego Rivera, fundó una revista, se volvió loco, se castró y, estando hospitalizado, se ahorcó a la edad de treinta y ocho años.

Había oído el nombre de José Donoso, escritor chileno que había vivido en México y los Estados Unidos, pero «Máscaras» de Abril Castillo amplió mi conocimiento sobre él. Se trataba de una crónica de suspenso sobre la lectura del libro de Pilar Donoso sobre su padre, José. A la muerte de su padre, Pilar dedicó siete años a leer sus diarios, en los que descubrió que la menospreciaba, que era un matón egoísta, que (aunque estaba casado) era un homosexual de clóset y anotaba las agresiones físicas que cometía contra su esposa. En uno de sus cuadernos se desarrolla una idea: la hija de un escritor famoso emprende la escritura de su biografía y al terminarla se suicida. Pilar escribió unas memorias sobre su padre, *Correr el tupido velo*, y dos años después de terminarlas, a los cuarenta y cuatro años, se suicidó. Yo no había oído hablar de ese libro, que hasta ese momento no se había traducido al inglés, en el que se cita otra entrada del diario de Donoso: «Lo que hay detrás de una máscara nunca es un rostro. Siempre es otra máscara. Las distintas máscaras son tú, y la máscara que hay detrás de la máscara también eres tú [...]. Las distintas máscaras son una herramienta, las usas porque te sirven para vivir. [...] Tienes que defenderte».

Me sentía iluminado y estimulado por los estudiantes, por la atención que daban a sus historias (casi todas en inglés), y estaba agradecido por su buena voluntad, su generosidad y su sentido del humor. Había olvidado cuánto se aprende con los buenos estudiantes. Estaba encantado de haber hecho veinticuatro amigos en poco tiempo.

Eran el sueño más preciado de un viajero: hospitalarios, informados, deseosos de complacer.

El santuario de la Santa Muerte

—¿Y qué hay de la Santa Muerte? —le pregunté al grupo un día—. ¿No vamos a ir a la capilla?

Se hizo el silencio, hasta que alguien señaló que había muchas capillas de la Santa Muerte y Diego dijo: «Tenemos que hacer una llamada» y «No creo que los fuereños sean bien recibidos». Luego todos se apiñaron y tuvo lugar una discusión sobre los riesgos de esa visita.

Por lo visto había muchos. Aunque una capilla de la Santa Muerte en Orizaba, Veracruz, se encontraba celebrando su décimo aniversario, y otra estaba por construirse en el sur de la ciudad, poco antes las autoridades locales habían destruido un santuario de la Santa Muerte en Pachuca, lo que encolerizó a los devotos. El gobierno tenía en la mira algunos santuarios asociados con cárteles de la droga. Al crecer en popularidad el culto, había aumentado también la desaprobación gubernamental.

La Santa Muerte en su manto de monje medieval, el cráneo amarillento sonriendo en la sombra de su capucha, agarrando su infame guadaña con los dedos huesudos, tenía, entre otros papeles, el de santo de los narcos. Aunque la veneración de la Huesuda se remonta al México prehispánico, en procesiones de Semana Santa en Oaxaca en el siglo XVII se llevaba la esquelética figura, majestuosa y coronada, «para demostrar el triunfo de la muerte sobre el hijo de Dios» (más adelante en mi viaje me tocó ver esqueletos entronizados en iglesias de zonas rurales de Oaxaca). El culto a la Santa Muerte, en su forma recargada y macabra, es más reciente, y en la actualidad ha tenido un gran resurgimiento de adeptos, sobre todo entre delincuentes. En 2002, según Diego Osorno en *La guerra de los Zetas. Viaje por la frontera de la necropolítica,* una crónica de la violencia de los cárteles, en la casa de un capo del Cártel del Golfo, Gilberto García Mena, *el June,* se encontró un rebuscado altar de la Santa Muerte (con ofrendas de fruta, mezcal y dinero). La casa de Mena estaba en Guardado de Abajo, un pueblo mexicano que alcanzaba a verse desde el margen del río Bravo cerca de Roma, Texas, próximo a la fronteriza Ciudad Alemán. Otra conexión del santo esquelético con los cárteles de la droga era la cadena de altares que se extendía por doscientos cincuenta kilómetros a lo largo de la Ribereña (la orilla sur del río), que corre paralela a la frontera: montones de santuarios dedicados a la Santa Muerte colocados ahí por los narcos para que los ampare.

La Santa Muerte, que da esperanzas a los desmoralizados (y también a traficantes de drogas, prostitutas, contrabandistas y gángsteres) y representa un escudo espiritual para protegerse de las autoridades, era ahora la fe de más acelerado crecimiento en México, con millones de creyentes. Empresarios pertenecientes a la congregación estaban erigiendo santuarios por todo el país, ya fueran grandes estructuras o instalaciones no más imponentes que el escaparate que había yo visitado en El Llano del Lobo, al sur de Matehuala.

El problema con nuestra discusión era que ninguno estaba seguro de dónde se encontraba la capilla; nunca nadie la había visitado.

—Pero tú has ido a Etiopía —le dije a Diego.

—Comparado con esto, puede ser que Etiopía sea más segura. Creo que deberíamos pedirle a alguien que nos lleve y nos sirva de guía.

Adán estaba en el teléfono. Dijo «¡Hola, Santa Muerte!» e hizo una mueca. La persona al otro lado de la línea colgó.

—Mejor olvidémonos de eso —dijo Julieta—. Podría traernos problemas.

—Solo un vistazo, para ver cómo es —insistí.

—¿Dónde es? —preguntó Adán.

—Seguro un taxista lo sabe —señaló Diego.

—Yo antes vivía en la Plaza de la Soledad —dijo Valerie—. Creo que es por ahí —añadió que una característica de la plaza, contigua a la venerable iglesia de la Santa Cruz y la Soledad, era que de noche, junto con las prostitutas adolescentes, había muchas prostitutas de edad avanzada, damas de sesenta o setenta años—. Y también ellas atraen a algunos clientes.

Toda esa especulación avivó su curiosidad y se dieron cuenta de que yo estaba ansioso por visitar el santuario (suyo, en un sentido: esa rareza ocultista estaba en alguna parte de su ciudad) y no querían defraudarme. Después de todo, como cronista necesitaba verlo para describirlo.

—Ya tengo a alguien en la línea —dijo Diego con el teléfono en la oreja. Habló, escuchó, anotó una dirección. Al colgar dijo—: Morelos.

—Sí, es lo que pensaba —declaró Valerie.

—Es una callecita, Nicolás Bravo —apuntó Diego.

—Sí, debe serlo.

—Cerca de San Antonio Tomatlán —añadió Diego.

—¿La iglesia o la calle? Es una calle larga.

—El taxista lo sabrá —dijo Diego.

Cuando conseguimos un taxi (mis cuatro amigos esforzándose en mantener el equilibrio en el asiento trasero, yo despatarrado en el delantero) el conductor sacó un gordo atlas de la ciudad. Lo revisaba cada vez que nos deteníamos en un alto. Como la letra era muy chica y delgada, para verla usaba una lupa; llevaba el voluminoso libro atorado entre el regazo y el volante.

—Morelos —dijo meneando la lupa.

—Eso pensé —repitió Valerie.

—Creo que ya sé —declaró el taxista—, pero nunca he ido.

Morelos, según dijeron mis amigos, se caracteriza por ser una de las tres zonas más peligrosas de la Ciudad de México; las otras son la Central de Abasto en Iztapalapa, un centro de tráfico de drogas, y Olivar del Conde, debido a su laberíntico trazado de callejones, callejuelas y calles cerradas, que se prestaban a la ejecución de robos y enfrentamientos, sin que fuera fácil tener por dónde escaparse.

Le encontré a Morelos un parecido con Bombay: ambas igual de densas y desordenadas. Avanzamos media hora por el habitual tráfico pesado de la Ciudad de México (frenones repentinos a cada rato, pugnas con los otros automovilistas) y nos adentramos en los atestados caminos de Morelos. Mercados, tienditas y puestos abarrotaban la avenida principal, Circunvalación, llena de carretillas de mano, toldos y altas pilas de mercancía: vestidos, zapatos, playeras, sombreros, estantes de brasieres y calzones que se agitaban con el viento cual banderines, al lado de ollas y cazos, sartenes y arroceras. El sitio estaba rebosante de compradores que entraban y salían como flecha del tráfico, un aire de anarquía e improvisación, música a alto volumen y el chisporroteo de las fritangas en el fuego.

—¿Alguno de ustedes ha ido a Bombay? —pregunté.

Ninguno había ido.

—No hace falta —dije—. Esto es Bombay.

Atrapado en el tráfico, el taxista hacía girar su lupa sobre un mapa del atlas.

—¡Ah! —exclamó e hizo a un lado su guía. Dio un giro brusco hacia una calle angosta y llegamos a un cruce con una iglesia: los ladrillos de sus campanarios gemelos brillaban con el sol de la tarde.

—¿La Santa Muerte? —pregunté.

Adán se escurrió entre sus compañeros del asiento trasero y se precipitó a la entrada de la iglesia: un portón de madera enmarcado en un alto arco de piedra. Regresó al cabo de dos minutos y anunció:

—No, pero ya tengo la dirección —habló con el taxista, que volvió a arrancar con actitud confiada—. Ese era el templo de San Antonio Tomatlán.

Es decir, san Antonio de Padua, a quien todos los bostonianos del North End conocen por la fiesta en su honor y la gran procesión que cada año tiene lugar en agosto. En su día, a la estatua de este santo, al que se le reza cuando uno pierde algo (dinero, las llaves, un amigo, lo que sea), se le prenden billetes con alfileres en agradecimiento por los favores recibidos.

—Nicolás Bravo —exclamó Diego al leer la placa con el nombre de la calle—. Es aquí.

El Único Santuario Nacional de la Santa Muerte era un edificio pequeño encalado, de fachada plana, con una vitrina cuadrada que da a la calle. En la vitrina una estatua, de un alto esqueleto con sotana y otro esqueleto más pequeño detrás. La entrada tenía mucho fondo; era como un hueco en la ancha pared. La calle era inhóspita, vacía de gente, con lo que la musiquita del mercado a tres cuadras de ahí le daba un carácter surrealista. En cuanto a la vitrina, nada en el porte de la escueta calaca ni su sonrisa dientuda resultaba muy invitador ni daba mucho consuelo que digamos.

Nos quedamos un rato ahí afuera, observamos con discreción por algunos minutos y luego pasamos la puerta, atravesamos un vestíbulo que más bien parecía un túnel con cráneos pintados que le imprimían una atmósfera estridente, como de tren fantasma o casa encantada de feria ambulante. Las filas de bancos de madera estaban vacías, salvo por una mujer con un chal negro, las manos envueltas en sus pliegues, y el lánguido rostro gris mirando al altar con velas humeantes y lámparas ennegrecidas.

El altar era una puesta en escena con parafernalia de la muerte (cráneos, huesos, ataúdes y flores mustias) esparcida y un esqueleto de la Santa Muerte de un metro ochenta de alto en un brillante vestido blanco de novia y un velo enmarañado, con la guadaña en una mano y un globo terráqueo en la otra. Tenía una peluca negra mal puesta en el cráneo, y en la espalda un par de alas de más de un metro, el Ángel de la Muerte vestido de novia macabra. Pero en el altar también había retratos de Jesús y crucifijos, junto con más esqueletos de distintos tamaños.

—Hay otro santuario de la Santa Muerte en Tepito; no está lejos —susurró Diego. Había investigado—. Pero a este le dicen el Santuario Nacional; esta mañana tuvieron una ceremonia.

Desde que ingresamos al santuario había escuchado risitas infantiles pero no veía a nadie, hasta que se aparecieron dos niños rodando por el suelo en un pasillo a la derecha del altar, cerca de un puestito con abalorios y chucherías en el que una vieja hacía oscilar un esqueleto de la Santa Muerte ante la expresión reverencial de un posible cliente. Los niños estaban echando relajo a los pies de una adusta figura de la Santa Muerte, esta en un vestido morado de baile de graduación.

Un esqueleto vestido con tela de raso tenía un letrero que decía LA NIÑA BLANCA y veladoras de distintos colores titilando en torno suyo: cada una representaba un deseo. También muchas arañas de plástico, moradas y negras, de patas largas, agarradas de unas ralas hebras colgando detrás del altar y en el centro de unas telarañas en espiral. Otra calaca en la esquina del altar, y una pintura que representaba a un hombre mexicano común y corriente con camisa azul.

—A lo mejor es un retrato del fundador —mencionó Valerie. Se piensa que puede ser un hombre llamado David Romo Guillén, exsacerdote católico autoungido obispo del culto, a quien poco antes habían detenido acusado de secuestro y lavado de dinero.

En las umbrías paredes de la capilla había figuras de yeso de san Pedro y crucifijos de madera al lado de otros retratos: uno de Jesús Malverde (en su habitual posición sentada), el santo de los narcos venerado en Culiacán, con botas vaqueras, camisa blanca y corbatita, sosteniendo fajos de dinero.

—«La Santa Trinca», leyó Julieta mirando un retrato de la santa trinidad de México, san Judas, Jesús Malverde y la Santa Muerte: apóstol barbado, bandido y esqueleto, respectivamente.

Nadie nos había preguntado qué hacíamos ahí y nadie había impedido que Valerie tomara fotos con su celular. Seguimos deambulando, susurrando, mirando de cerca las reliquias e imágenes. En el puesto se podían comprar estampitas con oraciones para distintos efectos. Yo elegí una para gente desesperada por quitarse de encima a una persona opresiva.

«Protector de la Santísima Muerte —empezaba—, en esta hora de amargura para mi alma, yo te invoco. Heme aquí postrado ante ti, roto, golpeado, perdido en el camino de la vida y el amor. Te ruego, te suplico, madre mía, que escuches mi plegaria por tu ayuda [*inserte aquí su plegaria:* «Un pariente me está volviendo loco», susurré] y acudas en mi auxilio en estos momentos aciagos. Concédeme tu justicia en todo momento y protégeme de aquellos con ojos de envidia, celos y odio».

Y cuando empecé a revisar las baratijas del puesto, la mujer tras el mostrador (madre de los niños que estaban rodando por el piso) me preguntó si quería algo especial.

—Algo que me dé suerte —pedí—, que me mantenga a salvo mientras manejo por la carretera.

—Pruebe con esto.

Descolgó un collar de cuentas que traía colgada una imagen de la Santa Muerte de siete centímetros y medio, plateada.

—Esto le ayudará. Es bueno para la protección.

Pagué el equivalente de tres dólares.

—Pero espere —ordenó; le quitó el corcho a una botellita y procedió a verter un líquido aromático sobre las cuentas—. Es bálsamo, para limpiarlo de todas las otras personas que lo han tocado.

—Es la adoración a la muerte —dijo Diego cuando salimos de la capilla.

—No me digas.

Me parecía que la adoración a la muerte no era de lo que ahí se trataba. La Santa Muerte no era la imagen de alguien que alguna vez vivió, sino más bien una representación de la muerte, y su aspecto más atrayente era que no rechazaba a nadie; desde luego no a los pecadores, a quienes recibía de brazos abiertos, y a todos los perdonaba, sobre todo a los más malvados entre nosotros. Otro factor decisivo es que la Santa Muerte no pedía arrepentimiento y reforma; por el contrario, acogía al pecador y sus pecados. La gente iba ahí a pedir indulgencia y milagros. Ella representaba la aceptación («¡Sigue pecando!» era el subtexto de su teología) y concedía milagros a quienes encendían la vela correcta, ofrendaban una joya o algunos pesos, o suplicaban ayuda.

Otro importante santo de México, san Judas Tadeo, prometía auxilio a los desesperados, pero para captar su atención ayudaba mucho estar en estado de gracia tras haberse confesado y acogido la santidad.

La Santa Muerte no requería ninguna santidad o expiación, solo creencia sincera; si acaso, demostrarla (como hacían algunos adeptos) yendo a gatas al santuario y rezando con rodillas sangrantes. Era fácil entender a la Flaca, Doña Flaquita, la Huesuda, o los otros sesenta nombres listados por Claudio Lomnitz en su obra exhaustiva sobre el tema (*Idea de la muerte en México*), entre ellas la Parca, la Grulla, la Pepenadora, la Llorona, la Jodida, la Apestosa, la Araña Pachona o las vulgares la Chingada y la Chifosca. Estas variaciones les hablaban a los mexicanos que se sentían imperfectos, acorralados, descontrolados, desesperados, condenados. De hecho, como encarnación de la muerte, la Santa Muerte es el ídolo de la fatalidad.

La veneración nunca había sido más grande que en ese momento: su popularidad ascendía aproximadamente a veinte millones de adeptos en los últimos diez o quince años, a pesar de que en 2013 el Vaticano condenó esa veneración por sacrílega. Era bien sabido que la Santa Muerte atraía a quienes vivían del dinero ilegal, criminal o de dudosa procedencia (ladrones, narcotraficantes, sicarios, prostitutas). Pero al prometer protección, y a lo mejor un milagro, en vez del cielo, la adoración a la muerte era la fe perfecta para México, donde la mitad de la población vive en la pobreza.

—¿Qué piensan? —pregunté mientras caminábamos hacia el taxi que nos esperaba.

Me dio risa escuchar la típica respuesta chilanga:

—Vamos a comer.

Desviación a la frontera

No hace mucho tiempo, la Ciudad de México se consideraba la «Ciudad de la Noche Pavorosa», con una infame reputación de secuestros, atracos, delitos y caos («Y que el gringo se sube a un taxi y piensa que va a su hotel, pero en eso que lo llevan a una barriada y que lo asaltan»). Sin embargo, una vez que me hube adaptado a la cotidianidad de dar clases, comer y visitar los sitios de interés, la capital me pareció próspera y animada, una gran ciudad de muchas capas con multimillonarios en la capa superior y vecinos de las colonias pobres hasta abajo, y la única crueldad que presencié fue la de los policías de mal genio. Lejos de las colonias que se reconocían como peligrosas, parecía tan segura como cualquier otra ciudad de veintitrés millones de habitantes.

Con el correr de los días me dio por relajarme cual *flâneur*; me volví un poco flojo e insolente a la manera de los citadinos, adquirí los vicios, propios de las grandes ciudades, de procrastinar, comer tarde, dormir más horas, cotorrear en los cafés y fingir que uno está ocupadísimo. Mi excusa era que trabajaba dando clases, pero incluso después de que terminó el taller seguí socializando con mis nuevos y maravillosos amigos y decía para mis adentros que eso formaba parte de mi viaje mexicano. Los mexicanos, tan estigmatizados y estereotipados, responden con afecto (como hace la buena gente) cuando uno se fija en ellos de manera individual. Me encantaba su compañía. Empecé a caer en la rutina urbana, ya no como viajero, sino llevando la vida de un chilango que no tiene nada que hacer y diciéndome a mí mismo que eso era viajar. Era fácil entender por qué tantos extranjeros de visita en la Ciudad de México decidían quedarse a vivir ahí por el resto de sus días, al tiempo que se quejaban deshonestamente de que era un tanque de tiburones o un sitio luciferino.

El peor vicio de toda gran ciudad es olvidar que existe el interior, esa realidad poco glamurosa del país. Cuando recibí un mensaje en el que Peg Bowden, en Nogales, me decía que por primera vez en la vida la US Border Patrol había accedido a reunirse con unos grupos de activistas en Tucson, decidí dejarlo todo e irme para allá.

—Quizá quieras estar presente —dijo Peg.

Dejé el carro en un estacionamiento seguro en la colonia Roma, tomé un avión a Tucson y llegué a Arizona una calurosa mañana de resplandor cegador y de irrespirable aire caliente. Me prometí regresar a México en camión.

El evento se anunciaba como un foro comunitario y tuvo lugar en una pequeña iglesia episcopal ubicada en una calle residencial de la ciudad. La mitad de los bancos estaban ocupados por activistas, más de cien, y cinco agentes de la Border Patrol de uniforme verde estaban sentados en una plataforma elevada ante el altar. Uno de esos hombres de verde era el recién nombrado jefe de sector para Tucson, Rodolfo Karish, hombre mofletudo de sonrisa fría y pequeños ojos hundidos de mirada dura. Entre los activistas los había de toda clase: indómitas abuelas de pelo blanco, escépticos ancianos de la nación Tohono O'odham (hombres viejos delgados, de pelo largo, indignados y de huaraches), una delegación del grupo humanitario de la frontera No Más Muertes, una sororidad de monjas católicas de la ciudad fronteriza de Douglas encabezadas por una conocida activista, la hermana Judy Bourg, diminuta pero con voluntad de hierro, así como una buena cantidad de hombres y mujeres jóvenes que podrían haber sido estudiantes universitarios, todos ellos dirigiendo una mirada furiosa a los corpulentos agentes de la Border Patrol.

Una nota en la parte inferior del folleto detallaba el objetivo general del foro y precisaba que no se permitiría la entrada a la prensa, respetando los intereses del grupo decidí mantener una actitud discreta, lo que hice fue escuchar, mantener la cabeza inclinada hacia abajo y tomar notas. Por turnos, distintos grupos se iban presentando y exponían sus preocupaciones en cinco o diez minutos. Luego intervino el jefe Karisch: el tema de su presentación fue «Estamos patrullando una zona de guerra», su discurso de inmediato suscitó comentarios entre la concurrencia.

Con pasión atenuada por la precisión, los activistas se pusieron de pie y expresaron sus frustraciones.

—¿Tienen una política, un procedimiento de operaciones estandarizado, para su trato con los trabajadores humanitarios? —preguntó una joven—. Hace poco hubo una incursión de la Border Patrol en un campamento de No Más Muertes. Esto es ilegal de acuerdo con el derecho humanitario internacional.

—Nosotros cumplimos la ley —contestó el jefe Karisch, quizá ajeno a las implicaciones de las leyes a las que se refería la mujer, que son un conjunto de normas específicas que, en palabras del Comité Internacional de la Cruz Roja, «por razones humanitarias, trata de limitar los efectos de los conflictos armados. Protege a las personas que no participan o que han dejado de participar en las hostilidades y limita los medios y métodos de hacer la guerra. El derecho internacional humanitario suele llamarse también "derecho de la guerra" y "derecho de los conflictos armados"».

Pero la mujer seguía hablando.

—El agente de la Border Patrol nos amenazó, nos advirtió «No Más Muertes lamentará todo esto».

—Nosotros no estamos de acuerdo con las amenazas —aseguró el jefe, y dio la palabra a alguien más que había levantado la mano, en esa ocasión un hombre maduro.

—¿Están dispuestos a averiguar si existe un lineamiento internacional sobre el tema de no destruir botellas de agua?

Sí, el jefe estaba dispuesto.

—¿Y qué medidas disciplinarias tomarán si encuentran a un responsable? —continuó el hombre—. Si un agente tiene mala conducta, ¿cómo responden?

—Desde reprenderlo hasta darlo de baja —contestó el jefe secamente y le dio la palabra a otro orador, un hombre alto de chaleco de cuero, corbata de cordón y sombrero de ala ancha.

—Hay en México una crisis humanitaria —observó—. ¿Reconoce que debemos tener una respuesta humanitaria en el sector de Tucson?

En 2017, en el sector de Tucson se encontraron los cuerpos de ciento veintiocho personas, cincuenta y siete de ellas en los matorrales del Refugio Nacional de Vida Silvestre Cabeza Prieta y del desierto cerca de Ajo, donde No Más Muertes había estado dejando botellas de agua. Esto me hizo pensar en los horrores que relata Luis Alberto Urrea en *La carretera del diablo*, donde describe los calvarios de los migrantes en ese mismísimo sector.

—Hay una diferencia entre dar agua a los migrantes y darles refugio —sostuvo el jefe—. Darles asilo y meterlos al país va en contra de la ley.

Un joven se levantó de un brinco y cuestionó:

—¿Proporcionar atención médica a un migrante herido o enfermo se considera darle asilo?

—Es complicado —replicó el jefe.

Ya no hubo más preguntas relacionadas con la destrucción de botellas de agua, la respuesta del jefe fue que investigaría sobre el asunto.

No Más Muertes había dado a conocer recientemente un informe donde se detallaban los abusos de la Border Patrol. Entre 2012 y 2015 el grupo había dejado más de treinta y un mil quinientos galones de agua en ciento treinta y nueve puestos de socorro en senderos por los que caminaban migrantes de Arivaca, una inhóspita extensión de desierto al este de la Reserva Tohono O'odham, y sus alrededores. Calculaban que se consumía 86% del agua: eso era prueba de que se habían salvado vidas. Al mismo tiempo, aproximadamente 10% del agua de los puestos, unos tres mil quinientos galones, se destruía. El informe incluía dos videos de cámaras colocadas en los senderos que mostraban a un agente perforando los contenedores de agua y a otro (en un frío día de invierno) llevándose una cobija de un puesto de socorro.

La Border Patrol había filmado sistemáticamente cómo destruían botellas de agua y pateaban las cajas hasta hacerlas pedazos. Un informe publicado en enero de 2018 por No Más Muertes y la Coalición de Derechos Humanos daba cifras específicas para el Desierto de Sonora en el sector de Tucson: dos veces a la semana en promedio se destruían cuatrocientos quince envases, un daño que ascendía a 3 586 galones de agua. Además, habían confiscado o tirado a la basura ropa, comida y cobijas que los samaritanos dejaban en el desierto. Eso era un ejemplo de maldad pura.

La Border Patrol también había detenido a trabajadores humanitarios por meterse en propiedad privada y tirar basura: en este caso, tirar basura significaba dejar en el desierto provisiones de suministros vitales. En el periodo reportado, casi seiscientos cadáveres de migrantes se habían entregado al médico forense del Condado de Pima. Este sitio es un rectángulo irregular, con Tucson al este, el Monumento Nacional Organ Pipe Cactus al oeste, la nación Tohono O'odham en medio y la frontera formando la orilla inferior.

Estos abusos no solo eran resultado de las recientes directrices de la administración Trump. Una vocera de No Más Muertes, Caitlin Deighan, puntualizó que la política de militarizar la frontera y obligar a los migrantes a recorrer los trechos de desierto más peligrosos, donde miles de personas morían, se remontaban a la era de Bill Clinton, y las muertes y las rajaduras de botellas habían continuado durante la presidencia de Obama: «Ha seguido en todas las administraciones», dijo.

Vino luego un ir y venir sobre las distinciones entre dar asilo a los migrantes y los campamentos humanitarios donde médicos o activistas atendían a migrantes enfermos o heridos. Eso no se resolvió, aunque me di cuenta de que la razón del punto muerto era la incapacidad de la Border Patrol de percibir matices atenuantes, de considerar a un migrante enfermo o moribundo como alguien a quien detener y deportar, mientras que los activistas insistían en que esas personas merecían ayuda.

Era el mismo dilema ético que Henry David Thoreau enfrentó en Concord: dar asilo a un esclavo fugitivo (a menudo famélico, enfermo o sediento), en desacato de la Ley de Esclavos Fugitivos, y arriesgándose a ser multado o encarcelado por ayudar a salvar la vida de otro ser humano. La Ley de Esclavos Fugitivos volvió a todos los estadounidenses cómplices en el mantenimiento de la esclavitud; criminalizar los actos humanitarios en la frontera hacía de todos los estadounidenses cómplices de la persecución de migrantes.

Una mujer se puso de pie y levantó ambos brazos para llamar la atención.

—¿Podemos por favor tener un minuto de silencio para las siete mil personas que se han encontrado muertas en la frontera entre los Estados Unidos y México debido a las políticas estadounidenses? —pidió.

Tras ese silencio (no tanto un silencio como un atenuado rumor de aproximadamente diez segundos, en los que se oían carros pasando frente a la iglesia), un hombre tomó la palabra:

—En sus comentarios iniciales, señor, llamó a esto una zona de guerra. Eso es bastante serio. Mi pregunta es: ¿cuáles son sus reglas relativas a la contratación de personal? Por lo que he visto, me parece que tienen a muchos agentes muy jóvenes que no se han puesto a prueba, mucha gente que quiere y no puede, gente sospechosa con un chip en el hombro. ¿Qué están haciendo para contrarrestar esa mentalidad?

—Crecimos muy rápido como agencia —dijo el jefe, reconociendo una falta de supervisión estricta y concediendo que algunos de los agentes recién contratados habían sido inadecuados o agresivos o les había faltado entrenamiento. Pero seguían aprendiendo, añadió—: Ahora elegimos mejor entre los postulantes; a muchos los rechazamos.

—Pero siguen destruyendo campamentos humanitarios y rajando botellas de agua. Algunos de ustedes son prácticamente unos adolescentes.

—Sí, está previsto que se alisten jóvenes de dieciocho años —concedió el jefe.

Eso me recordó a los preparatorianos grandotes y fanfarrones que había visto en las aceras de Arizona, riéndose aparatosamente y dándose empujones o tocándoles el claxon a jovencitas de menos de veinte años en el Sonic Drive-In. Ninguno de los activistas se acercaba a esa edad ni mucho menos. Era fácil imaginar a un muchacho o muchacha de dieciocho o diecinueve años con una Glock y un arma de electrochoque, con su uniforme verde de la Border Patrol y un sombrero Stetson (ese adolescente armado representando al gobierno federal) encontrándose con un activista rebelde o a un migrante encogido de miedo. El enfrentamiento resultante no iba a ser un acuerdo armonioso.

Los ancianos tribales expresaron la misma preocupación: patrullajes agresivos, vehículos de la Border Patrol desobedeciendo las leyes tribales al manejar en territorio de la reserva. Una de las complejidades legales y culturales de este sector era que los veinticinco mil tohono o'odham vivían a ambos lados de la frontera, la mayoría en los Estados Unidos y los demás en el Desierto de Sonora.

—El principal problema es la desconfianza en el gobierno estadounidense y en la Border Patrol —dijo uno de los ancianos, un hombre delgado de camisa roja con una trenza de brillante pelo negro azabache descendiéndole por la espalda—. En la nación hay un miedo enorme a la Border Patrol. Los miembros de la tribu ven los autos en nuestras calles… y esos autos no tienen derecho a estar ahí.

—Le pediré a alguien que investigue eso —aseguró el jefe—. Por eso estoy aquí, vine a escucharlos.

—Esta tierra es nuestra tierra sagrada —protestó el hombre—. ¿Qué van a hacer para restablecer la confianza?

—Estoy aquí para propiciar esa confianza —insistió el jefe.

El hombre, sin embargo, se quedó de pie, inclinado hacia adelante. Levantó la mano y esperó a que hubiera silencio antes de decir, con severa autoridad:

—¡No somos el enemigo!

—Permítame decir algo —continuó el jefe con voz apagada—: tienen que entender que nosotros no hacemos las reglas y leyes. Nuestro trabajo es hacerlas cumplir.

Eso provocó una furiosa protesta en un joven que estaba en las bancas de atrás; se puso de pie y dijo en voz alta:

—Dice que no hacen las reglas y leyes, ¡pero cada jefe de la Border Patrol que llega ha cambiado las leyes y ha hecho nuevas reglas! ¡Han sido arbitrarias y abusivas, como destruir las botellas de agua y arrestarnos por darles medicinas a los migrantes!

—Yo voy a seguir los protocolos establecidos —respondió impasible el jefe—; no haré nuevas reglas.

Se puso de pie un hombre maduro de saco y corbata. Dijo ser maestro en una escuela de Tucson, que a menudo supervisaba a estudiantes que hacían excursiones en el sector, y que cuando iban en camionetas y camiones siempre tenían que sufrir largos interrogatorios en los controles de la Border Patrol.

—Son mis estudiantes, no son infractores, y sin embargo los eligen para someterlos a intimidaciones —añadió el hombre—.

Quiero saber qué están haciendo para eliminar el perfilado racial. Está teniendo un enorme impacto negativo en mis estudiantes.

Cuando el jefe dijo que también eso lo investigaría y agregó que ya estaba por poner fin a la reunión, una mujer menuda de mediana edad se levantó y dijo:

—Antes de que termine esta sesión quiero recordarle que su sindicato respaldó a Donald Trump para presidente y que la Border Patrol Foundation le dio un premio a Steve Bannon.

Esa afirmación tenía una historia oscura y enredada. Bannon, asesor de la campaña presidencial de Trump, había recibido el premio de periodismo valiente que otorga la Fundación Brian Terry en una cena que tuvo lugar en Tucson en 2017. Brian Terry había sido un agente de la Border Patrol asesinado en 2010 en el sector de Tucson. El rifle con el que lo mataron resultó ser una de las armas del operativo «Rápido y furioso».

Con ese operativo se permitió que más de dos mil armas de alto calibre (rifles de asalto y revólveres semiautomáticos) pasaran de los Estados Unidos a México para que en una operación encubierta pudiera seguirse el rastro de las armas y así dar con figuras criminales, a las que entonces se detendría. Con «Rápido y furioso», la Agencia de Alcohol, Tabaco, Armas de Fuego y Explosivos (ATF) permitió, y de hecho alentó (porque no había el requisito de presentar documentos oficiales de identidad), que delincuentes mexicanos adquirieran armas de fuego en tiendas cercanas a la frontera (como Lone Wolf Trading Company en un centro comercial de Glendale, Arizona) y las metieran de contrabando a México.

El pensamiento retorcido detrás de esa idea era que al seguir el rastro de esas armas, la ATF identificaría a líderes de los cárteles y capos de la droga, y sería la perdición de esos villanos. La operación, iniciada durante la administración Obama, fue un fracaso: la agencia les perdió la pista a centenares de armas ilegales y al final no se procesó a ningún capo de la droga. Se recuperó un rifle de calibre .50 de «Rápido y furioso» que había caído en manos del Chapo y su banda, pero quedaron sin localizar treinta y cuatro de estas grandes armas, que son lo suficientemente poderosas para derribar un helicóptero. Más adelante se demostró que un rifle de asalto de la operación encubierta, un AK-47, sirvió para matar al agente Brian

Terry. Esto salió a la luz cuando un delator, un agente de la ATF llamado John Dodson, encontró la conexión entre la muerte de Terry y ese rifle específico, vendido por la Lone Wolf Trading Company a un delincuente mexicano con aprobación de la ATF.

El presidente Obama obstaculizó la investigación, apoyó a su Departamento de Justicia, rehusó hacer público ningún documento relacionado con el caso y defendió tenazmente a Eric Holder, su procurador general, que dijo no saber nada del asunto. Sin embargo, debido a fuertes presiones, se revelaron algunos documentos cruciales que demostraban que muchos subordinados de Holder en el Departamento de Justicia habían estado al tanto del operativo y que Holder (que al estar bajo el escrutinio del Senado se mostró combativo) había tratado de frustrar la investigación. El resultado del operativo fue que miles de armas estadounidenses acabaron en México y fueron ampliamente usadas en delitos cometidos en la frontera.

Como Bannon era el jefe de Breitbart News, que expuso todo el merequetengue (si bien se equivocó al presentar a Holder como alguien que tenía previo conocimiento de todo), se le concedió el premio periodístico.

—No tengo nada más que decir sobre esto —contestó el jefe de la Border Patrol y puso fin a la reunión.

Haber mencionado el escándalo mostraba cuán complicados podían ser los asuntos de la frontera y cómo la medida desesperada de tramar un golpe de esa naturaleza y permitir el contrabando de armas había terminado en caos, dolor, encubrimientos y muerte.

Mientras escuchaba y tomaba notas ensayé un breve discurso que empezaría así: «Criminalizar las campañas humanitarias en los Estados Unidos no es nada nuevo…».

De hecho representaba una tradición nacional. La Ley de Esclavos Fugitivos de 1850 (llamada también *Bloodhound Bill*, ley sabueso, por los perros que se empleaban para perseguir a la gente que huía de la esclavitud) penalizaba a los abolicionistas, por ejemplo en mi tierra natal, Medford, Massachusetts, y también a quienes tenían casas de seguridad en el Norte, a todo lo largo de la red conocida como el ferrocarril subterráneo. Los idealistas (Henry David Thoreau era uno entre muchos) corrían riesgos, y muchas veces eran detenidos por ayudar a la gente a huir de la esclavitud y la persecución a que estaban sometidos en el Sur; desobedecían al gobierno y daban refugio a esclavos fugitivos, los escondían de las autoridades y los ayudaban a liberarse. A cualquiera a quien se descubriera dando asilo o ayuda a un esclavo que se hubiera fugado le imponían una multa de mil dólares, que en aquellos tiempos era una cantidad excesiva (equivalente a treinta mil dólares de la actualidad). Con todo, los abolicionistas, en su humanismo y metidos de lleno en la tradición estadounidense del disentimiento justificado, se oponían a la cobarde filosofía política de «el gobierno sabe más» y fueron precursores de los activistas de No Más Muertes y de las ciudades e iglesias que daban refugio a los migrantes.

Pero no dije nada.

El camión psicotrópico

En vez de volar de regreso a la Ciudad de México para recoger el coche y seguir viajando por carretera, decidí mejor abordar un camión y dar algunos rodeos por Culiacán, Mazatlán y Puerto Vallarta, ciudades costeras que tenía ganas de conocer. Pensé también que al tomar el autobús, en compañía de mexicanos con poco dinero que no podían darse el lujo de volar en avión, podía vivir de manera distinta la experiencia de cruzar la frontera.

El económico autobús que salía de Phoenix («Tufesa Internacional: la experiencia más confortable de viajar») resultó ser un vehículo que alteraba el ánimo: un psicotrópico en un sentido amplio… y también en sentido estricto. El viaje me recordó que la mayoría de los episodios con drogas alucinógenas que se te suben rápidamente a la cabeza empiezan (al menos en mi experiencia) con un suave y prosaico jugueteo y alboroto. Primero encuentras un sofá o una hamaca («Con esto tengo»), te acomodas, te tragas el veneno y esperas unos minutos, sin hacer nada, a que se crispen los nervios y bullan los globos oculares.

Al principio no es más que una leve incomodidad, una náusea atorada en la garganta, y luego, en un estallido de fosfenos, luz cegadora en el interior de tu cabeza mientras el cuerpo se va licuando y reduciendo, hasta que finalmente viene la transformación cuando te arrastran por un río de lava, o quizá mermelada, con un coro de pitidos deformes, probablemente de gorriones dementes o de cardúmenes de peces de arrecife de coral… solo las sinapsis lo saben. Al principio viene la decapitación y te derrites, te desvaneces, y en un bienvenido amanecer renaces en forma de plasma hasta que reencarnas en un cuerpo húmedo que parpadea y se pregunta qué le acaba de pasar.

Así era el autobús, pero le tomó un tiempo. El viaje puede imitar ese episodio, y no por nada también a este le dicen *viaje*. Partiendo de un caluroso mediodía fenixiense, el camión se desplazó por el desierto de Arizona hasta el resplandor de Tucson y el escozor de arena en Tubac, donde unos saguaros me mostraron el dedo medio, otros eran como candelabros picudos y los más simétricos eran menorás monumentales. Al cabo de treinta kilómetros el vehículo disminuyó la velocidad para pasar por unas bandas rugosas en el borde de los Estados Unidos para atravesar una entrada en la alta valla oxidada y cruzar de la pequeña y tranquila Nogales, Arizona, a la grande y bulliciosa Nogales, Sonora, adonde ya había ido varias veces.

Hasta aquí, nada más que ir en camión en una tarde calurosa y ninguna formalidad en la frontera, salvo que cinco soldados rechonchos con casco y vestidos de negro que nos rebasaron por el pavimento roto y subieron al camión con rifles de asalto, levantaron pedazos de tapicería y apuntaron linternas entre las grietas. Las figuras de autoridad mexicanas son más malas y oscuras, mejor alimentadas y más musculosas que el mexicano promedio, van fuertemente armadas y no sonríen.

—¿Están buscando drogas? —le pregunté a Bonifacio, mi nuevo amigo.

—No, las drogas van en la otra dirección. Están buscando armas y dinero.

Éramos doce en el camión y yo era el gringo llamativo; todos los demás, retornados con todos sus documentos en orden pero pobres y ansiosos, soportando el peso del dilema mexicano, la familia extendida a ambos lados de la frontera, familia compuesta en el caso de Bonifacio:

—La esposa está allá, con unos hijos. No le gusta Arizona. Aquí hay otros hijos y también nietos.

Tenía problemas en los pulmones por los gases que respiraba en su trabajo de pintar carros con pistola pulverizadora en Phoenix. La vieja señora Cruz y su hija iban a visitar parientes. Miguel llevaba años sin ir a su Guadalajara natal (estaba a veintisiete horas en ese camión); él, como los demás, tenía intenciones de regresar, pero estaba silenciosamente vigilante (como siempre me parecía que lo estaban los mexicanos, un reflejo con algo de social y algo de cultural) en presencia de un destacamento de policías, como uno lo estaría en presencia de unos borrachos gritones o un puñado de locos. Tenían sometido incluso al hombre de mediana edad con cara de niño gángster que iba a bajarse en Los Mochis.

En Nogales, Sonora, se estaba sirviendo comida callejera: desde Arizona, a través de los intersticios verticales de la valla de hierro, alcanzaba a percibirse el olor de la grasa caliente y su picor de chiles: una mujer con un atado de tamales, un hombre con una charola de bebidas, un vendedor de helados, niños pregonando dulces. Estábamos apenas a cincuenta metros de los Estados Unidos y la economía súbitamente se había vuelto improvisada, efecto que se intensificaba por la acentuada conciencia de la gente pobre y hambrienta. También había vendedores de periódicos, todos estos con titulares que mencionaban a Trump.

—¿Tiene café? —pedí.

—¡Se lo consigo!

Bien vestido (corbata, saco, boina), el vendedor ambulante se metió corriendo entre el tráfico con mi dinero, para salir unos minutos después con un vaso de poliestireno en una mano, mientras con la otra hábilmente organizaba mi cambio, del que conservó una parte y me recordó que la palabra española para esa gratificación es *propina*.

El camión aceleró al sur rumbo a Hermosillo, fuera del viejo corazón de Nogales, a través de la zona industrial (más de cien fábricas de computadoras, ropa, electrodomésticos, productos electrónicos y artículos de plástico y hule para transportarlos en tráiler al otro lado de la valla), y finalmente las colinas verdes, boscosas, cubiertas de hierba. Si se hacía caso omiso de los sufrimientos cotidianos, los edificios de departamentos y las casuchas maltrechas de los casi cuarenta mil obreros, el paisaje era indistinguible del de Arizona, incluso la emblemática escena de un cuervo picoteando el picadillo rojo en el caparazón hecho trizas de un armadillo atropellado.

Pero esa frontera es engañosa por dar la impresión de gente pobre apretujándose contra la valla y con casas irregulares en las madrigueras de las tupidas colonias. Son los desafortunados, las masas apiñadas que anhelan respirar tranquilas mientras fabrican cubetas de plástico y cableados automotrices para el mercado gringo, pregonan tamales a los pasajeros de los camiones que pasan y, como en tantas otras ciudades fronterizas mexicanas, ofrecen odontología con descuento.

Al contemplar el caos, la miseria y la esperanza que son palpables desde la valla, es difícil imaginar qué bellezas naturales yacen al otro lado; a veinte minutos desde la valla es campo abierto: la grandeza del interior de Sonora, los pueblos de Ímuris y Santa Ana, los mezquites salpicando las colinas, los barrancos de penacho verde y las montañas oscuras a la distancia, la sierra al este, los secos lechos de los ríos en el crepúsculo, sus sombras imitando el fluir del agua.

En la creciente oscuridad, al acercarnos a Hermosillo, los pasajeros, hundidos en su desierto ancestral, se tranquilizaron y adquirieron más confianza; se suavizaron, en un sentido, por estar de regreso en México, amables los unos con los otros, aunque al lidiar con mis preguntas se mostraban un poco parlanchines y divagaban.

—Trump está loco, muy loco —dijo Miguel—. Odia a los mexicanos, odia a los inmigrantes, dice cosas malas de los chinos… ¡y los chinos son inteligentes! Lo único que le importa es el dinero.

Eso fue en el puesto de sándwiches de la terminal de autobuses de Hermosillo, en la Plaza Girasol. Y fue entonces cuando vi el gran medallón de la señora Cruz, del tamaño de un dólar de plata, y la manera como lo acariciaba con el pulgar, como si estuviera venerando a san Cristóbal, patrono de los viajeros. Sin embargo, aquí se trataba del santo de los narcos que había visto en el santuario de la Santa Muerte en la Ciudad de México.

—Es Jesús Malverde —dijo, y levantó el medallón para mostrarme la imagen del bandido sentado en un sillón rodeado de pistolas, rifles y hojas de marihuana de un lado, y un pentagrama arcano del otro.

Qué diferente de cuando manejé entre mariposas rumbo a Reynosa. Pero la naturaleza alucinógena del viaje en camión no hizo efecto hasta después del anochecer, en la carretera recta del desierto, al oír los gemidos del motor y los lentos cambios de velocidad, un ruido que sonaba a lamentos. Y luego las visiones descendieron como una calentura, con el camión acelerando precipitadamente hacia la costa en la carretera vacía (en México pocos conductores se arriesgan a manejar de noche en carretera) con el destello plateado de los arbustos y las piedras, luna llena sobre el campo llano. Dormité por espacio de algunas horas, pero me desperté gracias a una de las tantas sacudidas del camión y me dejé seducir por el embate de las celestiales visiones de las colinas iluminadas por la luna, y los rebotes y volantazos nuevamente me arrullaron como droga efervescente. Tras diez horas de viaje, de noche en la carretera, sin otros vehículos que se arriesgaran en esa oscuridad desértica, era como si estuviéramos en una autopista en el espacio, dejando atrás masas amorfas de estrellas. Pero, en algunos interludios de vigilia, no percibía más que vapores de gasolina, humedad y, como en todos los camiones que recorren grandes distancias, olor a comida descompuesta y a pies.

Las luces de las gasolineras eran místicas, parecían cometas que se cruzaban con nosotros, pero melancólicas y ordinarias cuando nos parábamos diez minutos en una para descansar. En Ciudad Obregón, por ejemplo, un hombre con un trapeador y un plato de papel con tortillas calientes, gente bostezando y tomando lentamente un café. Y luego, de vuelta a la carretera y a una nueva realidad sinestésica, figuras fantasmales y estallidos de luz abarrotando las ventanillas del vehículo en marcha. Muchos de estos destellos tenían la misma apariencia de hueso blanqueado que el perdurable y venerado emblema mexicano que es el cráneo sonriente de la Santa Muerte.

No podía permanecer despierto, pero cuando me quedaba dormido me sacaban de ese estado los golpes en las llantas o las luces brillantes del interior; resplandeciendo en medio de la nada, me dejaban viendo estrellas y me acometían las náuseas de impotencia y la frustración de los súbitos chispazos de entendimiento que, así como llegaban, se iban. Y en un camión como ese, abriéndose paso por la oscuridad del desierto a esa velocidad, siempre das por sentado que vas a chocar.

En Los Mochis, tras otros ciento cincuenta kilómetros de destellos y carretera vacía, no había nadie despierto, nadie abordó el camión, y el paisaje alucinógeno empezó de nuevo: el camión se sacudía con el agarre combinado del viento en contra y la succión aerodinámica, la luz a chorros. Me dormí, me desperté y me volví a dormir, de repente me acordé de la señora Cruz diciéndome en una de las gasolineras:

—A veces detienen los camiones. Ponen barricadas y asaltan a todos los pasajeros.

—¿Quiénes lo hacen? ¿Los cárteles?

—No los cárteles —respondió en tono que sonaba ofendido— sino los otros: ratas, ladrones, cucarachas.

Pero como el vampirismo de la psicodelia, la naturaleza alucinógena del viaje en camión empezó a desvanecerse con la luna menguante y el brillo acuoso del amanecer, y cuando el sol, como cuchillo de cristal, penetró en el interior del camión, estaba completamente despierto, pero un poco aletargado por la cruda de una larga noche de sueños interrumpidos.

Ahora estábamos cruzando el río en Culiacán; en la aurora, el esmaltado caudal se veía color negro verdoso. La ciudad tenía fama de ser guarida de narcos, conocida por la violencia de los cárteles. Caminando dificultosamente, la señora Cruz y su hija me pasaron; la mujer seguía sobando su medallón de Jesús Malverde.

Con luz de día en la carretera se asentaba la banalidad del mundo racional, sus señalamientos, sus faroles. Aunque no veía el océano, era evidente que al oeste, más allá de la planicie, yacía el mar bajo el cielo y el aire limpio… Es de mañana en Mazatlán.

Mañanas en Mazatlán

Domingo por la mañana en Mazatlán. No hay tráfico: solo algunas personas corriendo o paseando al perro en el deteriorado camino costero en el centro histórico, la parte vieja de la ciudad;

aún es muy temprano para que la gente salga a trabajar. Me dieron la bienvenida en La Siesta, mi hotel frente al mar (cuarto con vista al mar: cincuenta y tres dólares). En la fachada, una placa que conmemora la visita de Jack Kerouac a la ciudad, a este mismísimo sitio de hecho («En memoria a su estancia en estas playas»), con una larga cita.

«La única gente que me interesa es la que está loca, la gente que está loca por vivir, loca por hablar, loca por salvarse», empezaba, y cualquiera que haya leído *En el camino* la reconocerá fácilmente como la declaración de objetivos del hombre que inspiró a mi generación a ponerse en marcha. El final del libro, rara vez citado, era una reflexión más sobria: «Nadie sabe lo que le va a pasar a nadie excepto que todos seguirán desamparados y haciéndose viejos», condición que Kerouac nunca conocería, ya que murió en Florida a los cuarenta y siete años.

Igual que yo, Kerouac había venido a Mazatlán desde Arizona en camión y por la misma ruta, aunque en 1951 seguramente era un viaje más lento. No se quedó en Mazatlán: el mismo día partió a la Ciudad de México para reunirse con William Burroughs. Yo me quedé ahí para tener tres días de ociosidad pura, disfrutando el sórdido encanto de la vieja ciudad y alegrándome al ver a las familias en el paseo marítimo y los niños, los amantes, los borrachos, los paseantes. En este extremo de la ciudad, en la playa Olas Altas, había un enclave en el que los mismos mazatlecos, o vecinos de sitios cercanos, eran turistas.

—Vienen de las colonias, algunos de lejos, por la brisa de aquí —me dijo una mujer para explicarme la presencia de unos campesinos sentados en el malecón.

Hay dos Mazatlanes. Uno es el centro histórico, con su mercado, sus iglesias y el Teatro Ángela Peralta (construido en 1874 para presentar óperas, peleas de box, películas y obras de teatro, restaurado en 1992 como recinto para músicos, dramaturgos y bailarines locales), sus viejas plazas y pequeños bistrós, hospitalario con los locales. El otro, más ostentoso, el de la Zona Dorada, a diez kilómetros por la playa, en el extremo de la ciudad, con sus hoteles de categoría y sus centros vacacionales, es rechazado por los lugareños por ser destino de gringos adinerados y lugar donde se lava dinero de la droga, como me dijo un hombre con una risita desdeñosa.

En México es raro conocer a alguien que no tenga algún vínculo familiar con los Estados Unidos. Muchos mexicanos a los que conocí (trabajando en hoteles, restaurantes o tiendas, manejando taxis) habían tenido empleos en los Estados Unidos para después ser echados del país. La historia más común es que tuvieron que ir a México para atender una emergencia familiar y después ya no pudieron volver.

Liliana había logrado pasar al otro lado y durante un año fue mucama en un hotel de Colorado; luego trabajó un segundo año en un restaurante. Me contó que le pagaban bien, y recordaba las generosas propinas que le dejaban los comensales.

—Vine a mi casa porque mi madre se estaba muriendo —dijo—. Ahora no puedo regresar —se quedó unos momentos pensativa y mientras reflexionaba fue como si los años le cayeran encima—. Si tuviera cinco mil dólares podría conseguir una visa o pagarle a la mafia para que me ayudara a cruzar, pero nunca voy a tener tanto dinero.

Haciendo camas de tiempo completo en un buen hotel de Mazatlán, Liliana ganaba setecientos pesos a la semana, alrededor de treinta y cinco dólares. Su esposo la había dejado, sus hijos ya estaban grandes. Estaba resignada a una vida de trabajo mal pagado y así irla llevando.

Su mención de la mafia dio lugar a mi siguiente pregunta.

—Aquí hay cuatro —dijo, y encogiéndose de hombros agregó—: ellos no me molestan.

—Pelean entre sí —me había dicho Miguel en el camión— y con la policía.

Como Mazatlán es un puerto marítimo importante y con mucho movimiento, los cárteles están en pugna por controlar el puerto, que, como es bien sabido, es fundamental para mover las drogas para el norte. Apenas unos meses antes, trece toneladas de cocaína escondidas en barriles de salsa picante, que iban a desembarcar en Mazatlán, fueron interceptadas más abajo, en Manzanillo.

Un hombre más ofendido repitió un frecuente reclamo:

219

—Si ustedes no quisieran drogas en su país, nosotros no tendríamos cárteles en el nuestro.

Pero eso es cierto solo en parte. Los cárteles están ahora más metidos que nunca en el tráfico de seres humanos, porque, aunque no es igual de redituable, las penas por el contrabando de personas son mucho menores que por el contrabando de drogas.

Yo solía ser blanco de la consabida provocación mexicana «Sí, nosotros tenemos al Chapo Guzmán, ¡pero ustedes tuvieron a Al Capone!».

Todo esto suena a pleito, pero lo cierto es que los días que pasé en Mazatlán fueron tranquilos, dedicados a pasear por el malecón (veinte kilómetros de paseo marítimo), probar los restaurantes, nadar en las tardes calurosas y por la noche sonreírles a los frenéticos bailarines en los antros frente al mar.

«El profundo atractivo de lo sórdido» es la expresión que usaba Graham Greene para ciertos lugares (algunos de ellos los encontró en África Occidental) y resultaba convincente y reconfortante en el viejo Mazatlán, un abandono atemporal, un sentido de vitalidad en la decadencia, un argumento contra el lujo, los hoteles boutique y los incómodos meseros de frac. El placer de relajarse en un sofá raído.

Para mí eso era lo mejor de México: comidas asequibles pero deliciosas, hoteles baratos pero cómodos y gente amigable que, por amabilidad, rara vez se quejaba con los fuereños de sus horribles circunstancias: malos salarios, pandillas criminales, un país sin un buen sistema de salud o de pensiones, policía deshonesta, soldados crueles y un gobierno indiferente a las dificultades de la mayoría de los ciudadanos. Descubrí que, en esas circunstancias, la gente a la que conocí superaba las situaciones infernales siendo obstinados y malvados también ellos, o bien, en la mayoría de los casos, siendo amables y con un ánimo resignado, sabiendo que si expresas las objeciones pueden hacerte daño o asesinarte.

El Mercado Municipal de Mazatlán, un edificio art nouveau, a diez minutos caminando de mi hotel, estaba lleno de gente que se arremolinaba en torno a los pescados, la carne con moscas revoloteándole encima, fruta, ropa, electrodomésticos, zapatos, parafernalia religiosa, y los souvenirs y baratijas kitsch que los mexicanos llaman *chácharas*. Aunque abarrotado, en ocasiones demasiado, el mercado era una escena de cortesía, señas amigables, regateos animados, sin ninguna confrontación.

Fue ahí, en un puesto que vendía chácharas, íconos, crucifijos y cráneos de cerámica, donde vi aquel rostro bigotón familiar en una estatuilla de yeso de treinta centímetros de alto. El delgado hombre, dignificado con la camisa blanca, la corbatita y las botas vaqueras, era inconfundiblemente Jesús Malverde. Este ídolo tenía el rostro ascético de un santo, pero en la mano derecha sostenía bolsas de dinero y la izquierda estaba posada sobre unos fajos de billetes. Sentado en un sillón que parece trono, de telón de fondo una gran hoja de marihuana con sus siete foliolos aserrados, y otra hoja a sus pies. Un laico sagrado, desconcertante por su presencia imponente y su rareza. Era la imagen del hombre sentado que había visto en la Ciudad de México y en el medallón de la señora Cruz.

—Hábleme de él por favor.

La sonriente marchanta, Minerva de acuerdo con la etiqueta en su delantal, confirmó lo que me había dicho la señora Cruz:

—¿Sabe que este es Jesús Malverde?

—Sí.

Minerva me dijo que Malverde era un hombre que vivió en Sinaloa y me dio a entender que en Culiacán (donde la señora Cruz había bajado del camión) tenían una capilla en su honor; que era venerado y le ofrendaban chucherías doradas y dinero, y que en muchos aspectos la adoración a Malverde era todo un culto, tan poderoso como el culto a la Santa Muerte.

—Malverde es importante, pero solo en Culiacán, y Sinaloa en general —me dijo—. En ningún otro sitio les importa. Sus estatuas están aquí, pero en otros mercados no.

Casi todas las estatuillas medían quince o veinte centímetros de alto, pero había algunas enormes: imágenes de sesenta centímetros del hombre flaco de camisa blanca, corbata negra, pantalones negros y botas vaqueras, el fino rostro ascético indicando una santa abnegación. Pero ¿qué decir de las hojas de marihuana y los fajos de dinero?

—La gente lo venera y le pide protección.

—¿Qué gente?

—Los marihuaneros —respondió Minerva—. También la gente pobre le reza.

Este breve asomo al arcano sistema de creencias de México me fascinó, así que, cuando tuve tiempo, averigüé más. Una de las personas que han estudiado a Jesús Malverde y escrito sobre él es el periodista Sam Quinones, que en su libro *Historias verdaderas del otro México* cuenta que a Malverde se lo conoce como el bandido generoso y el ángel de los pobres; que los peregrinos dejaban ofrendas y placas en su capilla de Culiacán, una gran construcción junto a las vías del tren; que ese Robin Hood había vivido en tiempos del dictador Porfirio Díaz (1877-1911); que soldados del gobierno le habían dado caza y finalmente lo colgaron de un mezquite el 3 de mayo de 1909, que ahora era un día de celebraciones para los malverdistas. Quinones es convincente al afirmar que probablemente Malverde era una figura mítica, que a lo mejor nunca existió, que puede ser una fusión de dos bandidos prominentes o quizá una invención que no surgió de nada en especial, excepto una sensación de agravio y un anhelo de protección.

A falta de hechos, la creencia gana fuerza. Malverde es más poderoso por ser leyenda pura sacada de la hagiografía de una tradición oral. La prueba es que algunos devotos de la capilla de Malverde han presenciado milagros: el regreso de vacas perdidas, la cura de una pierna gangrenada. El hecho de que Malverde nunca haya existido, o que sea una versión exagerada o santificada de alguien que quizá sí vivió, o que esté rodeado de una aureola de tonterías y especulación que producen lágrimas, declaraciones de fe y milagros verificados, le otorga un rotundo parecido con casi todos los otros santos.

El mal gobierno también tiene algo que ver. Escribe Quinones: «Sinaloa es uno de esos lugares de México donde la justicia no es ciega y no siempre los que están fuera de la ley son los malos». En cuanto a la desaprobación oficial de Malverde: «Tener al gobierno de enemigo puede mejorar una reputación». Sobre todo si el gobierno hace tan poco para ocuparse de la corrupción, la inefectividad de las instituciones públicas, la pobreza generalizada, la desigualdad de los ingresos, el subdesarrollo y una policía y un ejército que matan impunemente.

Cuando el gobierno no está de tu lado, buscas en otra parte el consuelo y cultivas una creencia en la Santa Muerte, en el santo de los narcos, en (citando a Poe) lo grotesco y lo arabesco.

En una silla playera sobre la arena, entre bañistas y familias, me sentí como Aschenbach, y me burlé de mí mismo con esa imagen por varios días mientras me ponía al día en mis notas. Pero una tarde, mientras el anochecer descendía como un velo, me senté en la Plaza de la República a que Manuel (un hombre más bien joven con un hijo pequeño) me boleara los zapatos por un dólar y me comentó:

—Vivo muy lejos de aquí. Todos los días vengo en camión.

La gente pasaba, un poco enlentecida por el calor y el pavimento roto, parejas tomándose de la mano, un hombre arrastrando a un perro renuente, una mujer empujando una carriola, un borracho que se tambaleaba cerca de nosotros hasta que Manuel le hizo señas para que se fuera, niños vestidos con uniforme escolar acarreando mochilas, un sacerdote congratulándose y sermoneando a una anciana, el vendedor de flores, el señor de los helados, el hombre que vendía globos y juguetes inflados, todos circulando por la plaza mientras Manuel me hablaba de su hijito y sus tribulaciones, su esposa enferma, su renta injusta, su largo camino al trabajo, el precio de la comida, el gobierno ineficaz… el final de otra mañana calurosa en Mazatlán.

Y la tristeza, la melancolía del viajero voyeurista, se apoderó de mí y pensé: «Esto es lo que pasa cuando te quedas demasiado tiempo en un mismo lugar. Empiezas a entender cuán atrapada se siente la gente, cuán desesperada y ninguneada, porque para ellos todo seguirá igual mientras tú, el viajero, simplemente te largarás de ahí.

Tepic: gente que les huye a los evangelistas

Al día siguiente partí rumbo a la ciudad de Tepic, en el interior. Un día precioso, bajando por la costa en camión, mientras alguien más maneja; un paseo por los campos de tomate, las hileras de árboles en las huertas de aguacate, los maizales y las hortalizas, miles y miles, todas simétricas y de tamaño considerable. Hasta los cementerios estaban ordenados, mausoleos tallados como casitas habitables. Solo las chozas y casuchas humanas de los asentamientos por donde pasábamos eran sórdidas y ruinosas; en ellas vivían trabajadores agrícolas que ganaban una miseria. Todo esto a cincuenta kilómetros de Mazatlán, cerca de la ciudad de El Rosario.

Era relajante adentrarse en ese gran paisaje de montañas pechugonas: las colinas verdes enmarañadas con árboles no muy altos, demasiado abruptas para el arado o la siembra, salvo en las laderas ocultas donde, según me aseguraban, se cultivan marihuana y amapola, lo que hace de El Rosario un sitio más famoso por sus cultivos de drogas que por sus frutas y verduras y, por consiguiente, frecuentado por los cárteles y en una suerte de litigio aquí en Nayarit entre el Cártel de Sinaloa y el Jalisco Nueva Generación.

Pasando el plano costero cenagoso rondado por garzas, el camino ascendía hacia las montañas de Tepic. Ese era mi destino. La ciudad fue fundada hace casi quinientos años pero no se nota: su antigüedad fue sepultada por deshuesaderos y talleres automotrices, que son la reacción mexicana a una mala economía y bajos salarios: ingeniárselas, arreglar y remendar son la respuesta a los problemas mecánicos. Nadie tiene dinero, así que la gente conserva sus carros por décadas; también los zapateros y los sastres están ocupados, como los herreros, soldadores y fabricantes de ladrillos. Los mexicanos todavía saben reparar las cosas: los talleres de hojalatería y pintura de Tijuana arreglan los carros abollados de California.

En el resplandor de las primeras horas de la tarde, el resto de Tepic, ciudad entre montañas, consistía en unas cuantas calles comerciales concurridas, y las colonias más cercanas, con casitas agrietadas y calientes por el sol, y pequeñas viviendas con cercas bajas desperdigadas en una ladera, algunas en angostos senderos adoquinados. Una universidad encalada y amurallada era el orgullo de la ciudad, igual que otro rasgo dominante, un vestigio del pasado: la catedral del siglo XVII con campanarios góticos, cuyo cerramiento y afilada parte superior le daban la apariencia de un par de erguidos cohetes óseos. Un lugar poco acogedor en general, de los que hacen pensar «Mejor vámonos».

Pero había pasado toda la mañana en el camión y me daba gusto descender en un sitio con altitud de novecientos metros sobre el nivel del mar. El aire era notablemente más fresco que el del húmedo Mazatlán, y yo estaba ahí por una razón: visitar el asentamiento de indígenas huicholes más cercano. En Mazatlán me dijeron que no me costaría trabajo encontrarlos: «Los verás. Los reconocerás por sus ropas sorprendentes».

En esa soleada tarde fui caminando por la avenida principal, Insurgentes, a un restaurante que me habían recomendado, El Farallón, que servía buenísimos mariscos y pescado zarandeado, que se asa en una zaranda (literalmente una coladera, pero en México la usan de parrilla). Descubrí, como en la frontera, que por deprimente que parezca una ciudad o pueblo mexicano, casi siempre tiene un buen lugar donde comer y vale la pena parar ahí e ir en busca de él. A falta de cualquier otra comodidad, padeciendo mala vivienda, calles violentas, mal gobierno y policías malvados, los mexicanos defienden su comida y se enorgullecen de sus diferencias regionales. A menudo se definen a sí mismos y a sus ciudades por la singularidad de su comida.

Pagué la cuenta y salí a la calle al mismo tiempo que otro hombre que acababa de comer y voluptuosamente se hurgaba los dientes con un palillo. Lo saludé, platicamos un ratito (las cortesías de rigor) y luego le pregunté cómo podía encontrar indígenas huicholes en Tepic.

—Están en todas partes —dijo el hombre extendiendo los brazos teatralmente.

—Me gustaría ir a una aldea huichola.

—Eso podría ser un problema.

—¿Está lejos?

—Hay dos o tres aldeas, y sí están lejos, pero el tema es que no quieren visitas. Antes había *tours*, pero desconfían de los extraños —sonrió sacándose el palillo de dientes—. Tienen una regla que prohíbe a los misioneros visitarlos —dijo riendo—: ¡no quieren verlos!

—¿Y por qué?

—Son misioneros cristianos, evangélicos, gringos muchos de ellos, que cantan y bailan. Querían convertirlos, pero los huicholes tienen otras ideas y otros dioses —hizo un gesto con el palillo de dientes, manejándolo como si fuera una lanza—. ¡Evangélicos!

—¿Hay un centro de cultura huichol?

—Sí, en Jalisco: San Andrés Cohamiata —dijo—. No lo encontrará, está lejos, en las montañas. Ni siquiera creo que haya carretera para allá.

—¿Entonces cómo viajan los huicholes? —pregunté.

—No viajan lejos, pero cuando lo hacen usan los senderos. Caminan.

Me deseó que me fuera bien y se alejó a pie, con el palillo entre los dientes. Poco después vi a dos mujeres en una calle lateral caminando hacia mí; eran inconfundiblemente huicholas, con brillantes faldas azules de gitana que se hinchaban con el viento, chales amarillos, blusas bordadas y pañoletas rojas en la cabeza. Caminaban con la confianza rayana en fanfarronería con que la gente, cuando lleva vestimenta tradicional, deja sentada su diferencia.

—Hola —dije, pero no se detuvieron, así que corrí tras ellas e intenté trabar conversación.

A eso siguió una epifanía: había encontrado a dos personas oriundas de México cuya comprensión del español era tan rudimentaria como la mía.

—¿Huicholas?

—Sí.

—¿Viven cerca de aquí?

—No.

—¿Dónde está su aldea?

Una de las mujeres señaló con la mano:

—Allá. Lejos.

—¿San Andrés?

—No. Otro lugar. Lugar chico.

—Quiero visitar su aldea.

—¡No! —contestaron riendo.

—Para verlas haciendo cosas —eran famosos los bordados de los huicholes, su costura, sus sombreros de paja de ala ancha decorados, y sobre todo su intrincado trabajo con la chaquira: pequeños abalorios que meten en la superficie de figuras de cera.

En su negativa se pusieron a hablar en su propia lengua. Ese encuentro les resultaba ridículo, el gringo que de repente llega a molestar en la calle soleada a media tarde. Me dijeron adiós con la mano, pero me sentí alentado a seguir buscando. Caminé una hora más, pero ya no vi huicholes. A lo mejor, como dijo el hombre, estaban huyendo de los gringos evangelistas. Y con toda razón.

Así que subí a otro autobús y me fui de ahí.

Puerto Vallarta

El camión pasó por cañaverales (la caña es el cultivo industrial más desaliñado sobre la faz de la tierra: tallos despeinados tirados por doquier) y por grupos de personas cosechando piñas (con blusas acolchadas y guantes para protegerse de las espinas) rumbo a las montañas de laderas empinadas, cultivos de mango y, finalmente, el descenso al pueblo de Compostela. Su iglesia era casi tan impresionante como la de Tepic; es un tributo a la resistencia indígena el hecho de que, a pesar del proselitismo y la arquitectura eclesiástica, los huicholes siguieran venerando a los venados y rezándole al águila y postrándose ante el jaguar, indiferentes a la especulación de un gringo que dice: «En la adolescencia del año / vino Cristo el tigre».

Más abajo yacían los palmares y platanares de la llanura costera, adornando la linda localidad turística de Sayulita, y a la distancia la enorme bahía (según los mexicanos es la más grande del Pacífico) bordeada de montañas, la gran concha costera que contiene a Puerto Vallarta. Tuve una vista panorámica de todo ese paisaje, y más adelante supe que el centro histórico de Puerto Vallarta estaba en medio de la bahía; los hoteles de lujo en el extremo superior, y en el extremo inferior de la bahía, la Zona Sur y luego Mismaloya, donde se filmó *La noche de la iguana*. Kilómetros de playa, malecón, paseo marítimo y kioscos. Había hileras de hoteles extravagantes y centros vacacionales vallados dueños de grandes franjas de playa y, en las calles secundarias, pequeñas posadas con balcones y ventiladores de techo.

De día, la Zona Romántica de Puerto Vallarta (con muchas tiendas y hotelitos en una cuadrícula de calles angostas) era visitada por paseantes y familias en busca de cerámica y souvenirs, y de noche se volvía zona de tolerancia para parranderos y mirones, multitudes de borrachos y prostitutas buscándose entre sí.

Encontré un hotel que era una ganga en la colonia Marina, un especial de cuatro días entre semana: por un precio modesto me ofrecían un cuarto y comida ilimitada. Sus huéspedes fueron una revelación. Una vez, veinte años atrás, para mi libro sobre el Mediterráneo, había pasado dos semanas en un crucero turco que hacía un recorrido por los puertos del Mediterráneo oriental. Encontré ese barco de chiripa: me topé con él en su atracadero en Estambul y se me antojó comprar un boleto. Descubrí que una manera de entender una cultura era pasar unas vacaciones largas en compañía de gente de una misma nacionalidad. Turcos en el desayuno, en todas las comidas, jugando cartas, haciendo excursiones a la playa, cantando a coro por la tarde. Yo era el único que no era turco. Me di cuenta de lo amables y corteses que eran unos con los otros; cuán cautelosos eran en puertos extranjeros; cómo los engañaban y maltrataban cuando estaban en Alejandría, Haifa y Rodas, cómo los agentes de migración les gritaban en inglés y los intimidaban, y cuán seguros se sentían en su barco turco, el *Akdeniz*.

El hotel en el Paseo de la Marina Sur estaba construido en torno a un montón de *lobbies* abiertos, húmedos y mohosos por la brisa caliente que llegaba del Pacífico. Más de la mitad de las habitaciones estaban desocupadas a pesar de la oferta vacacional. Todos los otros huéspedes eran mexicanos, muchos lunamieleros, muchas parejas de mediana edad, pero sobre todo familias: no solo mamá, papá e hijitos, sino la abuela y el abuelo, en ocasiones dos de cada. Viendo a estos cientos de mexicanos de clase media podía deducirse que se casaban jóvenes, incluían a sus progenitores en las vacaciones, tenían muchos hijos, tendían a ser fornidos y les gustaba la ropa suelta y holgada (en Disney World podía verse a sus homólogos). Con excepción de los niños pequeños (que se correteaban por el hotel dando de gritos y chocando con otros huéspedes, cosa que se les perdonaba por ser tan adorables), los mexicanos eran sumamente amables, corteses los unos con los otros, pacientes en las largas filas del bufet y sufridos en la alberca (pocos se arriesgaban a entrar al mar).

Vi que un paraíso mexicano, unas vacaciones mexicanas, son los bufés de come todo lo que puedas. No eran bebedores pero sí comilones. Y el hotel, que satisfacía esos apetitos, contaba con dos grandes restaurantes de bufé, uno en el edificio principal abajo del lobby y otro más cerca de la alberca. Las mesas siempre estaban llenas, con huéspedes caminando de un lado a otro, de la barra de mariscos al roast beef, de la mesa con tacos y pozole al puesto de pasta, de las charolas de ensalada a, finalmente, las repisas de postres temblorosos. Esos mexicanos les hacían competencia a los estadounidenses más glotones: tardes calurosas atragantándose en el bufé, yendo por una segunda o tercera porción, para luego buscar una tumbona donde dormir la mona y recuperarse del esfuerzo de atiborrarse de comida antes de regresar de nuevo a llenar sus platos de piernas de pollo, pescado ahogado en salsa blanca, rebanadas de pizza, costillitas y un florilegio de frijoles negros refritos. A mi ojo amateur nada de eso se parecía a la clase de comida que se encontraría en el restaurante mexicano de tu colonia, ni siquiera en el de *su* colonia. Parecía el epítome de la cocina gringa institucional, pero eso no importaba, porque las porciones eran abundantes y podías comer hasta saciarte.

Eso fue una revelación, pero desde luego que el hotel era perfecto también en otros sentidos. Los niños podían corretear, todos cabían en la alberca, los viejitos tenían donde sentarse o echarse una pestañita. Y si el hambre era el común denominador, la hora de la comida (o sea todo el día y buena parte de la noche) era una constante: el ritual de darse un atracón, el objetivo del larguirucho galán bigotón, el vendedor chaparro, la matrona de nalgas paradas y el chiquito hiperactivo. Unas vacaciones mexicanas clasemedieras significaban acceso ilimitado al bufé y un sitio donde los niños puedan jugar y los abuelos echarse un sueñito. Nadie usaba las canchas de tenis, nadie leía.

De tanto en tanto compartía mesa, normalmente con una pareja o familia, y platicábamos de generalidades, el clima, dónde vivían (muchos en la Ciudad de México), en qué trabajaban (maestros, electricistas, choferes, agentes de seguros, esteticistas). Nadie habló del presidente hasta que yo mencioné su nombre.

—Trump nos odia —comentó en el desayuno una mujer joven cargando a su bebita en el regazo.

—Dice que somos violadores y asesinos —observó un dentista que había estudiado en Texas.

—No nos conoce —me dijo un viejo sonriendo, comiendo sopa—. No quiere conocernos.

—¿Por qué van los mexicanos a los Estados Unidos? —me argumentó una mujer mientras su esposo escuchaba, creo que avergonzado de que ella se mostrara tan confiada con un extraño—. Van en busca de trabajo, y trabajan. Todo lo que piden es un empleo. Son buenos trabajadores. ¿Y cómo les pagan? Muy poco. Pero no se quejan. Y Donald Trump dice que somos malas personas.

—Y contrata a mexicanos en sus hoteles, lo oí en las noticias —terció su esposo.

Cuando los hombres estaban solos, sin esposas y sin hijos, en el bar o la alberca, y ya habíamos platicado un rato hasta alcanzar cierta compenetración, aullaban: «Está loco, ¡es un mentiroso! ¿Cómo puede ser presidente un hombre tan loco?».

En otra ocasión memorable, un hombre que declaró ser conductor dijo:

—¡Es un traidor! ¡Es Judas! —y esta palabra suena más cruel que en inglés cuando se pronuncia en español, con la *jota* fricativa.

Para alejarme de los tragones del hotel y la algarabía de Puerto Vallarta tomé un taxi (uno que había abordado también el día anterior) a los jardines botánicos en la orilla de la selva, en El Tuito. El chofer era Octavio, un hombre ya mayor, que comentó:

—Hoy es mi día libre. Le pedí a mi hijo que lo llevara pero me dijo que no, ¿sabe por qué? Porque no habla inglés. Le he dicho que lo aprenda, que así es como se consigue trabajo, pero no me hace caso.

—Pero hablo español perfectamente.

—Claro —asintió Octavio y, riendo, continuó en inglés—: Una de las razones por las que tengo tanto trabajo es que hablo inglés.

—¿Ha ido a los Estados Unidos?

—No, nunca. Me gustaría. ¿Usted cree que el señor Trump me lo permitiría?

—¿Qué piensa de él?

Y su respuesta prefirió darla en español:

—Es una rata.

Salimos de Puerto Vallarta en dirección sur por la costa. Hoteles en el acantilado, urbanizaciones cerradas, villas, bungalós, chalés y mansiones.

—Puros canadienses —dijo Octavio señalando un edificio alto y un complejo habitacional en un acantilado—. Gringos, gringos, gringos —señaló que los alemanes iban seguido, que algunos se jubilaban en México. También ingleses—. Y árabes —dijo, y después de todo esto—: Pero si un mexicano quiere ir a su país, ¡ja!

Estábamos en la carretera federal 200, que se extiende otros mil seiscientos kilómetros hasta la ciudad fronteriza de Tapachula, que colinda con Guatemala. Nos detuvimos unos momentos para que yo pudiera ver el letrero decadente y la ruina cercada del Hotel Noche de la Iguana, y luego seguimos tierra adentro, donde Octavio se puso muy nervioso en una curva del camino y desaceleró hasta parar el coche.

—No hay policías —dijo—, pero debería haberlos. Es un control. Necesito permiso para seguir.

Pero en esa oscura curva cerrada no había policías, solo árboles inclinándose sobre la carretera y un viejo muro de piedra, nada que indicara una frontera.

—Esto no es Jalisco, es otro estado. Voy a tener problemas a la hora de regresar. Me van a preguntar «¿Dónde está su permiso?».

—No veo a nadie, ¿y usted?

—A lo mejor ellos nos ven a nosotros.

Tras unos minutos muy inquieto, aferrándose al volante, bajó del carro, miró en derredor, llamó un par de veces, sacudió la cabeza, suspiró, volvió a encender el coche y siguió manejando.

—Quizá tengamos problemas —dijo.

Era la angustia perenne que sienten los mexicanos, enfrentados a la ambigua amenaza de la autoridad, por lo general de la policía o el ejército. Pero el camino sinuoso y las curvas peligrosas, camiones y tráileres que venían hacia nosotros, lo apartaron de esos pensamientos y treinta kilómetros después habíamos llegado a los jardines botánicos.

Los mejores jardines botánicos son los más viejos, con árboles majestuosos, como el de Kew, o el de Singapur, o el de Calcuta, con sus grandes arboledas de bambú, o el más antiguo de todos, el jardín de Kingstown, en la isla de San Vicente. Aquí el jardín era joven, plantado hacía poco tiempo, unos quince años o menos. Pero en realidad de lo que se trataba no era de ir al jardín sino de encontrar un pretexto para alejarme de la muchedumbre de tragones de mi hotel de Puerto Vallarta, y caminar con Octavio por los senderos de los jardines fue toda una revelación.

Empezó cuando, precipitándose a una planta, exclamó:

—¡Estas son sabrosas! Las flores con comestibles. También puedes hacerte un té con ellas, ¡son buenas para la sangre!

Pájaros, mariposas, el día soleado… Llegamos a una sección de cactus de distintas clases.

—Este es el nopal —dijo Octavio salivando un poco—. Esos extremos, los chiquitos, ¿los ves? Se comen y son ricos. Los rebanas y te los puedes comer de desayuno.

Una bifurcación en el camino. Descendimos por el sendero hasta un pequeño estanque espolvoreado de mosquitos bañados en oro.

—Mire esa hoja de lirio, ¡parece una tortilla! —y se inclinó para verla más de cerca—. Las raíces se comen, ¿sabía? —parecía tener hambre.

Su emoción creció al ver unos naranjos y limoneros cargados de frutas y una granada rosa en una rama espinosa. En eso vio un suave amasijo del tamaño de un puño colgando de una vid.

—Qué bonito. Me pregunto si se come.

Yo ansiaba estar solo. Le pagué a Octavio por haberme llevado y pasé el resto de la mañana a solas por los jardines, disfrutando la soledad y el bosque en derredor tanto como los jardines mismos. Luego subí hacia la carretera y tomé un camión muy lento, que hacía muchas paradas; pasamos por los centros turísticos, las urbanizaciones cerradas, la gente de vacaciones, y llegamos a mi hotel, donde siempre era la hora de la comida. El día en los jardines botánicos suscitó dos pensamientos: que ya era hora de irme de Puerto Vallarta rumbo a la Ciudad de México y que debía ser en un camión exprés.

Me fui en uno que viajaba toda la noche. De vuelta a Sayulita y a Compostela, y de ahí el autobús serpenteó entre las montañas hasta Guadalajara, donde se paró en una terminal demasiado iluminada. Ahí me comí una quesadilla. Luego emprendimos camino a Ocotlán y Atlacomulco. Hacia el sur, a Jilotepec de Molina Enríquez, y el camión finalmente arribó en la madrugada a la terminal Poniente.

Estaba cerca de la estación Observatorio del metro, así llamada por un observatorio que construyó la universidad nacional para mirar los astros; sin embargo, tiempo después de la instalación del telescopio, el aire contaminado y las luces de la Ciudad de México lo volvieron inservible.

Tomé el metro rumbo al Hotel La Casona. Rudi Roth dijo:

—Lamento que te vayas. Me gustaba desayunar contigo.

Mi carro estaba donde lo dejé, en el estacionamiento cerca del hotel. En el asiento trasero se encontraba un paquete voluminoso. Lo había dejado uno de mis estudiantes como regalo para mí: un grabado del célebre artista mexicano Sergio Hernández. Estaba enmarcado y llevaba una nota: «Por favor regrese, don Pablo».

Conmovido y un poco distraído por el dulce gesto, salí del estacionamiento, di vuelta en la esquina, avancé por una calle que normalmente estaba vacía, y en eso oí un fuerte grito y un silbato chillón.

Un policía agitó la mano frente a mí y me hizo orillarme.

—Está cometiendo una infracción —dijo.

—No entiendo.

—Como hoy es domingo, esta calle está cerrada a los automóviles. ¿No ve las bicicletas?

Era cierto: había ciclistas por doquier y nos pasaban en ambas direcciones. No había ningún letrero que dijera que la calle estaba cerrada a los carros. Por lo visto, ese paseo en bicicleta era una tradición dominical de la Ciudad de México.

—Podemos confiscar su auto por esa infracción.

—¿Cuánto? —pregunté. Me dijo su precio. Le di el dinero. Se suavizó, se volvió amable y me agradeció con un gesto.

—¿Por dónde voy a Texcoco? —pregunté—. Que no sea el Periférico.

Quería evitar esa circunvalación porque estaba patrullado por policías en motocicleta como el que antes me había extorsionado. No era la ruta directa a Puebla, pero a juzgar por mi mapa era la manera más rápida de salir de la Ciudad de México, y con menos policías.

—Derecho. Busque los letreros que llevan al aeropuerto —dijo el policía con una sonrisa amable mientras se guardaba mis dólares en el bolsillo de la chaqueta y le daba unas palmaditas orgullosas al pequeño bulto—. Siga yendo hacia el este. Buen viaje.

Tercera parte. *Oaxaca, el inframundo*

A Puebla

Salí de la ciudad cabizbajo, presa de una melancolía nostálgica, pensando en mis estudiantes y en la sorpresa del magnífico regalo que me habían dejado en el carro. Era el efecto de mi rodeo a la frontera, mi pequeña excursión a la costa, el fin del taller de escritura. Ya no estaba ocupado. La cura a la ociosidad era salir a carretera. No me entristecía irme de la Ciudad de México: se me alegra el corazón cada vez que dejo atrás una ciudad grande y paso por los suburbios y empiezan a vislumbrarse las verdes colinas a lo lejos… en realidad me entristecía dejar a los estudiantes, que ya no eran estudiantes sino amigos.

Mi destino era Puebla y había una ruta directa, al sureste de donde me habían extorsionado, pero eso me habría llevado por Nezahualcóyotl, la siniestra «Ciudad Neza», el municipio con mayor densidad de población de la Zona Metropolitana del Valle de México. Pero no solo era la más poblada sino la más violenta, un lugar de policías mucho más retorcidos que el que me acababa de sacar una mordida en una calle arbolada de la colonia Roma Sur. Neza era tristemente célebre por sus barrios pobres, su sórdido bajo mundo, sus pandillas, las drogas, el asesinato (en particular los feminicidios). Además, el tráfico lento al cruzar por sus colonias era otro obstáculo. Si hacía un rodeo iba a llegar al campo más rápido, y alejado de la policía.

Pronto estuve en Texcoco, manejando en el sentido de las agujas del reloj entre las laderas del Monte Tláloc, la «montaña fantasma» con un templo a Tláloc, el dios de la lluvia, del relámpago, de la fertilidad, en su cima a cuatro mil ciento veinte metros sobre el nivel del mar: uno de los sitios arqueológicos más elevados el mundo, más alto que Machu Picchu. Tláloc es parte de un trío de volcanes cercanos

el uno al otro, junto con Iztaccíhuatl («Mujer blanca») y el Popocatépetl («Cerro que humea»), ambos por encima de los cinco mil metros sobre el nivel del mar. El Popocatépetl todavía humeaba, todavía
hacía erupción, y la grandeza de este trío de laderas, faldas simétricas
y picos era patente incluso bajo el manto de unos bancos de nubes
cafés que el viento había empujado desde la Ciudad de México.

Un poco más al sur iba manejando por el viejo Camino Real,
que comunicaba a la gran capital con Puebla. Lo real estaba solo
en el nombre, pues en realidad era humilde: una carretera de ranchitos, tierras cultivadas y pueblitos que pasaba por Calpulalpan
(célebre por su feria anual, en la que, según alardeaba su oficina
turística, «la gente se deleita con las especialidades locales: gusanos
de maguey, pulque y tecolotes»). Esta región de campos arados
proporcionaba los alimentos para la gran ciudad. Sin desviarme
de ese camino recto me conecté con la autopista, pagué una cuota
y me encaminé a Puebla.

En un área de servicio cerca del pueblo de San Martín Texme-
lucan de Labastida me detuve a cargar gasolina. A esas alturas de
mi viaje por carretera ya me había acostumbrado a la rutina de breves paradas mexicanas, modelo de eficiencia y, en muchos aspectos, superior al equivalente en los Estados Unidos. Como México
ha abandonado los trenes de pasajeros y depende de los tráileres
para mover las mercancías a la frontera y más allá, así como de sus
flotas de autobuses de larga distancia, sus principales carreteras
tienen buen mantenimiento. Sus vías de salida siempre llevan al
polvoso pasado: al hombre arando un campo pedregoso con un
burro, a la mujer con un fardo en la cabeza, al niño arreando cabras, a los ranchitos, a los puestos de carne asada, a las iglesias de
quinientos años y a la tiendita que vende cerveza y papas fritas, con
un gato flaco dormido sobre los tamales.

En el camino principal, las bombas de gasolina en el área de
servicio son operadas por encargados de uniforme. Llegas en el
carro, dices «Lleno por favor» y el tipo llena el tanque, limpia las
ventanillas, se gana una propina y expresa su elaborado agradecimiento: «A su servicio, señor».

Siempre habrá una tienda Oxxo en el área de servicio; muchas
tienen el tamaño de un pequeño supermercado. Venden cerveza,

vino, camisetas, sombreros, chips, accesorios automotrices, fuegos artificiales, globos, amuletos, suministros de primeros auxilios, fruta, comida enlatada, juguetes de plástico, revistas y periódicos. Es probable que al lado haya un puesto de tacos o una franquicia de pollo asado como El Pollo Loco, donde atienden jóvenes bonitas con sombreros de papel. Los baños están custodiados por una mujer con delantal y rebozo. Te saludará y te recordará que tienes que insertar una moneda de cinco pesos en el torniquete; a lo mejor discretamente te pasa cuatro cuadritos de papel tieso y áspero en espera de una propina. Es posible que haya un vendedor sentado en una mesa cerca de las bombas de gasolina vendiendo sandías o vasijas de barro. En algunas de las áreas de servicio más espaciosas entre las grandes urbes puede haber un motel color café revestido de adobe de mentiritas, y algunas de las chicas cuentan con algún restaurante decente que ofrece comida local.

Tras el ritual de la gasolina me estacioné y compré dos tacos, una taza de café y un ejemplar de *El Universal*; me senté bajo el rayo del sol a leer el periódico y agradecer mi suerte. En una hora habría llegado a Puebla, y en tres o cuatro días (no tenía prisa) a Oaxaca. Pero en México a ningún momento soleado le falta su nube. En una plana interior del periódico, debajo de una foto que parecía un horripilante accidente automovilístico, leí una nota sobre un carro (el destrozado y todo manchado que aparecía en la foto) que habían encontrado en Veracruz con cinco cabezas humanas amarradas al toldo y los cuerpos decapitados en el interior. Había un narcomensaje rayado en la pintura para señalar que era obra de un cártel: el Jalisco Nueva Generación.

«Mandar un mensaje» era la explicación habitual, en este caso un mensaje inequívoco para establecer que con ese cártel nadie jugaba. En 2017 se registraron dos mil doscientos homicidios en el estado de Veracruz, relacionados con el narco en su mayoría.

De ahí a Puebla, cada zona llana del fértil paisaje era un campo cultivado (casi ningún árbol a la vista): parcelas de verduras de hoja, cebollas o coles, lechuga o tomates. En el norte me había acostumbrado a ver cactus e inhóspitas extensiones de desierto, caminos de grava llenos de baches, pero aquí en el sureño estado de Puebla la tierra era fértil, los campos verdes; la gente, encorvada, pasaba el azadón para cavar la tierra, en la icónica postura del campesino.

Al pasar por Cholula pensé en parar ahí y pasar la noche, pero el tráfico empezó a amontonarse a mi alrededor hasta que me vi expulsado de la autopista por carros tocando el claxon y, en un laberinto de calles angostas, yendo en la dirección equivocada. Supe que estaba perdido, o al menos lejos del centro de la ciudad, porque las calles estaban inclinadas y eran asimétricas. Las partes más viejas de una ciudad mexicana, trazadas y medidas por los españoles, siempre estaban dispuestas en una apretada cuadrícula de ángulos rectos.

Me salí del camino, consulté el mapa en mi teléfono y me orienté. Seguía, sin embargo, avanzando a paso de tortuga en el tráfico por colonias pobres, ni por asomo cerca del centro de Puebla, pasando por una zona residencial de casas cercadas, perros rastreros y vulcanizadoras.

Esa es la revelación del viaje por carretera. Alguien dice «Pasamos una semana en Puebla» y el nombre suena mágico: iglesias coloniales, casas con tejas rojas, el Zócalo flanqueado por cafés y arcadas, pollo bañado en mole poblano, música estridente, quizá bailes floclóricos (faldas girando, pies zapateando), puestos de boleros, globeros, lugareños de paseo, algunas mujeres vestidas al estilo de Frida Kahlo con el colorido traje típico de china poblana, con su blusa bordada y falda larga, quizá una diadema de borlas, un rebozo y un delantal con dibujos florales formados por lentejuelas. Todo eso es cierto, pero hay más.

Esta es la realidad. Puebla no es la compacta ciudad colonial que alguna vez fue. Ninguna ciudad mexicana de nombre romántico encaja en esa descripción. Deja tú que tenga más de quinientos años: Puebla es una metrópolis en crecimiento descontrolado con más de cuatro millones de habitantes, un Walmart, centros comerciales y fábricas, entre ellas una de las fábricas textiles más grandes de México. Tiene una planta de Volkswagen, otra que hace carros Hyundai y once zonas industriales, además de nueve talleres de cerámica de talavera, la manufactura que más fama da a Puebla.

En México no hay ciudad grande (por preciosa que sea su plaza, atmosférica su catedral, maravillosa su comida o ilustres sus escuelas) que en algún sentido no sea fundamentalmente lúgubre, con un par de grandes superficies, un Sam's Club y una zona industrial, una periferia de fealdad urbana que hace que se te caiga el alma al suelo. Porque así es en Mundo México, en la llanura de las serpientes, con ciudadanos a los que el gobierno pasa por alto, con trabajadores explotados y mal pagados, maestros menospreciados, y casi toda la población urbana vive en espacios pequeños. Pero la gente se las arregla con lo que tiene; en mi experiencia, los mexicanos podrán ser burlones y bromistas, pero no son unos haraganes quejosos.

En México, cuando un grupo oprimido quiere quejarse, no lo hace farfullando: lo lleva a las calles decidido, hace una manifestación en la plaza principal, acampa enfrente de una secretaría en desafiante vela, quema un camión, bloquea una carretera o, como los zapatistas en Chiapas, sale de la selva a caballo y declara una insurrección, tomando todo un estado y a la larga dirigiéndolo tan bien que el gobierno (por vergüenza, indiferencia o confusión) les da la espalda a los rebeldes, hace como si no existieran y les deja crear un mejor modo de vida.

Me abrí paso entre las colonias periféricas de Puebla hasta llegar a las calles numeradas y las manzanas cuadradas, siguiendo los letreros que apuntaban al centro histórico. Al pasar por un hotel algo viejo pero sólido, de fachada de ladrillo decorada con cerámica de talavera, en una esquina, junto a una iglesia (el Hotel San José), me estacioné y entré corriendo. Sí, tenían muchas habitaciones disponibles, a cincuenta dólares la noche, y se podía ir caminando al Zócalo y los museos. Se convirtió en mi hogar por cuatro noches.

Después de mucho tiempo manejando y una larga caminata, paseé un poco por el Zócalo, donde había un grupo de klezmer tocando. ¿Klezmer? Sí. Violines, guitarras, un tambor, una trompeta, un trombón. Dos músicos tenían barba y llevaban chalecos y fedora negros. Ninguno era judío, según me dijeron más adelante: simplemente les encantaba el sonido. Habían visto videos de música klezmer en internet y decidieron aprender a tocar sus trémolos estrangulados y sollozantes, los bajos flatulentos de sus metales, sus síncopas búlgaras y sus mazurcas polacas, para cautivar a los mexicanos que abarrotaban los arcos para escucharla. Un niño se animó a ejecutar un tropezado baile a los pies del violinista, que se destrozaba el corazón con los ojos cerrados.

Al día siguiente fui al Zócalo en busca de las famosas pinturas del siglo XVII conservadas en la catedral y me distrajo una escena que remontaba a la Conquista española: un obispo alto, con sotana blanca, mitra centelleante y báculo de oro: un gigante caminando en medio de una congregación de gente mucho más pequeña y oscura. Lo atendía un sacerdote con vestimenta púrpura que llevaba un cubo y un aspersorio de plata (la varilla con una esfera en el extremo), con el que iba salpicando agua bendita a los rostros vueltos hacia arriba de los fieles y provocando piadosas sonrisas de gratitud a los humedecidos por el ritual.

Las pinturas, oscurecidas por el hollín, eran severas; el Altar de los Reyes (de España), estridente y con capas de pintura encima, contenía las imágenes esculpidas de los reyes, mecenas de la iglesia residentes en nichos. Pero destacaban dos objetos. Uno era un ataúd de vidrio que adentro tenía un modelo tamaño natural de Cristo desnudo tendido en decúbito dorsal, con sus torturados ojos viendo hacia el cielo, cubierto de sangre y con unas profundas y espectaculares laceraciones. Esto no era antiguo, pero sí lo suficientemente sangriento para resultar alarmante.

Y en un altar lateral había una pintura que representaba al padre Miguel Pro, con los brazos extendidos como si estuviera crucificado, recibiendo las descargas de un pelotón de fusilamiento. También esa imagen estaba tiznada, pero entonces me acordé de que había leído el nombre del padre Pro en un texto de Graham Greene. En 1938 lo recordó con cariño como el sacerdote que había regresado de estudiar en Europa para servir a los fieles en 1926, cuando se estaban imponiendo rigurosamente las leyes anticlericales. El padre Pro, que celebraba misas en secreto, en desacato del gobierno, fue detenido en 1927 por la acusación falsa de haber intentado matar a un general (Obregón, a quien tiempo después asesinó un militante católico por su anticlericalismo). Lejos de sofocar la rebelión cristera, la ejecución del padre Pro (la escena de la pintura) les dio un mártir a los cristeros. Y la atmósfera de persecución le proporcionó a Graham Greene una trama: políticos

242

impíos, soldados brutales, campesinos temerosos de Dios, iglesias sitiadas y sacerdotes administrando los sacramentos en rituales encubiertos.

Lo que Greene no menciona es que las iglesias volvieron a abrirse en 1929, salvo en los dos estados renuentes por donde él estaba viajando, y que los rebeldes cristeros eran militantes y estaban rudimentariamente armados pero eran católicos apasionados dispuestos a matar por su fe: un ejército formidable gritando «¡Viva Cristo Rey!» y a la caza de infieles. Aunque en los estados de Tabasco y Chiapas se vandalizaban las iglesias, a México lo gobernaba Lázaro Cárdenas, un hombre al que Greene despreciaba un poco y a quien muchos mexicanos consideran el presidente más progresista que hayan tenido. Cárdenas fue un pacificador: mientras revocaba las leyes antieclesiásticas, en unos estados intentaba aplacar a los cristeros y en otros estados a los perseguidores de los católicos, al tiempo que rechazaba a los petrócratas extranjeros y expropiaba el petróleo

Puebla fue un paréntesis en mi viaje por carretera al sur, una parada turística de cuatro días. La deliciosa comida poblana fue combustible de mis caminatas: mole poblano (pollo bañado en una espesa salsa un poco picante, con chiles, chocolate y toda clase de especias), memelas (tortitas de masa de maíz con queso y tomate encima), molotes (empanadas rellenas fritas), chalupas (salsa y carne deshebrada sobre una tortilla). Comidas abundantes, panecillos rellenos, salsas pegajosas y comida callejera.

Soy alguien que va a los museos cuando no tiene nada mejor que hacer. Evito escribir sobre las colecciones, porque un visitante debería entrar a un museo ajeno a lo que va a venir, para que se le permita hacer descubrimientos y no le estén dando lata sobre las obras específicas que tendría que ver. Los museos de la Ciudad de México me han dado lecciones de humildad, sobre todo los tesoros del Museo Nacional de Antropología: las cabezas gigantes olmecas, el cráneo con atentos ojos enjoyados y recubierto de mosaicos de turquesa, la reproducción del penacho de Moctezuma y las centelleantes máscaras mortuorias, artículos obtenidos de ruinas y tumbas de todo México.

En el Museo Amparo de Puebla no había tesoros equiparables a esos. Albergaban su pequeña colección dos edificios de piedra en una calle secundaria. Con todo, encontré ahí algo extraordinario, un artista mexicano obsesionado con los elementos grotescos del México moderno. Entre las pinturas coloniales y las antiguas esculturas de piedra había un artista del que nunca había oído hablar y que me pareció alguien genuinamente original. Se trataba de Yoshua Okón, quien se describía como artista del performance. Joven (nació en 1970) y muy viajado, hacía videos además de instalaciones y esculturas. Una de las esculturas del Museo Amparo era un objeto resplandeciente en vaciado de bronce y cromado, una cosa de singular belleza que parecía trono. Y en cierto modo lo era, como lo consignaba su ficha: *El Excusado*. Era una tolva [*hopper*] extraordinaria, tan fascinante como un Edward Hopper, de encantadoras proporciones, hecha con la forma del Museo Soumaya, «un emblema del imperio de las telecomunicaciones de Carlos Slim», y pretendía ser una burla tanto de ese museo de Slim en la Ciudad de México como de su riqueza; lograba ambos cometidos con devastadora mofa mexicana.

Atravesaba esa sala la instalación de Okón titulada *HCl*, largo circuito simétrico de tubos de acrílico, cada uno como de quince centímetros de diámetro que subían y bajaban por las paredes de dos salas, una atractiva obra maestra industrial que representaba la austera geometría de las cañerías. También esto era, a primera vista, una cosa maravillosa, por la manera como los llamativos tubos rodeaban la sala. Esta tubería se agitaba vívidamente con un líquido gris pardusco que circulaba sin cesar, y todo funcionaba gracias a un artilugio que bombeaba y engullía, de factura tan impresionante como el modelo a escala del museo de arte de Carlos Slim, que también era un retrete «lujoso y funcional».

El título, *HCl*, «deriva de la fórmula del ácido clorhídrico», decía la ficha, y explicaba que este ácido «actúa como auxiliar en la digestión humana». Y de pronto te enfrentas con un detalle inesperado: los tubos transparentes estaban llenos de vómito humano, «donados por pacientes anónimos de una clínica de bulimia». Estás admirando el arte, la forma, cuando de repente te dicen lo que representa, y entonces miras con horror y repugnancia.

«Okón satiriza las mitologías proyectadas engendradas por el incesante consumo de la cultura contemporánea —continuaba la cédula museográfica— y el sacrificio de la salud y el bienestar por las imágenes de apariencia corporal emitidas por las corporaciones».

Había visto los ángeles y santos en las grandes pinturas oscuras de Villalpando y Cabrera en la catedral de la Ciudad de México, los murales de Rivera y Orozco en paredes de edificios públicos, los autorretratos de Frida Kahlo en corsés de yeso sobre una pata de madera en su Casa Azul de Coyoacán. Y ahora los tubos de Okón llenos de vómito. Como Rivera y los otros y el artista oaxaqueño Francisco Toledo, la obra de Okón es muy elogiada por la crítica y se exhibe en museos de todo el mundo.

Parecía que la rareza de la vida en México, la desigualdad pero también la vitalidad, estimulaba a esos artistas y suscitaba la respuesta apropiada. Esos rasgos mexicanos sin duda eran un estímulo para Francisco Toledo en Oaxaca. Cuando se supo que McDonald's iba a abrir una sucursal en su ciudad, Toledo amenazó con montar un performance y presentarse en cueros enfrente del lugar para ofrecerles tamales a todos los oaxaqueños que lo acompañaran en su indignación.

Los videos de Okón eran tan extraños y horribles, y tan esencialmente mexicanos, como sus instalaciones escultóricas. Él, que comparte el rencor de Toledo por la intrusión de McDonald's, en 2014 hizo *Freedom Fries: naturaleza muerta*, un bucle de video de un inmenso y grumoso hombre obeso acostado desnudo sobre una mesa de estos restaurantes de hamburguesas. Las ideas del artista sobre la migración están palmadas en una videoinstalación titulada *Oracle: municipio fronterizo en Arizona*. Seleccionando a varios menores que han cruzado la frontera de los Estados Unidos sin la compañía de un adulto, Okón filmó a un coro de niños guatemaltecos en Oracle cantando, con la melodía del himno de la Marina de los Estados Unidos, una canción que narra una historia de las agresiones estadounidenses, empezando con la invasión de México en el siglo XIX («De los palacios de Moctezuma...»). «En esta versión —explica la descripción de la galería— los niños cantan sobre la invasión de su propia tierra, empezando con un golpe de

Estado apoyado por la CIA en 1954, con hincapié en la complicidad de la CIA con la United Fruit Company».

Otro video en el Museo Amparo era *Bocanegra: una caminata en el parque*, secuencia filmada en la Ciudad de México que muestra a simpatizantes nazis y aficionados a las recreaciones de acontecimientos históricos con uniformes nazis reales marchando, dando discursos, saludando y bebiendo cerveza. Los gritos y *Sieg Heils* del video alcanzaban a oírse en las galerías vecinas.

El público de estas piezas eran todos mexicanos, o esa impresión me dio (en Puebla no parecía haber turistas extranjeros) y me quedé para observar sus reacciones: la sonrisa al ver el escusado de Carlos Slim y el horror al ver todo lo demás. Llamé la atención de un guardia del museo, un hombre de mediana edad con los pulgares enganchados a su cinturón. Señaló con la cabeza la tubería de vómito y me guiñó el ojo, como si fuéramos cómplices en la sátira.

También el arte mexicano era un mundo, tan antiguo como las monumentales cabezas olmecas en la primera gran civilización del continente, y tan moderno como la tolva de bronce y los escandalosos videos que buscan satirizar al México contemporáneo.

Al salir de la exposición de Okón acomodé mi paso al de una tranquila pareja de cierta edad.

—¿Qué les pareció? —pregunté.

—Ese hombre tiene sentido de humor —contestó el hombre, y su esposa asintió con la cabeza en aprobación.

El arte como rebeldía, como protesta, era una pasión mexicana, y ese día en Puebla la protesta era un tema. Cientos de trabajadores sanitarios (médicos y enfermeras) se habían arremolinado en la plaza principal de la ciudad para quejarse. Hablé con una mujer en uniforme de enfermera que denunciaba que miles de esos trabajadores no habían recibido su pago, los habían despedido o les habían negado sus bonos. También eso era como un performance, pues los manifestantes llevaban puestos sus uniformes de hospital: vestidos blancos, batas blancas, los médicos con cartulinas además de estetoscopios.

Gritos y agitación. Los integrantes del sindicato médico aullaban por los megáfonos. Había visto protestas parecidas en otras partes: San Luis Potosí, Puerto Vallarta y la Ciudad de México. Parecía un eterno ritual urbano, el teatro de la lucha representado en la tierra de la bancarrota, el descontento y el fracaso gubernamental, para hacer que México parezca un mundo de promesas rotas, una tierra de la cual salir huyendo.

Cholula

Otro día me convertí en turista dado a matar el tiempo y tomé el camión a Cholula, famosa por su pirámide. Hubo un tiempo en que Cholula y Puebla eran ciudades distintas con su propia comida, música, santoral, celebraciones e iglesias. Ahora, con la expansión, Cholula es un suburbio de Puebla, a seis kilómetros y medio, pasando las concesionarias automotrices, los restaurantes y las tiendas de departamentos.

Lo que originalmente era una pirámide de piedra cortada y escalonada es ahora poco más que una empinada colina cubierta de pasto, pero alguna vez fue la pirámide más alta de México, conocida como Tlachihualtépetl («cerro hecho a mano»). Sus antiguos vestigios se encuentran adentro, un laberinto de túneles en la base: oscuros corredores de techo bajo que unen cámaras y escaleras y llevan a grutas húmedas y nichos vacíos. Aunque mi aversión a las cuevas y los espacios estrechos equivale prácticamente a una asfixiante pesadilla de (quizá) miedo uterino, compré un boleto y entré.

Ya que estuve adentro tuve que avanzar a rastras, agachándome por todo el complejo de túneles, sometiéndome a media hora de angustia, impaciente por que aquello terminara, y lo único que aprendí fue que las entrañas de esa pirámide eran largas (se habían excavado ocho kilómetros). Sentí un alivio tan grande al salir de esa cosa que alegremente ascendí a la iglesia del siglo XVI que le construyeron encima, con jadeos tan aparatosos que un hombre se rio de mi dificultad.

—¡Pero vale la pena! —me dijo.

Y sí, porque, de pie en los escalones de Nuestra Señora de los Remedios, miré al norte y vi a lo lejos la silueta del Popocatépetl:

en palabras de Malcolm Lowry, «empenachado de nieve color esmeralda y bañado de luz», que en la caída de la tarde se veía tan sencillo y severo como el monte Fuji, cual montaña piramidal dibujada por un niño pequeño.

Como muchas de las iglesias más antiguas e históricas de México, Nuestra Señora de los Remedios se construyó para desplazar un templo dedicado a una poderosa deidad, quitarle a la gente sus viejas creencias e insertar unas nuevas. «En su cima los españoles encontraron un templo dedicado a Quetzalcóatl, que, con su característica prontitud, derribaron para erigir en su lugar un templo cristiano», escribió en 1887 Thomas Janvier en su guía sobre los atractivos turísticos de México *The Mexican Guide* (otro de sus libros es una extraña pero poco conocida novela de desorientación, *In the Sargasso Sea*, [En el mar de los Sargazos]).

Como Cholula también destaca por sus iglesias churriguerescas, hice un recorrido para visitarlas, guía turística en mano, para admirar las taraceas de mosaicos de talavera y los muros con incrustaciones de oro, los santos torturados y las sangrientas crucifixiones. Pero eso no fue sino un paréntesis, una manera de abrir el apetito para otra comida en Puebla y estirar las piernas antes de sentarme frente al volante y viajar al sur.

Más rodeos: bloqueo de carretera, carretera libre, aventón, Yanhuitlán

La carretera de Puebla a Oaxaca empieza cerca del Walmart, corta camino por las zonas industriales y las colonias pobres (con niños en la calle y perros hambrientos), pasa por tienditas y talleres, se extiende por tierras de labranza y hortalizas, y luego se eleva y se monta en la distancia, deja atrás todo rastro de humanidad y continúa hacia la ciudad de Tehuacán y las alturas del pasado rocoso; no hay una sola persona a la vista, las cumbres de estas montañas sin nombre se ven escaldadas, pelonas y terroríficas en su silícea desolación.

Seguí manejando satisfecho por la estrecha carretera, con casi nada de tráfico, salvo por el esporádico camión azul de larga

248

distancia o un tráiler dando resoplidos bajo su carga de vigas de acero, grandes vehículos a lenta velocidad a los que es exasperante rebasar en las curvas apretadas. El camino serpenteaba por uno de los paisajes montañosos más espectaculares que haya yo visto jamás: pasaba por declives de crestas escarpadas, los mil seiscientos metros de altura de la sierra de Zapotitlán, y si se ascendía por sus faldas, los empinados precipicios y las laderas rocosas de la sierra Mixteca, no había ciudades, pocos pueblos, acaso una figura solitaria recargada en la ladera aquí y allá, muchas cabras; el resto es una inhóspita y hermosa extensión de anodino aislamiento. Estaba siguiendo la ruta del río Calapa, que forma parte de la frontera entre los estados de Puebla y Oaxaca, región de excepcional belleza, con los altos costados de los valles bronceados y sus partes más hondas oscurecidas en la sombra de un río que se escurre hacia el sur. Al este, más ríos y afluentes confluyen en el mucho más ancho Papaloapan («río de las mariposas»), que desemboca en el golfo de México.

Pasé valles largos y estrechos, colinas y laderas erosionadas, campos magros en los que había caído tanta lluvia que el agua arrasó con la superficie. En los sinuosos cañones que los mexicanos llaman barrancas, la vegetación que se pega en sus paredes (yucas, pitayos dulces y tenaces nopales repletos de púas) tenía una apariencia extrañamente metálica. Al este se encontraba la Reserva de la Biósfera Tehuacán-Cuicatlán, bosques de niebla en las mayores elevaciones y, en algunas laderas inferiores, altos cactus columnares en laberínticas hileras verdes.

No tenía ninguna prisa; estaba disfrutando de la luz, el cielo, los precipicios, la configuración de las crestas de las montañas, las laderas vertiginosas, sin senderos, que parecían imposibles de escalar: y si estas cumbres tenían nombres, ni en mi mapa ni en nada que pudiera encontrar los mencionaban.

Al descender entre valles de arcilla grisácea y peñascos color marfil, llegué a una gasolinera y vi que la población más cercana era Tepelmeme (cuatrocientos diecinueve habitantes), en la golpeada región mixteca, que produce muchos migrantes a la Ciudad de México, a las fábricas en la frontera con los Estados Unidos y más allá. Pero todo lo que vi fueron las infértiles laderas de la sierra y las ráfagas de viento cargado de polvo de arcilla, como fantasmas apresurados y decadentes.

Había avanzado como doscientos cincuenta kilómetros y en cuanto vi una cafetería entré por algo de comer. En el sitio no había ningún cliente, y eso que era mediodía, pero tres robustas mujeres mixtecas me animaron a que pidiera algo. Pedí un «queso fonda» (un plato de queso derretido con tortillas) y un café. Ahí anoté mis impresiones sobre mi paso por las montañas, que tanto me había emocionado.

—Soy de Tépel —me dijo una de las mujeres en respuesta a mi pregunta.

—¿Y qué cosas pasan ahí?

—Somos campesinos. Tenemos cabras, cultivamos nuestros alimentos.

—Y está la iglesia —dijo otra mujer—. Es antigua y muy bonita.

—¿Y van a Oaxaca?

—Sí, señor. Por las fiestas, y a comprar cosas.

—¿Hay camión?

—Sí, aunque es caro —señaló la mujer: el equivalente en pesos a cinco dólares. En un estado con el ingreso per capita más bajo de México (tres mil cuatrocientos pesos), cinco dólares eran aproximadamente la mitad de un día de salario, y para esta mujer probablemente mucho más.

Dejé propina suficiente para que cada una de ellas pudiera comprar un boleto de camión, y cuando se los expliqué se rieron y dijeron que cuando volviera debía visitar su pueblo.

Con ánimo alegre proseguí mi camino rumbo al sur y apenas quince kilómetros adelante, donde empezaba un largo valle, vi una fila de carros sin moverse y tuve que pararme. Serpenteando a lo largo del piso del valle y elevándose por sus laderas, hasta su punto más alto en una quebrada, un kilómetro y medio o más de un camino angosto que se volvía visible por los grandes autos, camiones y tráileres: una sólida y sinuosa víbora de tráfico yaciendo en la tierra, definiendo sus curvas.

Después de horas de no ver prácticamente ningún vehículo, este increíble embotellamiento. Ya había visto tráfico detenido en

México, pero nunca en un camino tan estrecho. Todos los conductores y pasajeros estaban ahí tirados en el borde, haciendo día de campo, tomando cerveza, algunos quejándose en voz alta, otros caminando agitados, con las piernas entumidas, amenazando con el puño y gritando con rugidos inútiles a algún villano invisible.

Dos choferes de camión bigotones, uniformados con gorra de plato y chaqueta corta abrochada, platicaban cerca de mí.

—¿Qué pasó? —les pregunté—. ¿Hubo un accidente?

—Es un bloqueo.

—¿Allá adelante?

—No, más lejos, quizá en la caseta.

—¿Dónde está la caseta?

—Ha de ser la de San Cristóbal.

Vi mi mapa y encontré el cruce de San Cristóbal Suchixtlahuaca (doscientos habitantes) como a quince kilómetros de ahí. Eso significaba quince kilómetros de tráfico atascado.

—¿Y quiénes hicieron el bloqueo?

—Los maestros —contestó uno de los choferes.

—Siempre son los maestros —aseguró el otro.

Suspiré, refunfuñé, pateé la grava del acotamiento y me di una palmada en la cabeza. Al notar mi frustración, el primer chofer dijo:

—No tiene que quedarse aquí; puede tomar aquel camino.

Estaba señalando, pero yo no veía ningún camino, solo la ladera pedregosa al otro lado de la barrera de seguridad y la vegetación: nopales y árboles chaparros, torcidos y pelones.

El hombre me llevó a la barrera y, señalando lo que parecía un arroyo, una zanja erosionada que terminaba en la montaña, dijo:

—Eso es un camino. Puede tomarlo. Vaya para allá. Mi camión es demasiado grande, pero su coche sí puede.

Me tomó de los hombros y me giró el cuerpo, tal como un maestro dirige a un niño pequeño.

—¿Ve a esos hombres? Vaya por allá.

Cincuenta metros adelante había un grupo de hombres con gruesos abrigos andrajosos sentados en la barrera metálica, junto a un resquebrajamiento que dejaba un espacio que se veía lo bastante ancho para que mi carro cupiera por ahí.

—¡Pase! —dijo el chofer de camión dándole un golpecito a mi carro—, ¡qué suerte tiene!

—¿Y luego qué?

—¡Siga avanzando! —Agitó la mano, y los hombres de la barrera se levantaron al oírlo.

Di una vuelta en U y manejé hacia la apertura de la barrera y el grupo de hombres. Al pasar, un hombre me hizo un gesto para que bajara la ventanilla.

—Treinta pesos —dijo. Muy astuto. Eso equivalía a un dólar con cincuenta centavos. Se los di y los otros hombres se rieron de su iniciativa, o su descaro, o quizá de mi aquiescencia gringa.

Avancé por esa ladera llena de surcos junto a la carretera, y en la cima de la montaña me adentré en una jungla de árboles muertos. Pasándola no había más que un sendero con baches. Por supuesto, temía que si el carro se me descomponía ahí, la suerte se acabaría. En mi mapa no venía indicado ningún pueblo, solo la caseta en el cruce de San Cristóbal Suchixtlahuaca, a quince kilómetros. Eso en una carretera no es nada, pero en un camino de tierra (con los ejes golpeando los surcos, piedras rebotando en el chasis) es una gran distancia.

Manejé, pues, muy despacio, con cierta ansiedad, sí, pero también un poco aliviado y contento pensando que estaba sorteando el embotellamiento causado por el bloqueo. A la izquierda podía ver una hondonada y en su fondo el lecho de un río que en esa tarde nublada con polvo en el viento adquiría un tono de obsidiana. Después de veinte minutos de baches y grava llegué a un camino en mejores condiciones. No estaba pavimentado y sus surcos parecían estar llenos de arena para gatos, pero había señalizaciones para San Miguel Tequixtepec, comunidad que se alcanzaba a ver desde ahí: unas cuantas casitas chaparras color arcilla desperdigadas, una iglesia con dos campanarios, una cúpula roja y a lo lejos unos cerros suavizados por la vegetación.

Pensé aliviado que si tenía algún problema podría encontrar ayuda en el pueblo y seguí adelante sintiéndome más seguro; me animó aún más llegar a un camino de superficie más dura y otra señalización: San Juan Bautista Coixtlahuaca a la izquierda, San Cristóbal a la derecha. Giré a la derecha, hacia San Cristóbal, pensando que si allá estaba la caseta bloqueada, cuando se levantara el bloqueo yo sería uno de los primeros en la fila.

Kilómetro y medio más adelante me topé con el bloqueo. Había una aglomeración de hombres y mujeres; unos yendo de aquí para allá, muchos otros sentados. Habían puesto vallas de contención para impedir que pasaran los carros, y como cincuenta automóviles estaban estacionados en el borde del camino. Aquello podía pasar por una venta de garage, con cachivaches y gente platicando amigablemente, algunos viendo el teléfono, otros jugando con los niños. Por sus posturas, la manera como se sentaban en los bordillos y se apoyaban en las vallas, por el aire de indolencia, cansancio y conversación apacible, por el poco movimiento, percibí que nada estaba próximo a suceder. Era un grupo relajado, no había ninguna señal de confrontación. La caseta se había desmantelado, se habían arrastrado algunas ramas a la carretera, restos de comidas desparramados (platos de papel, vasos de plástico, servilletas hechas bola, latas de refresco aplastadas), recordatorio de que en México las acciones políticas, como un bloqueo de carretera o una protesta, también son ocasión para socializar.

—¿Qué pasa? —le pregunté a un hombre recargado en su carro.

—Un bloqueo —respondió encogiéndose de hombros.

—¿Tienen idea de a qué hora terminará?

—Quizá pronto, quizá en unas horas.

—¿Qué están haciendo?

—Hablando —dijo, cosa que yo interpreté como que estaban negociando. En todo caso, suficiente alboroto y tráfico en la carretera principal estaban provocando para comunicar lo que querían. Como los trabajadores sanitarios que había visto en Puebla, los maestros tenían un pliego petitorio para el gobierno.

Volví a mi carro, saqué mi mapa de México y, desdoblándolo, me acerqué de nuevo al mismo hombre. Dibujé con la pluma un círculo alrededor de San Cristóbal.

—Estamos aquí, ¿verdad? —pregunté.

Puso el dedo en el círculo.

—Esta carretera —señaló pasando la yema por el mapa— está allá —apuntó hacia los carros parados en el acotamiento—. Puede ir hacia allá; es la carretera libre.

Se le decía *libre* a una carretera secundaria o rural, o una atestada de tráfico local.

—¿Esa me lleva a Oaxaca?

—Seguro —contestó, y enseguida ya no pareció tan seguro—... después de un tiempo.

Pensando que prefería dar un rodeo que me tomara varias horas en una mala carretera que estar sentado en el carro en medio de un embotellamiento, le di las gracias y me fui; pasé los coches estacionados, los niños, los maestros manifestándose, entre la hondonada de un verde valle camino a las montañas, que a lo lejos se veían más rocosas y más áridas.

La carretera estaba pavimentada pero llena de baches. En algunas partes los surcos tenían treinta centímetros de profundidad y eran muy anchos, algunos llenos de agua, y las cabras bebían en ellos. Pero estaba moviéndome, y eso era grandioso, y estaba en pleno campo, pasando por el pueblito de San Cristóbal, con sus casitas de tejado plano, sus corrales de madera, sus burros amarrados a árboles muertos. Derrapando entre las piedras sueltas, me acercaba a precipicios escuálidos que habían sufrido una espectacular erosión.

En las orillas del pueblo, tres mujeres jóvenes y bien vestidas, con abrigos largos de lana y sombreros de ala ancha, estaban sentadas debajo de un gran árbol de ramas gruesas. Se veían tensas y expectantes, como si estuvieran esperando que pasara el camión. Tenían los hombros envueltos en chales, porque estábamos en tierras altas, donde hacía frío, y el cielo se había oscurecido y a lo lejos las nubes presagiaban lluvia. Me paré a saludar. Tuvimos el encantador intercambio de palabras amables que en México se acostumbran entre extraños en un entorno rural. Luego pregunté:

—¿Quieren un aventón?

Y sí lo quisieron, y sonrieron aliviadas. Se recargaron en el carro.

—¿Adónde van?

—A Tejúpam —contestó una de ellas, pero el nombre no me decía nada y no lo encontraba en el mapa.

—¿Está lejos?

—Un poquito.

Les dije que yo quería llegar a Oaxaca.

—Le diremos por dónde ir.

—Vamos, pues —dije, y las tres se subieron al asiento trasero; ninguna quería arriesgarse a ir en el de copiloto con el gringo. Entre risitas, se desamarraron los chales y se removieron en el asiento hasta estar cómodas.

—¿Cómo se llaman?

Eran Shirley, Lucía y Vianey. Vianey tuvo que deletrear su nombre para que yo lo captara; no era común, me dijo, pero a sus padres les gustaba.

Ahora estábamos en esas montañas toscamente labradas con pedazos de rocas azuladas, pasando por una choza y un rebaño de cabras, en la campiña profunda de la Mixteca Alta de Oaxaca, la parte más pobre de México. La tierra no parecía cultivable, y hasta las cabras parecían tener dificultades para mordisquear las escasas matas de yerba desgreñada que crecían en las duras estrías del suelo arcilloso.

—¿Trabajan o van a la escuela?

—Somos estudiantes —dijo Shirley. Ella era la más receptiva—. Estamos estudiando Educación. Queremos ser maestras.

—¿Ayudaron con el bloqueo?

—Nada más estábamos observando —precisó Shirley.

—¿Con qué frecuencia hacen esos bloqueos?

—Casi todos los días. A veces bloquean el aeropuerto de Oaxaca.

—¿Quién los organiza?

—El sindicato —y a continuación me dio todos los detalles—: La sección veintidós del Sindicato Nacional de Trabajadores de la Educación.

Esa sección era famosa por una acción que había llevado a cabo un año antes en Asunción Nochixtlán, un pueblo al sur de donde estábamos, donde habían quemado camiones y tráileres para bloquear la carretera y habían pintado eslóganes en el paso elevado. Algunos manifestantes habían muerto en el enfrentamiento con la policía. Me había topado con nuevas historias sobre aquel episodio al leer sobre Oaxaca con antelación al viaje. En una nota que publicó el Instituto Estatal de Educación Pública de Oaxaca, leí:

«La crisis magisterial de Oaxaca no es un conflicto simplemente condenado a desaparecer: es una lucha de varias décadas que ahora se ha convertido en una revolución social».

—¿Qué quieren? ¿Más dinero?

—No nada más dinero; también atención médica y otras cosas.

—¿Y lo obtendrán?

—El gobierno quiere cerrar el sindicato.

Toda esa conversación ocurrió mientras el camino serpenteaba y subía entre el maltrecho paisaje pedregoso del desierto alto, laderas rajadas y espinos marchitos, todo cubierto de nubes bajas, cosa que aquí resultaba apropiada, pues el nombre de la región, la Mixteca, venía del náhuatl: *mixtlán* significa «lugar de las nubes». Abrí la ventanilla y el aire frío me punzó la cabeza.

—¡Hace frío!

Las jóvenes rieron y Shirley dijo:

—¿Podemos hacerte unas preguntas?

—Sí, claro.

¿Estaba casado? ¿Dónde vivía? ¿Tenía hijos? ¿Cuántos? ¿En qué trabajaba? ¿Cuánto había manejado?

Cuando les dije que venía desde la frontera con Reynosa comentaron haber oído que Tamaulipas era peligroso. Shirley y Vianey no habían ido más al norte que la Ciudad de México y Lucía no había pasado de Puebla. Querían ser maestras ahí, esperaban que en una escuela cercana a su casa en Tejúpam.

Más adelante ascendían unas nubes negras, arremolinándose más allá de la sierra, tan oscuras como humo de un pozo petrolero incendiándose: cumulonimbos altos y densos cerniéndose y amontonándose contra las montañas, tan negras como una nube puede llegar a serlo, y no tanto nubes como un abultado muro negro a punto de estallar.

Justo en el momento en que dije: «Parece que va a llover», las primeras gotas pesadas golpearon el parabrisas, y a continuación más salpicaduras, un relámpago y un trueno.

—Es un aguacero —dijo Shirley, y aprendí una nueva palabra. Como me explicó, ahí eran frecuentes esos súbitos chaparrones, y debíamos esperar una inundación. Tenía que gritar para que la oyéramos encima del repiqueteo de la lluvia.

De un momento a otro empezó a salir agua a chorros de los riscos junto al camino, y el camino mismo se estaba desbordando, toda la superficie levantándose en el torrente.

—¿Y así iban a irse a pie todo el camino hasta su pueblo?

—Si era necesario, sí. Caminamos todo el tiempo.

Pero el camino estaba en muy malas condiciones, no dejaba de llover y los truenos me hacían estremecerme, así que necesité de toda mi concentración para estabilizar el carro. Al otro lado de las empinadas pendientes la escorrentía giraba, engullendo raíces de árboles muertos, hasta que, al verterse en la carretera, refulgía. Allí donde había suelo, esta agua corría hecha lodo y cieno, represándose en tersas pilas que angostaban el camino.

—Es una avalancha de lodo —explicó Shirley.

—Sí, está muy lodoso —dijo Lucía.

Las curvas cerradas concentraban el flujo de agua. Pasé por el lecho de un arroyo lleno de cantos rodados mientras la lluvia aporreaba el carro.

—Una tormenta —dijo Shirley.

—Para mí una lección de español —comenté, y rieron.

En ese tramo, con más árboles y una espesa capa de suelo, había deslaves: arcilla rojiza tirada a un lado del camino, y en algunas partes rocas desprendidas que estrechaban aún más el paso: entre ellas y el borde del barranco no cabía más que un carro. Algunas de las rocas tenían orillas muy afiladas, como si un rayo las hubiera partido. Me pregunté si en algún momento una de estas rocas no podría chocar con mi carro, hacerle perder el equilibrio y mandarlo con todo y pasajeros al hondo barranco de la izquierda, o si toda la inestable carretera no podría romperse de lado y ceder a una espectacular avalancha de piedras y lodo, lanzar el carro al abismo y sepultarnos.

—Una tormenta eléctrica —añadió Lucía cuando unos rayos restallaron en las nubes e iluminaron brevemente las montañas antes de ennegrecerse otra vez.

Algunos jacales, como se llama a las rústicas casitas campesinas, construidos en las pendientes, se mecían con el viento mientras el agua corría a chorros en sus techos de lámina. Había ganado pastando en algunas de las terrazas más planas; su pelaje, empapado y oscuro. Los rayos agrandaban las reses y parecían electrificarlas y agarrotarles las patas; eran como descomunales juguetes mecánicos de hojalata.

—¿Y dónde está su pueblo? ¿Todavía lejos?

—Un poco.

Llevábamos un poco más de una hora manejando y la lluvia seguía azotándonos. No era un chaparrón, como había dicho Shirley, sino una tormenta que lentamente destruía la carretera debajo de nosotros y reducía la visibilidad a seis metros.

—¿Les gustaría ir a los Estados Unidos?

—Sí, a Los Ángeles —dijo Shirley—. No a vivir, sino de visita.

—¿Y qué tal Nueva York?

—También —dijo Lucía.

Mencionar esas grandes ciudades provocaba una sensación un tanto agridulce mientras manejaba bajo la lluvia y el camino descendía por otro valle, este más arbolado, y vi adelante la torre de una iglesia y un señalamiento y entramos a un camino pavimentado.

El señalamiento decía VILLA TEJÚPAM DE LA UNIÓN, y al acercarnos vi que la iglesia, que a lo lejos se veía preciosa, parecía hueca y ruinosa, pero Shirley me aseguró que era sólida y estaba bien cuidada; el alto muro agrietado era engañoso. Las casas del pueblo eran estructuras de un piso, oscuras y empapadas, y más adelante había un restaurante, Bugambilias, pero estaba cerrado. Las calles estaban vacías en ese día lluvioso; la única señal de vida era un perro con la cabeza gacha.

Encorvadas, dando contoneos de costado, las jóvenes se bajaron del asiento trasero y se acercaron a mi ventanilla a darme las gracias. La lluvia, que no dejaba de caer sobre sus sombreros y chales, mojaba sus bonitas caras y les pegaba el pelo a las mejillas.

—¿Qué tan lejos está Oaxaca?

—Siga por este camino.

—¿Está lejos?

—Un poco. Va a pasar Yodobada y Yanhuitlán.

Después, al alejarse, exclamaron:

—¡Gracias! ¡Gracias! ¡Gracias!

Seguí manejando, extasiado, después de haber superado la prueba de las carreteras secundarias mexicanas, las curvas cerradas, los deslizamientos de rocas, el desierto alto, todo amenazadoramente aumentado por la tormenta eléctrica. ¿Y por qué tenía tanta seguridad? Gracias a las mujeres en el asiento trasero. Si hubiera tenido algún problema (una llanta ponchada, un coche, una descompostura), estaba seguro de que ellas con gusto se habrían quedado conmigo a ayudar. La cooperación y la ayuda mutua eran clave para la supervivencia de su cultura mixteca. Había eludido el bloqueo y el embotellamiento que obstruía la carretera principal y al final encontré cierto placer en el inesperado y dramático desvío: una pequeña victoria que parecía fundamental en mi viaje por las periferias de México.

Después de eso el camino era más recto, más verdes las praderas, más suave la lluvia, pero había ascendido a dos mil doscientos cincuenta metros de altitud. Pasé Yodobada (doscientos veintiséis habitantes, casi todos indígenas), y treinta kilómetros al sur me incorporé a una de las carreteras más viejas de México, el Camino Real, que por varios siglos comunicó la Ciudad de México con las regiones sureñas. Me metí al pueblo de Yanhuitlán, reduje la velocidad para poder ver mejor y me detuve por completo, deslumbrado por la iglesia más grande que hubiera nunca visto en el México rural.

En la plataforma cubierta de hierba de un cerro, la iglesia de Santo Domingo Yanhuitlán era alta, con altos muros laterales, y austera, apuntalada por contrafuertes escalonados en escuadra que llegaban casi al techo; insertos en su plana fachada, unos nichos albergaban a santos vigilantes de mirada sepulcral. Lo más impresionante era su sencilla inmensidad, su solidez de fortaleza, su ubicación solitaria e inhóspita en una población rural de chozas escuálidas y casas hechas de tablones. No había nada más grande en el paisaje: era mayor que cualquier montaña y estaba perfectamente conservada; su piedra rosa pardo humedecida por la tormenta, que ya amainaba.

Necesitaba estirar las piernas. Me estacioné y subí los treinta y tantos escalones que llevaban a la entrada que enmarcaba sus enormes portones de madera. Caminé hacia la puerta debajo del campanario, donde merodeaba un perro flaco de pelo rojizo que se me quedó viendo. Mientras me iba acercando, el perro se animaba. Me rodeó, se agachó y corrió a mordisquearme los pies. Luego le dio una mordida a mi zapato y dejó babeada la puntera. Gruñó cuando le solté un puntapié. Me alejé y recobró su lugar cerca de la puerta. «Tú ganas, perrito», pensé.

Pero cuando el perro empezó a corretear a un gato sarnoso me escabullí a la iglesia, maravillado de su inmensidad. Ese edificio, terminado de construir hacia 1558, llegó a ser la iglesia más alta del continente americano. Se necesitaron veinticinco años para completarlo y seiscientos hombres para trabajar la mampostería; las piedras se extrajeron de una cantera en Teposcolula, a veinte kilómetros por la cadena de montañas hacia el oeste. Quince frailes dominicos españoles vivían en su convento. ¿Y quién financió la construcción? Los vecinos de Yanhuitlán y de otros pueblos cercanos con sus tributos; los peones mismos, que desembolsaban veinte granos de cacao a la semana por el privilegio de extraer la piedra de las canteras y cortarla, aserrar la madera para los andamios, construir los contrafuertes, cincelar los nichos y revestir de cemento los claustros de este conjunto conventual que también fue fortaleza. Terminada de construir la iglesia, en las celebraciones de Navidad y Pascua a la gente del pueblo se le exigía llevar dinero o granos de cacao, «de lo contrario recibirían latigazos frente al público en el patio de la iglesia».

Yo no sabía nada de esto cuando estaba parado debajo del alto techo mirando el retablo de oro y la extraña pila bautismal, sostenida sobre cuatro gruesas serpientes en posición erguida. Luego salí hacia la niebla, deslumbrado con el espectacular robusto monolito de piedra con un campanario, restaurado para recuperar su antigua grandeza: ni una sola grieta o rajadura a la vista sobre sus costados lisos, rosáceos, más piel que piedra. Más adelante tuve la suerte de encontrar un libro sobre su historia: *Artistas, mecenas y feligreses en Yanhuitlán, Mixteca Alta, siglos XVI-XXI*, de la estudiosa italiana Alessia Frassani.

El pueblo había sido próspero y populoso, según cuenta Frassani: doce mil personas apiñadas en barrios que pagaban tributo y asistían a misa, algunas a regañadientes. Antes de la Conquista española, Yanhuitlán era el centro cultural de la región con el segundo lugar en importancia (el primero era Achiutla, como a treinta kilómetros al suroeste). Varios mixtecas mantenían sus viejas creencias, los sacrificios anuales a Xipe Tótec («nuestro señor desollado») y la veneración a sus dioses, y resentían el hecho de que la iglesia se hubiera construido sobre su templo a las deidades locales, oscureciendo el sitio, como si se pusiera una frívola cubretetera española encima de una vasija sagrada mixteca.

Este reemplazo del templo prehispánico con la Iglesia católica, como el que ya había visto en Cholula, era una estratagema de los misioneros. Pasó en todo México, pasó en Sudamérica: la iglesia cristiana erigida sobre los cimientos del templo donde se rendía culto a un ídolo. Esto se ve muy gráficamente en Roma; un ejemplo es el antiguo templo dedicado al dios indoiranio Mitra, transformado en el siglo V en la Basílica de San Clemente. La instigación fue el apóstol Pablo: «Pues bien, lo que adoráis sin conocer, eso os vengo yo a anunciar». Pero como los atenienses que se burlaban de Pablo y los romanos seguidores del mitraísmo (soldados muchos de ellos), cuando se reprimió la creencia algunos ancianos mixtecas (caciques y nobles) abiertamente resentían la profanación de su templo, esa cosa imponente pesadamente sentada encima de él.

Los frailes dominicos exigieron que los ciudadanos renunciaran a sus ídolos, que las imágenes talladas de sus propios dioses fueran destruidas o ritualmente quemadas. Había cuatro deidades además de Xipe Tótec, el dios del renacimiento: Zagui, el dios de la lluvia; Tizono, el corazón del pueblo; Toyna, patrono de Yanhuitlán, y Xitondocio, el dios de los comerciantes. Todos ellos son, por así decirlo, más apropiados y útiles para un importante centro agrícola y comercial que suministra trigo y seda que la imagen de un extranjero crucificado, agobiado por su dogma de pecado y condenación, con la promesa de un posible alivio en un nebuloso más allá.

En altares caseros se conservaban imágenes de los dioses mixtecas, a los que se apaciguaba con plumas, tela y resina de la que se usa para hacer incienso, conocida como copal. Pero con el tiempo, gracias a la labor persuasiva de los frailes españoles, la representación del hombre ensangrentado y crucificado se volvió familiar, como la clase de sacrificio humano que requerían los rituales mixtecas (hombres eran desollados vivos para apaciguar a Xipe Tótec, y los nobles usaban su piel como capa), además de que la cruz cristiana guardaba cierto parecido con el árbol cósmico de las antiguas tradiciones.

«El árbol mesoamericano no solo recuerda la cruz cristiana en su forma de quincuncio —escribe Frassani—, sino que el crecimiento del árbol mismo está estrictamente asociado con la función regenerativa del sacrificio humano. Desde tiempos coloniales, la sagrada cruz cristiana ha hecho suyos el significado y la función del antiguo árbol cósmico, refundiendo el conocimiento cosmológico del orden del mundo y la trascendencia ritual mediante la representación del sacrificio periódico de Jesús».

Este sándwich sincrético que combina dos tradiciones ritualistas, las creencias e imágenes mixtecas con el sistema cristiano, satisfizo a gran cantidad de personas en Yanhuitlán, pero no a todas: algunas se aferraron a las viejas costumbres. Debido a su rebeldía, tres prominentes miembros de la dirigencia política fueron acusados de herejía y obligados a sufrir juicios muy rigurosos, lo que llegaría a conocerse como la Inquisición de Yanhuitlán: dos años y medio de interrogatorios a cargo de un sacerdote español, el gran inquisidor Francisco Tello de Sandoval, y sus ayudantes. Este proceso judicial no fue muy distinto de la aterradora Inquisición española en la madre patria, que había empezado en 1478, y ocurrió en la misma época que muchos tribunales en España que suponían tortura, autos de fe y sentencias estrictas: los herejes eran multados, exiliados, convertidos en galeotes o quemados vivos.

Las inquisiciones tuvieron lugar en todo México. Aparecían imágenes de ejecuciones de indios idólatras en historias que detallaban la conversión en México. Una de ellas, *Historia de Tlaxcala*, del historiador del siglo XVI Diego Muñoz Camargo, incluye un grabado que representa a seis tlaxcaltecas colgados de una horca por su idolatría, y en primer plano dos quemados vivos frente a la mirada de los piadosos e imperturbables frailes franciscanos. Esas ejecuciones no estaban reservadas para los indios. Una de las primeras (en 1574) acarreó la muerte de «veintiún luteranos pestilentes» y, a mediados del siglo XVII, según escribe Claudio Lomnitz en *Idea de la muerte en México*, Gregorio Martín de Guijo registra en sus diarios «la ejecución pública de sesenta y seis efigies y trece judíos vivos en la Ciudad de México». En cuanto a la Inquisición de Yanhuitlán, todos los procesos se documentaron en más de trescientas páginas escritas a mano, uno de los ejemplos más importantes de persecución inquisitorial de la Nueva España.

«Si se hubieran propuesto propagar nuestra fe —escribe Montaigne en su ensayo "De los vehículos"—, habrían considerado que no es poseyendo territorios como se amplifica, sino poseyendo hombres, y se hubieran conformado de sobra con las víctimas que las necesidades de la guerra procuran sin mezclar a ellas indiferentemente una carnicería cual si de animales salvajes se tratara».

¿Qué surgió del proceso inquisitorial de los dirigentes mixtecos que abiertamente se resistieron a la imposición de la fe cristiana?

Rebeldía. Los intransigentes líderes mixtecas habían exhortado a su gente: «Denles sus viejas imágenes y conserven las nuevas, las mejor hechas y más preciosas» y «No vayan a misa en la iglesia: honren aquí a sus ancestros», es decir, en sus propios altares.

Pronto se habrán ido los españoles, prometieron los tradicionalistas mixtecas hacia 1540, y entonces los lugareños podrían volver a venerar a sus propios dioses y observar sus propias tradiciones. Ya nada de pagar tributos o fuertes multas, no más trabajo forzado, como cuando los obligaban, bajo la supervisión de guardias armados, a peinar los ríos cercanos en busca del oro exigido por los sacerdotes.

En la Inquisición de Yanhuitlán salió a relucir que los tenaces adeptos mixtecas «ofrecían incienso y comida a los dioses en los altares de sus casas antes de ir a la iglesia, para evitar la ira y la venganza de sus ancestros». En otra enrevesada estratagema, destapada por el inquisidor, mascaban un tabaco verde narcótico al que llamaban *piciate* (*Nicotiana rustica*) para estar todos intoxicados durante la misa, tan dichosamente distraídos con la yerba que no oían los sermones de los frailes.

Pero fracasó la resistencia. Multitudes fueron convertidas, y como un sutil acuerdo, otras viejas costumbres fueron asimiladas en los rituales cristianos, como la tradición de poner un jade en la boca de un cadáver antes del entierro. La iconografía mixteca se adoptó incluso en objetos cristianos como la pila bautismal, tallada en una sola piedra, que yo había visto en el baptisterio de Yanhuitlán, donde dos regordetas serpientes emplumadas, como el Quetzalcóatl de la leyenda, salían de las fauces de unas cabezas viperinas en las esquinas de la pila, una serpiente surgiendo de otra, con sus cuerpos erectos soportando el gran cuenco de piedra con hojas talladas de adorno.

Parado frente a la iglesia, que era un útil mirador, veía que el gran centro comercial de Yanhuitlán estaba disminuido. En su visita de 1953, cautivado por la iglesia e interesado en dibujar unas viñetas de ella para su libro *Week in Yanhuitlán* (Una semana en Yanhuitlán), a Ross Parmenter le dijeron que vivían ahí dos mil doscientas personas. Ahora estaba reducido a un poblado de menos de novecientos habitantes con una elevación de casi dos mil quinientos metros en el frío altiplano, el Camino Real rodeado por la carretera de cuota. Yanhuitlán era otro pueblo de las montañas de la Mixteca Alta expulsor de migrantes a los Estados Unidos. Su atracción singular era la formidable iglesia en medio de la desolación; sin embargo, la espléndida estructura me hizo sentir una rara incomodidad. ¿Por qué?

«Es una extraña e insufrible incertidumbre saber que la belleza monumental siempre implica servidumbre —escribió Albert Camus en el último volumen de sus *Carnets* (1951-1959), hablando del trabajo forzado con el que se crean grandes edificios como este (él estaba en Roma cuando le vino ese pensamiento a la mente)—. Quizá por eso pongo la belleza de un paisaje por encima de todo lo demás: no hubo ninguna injusticia que pagar por él, y ahí mi corazón está libre».

Seguí manejando por la carretera bañada por la lluvia, el Camino Real, por el valle y entre las montañas hasta Nochixtlán, donde los camiones incendiados en la acción del sindicato de maestros un año antes seguían en la calle principal, oxidados y sin ventanillas; las pintas en el puente peatonal aún eran legibles: JUSTICIA Y DERECHOS PARA TODOS. Zigzagueé por las tierras de labranza de San Jerónimo Sosola, siguiendo por carreteras secundarias, hasta llegar a las comunidades más densas de Villa de

Etla y San Pablo Etla. Finalmente, al anochecer, el valle de Oaxaca en toda su extensión, seis kilómetros y medio de un extremo a otro, que a esa hora del día era una masa de luces inquietas, como un tazón de luciérnagas.

Oaxaca intacta

Había un gato muerto en la banqueta. Estaba en la ciudad de Oaxaca, en la esquina de la calle de Tinoco y Palacios con una callejuela angosta (su nombre, en una placa de calle rota, era ilegible), cerca de mi posada. Era un gato grande; digamos que no un simple gato sino lo que los mexicanos llamarían un *gatazo*: un cadáver aplastado, de poco más de un centímetro de alto, como un pedazo de alfombra peluda. Se reconocía que había sido color naranja y que estaba frunciendo el ceño y mostrando los dientes en la hora de su muerte; algunas moscas revoloteaban a su alrededor pero ya estaba deshidratado y rígido y empezaba a momificarse. Como las calles se parecían tanto entre sí, usé el gato como punto de referencia («Vuelta a la izquierda en el gato muerto»), y así siempre encontré el camino de regreso a casa sin tener que humillarme y pedir indicaciones.

Eso fue una nueva lección de modismos mexicanos, porque la expresión «dar el gatazo» es argot para cuando una cosa aparenta ser de buena calidad pero no lo es.

Pobre pero compleja y bien parecida, como mucha de su gente, y digna en su pobreza, indestructible en su sencillez, Oaxaca era también un lugar orgulloso. En cuanto a su nombre, al antihéroe de *Bajo el volcán* (que nos presenta al Malcolm Lowry más recargado e hiperbólico) la palabra *Oaxaca* le parecía «como un corazón que se quebraba, un repentino repicar de campanas sofocadas en medio del vendaval, últimas sílabas de algún sediento que agoniza en el desierto».

A mí el nombre me sonaba metálico y conocido, pues sería mi hogar en las siguientes semanas. La ciudad era ordenada y feliz sin ser temeraria y licenciosa, como otras urbes mexicanas que había visto, pero en la simetría armónica de su anticuada disposición, una calle vieja me resultaba parecidísima a otra. Me tomó un tiempo darme cuenta de que una vieja casa de un piso común y corriente en una esquina, en Pino Suárez 600, por donde pasaba todos los días camino a mi clase de español en el Instituto Cultural Oaxaca, había sido habitada por D. H. Lawrence cuando vivió ahí con Frieda, su esposa. En el patio interior escribió la versión final de *La serpiente emplumada* y algunos de los relatos de *Mañanas en México*.

Vale la pena recordar cómo empieza este último libro: «*México*, dice uno, y lo que quiere decir, después de todo, es que hay un pueblecito al sur en una república y que en ese pueblecito hay una casa de adobe carcomido construida a los costados de un patio enjardinado; y de esta casa, un sitio alejado, una terraza cubierta frente a los árboles, donde hay una mesa de ónix y tres mecedoras y una sillita de madera, un florero con claveles y una persona con una pluma en la mano. Hablamos con rimbombancia y letras mayúsculas de la Mañana en México. Y a lo que se reduce es a una persona pequeña mirando retazos de cielo y árboles y luego volviendo la vista a su cuaderno de notas».

Lawrence en Oaxaca está en su mejor momento, viendo las cosas como son. Y se parece mucho a todos los días que pasé en mi posada de Oaxaca, garabateando con la pluma en mi cuaderno.

Había una buena razón por la que Oaxaca no se alteraba ni se podía alterar. Pocos días después de llegar a esa ciudad colonial en un alto valle, justamente celebrado por su belleza y sus tradiciones, volví a recordar cómo «el pasado de un lugar sobrevive en sus pobres», cómo los pobres tienden a mantener intacta su identidad cultural. De su brújula, su continuidad y sus placeres depende su autoestima, mientras que los ricos y las clases en ascenso tienden a despojarse de sus viejas tradiciones, salvo en lo que tienen de espectáculo o ritual, pues se hacen ricos resistiéndolas y rompiendo las reglas. Oaxaca, con su poderosa y visible identidad, con su cultura viviente, estaba en la miseria a consecuencia de mantenerse fiel a sí misma.

Como prueba de esto conocí a un hombre oaxaqueño que dijo sentirse agraviado.

—En Oaxaca somos pobres, y le voy a decir por qué. Nuestras casas tienen cientos de años, nuestras calles son angostas. Está prohibido destruir las casas, está prohibido ensanchar las calles. Aquí no podemos construir grandes hoteles o centros vacacionales, como en otras partes de México. No podemos cambiar: está prohibido. Por eso seguimos siendo pobres.

Oaxaca, ese sitio de paleta ocre, de viejas casas agrietadas, de estuco y piedra deteriorados y teñidos al sol, parecía haberse tallado en queso añejo. La piedra que le da a la arquitectura oaxaqueña su distintivo color jaspeado amarillo-verde-bronce es toba volcánica o cantera verde, que se extrae de montañas de toda la región. A pesar de sus fachadas lisas, muchas de las construcciones más grandes tenían patios protegidos del sol, grandes habitaciones, algunos patios interiores con zaguanes que parecían atrios, fuentes, tallados en piedra y palmeras quebradizas en macetas de color pálido. Muchas de las viejas iglesias, monasterios y conventos, y el gran templo de Santo Domingo, fueron confiscados y profanados por las Leyes de Reforma que en la década de 1860 promulgó el presidente Benito Juárez, que nació en el pueblito de San Pablo Guelatao, en las montañas al noreste de Oaxaca, y creció en la capital.

—¿Esa capilla? Fue establo de caballos —me dijeron los oaxaqueños sobre unos hermosísimos interiores de una iglesia—. Y este convento fue un cuartel.

Cuando hubo pasado la ola de anticlericalismo, las iglesias y conventos fueron restaurados y recuperaron su antiguo esplendor, al igual que las plazas y el Zócalo. De todas formas no se han construido hoteles de lujo.

D. H. Lawrence, Malcolm Lowry y Aldous Huxley, que visitaron Oaxaca, se sumergieron en ella y encontraron en ella inspiración para su escritura, reconocerían el sitio en la actualidad, se pondrían nostálgicos y quizá encontrarían mesa en un bar de azotea, la misma mesa tambaleante en la que ya se hubieran sentado antes, pedirían algún mezcal artesanal y se maravillarían de cómo casi todo sigue igual. Las alusiones a Oaxaca en *Mañanas en México*, *Bajo el volcán* y *Más allá del Golfo de México* no han perdido ninguna actualidad. Lawrence ensalza la excursión a Huayapam, Lowry alaba el poderoso mezcal, Huxley analiza minuciosamente la arquitectura. La Oaxaca de hoy día no les decepcionaría; tampoco gran parte del sur.

La República Mexicana consta de treinta y un estados. El norte del país yace a la sombra cruel, burlona y abrumadora de los Estados Unidos: una sombra que contiene ciudades fabriles, zonas industriales, enclaves del crimen organizado y rutas de la droga. La Ciudad de México, en medio del territorio, es como un país entero, con veintitrés millones de personas: mucho más grande que cualquier república centroamericana. Pero el sur de México, la región más pobre, es un lugar aparte, arraigado en el pasado remoto; algunos de sus habitantes no conocen bien el español y siguen hablando la lengua de una civilización que se remonta a dos mil quinientos años atrás: la de Monte Albán, a unos cuantos kilómetros de la capital de Oaxaca, y enumeran los diez hermosos templos contándolos con los dedos en zapoteco: *tobi, chupa, chonna, tapa, gaayu', xhoopa', gadxe, xhono, ga', chii.*

Las penas por demoler la arquitectura clásica de Oaxaca y hacer lugar para centros turísticos han mantenido intacta el alma del lugar. No muchas ciudades de México pueden decir eso… No muchas ciudades del mundo. Oaxaca es excepcional por haberse resistido a la modernización (gran impulso para cualquier ciudad venerable) y por valorar su patrimonio cultural. Como el tráfico avanza a vuelta de rueda por las angostas calles, la mayoría de la gente camina. Una ciudad de peatones se mueve a paso humano también en muchos aspectos, e inevitablemente es un lugar donde los pequeños detalles son más visibles, notados y apreciados. Los paseantes ven más y son más amables que los conductores.

Al ser pobres, muchos oaxaqueños han tenido que desarraigarse y volverse viajeros y emigrantes para ganar dinero. Hay un mayor porcentaje de ellos aquí y en los estados sureños de Chiapas, Puebla y Guerrero que en otras partes de México. A lo largo de tres semanas en la ciudad conocí a muchos, sobre todo hombres, que habían trabajado un tiempo en los Estados Unidos o en alguna maquiladora de la frontera.

—Trabajé tres años en una fábrica de televisiones —me dijo un hombre, e hizo una demostración del procedimiento aporreando una mesa con las manos—: fijaba con tornillos un panel de plástico todo el día, todos los días.

Estaba el joven que trapeaba pisos en un Holiday Inn de Dallas, el mesero que había hecho pizzas en Racine, el empleado de un autolavado en Anaheim. Todos, o la mayoría, me confiaron que habían sido indocumentados, y algunas de las historias que me contaban eran calvarios.

—Era por ahí del 95 —dijo el que había trabajado en un autolavado—. Caminé en Sonora por cinco días y crucé la frontera. Llegué a Tucson después de una semana y trabajé ocho años en California. Terminaron por deportarme. Pero está bien, aquí está mi familia. Me voy a quedar en Oaxaca. Hoy en día tendría que pagarle cinco mil dólares a la mafia para que me llevaran al otro lado, y en una de esas no la hago.

Las constantes referencias a los Estados Unidos, tanto hablar de gente que tiene parentela allá, las descripciones de sus largos y difíciles viajes por ese país, invariablemente su tristeza de tener que volver a casa («Mi madre está vieja», «Mi padre murió», «Allá está mi familia», «Mi abuelita está enferma»…) daban la impresión de que los Estados Unidos fuera un satélite de México, como una luna, anclada en el espacio, adyacente a México, siempre visible y disponible al parecer pero en realidad inalcanzable, un terrible señuelo circulando por los cielos.

Como Oaxaca seguía siendo la de antes, la escala humana de la ciudad te permitía cruzar el centro sin obstrucciones en menos de una hora, caminando desde el extremo sur subiendo Bustamante desde el Periférico, pasando el Zócalo en el centro, continuando a la carretera de circunvalación del extremo norte, la vieja Carretera Panamericana, también llamada Calzada Niños Héroes de Chapultepec. Las colonias de Oaxaca y sus zonas residenciales más nuevas están más lejos, pero incluso un pueblo tradicional, como el municipio de Huayapam, al pie de las montañas, estaba a quince minutos manejando. Con todo, un carro es una carga en la ciudad, por el tráfico lento y la escasez de lugares para estacionar.

La textura de Oaxaca se hacía patente a lo largo de cualquier caminata: vendedores ambulantes, mendigos, okupas, músicos callejeros y cantantes flanqueando las calles adoquinadas, mujeres con niños pequeños vendiendo artesanías (tapetes, tejidos, figuras talladas, vívidos cráneos sonrientes de colores, expuestos en un petate), un hombre ciego cantando y tocando la guitarra con mucho sentimiento mientras un niño chiquito, descalzo y sucio pide propinas a los transeúntes con una taza de plástico. Ellos constituyen el primer plano (el «color») de todo escrito sobre Oaxaca, de la primera visita de D. H. Lawrence en 1924 en adelante. En cualquier otro lado, esa vida callejera parecería lastimosa, pero en Oaxaca se perdona el cantante ciego y se lo valora como otro ejemplo de folklore.

El hecho de que la mayoría de estos vendedores ambulantes fueran indios zapotecas y mixtecos acentúa la autoridad cultural de la ciudad: quinientos años después de la Conquista (Oaxaca fue fundada en 1529) persiste, tenaz, la misma población indígena: no se ha diluido, sigue hablando sus antiguas lenguas, es fácilmente reconocible como la aristocracia autóctona de México que se puede apreciar cerca de ahí, en los murales desenterrados de las ruinas de Monte Albán y Mitla: los mismos perfiles de nariz aguileña tallados en esas piedras. Tal como describió a su propia familia Benito Juárez (que creció hablando zapoteco) son: «indios de la raza primitiva del país».

Gracias a las amplias entradas a lo largo de las banquetas y las puertas abiertas, las calles de Oaxaca están llenas de los olores de su cocina característica: el tibio aroma a mantequilla del queso de tiras, ocho clases de mole, la cremosa fragancia de los granos de cacao frescos y las tortillas tostadas y dobladas de la tlayuda. Todo esto con el ruido de fondo de guitarras y acordeones, la risa de las cantinas, la vitalidad que ahora, en las semanas previas a Halloween y Día de Muertos, es más evidente. Muchos paseantes ya estaban disfrazados: princesas, monstruos y villanos; compañías teatrales vestidas de negro con trajes de esqueleto; niños con máscaras de calaca, más aterradores debido a su pequeño tamaño, como homúnculos enanos endemoniados, bailando en la noche al ritmo de las bandas de viento y los tambores.

Curso de mexicano

Por varias semanas, mi caminata diaria en Oaxaca me llevó de mi posada, sobre Pino Suárez y Avenida Benito Juárez, a la carretera de circunvalación de Niños Héroes de Chapultepec: cafeterías, zonas con pavimento roto, pintadas hostiles que profanaban las fachadas y eran absorbidas por la vieja mampostería:

HOY BARRICADAS, MAÑANA LUCHA.
SE ALISTAN LAS BOMBAS, SE AFILA EL PUÑAL.
¡ZAPATA VIVE!

Los puestos de periódico mostraban titulares escabrosos, siempre de situaciones caóticas, accidentes automovilísticos o asesinatos de cárteles, así como fotografías de cadáveres acribillados a balazos o desmembrados. En los faroles y los garabateados muros había carteles que anunciaban remedios de aceite de víbora o matasanos. Más adelante, sobre la misma avenida, el Teatro Juárez, que todas las noches tenía espectáculos de música y danza, y, cruzando la calle, el parque El Llano, donde las familias hacían día de campo sentadas en el pasto, los amantes se abrazaban en las bancas y los niños se trepaban en el kiosco. El mercado semanal de El Llano, con sus muchos puestos, vendía camisetas, chapulines fritos, hormigas chicatanas y gusanos de maguey, aparte de todas las variedades de comida callejera, desde los simples tacos y tlacoyos que podían sostenerse en una mano hasta las gorditas, para las que se necesitaban dos.

Conocía aquel paseo, pues en la intersección de esas dos vías principales se encontraba el Instituto Cultural Oaxaca, con sus sombreados jardines tras un alto muro. El instituto parecía monasterio, como muchos viejos complejos mexicanos, y sus arcos festoneados, sus columnatas picadas y sus frescas verandas acentuaban aún más su aspecto de claustro, con un aire de muda contemplación, en un jardín de palmas reales, buganvilias y flores de mayo.

Las siguientes tres semanas hice ese recorrido a pie diariamente, con los libros de texto en la mano.

Me inscribí con la intención de mejorar mi español, el primer día llegué temprano a la clase de las nueve de la mañana con mi cuaderno nuevo y mi gordo diccionario español-inglés aún sin abrir. Y volvió aquella vieja ansiedad del primer día de clases, la sensación de confinamiento y sumisión que había sentido hacía tanto tiempo en mis años de estudiante, la incertidumbre: esperar las indicaciones, sentirme pequeño, distraído e inútil, puros recordatorios de cuánto odiaba la escuela. Todavía a esas alturas de mi vida evitaba las universidades por su petulante manera de aislarse y desconectarse del mundo (a lo largo de casi cincuenta años he aceptado cualquier encargo de escritura para ganarme la vida con tal de mantenerme lejos de un campus como escritor residente). Se me fue el alma al suelo al oír el estruendo de la verja de hierro cerrándose detrás de mí en el arco de entrada del instituto y dejándome, por así decirlo, amurallado. Tuve una sensación de incompetencia, no porque me faltara autoestima sino por las lejanas experiencias con maestros autoritarios e impacientes. También pensé: «Ya he estado aquí, ya estoy viejo para esto».

Pero había prometido hablar la lengua con más delicadeza, y el personal que me dio la bienvenida, si bien insistía en que no hablara más que en español, me tranquilizó muy amablemente, tomándome el pelo como al niño nuevo. Hice una prueba de aptitud, hablada y escrita, para evaluar mi competencia, y me pusieron en un grupo intermedio con otros cinco estudiantes. Mi primera compañera me causó sorpresa.

—¿Vienes por créditos para la universidad? —le pregunté a una mujer joven, bonita, sonrojada, que llevaba una sudadera con el logo de una universidad al frente.

Soltó una risita jadeante, como de niña; se sonrojó más, se quitó la capucha que tapaba la cola de caballo y, sonriendo un poco turbada, contestó:

—¡Tengo trece años!

Era Miley. Fruncí el ceño, tratando de recordar cuándo había sido la última vez que hablé con algún compañero de trece años en un aula, y concluí que quizá había sido en 1954, cuando yo mismo tenía trece años, en la Roberts Junior High, durante la presidencia de Eisenhower.

—Yo sí vengo por unos créditos —dijo Alan, un joven a su izquierda.

Entró al salón una mujer japonesa, nos saludó en español, abrió un grueso diccionario español-japonés, pasó unas páginas de papel biblia y empezó a hacer anotaciones. Era Akiko, muy delgada, muy atenta, sentada con las piernas enroscadas y abrazándose en esa fría mañana. Me tomó unos días darme cuenta de que conocía bastante bien el español, pero lo hablaba con un acento japonés tan marcado que no se le entendía.

Llegaron otros dos estudiantes: Marcie, abogada de Texas, y Dieter, alemán radicado en Canadá al que no le gustaba responder mis preguntas y cada vez que le hacía una se me quedaba viendo fijamente. Éramos seis alumnos esperando al maestro.

La somnolencia de un salón soleado, el olor de libros apolillados, la extraña aprensión mezclada con aburrimiento e impaciencia; sobre todo, la sensación de no estar preparado y encontrarse prácticamente encerrado, la incomodidad de ser parte de ese surtido grupo en el mismo salón… En sesenta años no había vuelto a estar atrapado en una situación así.

Entró el maestro, un hombre bajo y fornido, sonriente, que cerró la puerta con delicadeza y nos dio los buenos días mientras se quitaba la chamarra de aviador y la acomodaba en el respaldo de una silla. Primero saludó a los demás; luego se inclinó hacia mí y me dijo que se llamaba Herman.

—¿Uno más?

—Sí, soy novio —dije, queriendo decir *nuevo*, y los demás se rieron de mi confusión.

Los que más se burlaron del traspié fueron Dieter y Miley: Dieter con una risita inmadura y Miley desternillándose. Marcie, la texana, se apenó por las burlas y sacudió la cabeza. Le calculé casi cincuenta años. Ella y yo éramos los adultos.

Herman me preguntó cómo me llamaba.

—Mi nombre es Pablo, pero prefiero don Pablo porque…

—¿Por qué? —interrumpió Herman, sonriendo por mi atrevimiento.

—Porque soy un gringo viejo y…

—¿Y qué?

—Y tengo muchas… *experiences*…

—Experiencias de vida —me ayudó a terminar la idea.

—Sí. Soy viejo y tengo muchas experiencias de vida. Pero no soy un pensionado —aclaré.

Herman entonces se puso a hacer una larga e interesante disquisición (que entendí pero no pude anotar) sobre la jubilación en México y subrayó la extraña idea de ser un *pensionado* en ese país, dado que, aunque ahí hombres y mujeres sí se retiraban a los sesenta y tantos años después de cuarenta o cincuenta años de vida laboral, no recibían pensiones del gobierno. Solo contaban con una pensión las personas que habían contratado un plan privado, algo que solo una pequeña minoría, casi todos citadinos, podían hacer. Y como los salarios eran bajos y era difícil ahorrar, casi todo mundo veía con pesimismo la perspectiva de la jubilación.

La asistencia social era inexistente, según Herman, e incluso la atención médica era muy básica. A falta de apoyo del gobierno, los hijos de los jubilados asumían la carga de mantener a sus padres. Por eso había yo visto a tantos abuelos con las familias mexicanas en los hoteles de Mazatlán y Puerto Vallarta, y a tantos hijos adultos agobiados por las preocupaciones. Herman terminó diciendo que el gobierno casi no hacía nada para ayudar a los ancianos.

—¡Bueno, don Pablo! —Me agradeció por haber dado lugar a esa explicación por mi insistencia en que yo no era un pensionado.

Luego se volteó al resto de la clase y, como era lunes, nos preguntó cómo habíamos pasado el fin de semana.

—¿Han visitado las iglesias?

Me agarré el puño y disimuladamente vi el reloj, suponiendo que habría pasado alrededor de media hora, pero apenas eran las nueve y diez. Faltaba mucho para la una de la tarde, hora en la que terminaba esa clase. Reprimí un bostezo y copié en mi cuaderno la pregunta de Herman.

Marcie carraspeó y, con su clara gramática española, contó que había pasado la mañana del sábado en la catedral y de compras en el Zócalo; usó la expresión «sin embargo» y recordé que su equivalente en inglés era *nevertheless*. Alan había ido con Dieter a Monte Albán, y Akiko y Miley informaron sobre sus respectivos fines de semana.

—Sí, he visitado la iglesia de Santo Domingo —comenté cuando llegó mi turno, no porque la hubiera visitado sino porque tenía que dar una respuesta coherente y Santo Domingo estaba cerca de mi posada—. Sendereando también —agregué porque quería usar esa elegante palabra que había oído en Tepic.

—Fui sendereando, fui caminando —dijo Herman para ayudarme y presentarme una alternativa.

Y así empezó mi primera lección. Improvisación, titubeos, falsedades: los sellos distintivos de mi paso por las escuelas en la niñez y la juventud. Ahora que de nuevo era estudiante, salvaba las situaciones a fuerza de aparentar, como había hecho por años.

—¿Encontraron algún problema? —preguntó Herman a todos.

Alan y Dieter habían tenido contratiempos con el transporte, Miley se había perdido (y me impresionó que conociera la forma verbal *Me perdí*), Marcie no había tenido ningún inconveniente y tampoco Akiko, que tartamudeó una respuesta.

—¿Don Pablo?

—Sí. Sin embargo, un poquito pequeño. Un problema por mí, en los pisos mojados y pisos resbaladizos —expliqué, de nuevo improvisando, porque había tomado las palabras de un letrero de advertencia en unas escaleras en Puerto Vallarta. Había recitado la leyenda, obligándome a recordarla, y Herman me explicó que también podía aplicar el segundo adjetivo para calificar a políticos resbaladizos.

—¿Ha probado la comida oaxaqueña? —me preguntó Herman haciendo un gesto de llevarse una cuchara a la boca.

—No, señor. He estado en Oaxaca dos días solamente —respondí, sin detallar que estaba agotado por el viaje y la altitud; titubeando, inquirí—: ¿La comida oaxaqueña es sabrosa?

—Muy sabrosa, muy especial —contestó—. ¿Y Marcie?

—Sí. Me gusta comer las tlayudas —aseguró ella.

Herman nos explicó que *tlayuda* era el nombre en náhuatl de una especialidad local, una tortilla de maíz horneada untada de una grasa llamada *asiento*, con frijoles, verduras rayadas, a veces aguacate, a veces chorizo o de esa carne seca y salada conocida como *tasajo*, y cubierta del queso de tiras típico de Oaxaca llamado *quesillo*. A veces se decía que la tlayuda era como una pizza oaxaqueña, pero era una comparación inexacta.

275

—¿Y los chapulines? —preguntó Herman.

Luego explicó, con gestos, que los chapulines eran pequeños, que brincaban y que fritos eran muy sabrosos.

—Yo he probado muchos chapulines —confesó Alan, y luego pretendió informarme de modo condescendiente que la palabra en inglés era *grasshoppers*.

—También yo he probado chapulines en África —declaré, y luego pregunté si había chapulines en el mercado.

—Muchos, en el tianguis —dijo Herman, y explicó que *tianguis*, como *tlayuda*, era una palabra náhuatl que significaba mercado al aire libre. En el parque El Llano, a unas cuantas cuadras de ahí, en los días de tianguis, encontraría chapulines fritos y, según qué mes, chicatanas y hormigas.

Yo sabía que la palabra inglesa *ants* significa hormigas; es más, conocía a unas de nombre inolvidable, las hormigas culonas que se comen en Colombia. Herman nos explicó que las chicatanas eran hormigas voladoras que aparecían en el suelo mojado en mayo, mes de lluvia.

Y, por supuesto, continuó Herman, los gusanos también se comían, como el gusano de maguey que podía apreciarse en las botellas de mezcal, y a veces un gusano rojo que se freía o se comía en tacos.

Y ranas; y las famosas variedades de mole, que son salsas con veinte ingredientes, entre ellos chocolate y en ocasiones algunas hierbas; y las tortillas de maíz; el tlacoyo, que podía rellenarse de criadillas (testículos de carnero o toro) o machitos (intestinos de cabrito asados). También nos habló de unas bebidas aztecas con nombre náhuatl: el tejate (de maíz y cacao, que se toma frío) y el atole (de maíz, que se toma caliente). Una hora más de hablar de platos locales y sus ingredientes y las formas correctas del verbo *disfrutar*. Me gustaba la idea de estar, más que estudiando español, aprendiendo mexicano.

Una pausa para el café (Dios, ¿apenas eran las diez y media?) y de vuelta al aula para continuar nuestra conversación.

—¿A qué se dedican? —nos preguntó Herman.

El aprendizaje de idiomas es un constante interrogatorio. Esa primera mañana me di cuenta de que, al estudiar una lengua, como te hacen preguntas directas y tú las respondes, te descubres; vi cuánto de esas clases es revelador, y puede llegar a ser incluso confesional. Pasa con la escuela en general, al analizar textos, repasar acontecimientos históricos, entablar diálogos con el profesor. Pero en ningún lugar está uno tan expuesto como en estos intercambios en el salón para practicar nuevas palabras y formas verbales. Era evidente desde el principio, desde «¿Han visitado las iglesias?», y yo había tartamudeado al responder. Pero «¿A qué se dedican?» era una pregunta directa que indicaba algo más profundo.

—Yo me dedico a estudiar —respondieron los más jóvenes, y Marcie dijo ser abogada.

Aunque pretendía quedarme en el anonimato, no se me ocurrió una manera de evadir la pregunta con una respuesta verosímil, así que, sintiéndome expuesto, confesé:

—Soy escritor.

Y a la siguiente pregunta de Herman agregué:

—Me dedico a escribir novelas y libros de viajes.

Esto impelió a Herman a iniciarnos en una útil construcción:

—¿Cuál es el libro que más les gusta?

A Miley le gustaba James Patterson; a Dieter, Dan Brown; a Alan, Harry Potter; a Marcie, las novelas de misterio.

—¿Don Pablo?

Era como esa pesadilla en la que te hacen una pregunta imposible mientras una fila de simplones sonrientes te juzga por tu respuesta. Una persona joven puede mencionar un libro favorito, de los doce que ha leído; alguien nuevo en el idioma puede nombrar *El código Da Vinci*; sería normal que la abogada eligiera una novela policiaca.

—Muchos libros —dije, y enseguida fui consciente de ser un anciano y además llamativo, porque mi vacilación parecía el tambaleo de un viejito decrépito. Pero no era eso: yo estaba completamente alerta, mi cabeza se encontraba inspeccionando anaqueles de libros y los autores y títulos en sus lomos. *Escoge uno* es la exigencia diabólica.

Los estudiantes más jóvenes se me quedaron viendo en actitud triunfal. ¡Yo no podía mencionar un solo libro!

—He leído miles de libros.

—¿*Cazatesoros* de James Patterson? —preguntó Miley.

—No sabía que hubiera escrito libros para niños —respondí en inglés.

—¡Ha escrito millones!

—En español, por favor —nos pidió Herman.

—Ha escrito muchos libros para niños —aclaró Miley, ahora en español.

Dieter se inclinó hacia mí y me preguntó:

—¿Has leído a Dan Brown?

—No he leído a este hombre —contesté.

Como para evitarme la vergüenza, Herman pasó a una nueva construcción.

—¿Qué es lo que más les gusta de su trabajo, o lo que menos les gusta?

—Lo que más me gusta de mi trabajo… —empecé, quebrándome la cabeza, pues en cincuenta años nadie me había hecho esa pregunta. ¿Y qué era lo que más me gustaba de mi trabajo? ¿No tener jefe, empleados, rivales ni competidores? ¿La libertad de ser escritor? ¿Que fuera una manera de lidiar con mi vida transformando mis experiencias, buscando modos de entenderla? ¿Que me sirviera para registrar las dichas de la vida, hacer más llevaderas sus tribulaciones y, además, en el acto de escribir, reducir el paso del tiempo? Ganarme así la vida, a mi manera, y trabajar por mi cuenta, también tenía su atractivo. Por ganas de saber más sobre México, podía treparme al carro y manejar de mi casa a la frontera, de la frontera a la Ciudad de México y luego a Oaxaca, para tomar mis notas al final del día sin tener que rendirle cuentas a nadie.

Pero en el fondo de todo estaba el encantamiento: sentado en mi escritorio, inclinado sobre una hoja de papel (pues siempre había escrito a mano), diciendo algo nuevo, sorprendiéndome muchas veces a mí mismo con lo que surgía de mi inconsciente… y después reescribir, mejorar, pulir, meditar y convertirlo en un todo… y así sucesivamente, a lo largo de los días o los años: una página, un cuento, un libro.

En el silencio del salón de clases, mientras mis compañeros esperaban a que yo revelara lo que más me gustaba de mi trabajo, la respuesta me vino fácil, lo suficiente para traducir mentalmente del inglés al español, pues las palabras eran parecidas:

—El acto de la creación —declaré.

—Lo que más me gusta… —dijo Herman, dándome el pie para decir una oración completa.

—Lo que más me gusta de mi trabajo es el acto de la creación —corregí.

Los demás se quedaron con la mirada perdida al oír esa respuesta extraña, inesperada, incomprensible, y luego intervinieron contando lo que a ellos más les gustaba de sus trabajos y lo que menos. Luego fueron nuestros viajes, nuestra comida, nuestras fiestas, detalles de nuestros placeres y prejuicios. Al cabo de hora y media ya podíamos explicar con bastante soltura cómo nos sentíamos haciendo según qué cosas en nuestra vida personal. Ya nos conocíamos mejor y estaba seguro de que había dado la impresión de ser un idiota pedante o simplemente otro vejete inmiscuyéndose en sus diversiones.

A mediodía salimos y nos sentamos en una de las verandas para tener una sesión de diálogos de temas libres, conversar para revelar más de nosotros mismos, pero en un aparte, mientras hablábamos de los conceptos de querer y gustar, Herman anunció:

—Tengo antojo de una chela.

Era una manera mexicana de expresar el deseo de beber una cerveza. No era el «Yo quiero una cerveza» del turista ni el «Me apetece una cerveza» del español sediento. Además, estaba el plus de la argótica *chela*, otra señal de que estaba aprendiendo a hablar mexicano.

Tras cuatro horas de escuchar, repetir y responder preguntas, acabó mi primer día de instituto. Caminé al parque El Llano, encontré un restaurante, hice gestos de aprobación frente a mi almuerzo (sopa de tortilla con flor de calabaza) y regresé a la posada. Agotado, creyendo que me echaría una siesta, terminé durmiendo toda la tarde. Me desperté en la oscuridad, en medio de olores extraños; mil quinientos cincuenta y cinco metros de altitud, sentía que me escaseaba el aire.

Esa noche, en una caminata solitaria por la calle Porfirio Díaz, pasando por la plaza del templo de Santo Domingo, oí a una banda de música de viento y vi a un hombre a lomos de un caballo gris; llevaba una máscara de calaca, sombrero negro de ala ancha y capa. Había trompetistas y tamborileros, un grupo de niñas vestidas con trajes elegantes pero con máscaras macabras, niños como monstruos con cara de diablo, y niños un poco más grandes disfrazados de marcianos de cabeza verde y ojos bizcos. Todo ese tiempo el estrépito de la banda, el golpeteo y las síncopas de los tambores, el bramido de los bombos, el son de las flautas, una fanfarria de pitidos y tamborileos empujándolos por la calle hacia el Zócalo. Era cómico, macabro y enérgico. Los disfraces daban seguridad a la procesión: eran gente pobre de las colonias cercanas vestida de aristócratas y demonios.

Eso fue la norma a fines de octubre en Oaxaca: máscaras, disfraces, música de banda animando las tardes y las noches, diablos bailando, disfraces de payaso y una proliferación de calacas.

Ese fue mi primer día de clases formales de mexicano.

La siguiente entrada en mi cuaderno, según veo, tiene el encabezado *Seis días después.* ¿Qué había hecho en esos seis días? Llevaba la pista de las formas verbales, hacía anotaciones sobre vocabulario y verbos conjugados, aprendí a decir «Al cerdo le gusta revolcarse en los lugares lodosos», apuntaba cognados del náhuatl, pero no llevaba un registro de mis días. Todas las mañanas asistía a clase y el curso de español me consumía prácticamente el día entero y toda mi energía. Hice algunas excursiones furtivas a lugares de interés y encontré algunos de los restorancitos encantadores que también le dan fama a Oaxaca. En el instituto trataba de mantenerme alerta pero me costaba trabajo y quedaba agotado; no era únicamente efecto de desenmarañar verbos irregulares sino el tedio y la humillación de tener que responder las preguntas.

Así que usted es un trotamundos y escribe libros sobre sus viajes.

—¿Qué es lo que más le gusta de sus viajes, y qué es lo que menos le gusta?

—Lo que más me gusta es conocer personas; lo que menos me gusta son las demoras y el peligro.

—Por cierto, don Pablo, ¿sabe que hay un dicho español que dice «Hay peligro en la demora»?

Un día, durante la rutina de lo que nos gusta y lo que no nos gusta, me preguntaron cuál era mi palabra favorita.

La palabra que más me gusta… ¿Qué puedo decir? He escrito millones de palabras. Nunca nadie me había hecho esa pregunta. Les confesé que *resbaladizo*, la palabra que había visto al pie de las escaleras del hotel y que recité para mis adentros.

Otro día, la pregunta intimidante: «¿Cuándo naciste?».

Alrededor de la mesa salían respuestas a trompicones. Una vez más me sorprendió que Miley hubiera nacido trece años atrás, en el segundo periodo presidencial de George W. Bush, y que tuviera la misma edad que mi carro. Pero la intención de Herman no era avergonzar a nadie sino enseñarnos la forma verbal *nací*.

Le di vueltas y, evadiendo una fecha, dije:

—Nací a mediados del siglo XX.

En la pausa para el café Marcie me confió que había mentido sobre su fecha de nacimiento.

—Digo muchas mentiras —admitió sacudiendo la cabeza.

—Yo también.

—¡Esas preguntas personales!

Cuando se nos preguntó: «¿Cómo celebras habitualmente los cumpleaños?», los estudiantes más jóvenes hablaron de pasteles y velas, pero cuando llegó mi turno pensé: «¡Vaya pregunta!», y dije:

—Yo no celebro ese día.

Y con toda razón.

Al final de casi todas las clases, por lo regular a la sombra de los árboles o en la veranda, Herman era más afable y juguetón, y yo lo motivaba a decir palabras o expresiones específicamente mexicanas.

«¡No manches!» significaba «No me digas».

«¿Mande?» significaba «¿Qué dijiste?».

«¡Qué padre!» significaba «Estupendo» o «¡Chévere!».

«¡Qué desmadre!» significaba «¡Qué desorden!».

«Dos tres» significaba «Más o menos», una respuesta ambigua a «¿Cómo estás?».

Y también estaba la expresión mexicana para indicar que algo es falto de tacto, fuera de lugar o una metida de pata: «Mear fuera de la olla».

—¿Lo dije bien?

—No, don Pablo, ¡se está meando fuera de la olla!

Les dije las palabras que había aprendido en la frontera: *chamaca* (muchacha), *gabacho* (gringo), *halcón* (vigía), *piedra* (metanfetamina), *choncha* y *mota* (marihuana) y *agua de chango* (heroína). Herman contraatacó con *¡Fierro!*, un grito de guerra de los cárteles en medio de un tiroteo.

—Los norteños dicen que los sureños son flojos y chaparros —dijo Herman en español—. Los sureños dicen que los norteños son altos y trabajan demasiado. La mayoría de la gente dice que los chilangos son corteses y educados, y todo mundo se burla de los yucatecos y dice que son pueblerinos y poco inteligentes.

Casi todos los días salía del instituto, caminaba cansado, comía algo y me iba a la cama; pasaba toda la calurosa tarde durmiendo y me levantaba al anochecer para contemplar las calaveras que desfilaban por las calles principales con disfraces, estandartes y muchas veces con grandes imágenes de monstruos, demonios y de vez en cuando algún santo, con frecuencia la Santa Muerte. A la mañana siguiente en el instituto, en respuesta a la pregunta de «¿Qué hicieron ayer?», informaba sobre lo que había visto. Herman nos enlistó los principales nombres de la figura de la muerte: Santa Muerte, Señora Blanca, Señora Negra, la Flaca (y su diminutivo la Flaquita), la Huesuda y los otros que había oído en la Ciudad de México… los otros cincuenta.

La palabra *calavera* significaba tanto *cráneo* como *esqueleto*, y una calavera literaria era un poema satírico de cuatro versos. Una vez Herman nos dejó de tarea escribir una.

Aprender mexicano con Herman me ayudó a aclararme los dos esqueletos que solían confundirme. Estaba la Santa Muerte, con capucha, cargando una guadaña y a veces un globo terráqueo, una lámpara de aceite y una balanza de la justicia, una deidad del pueblo a la que se le reza porque no juzga y podría conceder un deseo criminal: una muerte oportuna, por ejemplo, o un robo sin culpables. Y había otro esqueleto, más reciente, una figura huesuda de escaso un siglo, dibujada por el grabador mexicano José Guadalupe Posada (1852-1913): una caricatura satírica para burlarse de las elites políticas y sociales de México a fines del siglo XIX y principios del XX. La calavera de Posada, a menudo llamada la

Catrina, tenía una elaborada vestimenta y un amplio sombrero de olanes en el cráneo.

Ahora me daba cuenta de que los niños estaban vestidos de la Catrina de Posada, pues esa imagen permitía a la personita con máscara de calavera llevar sus mejores galas y un sofisticado sombrero. Ponerse elegante era eso: la comedia macabra de la fiesta. La Santa Muerte era otra historia completamente distinta: el culto que más rápidamente crecía en México, oscuro, y que nada tenía de divertido. Aunque se acercaba el Día de Muertos, ninguna de las criaturas huesudas tenía mucho que ver con esas almas muertas, y sin embargo todos estos esqueletos se mezclaban en las celebraciones en una diaria danza macabra que por un lado provocaba risa y por el otro era una respuesta al tenor de la vida mexicana: violenta, peligrosa e histriónica.

Una de las clases empezó de manera bastante inocua, con el concepto de aburrimiento infantil: «Cuando era niño me aburría…», y me descubrí a mí mismo confiándoles que me aburría en la iglesia, en la escuela y al escuchar discursos. Conversamos sobre la palabra *aburrirse* y Herman preguntó: «¿Qué deporte te aburre?».

Los jóvenes de la clase, habitualmente aletargados, en vez de bostezar como de costumbre expresaron lo que pensaban de diferentes deportes y la discusión despertó pasiones. A Miley le chocaba el beisbol, a Alan no le interesaban los juegos de pelota, Dieter denunció el futbol americano.

—Las pausas, las paradas…

—*You don't know the rules* —le dije en inglés.

—En español —me reconvino Herman.

—No sabes las reglas —aventuré—. Este deporte, futbol, es muy complicado.

Y me irrité y desconcerté un poco porque quería explicar que la gente de una comunidad se identifica con un equipo, se familiariza con las personalidades y destrezas de los jugadores, disfruta las rivalidades y el espectáculo, diseca el trabajo de entrenamiento, hace ostentación de los colores y uniformes y se vuelve una comunidad más unida gracias a su equipo. A mí me gusta ver deportes bien jugados («Todos los deportes jugaron bien» fue como lo dije). Una ciudad con un equipo de campeonato siempre era un sitio orgulloso y feliz. Traté de expresar todo esto, pero el español me falló.

Percibiendo quizá que estaba yo algo agitado, Herman le preguntó a Dieter cuál era su deporte favorito.

—El paracaidismo.

Nos quedamos viéndolo fijamente porque no conocíamos la palabra, hasta que nos explicó lo que era. Había dado sesenta y dos saltos y tenía el propósito de dar muchos más. Era alemán y vivía en una remota provincia de Canadá. Yo no sabía nada de paracaidismo: ¿contaba como deporte si no se trataba más que de saltar de un avión y tratar de agarrarse del aire en caída libre para luego abrir el paracaídas con la esperanza de aterrizar sano y salvo? Y a veces el paracaídas no se abría y te morías. Comenté:

—A veces las personas, los paracaidistas, mueren.

A Dieter pareció gustarle que yo lo cuestionara, porque eso le dio oportunidad de ladear la cabeza y declarar ante la clase:

—No tengo miedo.

Regresamos al tema del aburrimiento.

A Marcie de niña le aburrían las películas románticas.

Miley se aburría jugando a las muñecas.

—¿Don Pablo?

—Cuando era niño no estaba aburrido.

Más adelante, en respuesta a otra pregunta sobre mi niñez, solté una mentira:

—Cuando era niño, lo que más me gustaba de comer era la comida de mi mamá.

La realidad es que en general me desagradaba.

Toda esta confesión y evasión, en el incesante interrogatorio del aprendizaje de idiomas, en ocasiones daba lugar a situaciones incómodas.

—Mi abuelo era un huérfano —revelé en respuesta a una pregunta sobre mi familia.

—Mi abuelo también —dijo Marcie, empañándosele la mirada.

A ambos nos molestaba esa intromisión accidental en nuestra vida privada.

Al cabo de una semana, en la hora informal al aire libre, en la veranda o a la sombra de las palmeras, Herman nos introdujo a los juegos de cartas mexicanos y a los concursos de preguntas, y caricaturas con las que debíamos explicar en español qué le estaba pasando al perrito en la tormenta de nieve o a la muñeca hechizada en la juguetería.

También había juguetes: camioncitos, carros y edificios, de los que hicimos tema de un relato. Al principio me resistí porque me sentía tonto y dejé que los demás narraran la historia del edificio en llamas que fue salvado por el camión de bomberos, o de la niña solitaria que se tranquilizaba con la linda muñeca.

—¿Don Pablo?

—Estoy pensando.

Estaba pensando en Philip Roth, que me había contado una experiencia que tuvo en terapia, cuando estaba en medio de alguna crisis en su vida: se sentó en un círculo con desconocidos, que también estaban tomando terapia, y le dieron un carro de juguete. La terapeuta había dicho: «Philip, por favor dinos algo acerca de este coche. ¿Dónde ha estado? ¿Adónde va?».

Roth al principio se mostró reacio, por sentirse ridículo y en un aprieto. Suspiró y entonces (según me contó) dijo para sus adentros: «Soy escritor, sé contar una historia, eso es lo que hago». Entonces se puso el coche de juguete en la palma de la mano y empezó a describir su viaje.

Así, cuando llegó mi turno agarré la muñeca y dije:

—Una vez, en un pueblito extraño...

Siempre, más tarde, de regreso en mi posada, me acostaba para echarme una siesta, atontado por la clase, pensando «¿Qué revelé sobre mí esta mañana?» y me tapaba la cara recordando lo que había dicho, sin poder pensar en una mentira verosímil, como contarle a la clase que tenía una granja de pollos y cuatro gansos, o describir un trabajo que me había desagradado de joven (en el supermercado) o, basándome en unos monos que nos mostró Herman, inventar la historia de un cocodrilo: «Había una vez un cocodrilo que vivía en la selva...». No sé por qué salió a colación el tema de los tatuajes y yo revelé que tenía dos. ¿Por qué?

También jugamos un juego de preguntas: había que sacar cartas de una baraja y hacernos las preguntas anotadas en ellas: «Cuál es el … más alto?». También los demás hicieron algunas revelaciones embarazosas en respuesta a las preguntas. Miley nunca había oído hablar de las Naciones Unidas, Akiko se quedó perpleja cuando le hicieron una pregunta sobre la Esfinge.

Herman, percibiendo mi impaciencia, me insistió en que saliera más.

—El fin de semana estoy pensando visitar Monte Albán —confesé.

—Buena idea.

Con el coche seguro en un estacionamiento cerrado, compré un boleto de camión y me fui a Monte Albán. La ciudad, a las afueras de Oaxaca, dominaba tres valles, como una fortaleza en lo alto de una montaña de cima plana. Sus pálidas piedras resplandecían con el sol. Siguiendo a un grupo de mexicanos, caminé entre las hermosas ruinas, los templos, los observatorios astronómicos, las empinadas plataformas, la cancha del juego de pelota con forma de *I*, una jungla de escalones afilados.

Las tumbas de los reyes y nobles habían contenido cráneos humanos decorados y tesoros de oro y turquesa. La geométrica ciudad había florecido durante dos mil quinientos años; la gente cultivaba sus propios alimentos, estudiaba el firmamento, celebraba el solsticio, encomiaba a personas jorobadas o con alguna deformación por considerarlas poderosas y fuera de lo común, y practicaba el sacrificio humano. Daban muerte y decapitaban principalmente a niñas y niños, pues se consideraban los más puros. Se hacían sacrificios humanos a Pitao Cozobi, dios del maíz, cuyo nombre significaba «cosecha abundante». La mazorca de maíz se veneraba en la cultura zapoteca, y más adelante la azteca, porque simbolizaba el triunfo de la fecundidad, el origen de toda la vida.

El guía se detuvo en un altar central y habló de la máscara de obsidiana con forma de murciélago incrustado de piedras preciosas que alguna vez se había exhibido ahí, la imagen esculpida del dios murciélago, que también era dios del maíz y la fertilidad (la imagen que había visto en el Museo de Antropología de la Ciudad de México).

Formulé una pregunta en español, la ensayé mentalmente varias veces y me arriesgué a hacerla:

—¿Por qué los zapotecos adoraban a un murciélago?

—Porque veneraban el maíz. Creían haber sido creados a partir del maíz y sabían que los murciélagos se comían a las ratas, ratones e insectos que lo destruían.

A continuación, repitió lo que yo ya había leído en la cédula museográfica de una máscara de murciélago en San Luis Potosí: que el murciélago era un dios relacionado con la fertilidad y que vivía en Xibalbá, el inframundo donde reinan la noche y la oscuridad.

En la superficie de piedra de los templos había figuras danzantes, dioses esculpidos, muchos asociados con la agricultura o la cacería; el dios de las semillas y del viento, mitad jaguar mitad hombre; el dios de la lluvia y los relámpagos; el dios en forma de guacamayo que representaba el sol y la guerra; la diosa madre Huichana, que guiaba las fortunas de cazadores y pescadores. Pixee Pecala, dios del amor y la lujuria, y muchos otros dioses y avatares: dioses de sufrimiento e infelicidad, el dios de los terremotos, el dios del más allá o de la muerte, el dios de las flores, el dios de los guajolotes, el dios de la enfermedad con rostro picado de viruelas… todos estaban grabados en frisos de las paredes, en tumbas, en vasijas y ollas con efigies, en glifos.

Yo solo por mi cuenta, haciendo excursiones y hablando mi español mejorado, me sentía liberado y contento. Esa noche en un bar probé algunas de las expresiones mexicanas que había aprendido («Tengo ganas de una chela») y, usando los modelos de conjugación que Herman me había machacado, pude decir qué era lo que más me gustaba de Monte Albán y lo que menos me gustaba de la política estadounidense, y hablar sobre juegos que disfrutaba de niño…

Aprender mexicano me había convertido en un *flâneur* anónimo; tomaba notas, estudiaba Oaxaca, me preparaba para el Día de Muertos y me daba escapadas de un día, como mi visita a las ruinas del convento del siglo XVI en Cuilápam (que tenía aspecto de estación de ferrocarril), donde pude entender al guía que nos describió algunos de los frescos dañados.

—Y los aztecas hacían pozole con los intestinos de sus prisioneros. ¡Intestinos humanos! —narró.

Una noche en un café, un hombre más bien joven se me quedó viendo, se acercó y me abordó sonriendo:

—Paul Theroux, ¿qué hace en Oaxaca?

Su nombre era John Pedro Schwartz, un escritor y académico radicado en Oaxaca, hombre amigable, muy viajado (poco tiempo antes había pasado siete años dando clases en Líbano). Pude decirle:

—Yo vine a aprender español —y para practicar el modo subjuntivo agregué —: Sin embargo, es posible que si fuera más joven hubiera sido más fácil.

Día de Muertos

Cada noche, desde los días previos a Halloween hasta el 1 de noviembre, Día de Todos los Santos (en el que también se conmemora a los niños muertos y algunos le dicen Día de los Angelitos), y el 2 de noviembre, Día de Muertos, Oaxaca se transformaba. Las comparsas de personas enmascaradas y músicos desfilando subvertían el orden de la ciudad, se imponían entre la multitud, marchaban entre los adoquines y se expandían, apoderándose de las calles, empujando a todos los demás y convirtiéndolos en espectadores. Luego la ciudad pertenecía a las procesiones de niños pintados de calaca, demonios, percusionistas, trompetistas y el Ángel de la Muerte.

Los adultos y niños enmascarados y los músicos se reunían en la plaza frente al Templo de Santo Domingo antes de empezar a caminar lentamente por la calle principal de Oaxaca, Porfirio Díaz. Al principio eran los celebrantes de Halloween, preparándose para montarse sobre las festividades del Día de Muertos. Conforme las procesiones crecían, había más gente, más estandartes, y también cargaban imágenes (una reina, un payaso) mucho más altas, los disfraces se iban haciendo más sofisticados, las máscaras más elaboradas, la música más fuerte, hasta que (como suele ocurrir con los desfiles locales) tomaban toda la calle, llenándola hasta el Zócalo y creando un espectáculo. En los balcones y bares donde antes había música pop y karaoke, ahora había el estruendo de una banda de viento.

Uno de esos días, caminando por Avenida Juárez para ir a mi clase de idiomas, al pasar por los puestos de periódicos vi un encabezado: SICARIOS DESCANSAN EN LA FIESTA.

Se trataba de una buena noticia, que explicaba la aparente reducción en crímenes y la mayor confianza de los lugareños en las calles, los barrios más seguros y que los desfiles no se vieran interrumpidos por balazos ni por cadáveres mutilados.

John Pedro Schwartz había aparecido en un momento oportuno y dijo:

—Esto debe de pasarte en todo el mundo.

Pero le dije sinceramente que no se me ocurría ningún otro momento en mis cincuenta años de vagabundeo en que un extraño se me hubiera parado enfrente, me reconociera y me ofreciera ayuda para el camino. John Pedro se convirtió en amigo y guía, me daba consejos y me conducía por los actos importantes que tenían lugar en la fiesta de fin de semana en conmemoración de los fieles difuntos.

En esos días, al transformarse las ciudades, brotaban pequeños altares y ofrendas, todos improvisados, con floreros repletos de cempasúchiles, flanqueados por veladoras titilantes, preciosas hasta que ves en su centro el cráneo y los huesudos brazos y piernas del *memento mori* de la fiesta. La sonrisa petrificada de la calavera, sin embargo, hacía de ella una comedia ambigua en un festival que mucho tenía de satírico.

Halloween significa disfrazarse, es una especie de ensayo, pero también hora de visitar cementerios. Afuera del Panteón San Miguel, el camposanto cercado de Oaxaca, había un carnaval (comida, juegos, carruseles, cerveza) y los nichos de los altos muros interiores, con sus cuerpos archivados y etiquetados, estaban iluminados por velas. En cada una de las tumbas del interior, en las criptas, tumbas y mausoleos como villas (con techos y columnas), había familias reunidas, comiendo y bebiendo. Me daban la bienvenida: «¿Quiere algo de tomar?», «¿Tiene hambre?».

Con luz de día los desfiles eran joviales, con monstruos pavoneándose y efigies de diablos y bellezas, pero al anochecer en el

Día de Todos los Santos (1 de noviembre) empezaban las vigilias. Me fui al viejo cementerio de Santa Cruz Xoxocotlán, donde habría actividades por el Día de Muertos, y ahí supe que una vigilia era una fiesta en la que se consumían bebidas alcohólicas, o un día de campo en familia o, para algunos, una veneración solemne y devota. El alcohol y los gritos en un grupo de celebrantes enmascarados es tan extraño que uno lo considera transgresor, pero resulta adecuado, porque el Día de Muertos incorpora elementos de insulto y protesta en la causa de la congoja y la sátira, que es una forma de congoja... y de atracón.

El 2 de noviembre, el mero Día de Muertos, viajé al pueblo de Soledad Etla por la música, la comida, los grupos para vigilar a los muertos en las tumbas. El lugar tenía una iluminación inquietante y mucho ruido, entre las diferentes bandas musicales y los DJ que ponían canciones de rock mexicano a alto volumen. Las mesas de comida estaban repletas de garnachas: tlayudas, tacos, crepas, palomitas y salchichas reventando en charcos de grasa chisporroteante. Era una fiesta y un baile de disfraces: un hombre gordo con máscara de Donald Trump; un hombre vestido del Chapo, bailando y agitando una pala para simbolizar el túnel por donde escapó de la prisión, y una niña pequeña, una coqueta diminuta, convertida en diablo con máscara y colmillos en vestido de terciopelo.

—¡Hola, don Pablo!

Era Carlos, el dueño de mi posada, mirando una procesión de comparsas. Dijo que Soledad Etla era el sitio adonde había que ir, aunque por la música debía visitar San José Mogote. Me ofreció una cerveza y, con su particular amabilidad, me hizo la narración del desfile e identificó algunas de las máscaras y disfraces: esqueletos, tortugas, rubias platinadas con la cara pintada, ángeles, monstruos, monjes, niños vestidos de gauchos, hombres vestidos de mujeres, muchas novias macabras con vestidos extraños.

—Pelean —dijo Carlos—. Se burlan de la vida, se burlan de la muerte.

Esa protesta, la rebelión, era un bálsamo. En los desfiles, aprovechando la libertad del pandemónium, muchos de los que iban en la procesión enmascarados y disfrazados gritaban consignas contra el gobierno o contra Trump y llevaban pancartas con grandes letras que decían ¡MUERA EL MAL GOBIERNO!

Ese llamamiento, parte del Grito de Dolores, viene de lejos: se remonta a 1810, cuando Miguel Hidalgo, cura católico (en Dolores, cerca de Guanajuato, donde un día me paré a comer camino al sur), gritó esa frase, entre muchas otras consignas, para denunciar a los españoles y mover a los mexicanos a sublevarse. Ese grito se considera el inicio de la guerra de Independencia de México, pero también se ha dirigido a muchos gobiernos mexicanos posteriores.

Las imágenes de la muerte, la Santa Muerte, la huesuda Catrina, no son tristes, porque la atmósfera es festiva, con un trasfondo de anarquía. Los celebrantes son gente que todo el año trabaja y vive modestamente, y luego aprovecha esa oportunidad de hacer ruido, protestar, beber hasta atontarse.

San José Mogote no estaba lejos. El mercado del pueblo parecía una escena sacada de una película, con muchos extras y con música: la multitud disfrazada bailaba al ritmo de tres bandas de viento que se disputaban la atención de la gente; la música era ensordecedora y los bailarines, en éxtasis, pegaban alaridos.

Un día o dos después terminaron las celebraciones formales, con menos estridencia: gente que se quedaba toda la noche cumpliendo algún ritual en los panteones de poblaciones rurales fuera de Oaxaca despidiendo a sus muertos. Fui bien recibido, pero a media noche me escabullí. Los dolientes seguían marchando con velas a las dos de la mañana. Yo me preguntaba por el ruido y la parranda: esa cacofonía y esa mascarada ¿qué tenían que ver con el Día de Muertos?

La respuesta era: todo, porque disfrazarse, bailar y gritar eran formas de protesta, la rutina cotidiana puesta patas arriba. Conocí a un hombre que me lo explicó: Diego, un músico; cantaba y tocaba la guitarra, pero no había suficiente trabajo, así que era maestro, guía y explicador a tiempo parcial. Parecía que en Oaxaca nadie podía ganarse la vida con un solo trabajo.

—Aquí en Oaxaca la protesta es una tradición —me aseguró Diego—. Hubo grandes protestas en 2006, con treinta o cuarenta muertes. Nadie del gobierno prestó ninguna atención. Solo la muerte del gringo activista Brad Will fue noticia. Los demás eran simplemente mexicanos muertos.

—¿Y últimamente? En el Zócalo vi un campamento de protesta.

—En julio de 2016 hubo una gran protesta en Nochixtlán.

—Pasé por ahí. ¿Por qué se protestaba?

—Por la reforma educativa y para exigir mayores prestaciones de salud —me señaló Diego—. Mire: en México la mayoría de las protestas se hacen en el sur o en la Ciudad de México. En el norte no muy seguido, porque las ciudades de por allá (Monterrey, Guadalajara y otras) tienen fábricas de coches y hacen cosas para la exportación. Aquí nosotros no generamos dinero. En el estado de Oaxaca tenemos tres millones de personas y ochenta mil maestros. No hay suficiente dinero para pagarles: todo lo que tenemos es el turismo. Sea como sea, hay más protestas sociales en el sur.

Mencioné haber oído que había depósitos minerales en el estado.

—¡Sí! Y eso también da lugar a protestas. Las comunidades tradicionales se oponen a lo que consideran explotación. Una compañía canadiense está buscando aquí oro y plata, pero la gente del lugar se opone porque les parece irresponsable. Aquí hay uranio, pero las comunidades no permitirán que se extraiga.

Luego fue al grano: la protesta era una tradición necesaria porque en muchos pueblos y comunidades de Oaxaca no había partidos políticos.

—¿Y entonces qué tienen? —le pregunté.

—Tienen usos y costumbres —es decir, derecho consuetudinario. El gobierno no hizo nada para proteger a la gente de las empresas mineras que estaban asolando el campo ni de las fábricas con sus bajos salarios o de la violencia de los cárteles—. Protestan a su manera.

Memento mori

La protesta se mezclaba con la fiesta, la fiesta con el ritual, y muchas de las mascaradas rituales tenían su raíz en la antigua cultura azteca, un imperio de sacrificios sangrientos, calaveras y máscaras centelleantes. Sin embargo, la mascarada moderna, justamente porque los participantes iban enmascarados, garantizaba el anonimato y le daba a la gente oportunidad de echarse a la calle y representar sus agravios.

Los días de Muertos eran precisamente ese festejo. Eran un ritual solemne, una vigilia en los campos santos, una mascarada, un atracón, ocasión de ponerse elegante y verse fabuloso, incluían protesta política y eran una fiesta.

Dominaba esta celebración la imagen sonriente de la Muerte, «un tótem nacional de México», apunta Claudio Lomnitz, que surgió en el periodo posterior a la Revolución mexicana (a grandes rasgos, de 1910 a 1920). Otros tótems que enlista Lomnitz son la Virgen de Guadalupe (que representa la esperanza) y la imagen de Benito Juárez (que representa la razón). La identidad mexicana se derivó de las implicaciones de tales imágenes. Los mexicanos dicen que los gringos niegan la muerte o le tienen horror, o que en Europa ven la muerte como algo trágico o romántico. Sin embargo, «durante el siglo XX mexicano —escribe Lomnitz—, la alegre familiaridad con la muerte acabó siendo la piedra angular de la identidad nacional». «La nacionalización mexicana de la muerte —prosigue— posee un componente de desenfado más nihilista; es la restauración moderna de un tema medieval».

Las polémicas en torno a la muerte son un pasatiempo nacional en México, sobre todo para intelectuales como Lomnitz, Carlos Fuentes en *En esto creo* u Octavio Paz cuando escribe que el mexicano a la muerte «la frecuenta, la burla, la acaricia, duerme con ella, la festeja, es uno de sus juguetes favoritos y su amor más permanente».

Sin embargo, el crítico literario y novelista mexicano Guillermo Sheridan se muestra escéptico: ve la obsesión con la muerte como una farsa, una costumbre cocinada por empresarios que velan por sus intereses personales: «un invento de antropólogos, una excrecencia del Indio Fernández, un estremecimiento de Frida Kahlo», al que los turistas, a quienes les encanta la fiesta, dieron mucho empuje. Todas estas especulaciones mexicanas me parecen verdaderas: la muerte como fiesta, como juguete, como protesta, como ritual sombrío. Estas ideas animaban a los oaxaqueños en esos primeros días de noviembre, junto con la paradoja de que las manifestaciones del culto a la muerte (que van de lo cómico a lo macabro) creaban una sensación de vitalidad.

El *memento mori* («Recuerda que morirás») es el trasfondo de la vida mexicana, y con toda razón. Piénsese en las alarmantes estadísticas de homicidios en México: en 2017, cerca de treinta mil, la mayor cantidad de asesinatos anuales en la historia mexicana moderna. Y la cantidad fue superada por los asesinatos de 2018, cuando yo estaba poniendo fin a mi viaje por ese país. Nadie menospreciaba esas estadísticas: los prudentes mantenían la cabeza gacha, daban consejos en voz baja, se quedaban en sus casas por la noche, echaban llave a la puerta; los vulnerables se dirigían a la frontera en busca de seguridad; los otros, la inmensa mayoría, seguían viviendo y trabajando como antes. El tema medieval era «La muerte nos llega a todos y a todos nos ridiculiza». Y en el teatro callejero y las borracheras de cementerio en esos días de Muertos, los mexicanos devuelven el cumplido: se disfrazan de esqueleto, desfilan con máscaras de calaca, regalan calaveritas de azúcar, participan en danzas macabras, se burlan de la muerte.

Pero no fue un intelectual mexicano quien sintetizó para mí las ambigüedades de la relación mexicana con la muerte: fue Muriel Spark en su novela *Memento mori*: «Si volviera a vivir mi vida, adquiriría la costumbre de pensar por la noche en la muerte. No existe otra práctica que intensifique tanto la vida. La muerte, cuando se acerca, no lo debería coger a uno por sorpresa. Debería formar parte de una expectativa total de la vida. Sin una sensación siempre presente de la muerte, la vida es insípida».

¿Era esta conciencia de la muerte lo que tanto me vitalizaba en México? Mi viaje a esas alturas estaba más cerca de su fin que de su principio, y en toda una vida de trotamundos jamás me había sentido tan plenamente vivo, más deseoso de despertar cada mañana y ver qué me depararía el día, aun cuando lo que pudiera depararme fuera una vigilia nocturna en el cementerio y un despliegue de calaveras. México era para mí un mundo de lucha, de incidentes, de cuestionamientos, de gente amenazada que se impone a sus humildes circunstancias, algo que me dejó un aprendizaje: venerar el pasado y ser auténtico, estar decidido a vivir. Todo el tiempo pensaba con placer: «¡Sigo aquí!».

La imagen que me llevé de ahí fue la de la anciana solemne acuclillada junto a una tumba en el antiguo cementerio de Xoxocotlán, con severa expresión de duelo y mirando fijamente a ese intruso que era yo.

San Agustín Yatareni

Ahora que había terminado mi curso de mexicano y había conquistado el modo subjuntivo, tuve tiempo libre para hacer recorridos más largos. Visité ruinas, hermosas ruinas. Volví a ir a Monte Albán. Había sido una sofisticada ciudad sobre una montaña y en su elevada meseta sus pirámides escalonadas y simétricas seguían siendo una maravilla. Su construcción se había iniciado en 500 a. C., en un tiempo en que Gran Bretaña era tierra de tribus beligerantes de la Edad del Hierro que se pintaban las barrigas de azul y se apiñaban en fuertes de las montañas; más o menos en la época del Partenón en Grecia (432 a. C.) y el Foro Romano, pero más grande que estos, más noble su diseño, que combinaba la estética de templos y residencias con el poder de una ciudadela.

La austera plaza central de Monte Albán era un complejo de pirámides, una cancha de pelota, plataformas de piedra y, cavadas en la ladera, una serie de tumbas subterráneas, la ciudad más vieja del continente americano y una de las más viejas del mundo. Fui a Mitla, con ruinas fragmentadas sobre las que se había construido una lúgubre iglesia. A unos kilómetros de Mitla, una sorpresa, un sitio arqueológico más impresionante: Yagul, un palacio con casas de piedra y un fuerte construido más o menos al mismo tiempo que Monte Albán, en una terraza sentada en torno a una alta colina, menos famoso que Monte Albán o Mitla, pero que en sus tiempos fue el centro de una comunidad de seis mil personas. Y ahora nadie, ni siquiera muchos visitantes. El día que fui era yo el único turista, mirando boquiabierto.

Basta de ruinas. En busca de arquitectura humana le pregunté a una amiga estadounidense que vivía en Huayapam (Linda

Hanna, que tenía una pequeña posada) si conocía algún pueblo de gente que se hubiera ido a los Estados Unidos o hubiera regresado, por desencanto o por deportación.

—Conozco el lugar exacto.

Se trataba de San Agustín Yatareni, un pequeño asentamiento sobre una carretera rural fuera de Oaxaca, justo donde el camino se inclina para arriba y empieza a ascender hacia Huayapam. San Agustín era un sitio silencioso y concentrado, con un calor sofocante a mediodía, con poca gente moviéndose; el bulto bajo de la iglesia de muros gruesos de San Agustín, una plaza modesta, casitas con vista a senderos angostos, sin banquetas. El pueblo tenía cierto encanto turístico del que daban fe unas cuantas taquerías desperdigadas, pero era un lugar poco prometedor para un lugareño en busca de trabajo y en su periferia había casas pobres, burros amarrados y cabras nerviosas. A pesar de su tamaño y su somnolencia, resultó ser ejemplar.

Alrededor de 1980 un lugareño llamado Adolfo Agustín Santiago salió de San Agustín y tomó hacia el norte, rumbo a la frontera. José López Portillo era el presidente de México, cuya administración tenía fama de corrupta y nepotista. En su presidencia hubo un auge petrolero, pero eso de nada le sirvió a la gente de Oaxaca, además de que se sabe que los auges petroleros producen delincuencia y avaricia (piénsese en Nigeria, Venezuela y Angola, países con mucho petróleo y deshonestos). Poco después México entró en un periodo de crisis económica. No había trabajo en San Agustín, y muy poco en la cercana Oaxaca. El estado era el segundo más pobre de México, y sigue siéndolo: tres cuartas partes de su población viven ahora, como entonces, en lo que los economistas llaman «extrema pobreza».

El joven Adolfo de alguna manera se las arregló para llegar a Nueva York y luego a Poughkeepsie, donde todavía estaban en pie algunas fábricas: Western Publishing, una planta de Fiat, algunas de textiles, e IBM tenía tres plantas del Hudson Valley. En el cercano Hyde Park estaba en pleno crecimiento la universidad gastronómica Culinary Institute of America. Poughkeepsie, sin embargo, estaba en decadencia; se había vuelto un lugar más económico para vivir y con oportunidades para cualquiera que hubiera pasado apuros en la vida, por ejemplo, un oaxaqueño como Adolfo. Western Publishing cerró, IBM despidió temporalmente a miles de trabajadores, el Culinary Institute seguía prosperando, pero casi todos los edificios de Main Street estaban cerrados con tablas. En muchos aspectos, Poughkeepsie era una ciudad pobre, habitada por obreros y defectuosa, y por varias décadas siguió malográndose. Era tan insegura que muchos mexicanos se limitaban a hacer trabajo temporal y en el invierno regresaban a sus casas; una y otra vez oí decir que cruzar la frontera había sido sencillo hasta septiembre de 2001.

La gran mayoría de los mexicanos de Poughkeepsie eran de Oaxaca. Adolfo, rodeado de paisanos, ahí se quedó. Después fueron llegando más hombres y mujeres jóvenes de San Agustín. El censo de 1990 registró a doscientos veintiocho mexicanos viviendo ahí; ahora son miles, y los lugareños dicen que han ayudado a revitalizar la ciudad. Los emplean en las fábricas que ahí siguen y en las plantas de alrededor, en el Hudson Valley. Han abierto tiendas y restaurantes en Main Street, trabajan de plomeros y electricistas. Tienen su propia estación de radio y su compañía de baile tradicional, el Grupo Folklórico de Poughkeepsie. También han introducido sus propias fiestas y festivales: la Guelaguetza, una celebración tradicional oaxaqueña, ahora atrae a miles de participantes y curiosos. También conocida como los Lunes de Cerro, tiene lugar a fines de julio, con disfraces y bailes, tanto en Oaxaca y los pueblos colindantes como en Poughkeepsie.

Me enteré de todo esto conversando con la gente de San Agustín Yatareni. En todo momento, una cuarta parte de su población está en Poughkeepsie. Las líneas de comunicación son útiles para los migrantes potenciales.

Conocí a Antonio Caldera en San Agustín. Se veía agobiado y resignado, pero deseoso de platicar de sus días de migrante. En 1989, cuando tenía diecinueve años, estudiaba Ingeniería mecánica en Oaxaca.

—Pero me aburría. Quería algo distinto, quizá convertirme en abogado.

Dejó la universidad e hizo la solicitud de admisión para estudiar Derecho, pero los maestros lo rechazaron y le dijeron que solo lo aceptarían si les daba dinero. No le alcanzaba más que para pagar las clases. Con la idea de ganar dinero, tomó un camión a la Ciudad de México; como ahí no encontró oportunidades, tomó otro a Monterrey. Para entonces ya había conocido a otros hombres jóvenes de San Agustín Yatareni; un coyote les ayudó a llegar a Tijuana. Se refugiaron varios días en un hotel, y cuando les llegó la señal («Una noche tocarán dos veces la puerta de la habitación») se escabulleron y empezaron a caminar rumbo al este.

—Caminen normal —dijo el coyote, temiendo que si se apresuraban la policía se daría cuenta.

Ya que estaban fuera de la ciudad avanzaron con paso firme. Caminaron ochenta kilómetros, tres días hasta Tecate y de ahí al otro lado de la frontera, donde el contacto del coyote estaba esperando con una camioneta en un sitio acordado de antemano (esto fue antes de los teléfonos celulares y los mensajes de texto).

—Nos llevó a Los Ángeles —contó Antonio—; luego fuimos en avión a Nueva York y tomamos un camión a Poughkeepsie. Después de eso, todo estuvo bien.

Trabajó en un restaurante chino y vivió en una casa con otras once personas, todas de San Agustín Yatareni. Era todavía 1989. Sus gastos mensuales eran de trescientos dólares, y normalmente conseguía mandar ochocientos dólares al mes a su madre, que tenía un rancho.

—¿Y los papeles? —pregunté.

—Tenía una tarjeta de Seguridad Social —dijo—. Me la dieron los chinos. Tenían un negocio de hacer tarjetas de Seguridad Social. Eran de China, sabían de esas cosas.

Al cabo de diez años, su madre viuda estaba enferma y volvió para cuidarla, contento de poder ayudarla. Dijo que casi tres cuartas partes de San Agustín Yatareni estaban en Poughkeepsie, y cerca de la mitad de ellos tenían los documentos en regla. Extrañaba Poughkeepsie; con los cárteles controlando la frontera, dudaba poder regresar alguna vez.

Me detuve en un pequeño bar y hamburguesería llamado Ilegales, muy popular, escondido entre una arboleda en la orilla de San Agustín Yatareni, en la carretera de Huayapam. En la pared tenían un póster en blanco y negro con una foto de Donald Trump de perfil y en grandes letras la leyenda DONALD, ERES

UN PENDEJO. Haberle puesto Ilegales al restaurante bar era una broma, pues el dueño del lugar, José Miguel Martínez, había sido migrante indocumentado en los Estados Unidos por varios años.

José Miguel era un hombre como de treinta y cinco años, sonriente, de baja estatura. Llevaba cachucha de beisbol y una playera que decía ILEGALES. Hablaba con soltura un inglés coloquial. Tenía el acento y la apariencia de cualquier migrante en alguna ciudad interior de los Estados Unidos. Nos sentamos a platicar en una mesa de su bar, aunque de cuando en cuando tenía que levantarse de un brinco para dar una orden o explicarle algo a un mesero. Al negocio le iba muy bien: el lugar estaba lleno y era cordial; había música, risas provenientes de las mesas, muchos gringos comiendo, lo que significaba que entre los turistas de Oaxaca se había corrido la voz de que ahí tenían hamburguesas sabrosas y cervezas frías, y que valía la pena probar el nuevo producto de José Miguel, el Mezcal Ilegal.

Al principio todo había sido muy diferente. José Miguel tenía quince años, vivía en San Agustín Yatareni y hacía arreglos y chambitas. Estaba impaciente, así que cuando su primo Luis, de veintiún años, dijo «Vámonos», partieron juntos; Luis pagó el viaje.

Eso fue alrededor de 1998, en los últimos años de cruces sencillos al otro lado, tarifas más económicas de los coyotes y menos policías, pero todos los cruces implicaban varios días de largas caminatas. Los dos primos volaron a Tijuana a encontrarse con el coyote. Los llevaron en coche al desierto y de ahí tuvieron que caminar unas horas hasta llegar a un río. Puede ser que haya sido el arroyo estacional al oeste de Mexicali al que llaman El Oasis, que forma el borde de la Laguna Salada, un amplio río de la estación de lluvias y una tierra de nadie fronteriza. Esto estaba justo al sur de Jacumba Wilderness Area, las montañas de rocas apiladas ante las que me había maravillado por su escarpada rareza cuando pasé por ahí, cerca de Ocotillo.

—El coyote me dio una cámara de llanta —dijo José Miguel—. En ella crucé el río, y del otro lado nos encontró alguien que nos llevó manejando a Calexico —para entonces había viajado ciento cuarenta kilómetros desde Tijuana—. De ahí nos llevaron a Phoenix y volé a Filadelfia, donde tenía unos amigos. Trabajé en un restaurante italiano, primero como ayudante de mesero y después de mesero. Ganaba cuatro dólares la hora, pero de todas formas conseguí ahorrar dinero y mandarlo a casa.

Tres años después José Miguel regresó y construyó una casa en San Agustín Yatareni. También se enamoró de una muchacha del pueblo. Pero extrañaba Filadelfia y tener un trabajo estable.

—Me arrepentía un poco de haber vuelto.

Volvió a los Estados Unidos para trabajar y ahorrar un poco más, pero se mantuvo en comunicación con la muchacha. Cuando regresó a San Agustín Yatareni para casarse, y quizá seguir viaje, descubrió que ahora era mucho más difícil cruzar la frontera. De todas formas, él era un tipo de ahí, San Agustín era su verdadero hogar, así que se quedó, construyó Ilegales, y al bar y hamburguesería le sumó una marca de mezcal, que también se llama Ilegales.

Había tenido una vida jovial en Filadelfia, siempre como indocumentado. Nunca solicitó una *green card* ni tuvo licencia ni tarjeta de Seguridad Social. No tenía coche ni manejaba. Normalmente se transportaba en camión o bicicleta.

—¿Qué extraño? La comida y los amigos, la diversidad cultural —me dijo José Miguel—. Y si trabajas duro, hay un buen dinerito. Eso no pasa en México. Aquí puedes chambearle un montón y de todas formas ganar muy poco. Lo que no me gusta de México es el papeleo, pero sobre todo la pobreza. En los Estados Unidos hay gente pobre, pero por lo general son los que no quieren trabajar. Aquí tenemos gente pobre, pero es pobre por la falta de oportunidades. Es triste.

Levantó la mirada. Una mesera tenía una pregunta y alguien más lo estaba buscando; el lugar estaba lleno, en la cocina repiqueteaban ollas y sartenes.

—Con permiso.

San Andrés Huayapam

Ascendí por la carretera hacia las faldas de las montañas de Huayapam: un trayecto sencillo con mi carro rebotando en los topes y las ondulaciones del terreno. En el último siglo una caminata a Huayapam se había vuelto una cordial tradición entre los gringos expatriados que vivían en Oaxaca: una salida dominical, rayana en excursión morbosa a los barrios pobres, para ver un pueblo de zapotecos exóticos con vestimenta típica y comprar un chal tejido a mano, un tapete o una pieza de cerámica recién hecha. De la ciudad concurrida al campo tranquilo, una apacible caminata. En su libro *Mañanas en México*, D. H. Lawrence narra su paseo a Huayapam, pero seguramente oyó mal y lo escribió como «Paseo a Huayapa».

Lawrence, que de natural iba a contracorriente, empieza explicando que estaba reticente a ir, pero finalmente transigió y se fue caminando con Frieda y Rosalino, su mozo, haciendo algunas paradas en el trayecto. No es una caminata larga, pero le sacó provecho. Lawrence era una de esas pocas personas muy absorbentes con las que nada se desperdicia. Una semana en Cerdeña le dio las cuatrocientas páginas del libro de viajes *Cerdeña y el mar*. Menos de tres meses en Oaxaca y salió de ahí con una novela larga, varios relatos cortos, una docena de ensayos y algunas traducciones. Inflando su paseo de un día a Huayapam se atreve a sintetizar la vida campesina en el México rural. El ensayo es un frenético informe del viajecito, Frieda fastidiando, Lawrence despotricando, el oaxaqueño Rosalino siguiéndolos, paciente y servicial, arrastrando sus bártulos, haciendo el papel del cómico adlátere autóctono, el Sancho Panza para el Quijote de Lawrence.

«La humanidad divirtiéndose es en general un espectáculo deprimente y las fiestas son, más que pesadas, descorazonadoras». Cascarrabias, sí, pero este inicio pesimista del texto sobre Huayapam no es una pose ingeniosa. Pequeño y misántropo («La humanidad es un árbol de mentiras»), Lawrence era un espectador escéptico por naturaleza, no un participante activo, y las interrupciones de los domingos y los días de fiesta lo apartaban (como a casi todos los escritores serios) de su mesa de trabajo y de la novela que invariablemente estaba escribiendo, que en ese día de diciembre de 1924 resultaba ser *La serpiente emplumada*. Sea como sea, salió de paseo a Huayapam y llevó consigo su escepticismo. Debe añadirse que otro factor que contribuía a que no supiera apreciar una caminata de quince kilómetros en un día caluroso a gran altitud era su mala salud. En sus mejores días era una ruina, y en Oaxaca le diagnosticaron malaria, además de que era un tísico crónico y algunos días escupía sangre. No mucho después del paseo a Huayapam tuvo su primera, y casi mortal, hemorragia tuberculosa. Cinco años después murió por esa enfermedad. Pero para la caminata se activó.

Fuera de la iglesia, que Lawrence diseca minuciosamente, todo en Huayapam ha cambiado en el siglo transcurrido desde que hizo aquel trayecto. Gran parte del camino ahora está urbanizado o es zona residencial. Donde Lawrence vio ranchos ahora hay casas. Es la condición del México improvisado y mal zonificado: chozas y casuchas se acumulan, propagándose sobre los campos y pasturas, para profanar e infestar lo bucólico. El camino está pavimentado y Oaxaca se ha extendido a las montañas cercanas.

Pero eso es el primer plano. Y no tendría ningún sentido mencionar el texto de Lawrence si no hubiera en él algo más que un primer plano. Pero es el marco del paseo, el anfiteatro del paisaje, y su precisión al describirlo, lo que le da belleza y presencia. En *Mañanas en México* lo que importa es la idea de lugar, en parte desaparecido para siempre y en otros aspectos eterno. Esto pasa en México en general; es el atractivo de las carreteras secundarias, es otra razón para un viaje en carro, es el valor perdurable de Oaxaca.

Lejos de Huayapam, el fondo (la inclinación dramática y virgen de la sierra) no ha cambiado desde que Lawrence lo observó hace un siglo: «En la orilla izquierda, muy cerca, las montañas de rígidos pliegues, todas las laderas que imprimen color sabana a la sabana del valle —escribe—. Las montañas están envueltas en humo y ataviadas de pinos y ocote; como mujer con rebozo de gasa, se alzan en un vapor azul intenso que en las grietas es casi azul lavanda. Tienen la característica de que en la cima son del azul más oscuro. Como algún espléndido lagarto con temblorosa cresta azul rey descendiéndole por el lomo, y barriga pálida y suaves garras entre rosa y beige, en la llanura».

Un poco florido, quizá, pero comunica la idea. La fisicalidad del paisaje se corresponde con el físico de la gente a la que ve, como la lavandera de pechos al aire que azota la ropa en un río: «Tiene una hermosa espalda ancha, de un color naranja intenso, y lleva

302

recogidos los ramales de pelo mojado». Lo mismo con los hombres nadando desnudos: «Qué pieles tan bellas, suaves, y brillantes tiene esta gente, es como una riqueza de la carne». La inmediatez y fisicalidad del ensayo, leer a Lawrence celebrando el cuerpo humano, pesa más que sus aspavientos y la trivialidad del diálogo en el que regatean la fruta o algo para comer. Al final, a pesar de tanto hablar y a pesar de los malentendidos, no llega a conocer a nadie ni a escuchar la historia de nadie. Huayapam es pura superficie (superficie brillante: «las montañas de rígidos pliegues», «pieles tan bellas, suaves, y brillantes»), pero nada de vida interior.

Esta observación superficial de la arquitectura humana tiene color (la carne como contorno del paisaje) pero no logra imprimirle al ensayo ningún poder duradero. En cuanto a la arquitectura del pueblo mismo, Lawrence hace una observación atemporal cuando mira la iglesia de San Andrés, como muchas otras solitarias iglesias remotas del México rural: «el corazón se te estruja, sientes el patetismo, la aislada insignificancia del esfuerzo humano».

Lo que desconcertaba a Lawrence, y permanece inmutable (hoy en día sigue desconcertando a muchos visitantes), es la lengua indígena: en Huayapam todavía se habla el zapoteco. También que, a falta de partidos políticos, haya un consejo local que se reúne de manera periódica para decidir los asuntos del día, cómo afectan al pueblo, y basan sus decisiones en los usos y costumbres, para frustración de los expatriados locales y los gringos, que se preguntan si tendrán ahí algún futuro, si su tenencia de la tierra será segura y si habrá alguien a quien le caigan bien.

Para Lawrence, la gente de Huayapam es inescrutable y obstinada. Gritan «No hay» a cualquier cosa que pida o parlotean oscuramente en zapoteco: «No hay más remedio que matarla o huir», escribe de una mujer poco servicial. En cuanto al agua: «Tenemos que llegar a la parte más alta, arriba de la población, para beber agua pura y evitar una tifoidea».

La queja asustadiza del turista hemorroidal que aquí resuena refleja el tono en el que Lawrence a veces se deleitaba; era un graznido que yo deseaba evitar. Aunque Lawrence se peleaba mucho con Frieda, que solía serle infiel («¡Cómo gimoteas, puta!») y con toda tranquilidad insultaba a gritos a los lugareños, es evidente que disfrutó el tiempo que pasó en Oaxaca (la serenidad del lugar, la amistad fácil con la gente, las gentilezas tradicionales, la cualidad de la luz: «Y llega el domingo por la mañana, y el sol con su peculiar holgura») y todas esas características oaxaqueñas tan útiles para alguien que quiere sentarse tranquilamente a escribir.

Muchos oaxaqueños, en la ciudad y en los pueblos aledaños, tenían una vívida experiencia de los Estados Unidos. En Huayapam conocí a dos que se habían aventurado al otro lado; al primero de ellos, una tarde templada y agradable, bajo un árbol en un jardín en la orilla del pueblo.

—Tenía diecinueve años cuando me fui para la frontera —me relató Pedro García Sandoval. Tenía treinta y cuatro años, pero el trabajo y la incertidumbre le habían dado aspecto de viejo ansioso. En Huayapam tenía un empleo de plomero, pero había poca clientela. Había nacido en las montañas al oeste de Oaxaca, en Putla, localidad colindante con Guerrero. Era una población pobre y Pedro no veía ahí ningún futuro para él. Su hermano mayor estaba en San Francisco, se había ido unos años antes, y le dijo cómo hacer para cruzar la frontera.

Esos pueblos pobres todo el tiempo eran visitados por reclutadores y coyotes, como vendedores de puerta en puerta, para animar a jóvenes aptos a que cruzaran la frontera y recolectar sus cuotas iniciales; el resto se pagaba del otro lado, cuando el migrante ya tuviera trabajo. Pedro pagó mil quinientos dólares en Putla y tomó un camión a la Ciudad de México y ahí otro a Nogales. Allá lo recogió otro coyote, que lo llevó en su vehículo a Altar, como a veinticinco kilómetros de ahí, para cruzar la frontera en Sásabe. Por el tiempo que estuve en Nogales sabía que ese era uno de los cruces más fáciles y populares: era puro desierto, no había valla, en el pasado casi no lo patrullaban, sobre todo el día que Pedro cruzó con un pequeño grupo reunido por el coyote.

—Era septiembre de 2001 —me contó Pedro sacudiendo la cabeza—. Estaba cruzando la frontera cuando se cayeron las torres. No vi ninguna Border Patrol. Caminé por el desierto a Tucson —eso eran cien kilómetros, con el coyote y el grupo de media docena de hombres jóvenes—. El coyote hizo una llamada y nos fuimos a una casa en Tucson. Nos quedamos ahí unos días, luego nos fuimos a Los Ángeles en camión, a otra casa. Finalmente tomé un autobús Greyhound a San Francisco, a Bernal Heights, para reunirme con mi hermano.

—Es un largo viaje para un jovencito —observé.

Me explicó que en Bernal Heights había trabajo y muchos mexicanos y latinoamericanos. Estaba cerca de las terminales de autobuses y el astillero, y en toda la ciudad era fácil conseguir trabajos de construcción, gracias al auge de las páginas de internet.

—De chico yo era como un chapulín —dijo Pedro—. Mi hermano trabajaba en la construcción. Me reuní con él, les pagué a los coyotes lo que les debía y senté cabeza. Tiempo después fui ayudante de un plomero, también de Oaxaca. Observándolo trabajar me volví especialista en plomería. Me quedé en Bernal Heights; allá conocí a Verónica, que también era de Oaxaca, y nos casamos. Tuvimos dos hijos, que ahora tienen nueve y siete años. Fuimos muy felices en San Francisco.

—¿Por qué se regresaron?

—Por mi padre —respondió—. Estaba muy enfermo. Esto fue hace un año. Mi hermano se quedó pero yo volví, y poco después murió. Así que heme aquí, haciendo plomería.

Estaba resignado a vivir en Huayapam. Había trabajo, pero se pagaba por él mucho menos que en San Francisco, y esos diecisiete años en los Estados Unidos lo habían transformado. México era burocrático, las escuelas eran pobres, y en muchos aspectos él estaba sobrecalificado para la clase de chambas de plomería que le pedían hacer. Ya no podía pensar en volver a Bernal Heights, ni a ningún lugar de los Estados Unidos, ahora que tenía familia y compromisos, y con el precio del cruce y las incertidumbres, imposible volver a cruzar la frontera.

—Sin embargo, aquí estoy —dijo con sonrisa melancólica—. En casa.

Conocí a Ángel Barragán debajo de un árbol en una calle secundaria de Huayapam. Como Pedro, tenía alrededor de treinta y cinco años, y en parte era la misma historia: atravesar el desierto de Altar a Sásabe, por ejemplo. Pero en su caso fue un grupo grande, de ciento dos hombres y mujeres, y por esa razón más barato (un anticipo de ochocientos dólares y más cuando llegara y empezara a ganar dinero). Su hermano menor iba con él. Era 2006.

—¿Qué te hizo decidir irte para allá?

—Quería ganar dinero —respondió Ángel sonriéndole a este gringo tan simple y corto de luces que no lograba captar lo obvio—. Aquí no hay.

—Cruzaste junto con mucha gente —comenté—. Debió ser difícil.

—Fueron cinco días con sus noches de la frontera a Tucson —dijo recordando, con expresión adusta—. Habíamos llevado comida para un día, así que cuatro días estuvimos sin comer. Un coyote violó a una de las mujeres… Bueno, ella no pudo pagar, así que le ofreció su cuerpo.

Se quedó callado pensando en eso.

—Comimos muchos nopales —continuó su relato. Estas hojas del cactus se comen crudas o cocidas, y dicen que saben parecido a los ejotes.

—¿Y todos sobrevivieron?

La idea de cien personas caminando lenta y pesadamente por el desierto era difícil de imaginar: un río de gente avanzando en fila por la grava caliente y entre los cactus espinosos y los mezquites, pero Ángel aseguró que la Border Patrol no detuvo a nadie.

—No murió ninguno de nuestro grupo —me confirmó—, pero por el camino vimos cadáveres tirados en el suelo. Sin enterrar. Habían muerto de sed.

—¿Vieron víboras?

—De día sí, muchas. En el desierto siempre hay víboras.

El trato era que el grupo reunido por el coyote, o por una mafia, iría para trabajar en una granja de Huron, California, para cosechar lechuga. Todos como trabajadores no abonados. Huron, ubicado en Fresno County, con una población de alrededor de mil personas cuando Ángel Barragán vivió ahí, era la ciudad con la mayor proporción de hispánicos en los Estados Unidos (98%), casi todos migrantes que trabajaban en los campos, indocumentados muchos de ellos.

—Por cosechar la lechuga ganábamos como cuatrocientos dólares a la semana, y pagábamos por alojamiento, comida y nuestros gastos como ciento ochenta. Hacía mucho calor, a veces casi cuarenta grados. Lo mismo en Santa Rosa, donde después trabajamos en la vendimia; ahí ganábamos como mil cien dólares cada dos semanas.

—¿Cuánto mandabas a casa?

—Nada. Después de pagar por renta y comida me quedaba muy poco. Es que seguía pagándole al coyote.

—¿Cómo se llamaba el viñedo de Santa Rosa? —le pregunté.

—La empresa se llamaba Star Wines. Podía recolectar ciento cincuenta cajas de uvas al día. Estaba en un grupo con otros ocho cabrones, casi todos de Puebla y Oaxaca. Si recogíamos más uva de lo normal, nos daban un dinerito extra. Con frecuencia recogíamos doce toneladas en un día.

Puse en duda la cifra porque me pareció excesiva, pero insistió en que era exacta.

—La compañía nos llevaba en un camión a los viñedos —siguió contando—. Eran tres horas de camino —hay trescientos veintitantos kilómetros de Fresno a Santa Rosa, así que eso tenía sentido, pero más adelante investigué y no encontré ningún viñedo que se llamara Star Wines. Posiblemente no le entendí bien.

—Por los productos químicos que echan en las vides teníamos que usar trajes especiales y botas, así que nos acalorábamos mucho. Pero la paga estaba bien. Podía mandar dinero a casa. En una semana en los Estados Unidos podía ganar lo que aquí me tomaría un mes y medio. Pero de todas formas no era suficiente —se quedó reflexionando sobre esto—. Finalmente, después de ocho meses, cuando terminé de pagarle al coyote, me regresé para acá. No tenía sentido quedarme si no podía ganar dinero extra.

—¿Cómo volviste?

—En la pickup de un amigo —dijo, y recordar el detalle lo animó—. Cuando estábamos cruzando el desierto vimos a la Border Patrol en helicóptero.

—¿Entonces te vas a quedar aquí?

—Me gustaría regresar… por el dinero. Otras personas han ido a los Estados Unidos desde Huayapam, pero llevan tanto tiempo allá que no creo que vuelvan. Los últimos seis años he tratado de construir una casa aquí. Tengo niños en la escuela, y ya sabe que en México cuesta dinero darles una educación a los hijos.

Tenía un hijo (Román, de dieciséis años) y dos hijas (Diana, de doce, y Michelle, de once).

Me desglosó las cantidades: diez mil pesos de libros, uniformes, cuadernos y plumas para los tres, y dinero extra para el uniforme de deportes. De colegiaturas eran quince mil pesos al año de cada uno. El gobierno mexicano ayudaba un poco con un estipendio: cada dos meses el programa Oportunidades les daba dos mil pesos para que no sacaran a los niños de la escuela. Pasaban apuros; lo que Ángel Barragán ganaba haciendo arreglos en Huayapam sencillamente no era suficiente para mantener a la familia, pero no había de otra, y se preguntaba si algún día terminaría de construir su casa.

Migrantes perdidos. Caminos Oaxaca: Acompañamiento a Migrantes

Algo que me dejó impactado de la historia de Ángel Barragán y seguí dándole vueltas fue que dijera: «Por el camino vimos cadáveres tirados en el suelo. Sin enterrar. Habían muerto de sed». Mis indagaciones en Oaxaca me llevaron a una organización que seguía el rastro de migrantes perdidos, Caminos Oaxaca: Acompañamiento a Migrantes, así que un día fui a visitarlos. La oficina no era tanto una oficina como una espaciosa casa de campo en las afueras, en una calle de casas de dos pisos en un rumbo muy agradable: la colonia Yalalag, en la comunidad de Santa Lucía del Camino, que limita con San Agustín, donde había yo estado unos días antes. Estaba a cinco kilómetros de la parte central de Oaxaca. Era una casa con grandes puertas y vallas, como casi todas las casas cercanas... como casi todas las casas grandes de todo México, tierra de viviendas fortificadas. Pero ya que estuve dentro y me presenté, me impresionó que el sitio estaba muy ordenado y bullía de actividad: mujeres jóvenes caminando de un lado a otro, removiendo papeles, pasando frente a un gran mural de un brillante paisaje amarillo con flores, mariposas y migrantes: los migrantes como mariposas y las mariposas como migrantes, pues la mariposa amarilla es un símbolo de la migración.

—Empezamos esta organización hace cuatro años —me dijo Nancy García, su directora, en la cocina de la casa, que también funcionaba como recepción, con una cafetera por ahí. La señorita García era una mujer pequeña y seria pero amable, como de treinta y cinco años, que hablaba rápido y estaba comprometida con la misión de encontrar a migrantes que se habían perdido o que desaparecieron al cruzar la frontera.

—Trabajé ocho años en Oaxaca para una organización que ayuda a los centroamericanos y me di cuenta de que había una mayor necesidad para los mexicanos, así que fundé esta organización. Nos concentramos en los oaxaqueños, sobre todo los que han desaparecido en su camino al norte.

—¿Cómo averiguan sus nombres?

—Las familias acuden a nosotros y nos dicen que un pariente suyo se fue y perdieron la comunicación con él. O el familiar les dice: «Les llamo cuando esté del otro lado», pero no vuelven a saber de él, ni en la frontera ni después. La gente viene y pide: «¿Pueden ayudarnos a encontrar a nuestro familiar?»; entonces les ayudamos.

Hice la pregunta obvia:

—¿Qué pudo haberles pasado?

—¡Tantas cosas! Pudieron ser secuestrados por los cárteles, pudieron morir al cruzar o pueden haberlos detenido, y pueden pasar meses o años sin que se sepa nada de ellos.

Mencioné que en algunos sitios de la frontera, como el Comedor de la Iniciativa Kino para la Frontera en Nogales, donde daban refugio a migrantes, había conocido a migrantes con documentos de identidad o tarjetas de Seguridad Social falsos.

—Sí —dijo Nancy—, a ellos es más difícil encontrarlos. Normalmente hacemos unas llamadas para tratar de localizar a los amigos. Usamos internet. También recurrimos a ese lugar de Nogales… es un buen lugar, la Iniciativa Kino. El servicio migratorio de los Estados Unidos no nos ayuda en nada. Por ejemplo, antes de Trump, las páginas del sitio web del Servicio de Control de Inmigración y Aduanas eran bilingües, pero ya no.

—¿Cuánta gente ha desaparecido?

—Tenemos registro de alrededor de ciento veinte personas de por acá desaparecidas —me respondió—. Estamos ayudando a encontrar a ochenta. Las otras cuarenta desaparecieron por completo y sus familias ya se rindieron. Están cansadas, o resignadas a la pérdida.

—A lo mejor —dije vacilando, buscando el modo de decirlo con tacto—… a lo mejor hay gente que no quiere que la encuentren.

—Sí —dijo, y repitió—: sí.

Platicamos acerca de San Antonio, su pueblo natal, que estaba a cierta distancia de la ciudad de Oaxaca y era un sitio principalmente agrícola, donde la gente necesitaba trabajar en tres o cuatro cosas para irla llevando: chambitas como hacer comida para vender, conducir taxis, limpiar casas. El sueldo habitual era de entre ciento cincuenta y doscientos cincuenta pesos al día. Una persona que trabajara por su cuenta no podía ganar más de seiscientos pesos a la semana, y con eso no bastaba para vivir.

—¿Ha cambiado algo con el Tratado de Libre Comercio?

—Sí, pero no ha sido un cambio positivo —me explicó—. Ha hecho más ricos a los ricos y más pobres a los pobres. La gente que se va de aquí no está capacitada, así que cruza a los Estados Unidos para trabajar en los campos, no en las fábricas.

—Y algunos no llegan.

—Así es. Y los que desaparecen al cruzar la frontera, lo más probable es que hayan muerto. Al menos así ha sido en mi experiencia: la mayoría de los que desaparecieron en México han muerto. En los Estados Unidos quizá estén en la cárcel o viviendo con otro nombre. Nuestro trabajo es averiguar lo que les pasó.

Le conté lo que me había dicho Ángel Barragán, de los cadáveres sin enterrar desperdigados en el desierto.

—Los buscamos lo mejor que podemos —explicó Nancy—. Por lo general no sabemos cómo muere la gente. Un ejemplo: había unas personas de un pueblo que se llama San Miguel Lachiguiri —es una comunidad pobre y pequeña (quinientos sesenta habitantes, principalmente mixtecos y zapotecos) en el Istmo de Tehuantepec en la que se cultiva café y que sobrevive gracias a las remesas de los migrantes—. Seis hombres de ahí, migrantes, llegaron a un hotel de Tamaulipas cerca de la frontera. Dos de los seis decidieron salir a comer algo. En ese rato llegó un grupo armado al hotel y les hicieron un levantón, secuestraron a los cuatro. Puede ser que a esta banda le hubiera avisado alguien del hotel. Los dos que se salvaron por haber salido por algo de comer regresaron a San Miguel y contaron el secuestro.

—¿Qué pasó?

—Esa es la cosa: nunca se supo nada más de esos cuatro.

—¿Los mataron?

—No necesariamente. Puede ser que los hayan usado para trabajos forzados. O a lo mejor para llevar drogas al otro lado. Pero no encontramos a ninguno. Nada. Desaparecidos.

—He oído hablar de migrantes a los que usan en las granjas para hacer trabajo forzado.

—Un hombre que desapareció volvió a su pueblo después de veinte años. Se escapó por un pelo. Había estado haciendo trabajo agrícola. Dijo: «Ojalá me hubieran matado. Perdí la vida entera». ¡Veinte años! Cuando regresó a Teotitlán —Teotitlán del Valle, otro pueblo zapoteco— estaba tan traumado y enojado que no pude sacarle ninguna información.

—¿Esa granja estaba en México?

—Él no tenía idea. Quizá sí, pero él era un prisionero. Solo sabía que era una granja. Era pobre, no tenía nada, como casi toda la gente con la que trabajamos: gente de pueblos pequeños, familias que no tienen los medios para encontrarlos, no tienen computadora, no tienen acceso.

—¿Y los que no quieren que los encuentren?

—Hemos encontrado a migrantes que tienen otra vida: una nueva vida, una nueva familia. Y aquí la esposa que nos hizo buscarlo dice: «¡Por lo menos se hubiera divorciado de mí!».

—¿Y los que están en la cárcel?

—Ahí hay algunas historias terribles —me contó—. Había unos tipos borrachos en un lugar de California, trabajadores agrícolas. Los detuvieron acusados de alteración del orden público y cumplieron una condena de dos años, porque eran migrantes. Los encontramos cuando estaban a punto de salir de la cárcel. Y pasó algo curioso: la gente piensa que yo los saqué, y entonces después de eso nos llovieron peticiones de que sacáramos a sus parientes encarcelados.

—Y a pesar de los problemas, el trabajo arduo, el peligro, la gente sigue arriesgándose a cruzar la frontera —comenté.

—El principal motivo para cruzar es económico. También hay una razón cultural: «Mi abuelo fue, mi padre fue, mi primo fue… y ahora me toca a mí».

Observé que, en ese sentido, era casi un rito de iniciación.

—A veces —me respondió— un pueblo o comunidad adquiere su propia tradición de que la gente se va a la Ciudad de México, a Guadalajara, a la frontera o a determinada ciudad de los Estados Unidos, como Los Ángeles o Phoenix.

Ese comentario me hizo pensar en San Agustín y la tradición de irse a Poughkeepsie.

—Y hay esto —continuó Nancy—. Algunas de las personas que vuelven no cuentan toda la historia. Dicen: «Tengo ropa nueva, tengo dinero…», pero no cuentan que estuvieron a punto de morir, o que sacaban comida de los botes de basura. Del lado oscuro no hablan. Así, al volver adquieren cierta categoría en el pueblo, la gente los admira. Les pasa sobre todo a los jóvenes, que cuando regresan, fanfarronean. Los mayores sí suelen contar lo difícil que fue.

—Los hombres juiciosos —dije para referirme a los viejos.

—Sí, y es muy duro. A mis amigos indocumentados en los Estados Unidos les pregunto sobre su vida. Me cuentan: «Empiezo a trabajar a las seis de la mañana. Trabajo dos turnos y termino a la medianoche. Con el primer turno pago la renta, con el segundo pago la comida». Y tienen que devolver el dinero que la familia pidió prestado para que pudieran irse, además de pasar como un año pagándole al coyote que los llevó.

—Perdone que siga preguntando, pero ¿qué sentido tiene?

—Para comprarse aquí una casita, una tienda o algo…

—¿Tan dura es la situación que la gente está dispuesta a arriesgar la vida con tal de irse al otro lado?

—Le voy a decir cuán dura es, basándome en mi experiencia personal —dijo Nancy, y por primera vez en toda nuestra plática apretó el puño y pareció exasperarse—. Yo tengo una casita. El baño estaba afuera. Tenía el sueño de que el baño estuviera dentro de la casa. Para eso tuve que ahorrar tres años. Entonces imagínese cómo es la vida en un pueblito, cuán inalcanzables son esas cosas. Por eso la gente se esfuerza tanto por irse a los Estados Unidos. Aquí viven al límite. Y se van. Y a veces desaparecen: mueren o se pierden. Nosotros tratamos de encontrarlos.

Toledo, el Maestro

Había alguien a quien deseaba ver en Oaxaca antes de irme. Por lo que había hecho y por las alabanzas que se hacían de él, había empezado a entender que este hombre, Francisco Toledo, era la encarnación del torbellino energético de Oaxaca. La paradoja era que, independientemente de la omnipresencia de su obra y de sus logros, él mismo era invisible. Sin embargo, se hablaba de él como si siempre estuviera presente, cual espectro, quizá escuchando, con el efecto de su obra siempre a la vista.

Artista, activista, organizador y motivador, a Toledo le decían el Maestro. Era una descripción apropiada, pues además de ser un artista meritorio era profesor y figura de autoridad. Yo lo veía como el corazón y el alma de Oaxaca, una especie de héroe. Su obra y los resultados de sus campañas y sus obras filantrópicas podían verse por todas partes, pero el hombre era escurridizo. Se escondía de los periodistas, le chocaba que lo fotografiaran, rara vez daba entrevistas. Ya no asistía a sus propias inauguraciones, sino que mandaba a su esposa y su hija a presidirlas mientras él se quedaba en casa, sin disposición de hablar, dejando que su obra hablara por él con mayor elocuencia... gran ejemplo de cómo deberían responder los escritores y artistas.

Era esa figura pública exasperante, alguien tan decidido a evitar la celebridad y a tener una vida privada que siempre termina bajo la mirada escudriñadora del público, con su intimidad constantemente amenazada. Es quien busca atención y anda a la caza de publicidad el que termina descartado, relegado a la oscuridad, sin que nadie le haga caso. El ermitaño, el que rehúye la fama, el fugitivo que quiere que lo dejen en paz (como B. Traven o J. D. Salinger) parece invitar a la intrusión de una manera perversa. Di «No concedo entrevistas a nadie» y la gente te asediará.

Fascinado por su obra y su activismo, me vi motivado a convertirme en uno de esos intrusos. Un entrometimiento incurable es el rasgo esencial, y también el menos agradable, del verdadero viajero. Presenté una solicitud para hablar con Toledo; conocía a alguien en Oaxaca que conocía a su hija. Toledo en su juventud había viajado mucho, pero su origen era oaxaqueño y llevaba décadas viviendo en la ciudad. Era un crítico, autor satírico, alguien que hablaba de los abusos del gobierno y las embestidas de compañías extranjeras contra la vida y la cultura mexicanas. Con protestas y manifestaciones, plantaba cara a los desarrolladores y a las franquicias gringas de comida chatarra. Últimamente se había enfrentado a Monsanto y su uso de cultivos transgénicos, desastrosos para los agricultores mexicanos tradicionales. Muchas veces se aludía a él como «el mayor artista vivo de México».

Su hija Sara accedió a organizar la reunión. Era alta (más que yo), mitad danesa, servicial, y me preparó para la visita explicándome que su padre no había estado bien. Dijo que jugaba a mi favor el hecho de que Toledo supiera que había dieciocho libros míos, tanto en español como en inglés, en los anaqueles del Instituto de Artes Gráficas de Oaxaca (IAGO), museo y biblioteca albergados en una casa colonial enfrente del legendario Templo de Santo Domingo.

El IAGO era una de las instituciones culturales que había fundado Toledo. Otra de ellas era el Museo de Arte Contemporáneo de Oaxaca, junto con un archivo fotográfico (él era además un fotógrafo distinguido), una biblioteca de libros raros, una tienda que producía papel hecho a mano y una organización sin ánimo de lucro que trabajaba por la protección ambiental y cultural. El acceso a los institutos, exposiciones y bibliotecas era gratuito. Toledo creía que quien quisiera ingresar a esos recintos debía hacerlo sin costo alguno. Como el niño campirano que había sido, deseaba que la gente de pueblos pequeños, que muchas veces se siente intimidada por los museos y por las imponentes entradas a las instituciones públicas, los visitaran, para que pudieran apreciar el arte local.

Le pregunté a Sara si era cierto algo que había escuchado: que al conocer la noticia de que podía abrirse un McDonald's en el Zócalo, su padre, indignado, había amenazado con hacer una manifestación en cueros.

—Quizá la amenaza funcionó —reconoció Sara—. No se quitó la ropa, pero lo habría hecho de ser necesario. Al final anduvo de un lado a otro regalando tamalitos como forma de protesta. Al cabo de un año, ganó.

Toledo junto con varios artistas y lugareños rechazaban la instalación de la sucursal en el Zócalo por considerar que causaría daños a la economía y dinámica de vida locales. Un compañero en esta lucha había sido era el artista oaxaqueño Guillermo Olguín. Hombre alto, guapo, que arañaba los cincuenta, Olguín me invitó a su propiedad, donde bebimos mezcal (tenía una próspera empresa mezcalera) y platicamos a la sombra de los árboles mientras unas gallinas nos picoteaban los pies. Olguín era alguien muy viajado: había vivido en Japón, la India, los Estados Unidos y Cuba, y anhelaba visitar Madagascar. Sus complejas pinturas, algo deprimentes (muchas de ellas collages de viejas fotos intervenidas con tinta negra o pinceladas, acompañadas de viejos documentos ilegibles), eran reflejo de sus viajes, su obsesivo coleccionismo y sus hallazgos en bazares del extranjero. Las pinturas parecían palimpsestos, capas de recuerdos de viajes en el tiempo y el espacio.

—Yo de joven fui usuario de la biblioteca que fundó Toledo —recordaba Olguín—. Es un gigante. Y logró el éxito gracias a su talento, no a sus conectes.

—Háblame de la protesta de McDonald's.

—Me llamó Toledo para decirme que iban a construir esta cosa en el Zócalo y me preguntó si le ayudaría. Por supuesto que sí: la sociedad civil tiene voz. Compramos hojas de plátano para los tamalitos. Yo hice los carteles. Podría decirse que éramos los soldados que representaban al pueblo. Otras personas se nos unieron. Pusimos mesas, la gente se reunía, regalábamos los tamalitos. Y no, Toledo no se desnudó, como había amenazado, pero fue todo un acontecimiento y funcionó.

Le mencioné a Olguín que una de las razones por las que deseaba ver a Toledo era que me llevaba un año. Con el paso del tiempo he llegado a sentir algo especial por la gente de una edad cercana a la mía. Significa que crecimos en el mismo mundo, en el periodo austero que vino tras la Segunda Guerra Mundial; conocimos los mismos terrores, tiranos y héroes, y también las mismas piedras de toque culturales, ciertas modas, libros prohibidos, palabras prohibidas, el argot, la música de los cincuenta, el rock'n'roll y el jazz. Teníamos veintipocos años durante los alborotos y conflictos de la década de los sesenta: el movimiento por los derechos civiles, Vietnam, la liberación femenina, una nueva manera de vernos a nosotros mismos y al mundo, la esperanza que nos daba contribuir y presenciar cómo se sacudían las instituciones opresoras; también compartíamos un ánimo beligerante gracias a las guerras de guerrillas y la descolonización de África. Habíamos vivido una era en la que la autoridad era cuestionada por gente como nosotros, que vive en los márgenes de la sociedad, como Toledo, que no creció en las situaciones más favorables.

Francisco Benjamín López Toledo, hijo de un curtidor y zapatero, había nacido en un pueblito cerca de Juchitán de Zaragoza, en el Istmo de Tehuantepec, más cerca de Guatemala que de la Ciudad de México, y, siendo zapoteco, más cercano culturalmente a las antiguas devociones del interior. Cuando todavía era niño, la familia se mudó a Minatitlán, cerca de la ciudad de Veracruz, donde su padre puso una tienda. Toledo era un niño soñador, muy influido por los mitos y leyendas de una educación rural, elementos que más adelante surgieron en su arte. Cuando sus padres reconocieron su talento para el dibujo lo mandaron a la Ciudad de México a estudiar técnicas de diseño gráfico en el Instituto Nacional de Bellas Artes. Tenía diecisiete años, pero a pesar de su juventud destacó por su brillantez y dos años después tuvo sus primeras exposiciones en solitario en la Ciudad de México y Fort Worth, Texas. Inquieto y ahora solvente, con la ambición de saber más pero aún joven (apenas veinte), se fue a París a seguir pintando, esculpiendo y haciendo grabados.

Todos estos detalles biográficos están disponibles en libros, catálogos, artículos, y en línea, donde también pueden leerse las palabras de aprobación del novelista y crítico de arte francés André Pieyre de Mandiargues, que en París se familiarizó con la obra de

Toledo: «No conozco a ningún otro artista moderno tan imbuido de manera natural por una concepción sagrada del universo y por un sentido sacro de la vida, que se haya acercado al mito y a la magia con tanta seriedad y sencillez y que esté inspirado con tanta pureza por el ritual y la fábula».

Menos nostálgico del gran mundo de México que de su remoto mundo ancestral zapoteco, Toledo abandonó Europa y volvió a casa en 1965, primero a Juchitán, decidido a promover y proteger las artes y artesanías de su natal estado de Oaxaca (diseñaba tapices con los artesanos de Teotitlán del Valle), para después mudarse a la ciudad capital, donde con su indignación y su arte ayudó a crear un despertar cultural.

—Trabaja todo el tiempo —comentó Sara—. Todavía pinta. Es multitareas. Hace vallas de hierro… bueno, parecen vallas pero son esculturas. Trabaja con toda clase de materiales: fieltro, tapetes, azulejos, cerámica, vidrio, cortes con láser… Hace juguetes y sombreros de fieltro para niños pequeños.

—Y tamalitos.

—Claro, también. Él es pro Oaxaca —dijo riendo bajito—. Iban a poner una gran estatua de Don Quijote en alguna parte de la ciudad… otra protesta: «Si lo hacen, me desnudo». Y después de eso, ¡nada de estatua!

Monsanto, más infame que la comida chatarra o una estatua kitsch, fue el blanco de otra protesta. La compañía había comprado setecientas mil hectáreas de terreno en Sinaloa para producir maíz amarillo, una variedad genéticamente modificada a la que Monsanto llamaba «nanomaíz». Algo sabía México del cultivo del maíz, ocho mil años después de haberlo domesticado. Sin embargo, la importación del maíz Frankenstein de Monsanto se consideraba subversiva y se pensaba que los plantíos de maíz genéticamente modificado contaminarían antiguas variedades autóctonas. Con lo problemático que ya era eso, las toxinas con las que se protegería de las plagas al grano genéticamente modificado destruirían indiscriminadamente a los insectos útiles para la polinización y el orden natural.

—Monsanto hizo algunas pruebas —prosiguió Sara—. Su maíz polinizó al maíz local, y se murió. No tienen permiso de introducir aquí sus semillas. El gobierno lo prohibió tras las protestas.

317

Me dijo que su padre tenía fuertes lazos con su Juchitán natal. El terremoto que había destruido la zona de la Ciudad de México donde yo había dado clases también arrasó con gran parte de la ciudad de Juchitán. Mucha gente se quedó sin casa.

—Formamos un grupo llamado Amigos de IAGO e instalamos cuarenta y cinco comedores de beneficencia en Juchitán y otras partes del istmo. Alimentamos a cinco mil personas al día durante cuatro meses, hasta que la gente se volvió a levantar.

Me explicó que los comedores no eran una campaña que viniera de fuera (una institución de beneficencia haciéndolo todo) sino un sistema cooperativo, manejado principalmente por la gente de Juchitán.

—Tener algo que hacer les resultó terapéutico —señaló Sara—. Les hizo pensar en algo que no fuera el terremoto.

Le comenté que planeaba ir en coche para allá en unas semanas.

—Le puedo dar algunos nombres. Ahora es muy peligroso, con tanta destrucción. La gente sigue desesperada.

Poco después de esta charla me avisó que podía reunirme con Toledo en el centro de las artes, donde estaba montándose una exposición de su obra.

Llegué temprano y pude dar una rápida caminata por la muestra y me deslumbró la variedad de la obra: esculturas de hierro planas contra la pared como enrejados de filigrana, carteles estridentes con acusaciones en grandes letras (uno mostraba a Benito Juárez durmiendo sobre ocho o diez mazorcas de maíz y arriba las leyendas «¡Despierta, Benito!» y «¡Di no al maíz transgénico!»). Había títeres de mano, sombreros, litografías con lemas, muñecas en vestidos zapotecos, una mazorca de fieltro que decía «Monsanto» y mostraba una calaca, y serenos dibujos a tinta (uno grande, hermosísimo, que abarcaba toda la hoja, de un cardumen de camarones nadando rápidamente hacia la orilla del papel).

—Hola —levanté la mirada del dibujo y vi a Toledo acercándose a mí.

La primera impresión, el aspecto más evidente del hombre, era su cabeza: voluminosa, acentuada por una cabellera desbordante, demasiado grande para su cuerpo esbelto. Tenía un torso menudo, brazos delgados, piernas flacuchas, con aspecto de muñeco, inverosímil. De mirada inocente, adusto e intenso pero elegante, austeramente amable, a la manera de los mexicanos chapados a la antigua. Tenía la piel oscura, zapoteco de pies a cabeza, y su camisa de algodón blanco por fuera del pantalón lo hacía verse aún más oscuro. Al ver su sonrisa torcida y los brinquitos que daba al caminar, enseguida supe que tenía muy buen corazón y talante para volverse inabordable. Hay gente tan generosa que tiene un miedo justificado de las garras de los extraños.

—Esto es precioso —declaré del dibujo de los camarones moviéndose a toda velocidad.

—Los camarones, me gusta cómo viajan juntos —sonrió dando un toquecito al vidrio de su caja—. ¿Ve la trama? —y como si esto lo explicara todo añadió—: Juchitán está cerca del mar.

Con un movimiento de la mano le indicó a su hija que quería café.

Se fue animando, sonriente, mientras caminábamos por la exposición. En el cartel de «¡Despierta, Benito!» dijo: «Este es contra el gobierno».

Había una litografía debajo de un vidrio; era copia de un manuscrito español del siglo XVII con un vocabulario zapoteco para uso de misioneros y funcionarios. Había otra basada en un documento antiguo, pero con imágenes de hombres y mujeres esclavizados, con las piernas y manos en grilletes y cadenas, titulado *De la esclavitud*.

—Este soy yo —refiriéndose a un montón de plumas titulado *Autorretrato en plumas*. Concentrándome logré distinguir el rostro de Toledo resaltando con plumas grises inmaduras, pegadas a una tabla. El parecido era sorprendente. Se rio mientras yo lo estudiaba.

Había más: un grabado de dos rinocerontes copulando, un espejo roto («la hermana de Blancanieves»), una telaraña hecha de alambre de acero, un retrato de Alberto Durero con el pelo y la barba representados con pelo de verdad.

—A Durero le fascinaba el pelo —observó Toledo.

Y había una obra de gran formato con muchos rostros: eran retratos individuales de los cuarenta y tres estudiantes de Ayotzinapa secuestrados y asesinados, los rostros impresos en tonos melancólicos, como íconos.

319

—Es triste —dijo Toledo—. Una tragedia.

Me condujo fuera de la exposición a una mesita donde se habían puesto dos tazas de café junto con una pila de libros.

—Siéntese, por favor. ¿Puede firmarlos? Para nuestra biblioteca.

Firmé los libros y le agradecí por haber aceptado reunirse conmigo con tan poca antelación. Le dije que era la única persona en Oaxaca a la que quería ver, y cuando aclaré que no era simple adulación, lo desestimó con un movimiento de la mano.

—No hablo bien el inglés —se excusó.

—Es perfecto.

—Soy viejo, se me olvida. Algún día dejaré de pintar.

—Por favor no diga que es viejo —contesté en español—, porque yo tengo la misma edad. Somos hombres de juicio.

—Quizá. Me gusta pensar eso —dijo en inglés.

—Me interesa el hecho de que haya ido a París siendo muy joven.

—Tenía veinte años, pero en París estaba muy solo. Trabajaba, hacía pinturas y grabados. Tamayo era bueno conmigo. Con él me sentía menos solo.

El renombrado pintor mexicano Rufino Tamayo había ido a París en 1949 (es posible que haya huido, porque no estaba de acuerdo con los muralistas entregados a la política —Rivera, Orozco y otros— y no creía en las soluciones revolucionarias). Quiso tomar su propio camino; en 1938 fijó su residencia en Nueva York y después de la guerra trabajó en París. Animaba a Toledo a que pintara en su estudio, y aunque era cuarenta años mayor que él, tenían mucho en común: ambos eran oaxaqueños de origen zapoteco, ambos se resistían a la clasificación, plasmaban su arte en grabados, en pintura, en escultura. Al final Tamayo volvió a Oaxaca, igual que Toledo.

—Regresé para estar entre mi gente y mi familia —me confesó Toledo—. Quería volver a hablar zapoteco y estar en Juchitán.

—¿Y ahí fue feliz?

—No, ahí no podía trabajar. Por el ruido, había demasiada actividad. Me gustaba el lugar. Estaba en mi casa, podía hablar zapoteco… Mi abuelo, mi padre y otros lo hablaban; yo lo entiendo, aunque no lo hablo bien. Pero yo quería pintar, así que me fui.

—¿Extraña París?

Ladeó la considerable cabeza.

—En París me enamoré de una mujer. Era vietnamita. Tuve una idea: planeaba ir con ella a Vietnam. Era 1964, cuando la situación estaba muy mal ahí.

—¿Y por qué quería ir a Vietnam durante la guerra?

—Solo para conocerlo —dijo simplemente—. Pensé que podía darles clases de dibujo a los soldados estadounidenses y que podría conocer a los padres de la muchacha, pero… —se encogió de hombros y continuó—: los padres de la muchacha no apoyaron mi solicitud de visa. Entonces al final me fui de París. Me fui a Nueva York, pero también ahí me sentía solo.

Le expresé lo que sentía por conocer a alguien de mi edad, cómo ambos habíamos vivido los acontecimientos de la década de los sesenta: Vietnam, las manifestaciones, la agitación social y política. Y él habría vivido de cerca la masacre de los estudiantes en la Ciudad de México en 1968.

—Tiene mi edad, pero usted es fuerte —contestó dándome una palmada en el hombro—. ¡Venir manejando a México!

—Pero usted también maneja, por supuesto…

—Mi esposa sí, yo no —se tocó el pecho con pesar—. Mi corazón. No viajo. Hay peligro en las carreteras, hay peligro en los aviones. No me gustan los aeropuertos.

—A nadie le gustan —dije.

—No me gustan los colores de los aeropuertos, no me gustan los colores en el interior de los aviones, no me gustan los olores.

Todas estas me parecieron objeciones razonables a los viajes en avión.

—¿Y qué pasó con la mujer vietnamita?

—Curiosamente se casó con un soldado estadounidense y se fue a vivir a California. Ahora es viuda, y vieja, pero seguimos hablando. A veces viene a Oaxaca y la veo; somos amigos —se puso un poco agitado, cambió de posición en la silla, sostenía la taza de café, pero sin beberlo—. ¿Ha visto lo que está pasando en México?

—He viajado un poco, manejando de un lado a otro. Vine en carro desde la frontera; me detenía en algunas ciudades, hablaba con la gente. Me quedé un tiempo en la Ciudad de México. Estoy tratando de entender el país.

—¿Y lo está consiguiendo?

—Sí. Tengo amigos mexicanos. ¡Estoy contento!

—¡Me alegro por usted, amigo!

—Hablamos de la Ciudad de México. Me habló de los estudios que hizo ahí y de los artistas que conoció. Le pregunté qué pensaba de Frida Kahlo, pues cuando era un artista en ciernes debió de conocer su obra cuando ella era el centro de atención como artista, como figura pública, icónica, o bien muy querida, o bien manzana de la discordia. Murió en 1954.

—Al principio la odiaba —confesó—. Luego empecé a ver que representaba algo, y a la gente de fuera le interesaba. Su vida era muy difícil y dolorosa. Entonces sí, algo tiene —dijo, y añadió algo que después oí acerca de novelistas, escultores, poetas, dramaturgos y músicos mexicanos interesados en que un forastero comprendiera la riqueza de la creatividad mexicana—: ¡Pero hay tantos otros!

Para cambiar de tema y hablar de un lugar en el que había estado saqué mi teléfono y le mostré una fotografía que le había tomado a una pequeña mujer campesina en un remoto pueblo de montaña en la Mixteca.

Toledo miró la foto detenidamente y frunció el ceño.

—Es pobre. No va a pasar nada con ella: a nadie le importa, ni ella ni la gente como ella. No les importan los pobres ni sus vidas. Al gobierno no le importa.

—Pero es la gente sobre la que yo he estado tratando de escribir, con la que quiero hablar y conocer sus esperanzas.

—México está en un mal momento —respondió—. No son solo los Estados Unidos y Trump, son otras cosas. Las drogas, los narcos, la inmigración de Centroamérica —hizo un amplio gesto extendiendo los delgados brazos, los dedos delicados—. Oaxaca está en medio de todo eso.

—Pero usted está trabajando, eso es lo importante. Tamayo trabajó hasta los noventa.

—Él era fuerte, yo no —dijo—. Aquí está mi estudio. Sigo pintando; hago cosas con fieltro, metal, papel y tela. Miro las pinturas que he hecho y no estoy satisfecho. ¡He hecho tantas! Quiero seguir adelante y hacer otras cosas. Le voy a enseñar.

Me condujo de vuelta a la exposición; pasamos por la escultura de metal, los sombreros de fieltro, la caja de luz con transparencias de un cuerpo humano, juguetes arrastrables y cortes de insectos hechos con láser, entre ellos un gran alacrán negro. Abrió un cajón lleno de cuadernillos apilados. Pensé que serían libros para niños, pero me explicó que eran historias que había ilustrado.

—También soy un editor. Publiqué estos y quiero publicar más.

Tomé algunos y los hojeé, impresionado por el cuidado con que se habían impreso: diseños encantadores, bonitas fuentes tipográficas, ilustraciones vívidas de animales fabulosos, follaje selvático, rostros como de bruja con narices intimidantes.

—A lo mejor puede escribirme una historia. Y yo le hago una pintura y la publico.

—Escribiré una en cuanto tenga una idea.

—Bien, bien —dijo, y nos dimos un apretón de manos. No soltó la mía; me jaló para llevarme a la caja donde al llegar había visto el gran dibujo a tinta de los camarones en movimiento. Levantó la tapa de vidrio.

—Los camarones. Lo vi mirándolo. Lléveselo, se lo regalo.

Me lo dedicó, me dio un abrazo, se dio la vuelta y se fue, caminando con sus característicos brinquitos, con su cabellera desbordante.

Tiempo después mi amigo Juan Villoro iba paseando por Oaxaca y se topó con él caminando presuroso a su biblioteca. Juan lo saludó y mencionó mi visita.

—Es un buen gringo —comentó Toledo, y me quedé encantado porque en México no puede haber mayor elogio. Pero Juan tenía algo más que contarme.

Le había mandado un texto a su novia en la Ciudad de México: «Acabo de ver a Toledo». «Pide un deseo», le respondió ella enseguida, porque todo encuentro con este hombre poderoso era afortunado, mágico, una ocasión especial.

San Jerónimo Tlacochahuaya

Cuando acabaron mis clases de mexicano y mis sesiones de mezcal con el hospitalario Guillermo Olguín («Búsqueme cuando regrese»), y animado por haber visto a Francisco Toledo, partí de la ciudad de Oaxaca y manejé a San Jerónimo Tlacochahuaya, un municipio grande pero compacto y coherente, como una isla en el mar de los grandes campos de agave, ajo y maíz, como veinticinco kilómetros al sur. Renté una habitación en una pequeña posada, la Ex Hacienda Guadalupe, un lugar con aspecto antiguo en la ladera de una montaña; los propietarios y administradores eran Michael Sledge y su pareja, Raúl Cabra. Sledge era uno de los estudiantes de escritura del curso que di en la Ciudad de México, aunque la expresión *estudiante de escritura* puede dar una impresión equívoca: tenía cerca de cincuenta años, era muy leído y tenía una formación científica. Había publicado dos libros estupendos que habían recibido buenas críticas: una novela basada en la vida y amores de Elizabeth Bishop, *The More I Owe You*, y unas memorias, *Mother and Son*, sobre su salida del clóset como hombre gay. El libro en el que estaba trabajando, *Seclusia,* del que había leído y admirado ya una buena parte, era una versión novelada de la residencia mexicana del aristócrata inglés Edward James, esa finca extravagante y surrealista de caprichos y kioscos que construyó en medio de la selva de San Luis Potosí. James decía ser hijo ilegítimo del rey Eduardo VII, tenía mucho dinero, era mecenas, coleccionista de obras maestras del surrealismo a tiempo parcial y excéntrico de tiempo completo. «Pero no quiero construir una casa —dice Edward en el libro de Sledge—: quiero construir una ruina».

Sledge era un hombre asombrosamente paciente, un gringo afable que había vivido doce años en México (sobre todo en Oaxaca), hablaba el español con soltura, sabía mucho de literatura y costumbres mexicanas, estaba bien relacionado y era un tipo sensato. Como expatriado de larga duración, a Sledge le había tocado en suerte aguantar las odiosas observaciones de jadeantes sabelotodos que tras unos cuantos días ajetreados en Oaxaca escribían textos simplistas sobre su gente y su comida y multiplicaban errores y rumores.

Al ensalzar Oaxaca en las páginas de viaje de un periódico o revista, el escritor visitante en un viajecito pagado de fin de semana casi siempre romantizaba la experiencia e idealizaba el estado, sin tomar en cuenta que es una de las zonas más pobres del país, que el tráfico de la ciudad es exasperante y muchas veces se queda paralizado debido a los bloqueos por protestas políticas o simplemente por la cantidad de automóviles. Compraban bolsas sin encanto hechas a máquina creyendo que eran hechas a mano e informaban que el mercado cubierto 20 de Noviembre, cerca del Zócalo, donde compraron sus bolsas, era un tianguis tradicional y no una embellecida zona comercial inventada expresamente para los turistas. Deshaciéndose en elogios por las iglesias coloniales, estos escritores de viaje rara vez señalaban que habían sido construidas con el trabajo forzado, o esclavo, de los indígenas, y cuando alababan la iglesia en las antiguas ruinas de Mitla omitían mencionar cierto dato sobresaliente: que Mitla era un lugar religioso zapoteco que se destruyó para reciclar las piedras y con ellas levantar la iglesia de San Pablo Villa de Mitla, desplazar a los dioses antiguos y manifestar la dominación y el poderío de los colonizadores.

Como me dijo Sledge, con enojo apenas reprimido: «Estos escritores demuestran una absoluta falta de curiosidad o entendimiento más allá de la percepción más superficial del lugar y de la gente».

Yo era uno de esos sabelotodos, pero Sledge me ayudó a corregir mis metidas de pata y se volvió un aliado en mi misión de penetrar en el interior. También Raúl, artista, diseñador y empresario, que conocía los pueblos de artesanos: gente dedicada a elaborar huaraches, trenzar canastas, tejedores, ceramistas, pintores.

El Templo de San Jerónimo, diseñado por dominicanos y construido por indios zapotecos a fines del siglo XVI, era, según los guías de Oaxaca, el mejor ejemplo en todo el valle del gran estilo de decoración interior: barroco por fuera, techos pintados y arcadas por dentro; retablos de milagros; todos los altares, muros y pilares pintados: hasta el órgano del siglo XVIII en el coro alto estaba embadurnado de querubines. El fotógrafo estadounidense Paul Strand había ido al pueblo de San Jerónimo Tlacochahuaya a principios de la década de 1930 a tomar fotos de la iglesia para su icónico portafolio de huecograbados *Photographs of Mexico* (1940).

Pero el pueblo era pequeño y pobre, como otros cientos de comunidades del estado de Oaxaca: una pequeña cuadrícula de calles, una plaza que parecía una idea de último momento, varias casas abandonadas, una tiendita deprimente. En todas las calles se alcanzaba a ver la singular iglesia. Todo el lugar estaba rodeado de campos de labranza con arados jalados por caballos o mulas dirigidos por un labrador que les golpeaba los flancos con un palo. San Jerónimo estaba cerca de la carretera a Mitla, más o menos cerca de la zona arqueológica de Yagul con sus altas terrazas, y si girabas a la derecha para la carretera principal y seguías recto pasabas por el Istmo y Chiapas; era la Carretera Panamericana, así que, perseverando, podías acabar en la Patagonia. A pesar del nombre, la carretera era modesta, con tan solo dos carriles; a esa altura era la carretera federal 190, llena de baches, para muchos kilómetros de traqueteo rumbo al sur.

La Ex Hacienda Guadalupe era una construcción de una planta con muros gruesos hecha de bloques de granito y había sido restaurada por Sledge y Raúl. Ocupaba un gran cuadrado; sus habitaciones se alineaban en torno al enorme patio central adoquinado (del tamaño de una cancha de tenis), con paredes blancas enyesadas y una fuente. Todo el lugar era fresco y bien iluminado, con varios rinconcitos para sentarse a la sombra, al lado de perros rescatados que se echaban ahí a dormir. El sitio perfecto para leer y escribir. Estaba muy contento, nadie me distraía de mi trabajo. Ahí yo era don Pablo.

La hacienda estaba a ocho kilómetros de Tlacolula y su célebre enorme mercado. Su día más concurrido eran los domingos. Se lo conocía por sus vendedores ambulantes, casi todos indígenas zapotecas y mixtecos vendiendo su artesanía, sus frutas y verduras, sus flores. El placer de visitar mercados en países lejanos tiene mucho de voyeurismo y capricho. Fuera de listar lo que ahí se vende o describir los rostros de los puesteros, no hay mucho que decir. En colores y abundancia, el mercado es parecidísimo a cualquier otro, pero no tanto en lo que ofrecen: perros muertos colgados en ganchos en los mercados de China para hacerse un guiso, tiburones en Filipinas, ropa usada (donada por estadounidenses) en Zambia, serpientes en vinagre en Vietnam, especies en peligro de extinción en otras partes. Un mes después de visitar Tlacolula vi en Juchitán cubetas de huevos de tortuga a la venta, que por supuesto están prohibidos… «pero son muy sabrosos, señor».

En su ensayo «Día de mercado», D. H. Lawrence menciona la variedad de productos, artesanías y voces zapotecas y mixtecas compitiendo entre sí. Luego, sobre los mercados en general, hace una observación perspicaz: son sitios «para comprar y vender, pero sobre todo para mezclarse». Ese es el talante de casi todos los mercados: hombres alardeando, mujeres charlando amigablemente, chicos siendo chicos y coqueteando, chicas siendo tímidas, niñas y niños dedicados a tareas sorprendentemente difíciles: niñas pequeñas fregando ollas, niños pequeños arrastrando pesados costales: el espectáculo sobrecogedor, frecuente en México, del trabajo infantil.

Las calles que rodean el mercado de Tlacolula se cierran los domingos, para que el mercado pueda extenderse más allá de los soportales y el gran edificio, y que los puestos puedan cubrir las calles. El interior tiene secciones definidas: aquí las salchichas, allá el chocolate, pasillos de zapatos y playeras, ropa interior rosa y artículos religiosos, videocasetes… Elaborar mezcal es una tradición del pueblo: muchos puestos venden de ese potente licor y hay vendedores ambulantes que tientan a los transeúntes con unos traguitos. Pilas de pescado salado aplanado, y en la sección de la carne una pieza curiosa: un cuerpo rojo pequeño con una hirsuta cola gris no comestible pegada a él, quizá un pecarí o cerdo montés para hacer pozole de jabalí. La belleza de los puestos del mercado: pilas de tomate reliquia, las veinte variedades de chiles secos, ollas de barro llenas de mole oaxaqueño.

Los rostros de las puesteras (viejas sentadas en medio de las frutas y verduras de sus propios huertos, canastas de tunas, telas bordadas) eran zapotecos clásicos, como los rostros esculpidos que se ven en los muros de Monte Albán y en losas con altorrelieves, las mismas narices, mandíbulas cuadradas y en ocasiones las mismas telas dobladas adornando la cabeza. Robustas y de nariz aguileña, las mujeres usaban faldas largas y blusas con flores bordadas, casi todas con una pañoleta envuelta a la manera de su pueblo como pañuelo trenzado, una guirnalda de tela gruesa o un turbante achatado, cada uno de ellos una especie de identificación y orgullo. Por el estilo y por la manera de tejer la tela, los enterados podrían reconocer dónde viven.

Tlacolula es casualmente una atracción turística (con gringos perplejos abriéndose camino a empujones entre los angostos pasillos de cráneos tallados y pants deportivos —«Mira, Kevin, lo antiguo y lo moderno»—), pero como tianguis tradicional con varios siglos de existencia, el mercado no está organizado para darles gusto. ¿Cómo sería posible? La zona de comida sirve carne grasosa envuelta en pan bañado en aceite, chapulines fritos y jícaras de pulque, y las tlayudas, quemadas, con burbujas y forma de rueda, no se parecen en nada a las más pequeñas y delicadas que se ofrecen en los cafés de la capital de Oaxaca.

Los puesteros, hombres y mujeres emprendedores, están entre los más pobres de México; son los que anhelan irse a los Estados Unidos porque no tienen dinero y desean quedarse en casa porque un mercado como este no existe en ningún otro lugar. Como la mayoría de los mercados tradicionales, este es un sitio de encuentro de gente parecida: que, como ella, vende mercancías, claro, pero a la que también le gusta mezclarse, ver amigos y, en un estado con uno de los índices de analfabetismo más altos, comentar las noticias del día.

En un anexo de techos altos y con olor a piel recién curtida (que punza la nariz y pica los ojos), los vendedores de huaraches ocupaban un lugar entre las pilas de su aromático calzado. D. H. Lawrence se toma la molestia de hablar largamente de los huaraches malolientes, pues oyó que en México un componente esencial para curtir las pieles era el excremento humano, práctica tradicional que subsiste en algunas partes del país.

—Le presento a mi cuñada —me dijo Sledge en un puesto de huaraches de Tlacolula. Era Sarahí García, casada con su hermanastro Richard. Uno de sus negocios, en realidad una industria artesanal, era hacer huaraches, chanclas de cuero y otro tipo de sandalias más sustanciales, precisamente como las que Lawrence regateó en su visita al mercado («¿Cuánto da?» «Nada, porque huelen feo»).

Platicamos un rato. Le dije que me interesaba conocer a gente que hubiera ido a los Estados Unidos.

—En nuestro pueblo hay mucha —contestó Sarahí—. No va a creer cuántos han cruzado la frontera.

—¿Y por qué?

—Venga a San Dionisio y pregúnteles usted.

San Dionisio Ocotepec: el cruce

La lengua materna de Sarahí García, como la de casi todos en San Dionisio, era el zapoteco. Sarahí no habló español hasta que empezó a ir a la escuela, y aun entonces seguía hablando zapoteco en su casa y en el pueblo, concretamente un dialecto al que los lingüistas llaman el zapoteco del valle de Tlacolula. Más adelante, cuando conocí a su padre, don Germán, el patriarca de la gran familia García, vi en su mirada firme y escudriñadora, y en su sonrisa escéptica, a un hombre seguro de sí mismo, orgulloso de su estirpe, leal a su cultura y un poco mordaz. A Sarahí le decía *la Malinche* por haberse casado con un gringo.

La mayoría de la gente, al oírlo decir eso, soltaba una risita incómoda y desviaba la mirada. En la Ciudad de México me había enterado de que la Malinche, una mujer nahua conocida también como doña Marina, era la joven amante, intérprete e intermediaria del conquistador Hernán Cortés. Además, fue la madre de su primer hijo, Martín. Para algunas personas la Malinche era una brillante estratega y para otras una traidora por dormir con el enemigo. En México todavía hay opiniones encontradas en torno a esta mujer singular.

Las burlas, sobre todo cuando son públicas, al igual que las tomaduras de pelo en una relación de broma, siempre contienen un elemento de hostilidad. Sarahí soportaba paciente y dignamente las burlas de su padre por haberse casado con Richard. Era muy bonita, con rasgos delicados y cierta altivez en la manera de desenvolverse; siempre caminaba con pasos largos, siempre iba envuelta en una colorida pañoleta. Pero los fastidios de su padre también eran muestra de que en México nada se olvida, de que el pasado existe en el presente. La gente a veces sacaba eso a colación cuando se criticaba un mal hábito, por ejemplo, tirar basura, plaga que está a la vista en prácticamente todas las banquetas de México; la excusa habitual rezaba así: «Es que los españoles cuando nos colonizaron hacían lo mismo, ¿ves?». Así, la figura de la Malinche, a pesar de los quinientos años transcurridos, sigue en la mente de la mayoría de los mexicanos y sigue siendo controvertida: ¿modelo de mujer indígena, tentadora o traidora?

La comunidad de Sarahí, el pequeño poblado de San Dionisio, estaba dispersa en la ladera de un cerro. Calles curvas y empinadas seguían el contorno de la ladera, en desacato de la habitual trama de ángulos rectos impuesta por los españoles. Las montañas más cercanas están cultivadas (es un pueblo agrícola). Una de las cosechas es el agave para la producción de mezcal, que aquí es popular y redituable (la carretera principal se llama La Ruta del Mezcal). Otro cultivo de San Dionisio es la marihuana, traída por narcos visitantes, que se procesa y se manda al norte. Un pilar del pueblo es el flujo constante de remesas de lugareños que se fueron a trabajar a los Estados Unidos. La producción de sandalias también era una opción, pero fuera de eso y del trabajo de campo no había mucho más. Al borde del camino en Matatlán (en la carretera principal, a treinta kilómetros de ahí) numerosos hombres jóvenes de San Dionisio esperaban que los recogieran para trabajar como jornaleros, con lo que ganarían como tres dólares en un día.

Mientras estacionaba el carro cerca de la casa de Sarahí (de una planta, pero que ocupaba casi toda la manzana), se me acercó un anciano; me saludó y me dijo «Bienvenido» de la manera formal que emplean los campesinos con los extraños que llegan a su pueblo. Hablamos un ratito y nos presentamos. Se llamaba Pedro.

—¿Alguna vez ha ido a los Estados Unidos?

—¡Estuve allá siete años, señor! Me encantó. California, muy bonito.

—¿Tuvo problemas con la policía?

—Ninguno.

—¿Qué hacía allá?

—Estuve en la cosecha. Trabajé en los campos.

—Le encantaban los Estados Unidos, pero volvió aquí.

—Sí, porque estaba enfermo. Y ya soy viejo, ¡tengo setenta años!

—Yo soy aún mayor.

—¡No es cierto!

Otro hombre que regresó de los Estados Unidos a San Dionisio era Fortino Ruiz, que confeccionaba huaraches. Ahora tenía cincuenta y un años, pero a los treinta y cinco decidió intentar cruzar la frontera.

—¿Qué le hizo querer cruzar? —pregunté.

—El dinero —dijo—, eso es todo. La gente va con una idea en mente: ganar dinero para construir una casa, o ahorrar para empezar aquí un negocio. Regresan porque aquí está su familia, y su futuro.

Fortino no se quedó mucho tiempo, solo unos meses en Los Ángeles, lavando platos. Pero se lastimó la espalda, estaba desempleado y decidió regresar a San Dionisio.

—Llegar allá —prosiguió animándose— fue toda una aventura. Pero es una larga historia.

—Soy escritor. Me gustan las historias largas.

—Está bien. Pues me fui en 2001 con otros cuatro tipos de por aquí —rememoró arrellanándose en la silla, en el patio junto a la curtiduría de huaraches—. Volamos a Tijuana para encontrar el modo de pasar. Fuimos de un coyote a otro en busca del mejor precio y la mayor seguridad. El coyote que escogimos nos cobraba mil dólares por persona, porque la ruta era más fácil. Una ruta más difícil habría sido más barata.

»Fuimos al hotel a elaborar un plan. Todavía no le dábamos dinero. Se apersonaron unos tipos en una camioneta; nunca los habíamos visto. Nos soltaron en una parada de taxi en Mexicali. Allá nos reunimos con otros. Dijeron que íbamos a un lugar que llamaron Punta del Cerro y nos llevaron a una tienda. Uno dijo: "Compren agua y comida para dos días".

»Para entonces ya éramos diez. Nos subimos en tres taxis. Cuando salimos ya era de noche. Había conejos cruzando la carretera a brincos. Era emocionante, como una película.

»Como cuarenta minutos después los taxis se detuvieron y nos bajamos. Empezamos a caminar. Caminamos hasta las tres de la mañana, no por un sendero, aunque percibíamos una especie de camino. Comimos, descansamos y volvimos a salir. Como a las cuatro y media encontramos una cerca de alambre de púas. Nos metimos por ahí. Era la frontera, claro, pero no era una valla difícil de cruzar.

»En ese momento el coyote dijo: "Nada de fuego, no fumen, no hablen. Sigan caminando".

»Caminamos hasta las diez de la mañana y descansamos, luego salimos de nuevo. Como a las cuatro o cinco de la tarde llegamos al desierto y hacía mucho calor. Llevábamos mochilas en la espalda y el agua en la mano.

»Se puso el sol. Seguimos caminando, y caminamos como hasta la una de la mañana. Hacía mucho frío y estábamos cansados. Descansamos un rato y luego caminamos hasta el amanecer. Se me metió arena en los zapatos, me salieron ampollas, estaba cojeando.

»Con nosotros había dos mujeres, de veintidós o veintitrés años. Una se iba quedando rezagada. Yo llevaba su botella de agua y otro cuate su mochila. Dijeron que no lo iban a lograr y se pusieron a llorar.

»Las ayudamos y seguimos avanzando. Para entonces ya nos quedaba muy poca agua y comida. Le preguntamos al coyote cuánto faltaba.

»Dijo: "Nuestro aventón está del otro lado de esa montaña", y pude ver la montaña. "Pero está más lejos de lo que parece", dijo el coyote.

»Iba fumando mariguana, igual que los otros coyotes, para aguantar.

»Llegamos a una cueva y nos detuvimos a descansar. Ahora eran como las dos de la tarde. Esto era el segundo día: llevábamos dos días caminando. Después de una hora volvimos a empezar, pero yo iba cojeando. Tenía dos pares de calcetines pero ya estaban hechos jirones y me dolían los pies.

»El coyote dijo: "Tenemos que escalar esta montaña". Escalamos y escalamos. Cuando llegamos a la cima y miramos abajo, había grandes calles, coches y casas. ¡Los Estados Unidos!

»El coyote dijo: "No es aquí. Tenemos que bajar". Mientras tanto, uno de los tipos se había fracturado el pie al escalar. Dijo «Por favor denme un poco de agua».

»El coyote le dijo: "Si logras bajar hasta allá, te vas a salvar, te ayudarán. Pero será la misma gente que te arreste".

»Lo dejamos. No supimos qué le pasó. Seguimos bajando por la montaña y vimos huellas de llantas en la arena.

»El coyote dijo: "Vámonos. Pero tengan cuidado. Pisen mis huellas, y así no sabrán cuántos somos". Y al último hombre del grupo le dijo que agarrara una rama y fuera borrando las huellas.

»La Border Patrol nos detectó, vimos sus luces. Pero estábamos rodeados de árboles y arbustos. El coyote dijo: "Vamos a ver y esperar". Eran como las dos o tres de la mañana. Oímos voces en todo el derredor.

»Luego oímos: "No se muevan o disparamos", en español. "Si hay alguno herido, podemos ayudarlos", y lanzaron una luz muy brillante.

»El coyote dijo: "Ya me voy, ahora se las tienen que arreglar por su cuenta".

»Todos, excepto los que éramos de San Dionisio, salieron corriendo. La Border Patrol nos encontró. Nos detuvieron, nos llevaron a un centro de procesamiento y nos dieron de comer. Nos trataron con respeto. Dormimos ahí y nos llevaron en camión a Tijuana.

»Nos dijeron: "Regresen a su país, no vuelvan".

»Lo discutimos entre nosotros. No queríamos regresar a San Dionisio. Decidimos volver a intentarlo. Comimos algo y fuimos en busca de otro coyote. Teníamos dinero porque al primero no le habíamos pagado.

»El nuevo coyote nos volvió a llevar en una camioneta; ahora éramos ocho. Nos dejaron en un puente, pero en una zona más montañosa. Esta vez los coyotes llevaron el agua y la repartieron entre nosotros. Dijeron que sería una ruta más corta. Caminamos y caminamos. Me sangraban los pies. Nos desorientamos completamente. Preguntamos: "¿Dónde estamos?". El coyote dijo: "Ya estamos en los Estados Unidos".

»Caminamos un día y una noche, igual que la vez anterior. Caminábamos seis horas y luego descansábamos.

»Llegamos a una casita. Adentro había quince personas esperando un aventón a Los Ángeles. Era cerca de una carretera. Nos quedamos ahí todo el día y toda la noche: sin comida, sin agua, sin baño y sin poder hablar.

»Un hombre encontró una lata que alguien había dejado. Estaba vacía, pero usó un palillo para sacar los últimos restos de frijoles y se los comió. Los demás estábamos desesperados y hambrientos.

»Llegó una troca a recogernos. En la primera se subieron doce o trece, forcejeando para entrar. La segunda troca llegó seis horas después. La puerta de atrás estaba abierta y nos metimos. El chofer se paró a comprar algo de cerveza y después de eso empezó a manejar erráticamente.

»Oímos sirenas. La Highway Patrol nos detuvo. Abrieron la puerta con las pistolas desenfundadas. Nos arrestaron y nos llevaron a una estación. Ahí nos preguntaron "¿Adónde van?". Seguíamos en su camioneta. Uno de nosotros, que hablaba inglés, les dijo: "Vamos a tal ciudad a trabajar". Ya no recuerdo el nombre de la ciudad.

»Oímos a la Highway Patrol hablando afuera. No paraban de hablar. Abrieron la puerta de la camioneta y dijeron: "Bueno, largo de aquí". No querían lidiar con nosotros, era mucha bronca.

»Alguien dijo: "¡Oigan, esto es Phoenix!".

»Caminamos toda la mañana. Andábamos sucios y andrajosos, pero estábamos en Estados Unidos. Un tipo tenía una tarjeta de Seguridad Social. La usamos para que nos mandaran dinero y fuimos a un hotel a descansar, comer algo y cambiarnos de ropa.

»Nos dijeron que no podíamos tomar un camión a Los Ángeles porque pasaba por un puesto de control, así que compramos boletos a Las Vegas. El camión se detuvo, pero mantuvimos la cabeza gacha, y luego ya nos fuimos en camión a Los Ángeles.

»¡Al final no les pagamos nada a los coyotes! En Los Ángeles llamamos a nuestros parientes y amigos y nos recogieron. Viví con ellos cerca de Santa Monica Boulevard».

Se quedó callado.

—¿Y luego qué? —pregunté.

—Lavé platos unas semanas. Luego en otro lugar que servía desayunos. Me lastimé la espalda, no podía trabajar. No estaba ganando nada. Regresé a casa. Ahora hago huaraches.

Tenía recuerdos detallados de los pocos días que había pasado intentando cruzar la frontera, su aventura. Su año en Los Ángeles lo resumió en unas cuantas oraciones, como una experiencia de poca importancia.

Mezcalero

Alguien (pudo ser Sarahí) mencionó que cerca de una de las montañas que se veían desde San Dionisio había un palenque, es decir, una destilería de mezcal (en otras partes de México les dicen *vinata*). Esta destilería producía un mezcal de alta calidad muy demandado. Era un negocio familiar que había sido productivo por varias generaciones. Por cierto, este mezcalero había ido a los Estados Unidos. Otro que brincaba la frontera.

Manejé ahí por un camino empinado sin pavimentar que llevaba a un desfiladero entre dos montañas y que parecía campamento: cabañas, anexos, pilas de leños, un caballo amarrado, humo saliendo de una gran pirámide de tierra y madera, lleno de gente. Había seis o siete hombres trabajando duro con palas en la mano o cargando grandes leños. Viéndolos a lo lejos, mientras me acercaba por la carretera, daban la impresión de ser campistas, hurgando entre sus cobertizos y refugios, dándole con la pala a la pirámide ardiente y clavándole horquillas.

De cerca, la escena se descomponía en algo más diligente y coherente, algo que en mi experiencia pasaba a menudo en México: lo que de lejos parecía desorden, al verlo de cerca y sin prejuicios resultaba ser armonioso.

—Hola —me recibió un hombre sin rasurar con camisa mugrienta y huaraches rotos, con una cachucha de lado, pero sonrisa beatífica y modales distinguidos.

Era Crispín García (San Dionisio tenía casi puros García, algunos con relación de parentesco), el dueño, jefe, director de operaciones y patrón. Sería un gran error juzgarlo por la ropa de trabajo sucia, porque no era nada más un mezcalero muy respetado sino un hombre rico; su producto era muy solicitado. Y resultó que además de todo era sumamente amigable. No sabía que yo me iba a aparecer por ahí, y sin embargo, a la manera mexicana, me hizo sentir bienvenido, me presentó a su equipo de mezcalistas, me preguntó que deseaba saber y me explicó toda la operación.

—El horno —me señaló los dos metros y medio del humeante montículo de tierra y madera—. O como decimos en zapoteco, un *gorn*.

Los otros hombres y niños se rieron y me di cuenta de que no estaban platicando en español sino en zapoteco. Lo comenté.

—Sí, lo hablamos todo el tiempo —confirmó Crispín—. ¡Es nuestro lenguaje secreto!

También esto los hizo reír, pero era cierto: los susurros dulzones de las voces zapotecas en las zonas rurales de Oaxaca y los pueblos cercanos son incomprensibles para los forasteros, no nada más para los gringos sino para los mexicanos de otros estados. Aferrándose a su lengua, la lengua de Monte Albán, con su singular manera de expresar aspectos de esa cultura antigua, se han vuelto inexpugnables y remotos. Conservar su idioma era una de las ventajas de ser pasados por alto, omitidos o despreciados. Hubo un tiempo en que los escritores rara vez se referían a los zapotecos, mixtecos o tzotziles como mexicanos. Para Green, Huxley o Lawrence son «indios»: los «rostros de cavernícola», la «mirada reptiliana». El cultivo del agave y la elaboración del mezcal son unas de sus tradiciones, junto con su propio Día de Muertos, la celebración de la Guelaguetza, el tejido, la alfarería o la fabulosa literatura oral. Eso son los «indios».

—Dentro del horno hay muchas piñas o corazones de agave —explicó Crispín—. Mire, le voy a enseñar lo que hacemos —un hombre cogió un agave, le cercenó las pencas y el resultado fue algo parecido a una enorme piña como de caricatura—. Estamos cociendo las piñas. Los siguientes cuatro días estaremos cociéndolas. Dentro de este horno hay piedras calientes. Después de eso…

Me llevó a una plataforma circular de cemento, muy tersa y manchada del color terracota del jugo de agave cocido. Había en el centro un poste unido a un tronco y una gran piedra circular con un arnés de cuero enredado en la superficie.

—Este es el molino, la tahona. Un caballo lo va jalando, dando vueltas y vueltas. Muele los corazones de agave cocidos y quedan trozos a los que llamamos *bagazo*. Y lo echamos allá en esas tinas.

Algunos de esos contenedores estaban llenos de los jirones oscuros y fibrosos del agave, y por el olor agrio era fácil deducir que estaba macerándose en un caldo oscuro, hinchándose y fermentándose.

—Lo revolvemos, le damos la vuelta —describía Crispín mientras me conducía a una gran pila de cemento con una variedad de tubos de cobre—. Luego ponemos el líquido en este alambique para destilarlo. Es mejor hacerlo despacio, una gota a la vez. Luego a los barriles.

Había nueve grandes bidones de plástico azul alineados en una de las cabañas. Cada uno contenía doscientos litros y se vendía a doce mil pesos; esa era la razón por la que Crispín era un hombre acaudalado.

—Y ahora tomamos un poco de *doa'nhis*.

—¿*Doa'nhis*?

—Mezcal —contestó riéndose—, así se llama en zapoteco.

Metió una gruesa caña de bambú en un barril y, succionando, la llenó, para después trasvasar el líquido a dos mitades de cáscara de coco. El mezcal era transparente, un poco viscoso, burbujeante, y se derramaba por la cáscara. Me dio la más grande.

—¡Por usted! ¡Por la amistad!

—¡Por nosotros!

Y bebimos; el primer sorbo era como un cuchillo líquido bajándome por la garganta y escociéndome los ojos; el segundo alivió la laceración del primero; el tercero indujo una sensación de bienestar y me calentó la cara. El segundo vaso se filtró a mis extremidades y me relajó los dedos de manos y pies, aplacándome la mente y el espíritu.

—Quiero emborracharme —dije entrecortadamente.

—Tiene cuarenta y cinco por ciento de alcohol —me dijo—. Así es como puede verse la calidad del mezcal —movió la cáscara de coco—. Burbujas. ¿Ve las burbujas? Es bueno este mezcal. En zapoteco, *burbujas* se dice *cordon*.

—¿También hace tequila?

—No. No me gusta el tequila. Se hace de agave, pero el proceso es distinto. Le agregan alcohol —parecía estar acusando a los fabricantes de tequila de hacer trampa—. Mi abuelo y mi padre eran mezcaleros, pero para ellos era difícil. No tenían coche. Usaban burros y caballos para traer el agave de las montañas.

Me encantaba la sonrisa desdentada de Crispín. Volvimos a brindar.

—Los americanos son buena gente.

—¿Ha ido a los Estados Unidos?

—Estuve seis años en Los Ángeles —contestó—. En North Hollywood.

—¿En qué trabajaba?

—En restaurantes. Tres años en uno chino.

—¿Cómo se llama? —pregunté para bromear con él.

—¡Chin-Chin! —dijo botándose de la risa—. Luego en uno japonés. Limpiaba mesas y también preparaba comida.

—¿Cómo cruzó la frontera?

—Con un coyote. La primera vez fueron trescientos dólares. Era 1994 —ahora tenía cincuenta y siete años, de modo que en aquel viaje tendría treinta y tres. Había viajado con otros hombres jóvenes de San Dionisio—. La segunda vez pagué mil. Crucé cerca de Mexicali; caminamos diez horas a la autopista.

—¿Tuvo problemas con la policía en Los Ángeles?

—¡Ninguno! Me dejaban en paz. Me encantaba estar ahí. Mi finalidad era ahorrar dinero para luego venir y ayudar a mi familia.

Todo ese tiempo habíamos estado rodeados por el personal. Nos veían beber, se gritaban en zapoteco, nos traían más mezcal del barril en la caña de bambú.

Señalando a uno de los hombres jóvenes, Crispín dijo:

—Este es mi hijo, Rodrigo. También ha ido al otro lado.

Rodrigo tenía treinta y cinco años, era fornido, tenía expresión triste. Me dijo en inglés:

—Pagué tres mil para cruzar la primera vez. Crucé por Tecate. La segunda vez, cinco mil. Mucho dinero. Tuve que trabajar dos años para pagarlo, así que no ahorré mucho. Pero me gustaba estar allá.

—¿Qué extraña de los Estados Unidos?

—Extraño el trabajo, las ciudades bonitas, tan tranquilas —dijo melancólico.

Crispín sabía suficiente inglés para entender lo que decía su hijo. Dijo en español:

—Nuestra familia está aquí, somos felices. Yo tenía mucho trabajo en Estados Unidos, pero nunca gané mucho dinero. Nunca volveré a cruzar la frontera. Mire, tengo mi negocio de mezcal y estoy en casa. Hay menos presión. Quiero hacer el mejor mezcal.

Estaba meciéndose ligeramente, equilibrando una cáscara de coco con mezcal entre las puntas de los dedos, siempre sonriendo.

—¿Cómo se hace el mejor mezcal?

—Tiene que cortarse el agave con precisión —contestó cortando el aire con la mano libre—. El cocimiento exacto. La fermentación justa del bagazo.

Me rodeó el hombro con el brazo y se puso a hablar en zapoteco con gran fuerza y sentimiento.

—¡*Eet yelasu nara!* —exclamó sonriendo, pero dejando salir unas lágrimas de mezcal.

—¿Qué dice? —le pregunté a Rodrigo.

—«No se olvide de mí» en zapoteco.

No lo olvidaría, y tampoco los rayos de sol que se filtraban entre las bocanadas de humo de la pila de tierra del horno, o los techos de paja del molino y las cabañas, el olor penetrante de la masa de agave fermentándose, el caballo pastando abajo en el valle, los rostros ansiosos del equipo zapoteco, sus dedos endurecidos por el trabajo cuando me dieron un apretón de manos, o mi delirio mitad mezcal mitad pura dicha del viajero.

Día siguiente: banquete bajo los árboles

Una muerte en la familia García en San Dionisio significó dos semanas de duelo… de duelo mexicano, el proceso de facilitarle al espíritu del muerto el tránsito al siguiente mundo. El fallecimiento en cuestión fue el de la bienamada matriarca, Gabina García, a los setenta y un años. Había tenido una vida plena: casada a los quince años, dio a luz a siete hijos, una de ellos la madre de Sarahí.

Me invitaron a una comida en el territorio en expansión de los García; fue todo un banquete: cerca de cien personas comiendo en el patio, a la sombra de las ramas bajas de los árboles. Aquello era el día siguiente, al que también le dicen *recalentado*, la ceremonia de volver a poner la comida en la estufa un día después del entierro para los invitados adicionales.

Las mujeres y las niñas servían pancita con hígado de una sopera, con tortillas envueltas en servilletas de tela; había también fuentes con trozos de pollo y ollas de verduras. Y mezcal. Nos sentamos en mesas largas; algunos hombres conversaban sentados en unas bancas y en el fondo del jardín había una cocina improvisada con una olla de maíz que estaban removiendo para las tortillas que se harían al día siguiente, en medio de un sonsonete de voces, la verborrea apagada de los amigos y parientes agasajándose y llorando la pérdida.

—Le toma trece días a un alma para llegar al cielo —me dijo una mujer mientras me servía un plato, refiriéndose al viaje a la otra vida—. Agarramos trece tortillas y las ponemos en el altar de la casa después de una muerte. Cada día cortamos la tortilla en cachitos y la compartimos. También la compartimos con el que se fue.

En la mesa, con Germán García (el patriarca, de sesenta y un años), me hicieron las preguntas habituales: de dónde era, en qué trabajaba, qué me gustaba de México, si tenía esposa e hijos y qué estaba haciendo en ese pueblito.

Pensando en la veneración de los ritos del luto, contesté, entre otras cosas, que me gustaba la amabilidad mexicana, las pequeñas cortesías que había observado, y en zonas rurales habían tenido conmigo muchas de ellas.

Al escuchar eso, una anciana dio un resoplido de desaprobación.

—No —observó—, antes nos saludábamos cuatro veces al día: cuatro saludos. Nos besábamos la mano.

—Así —dijo Sarahí, y mostró cómo una persona presentaba las dos manos extendidas con las palmas hacia abajo para que las besaran.

—Sí —sostuvo la vieja—, pero hoy en día los jóvenes ya nomás dicen: «¡Hola!».

—México bárbaro —dijo Germán. Se reclinó en la silla, se levantó el ala del sombrero y cruzando los brazos con aires de importancia adquirió una seguridad aristocrática—. Es un libro, *México bárbaro*, escrito por un gringo, John Kenneth Turner. ¿Lo conoce?

Tuve que decir que no conocía el libro. Nunca había oído hablar de John Kenneth Turner. Pero más adelante fue fácil averiguar algo sobre este cruzado del periodismo (1879-1948), socialista precoz (lector de Marx a los dieciséis años) y visitante frecuente de México en periodos cruciales, en los tiempos de Porfirio Díaz y de nuevo durante la expedición punitiva contra Pancho Villa (1916-1917), que fue otra intromisión de los gringos humillante para México, aunque Villa escapó de la detención. En su último viaje, en 1921, Turner se convirtió en héroe para los mexicanos, y las atrocidades que detalla en su libro fueron tan importantes para despertar el fervor revolucionario que el pintor Siqueiros incluyó un retrato de él entre los rostros de la muchedumbre en su mural *Del porfirismo a la Revolución* en las paredes del Castillo de Chapultepec, en la Ciudad de México.

—Este gringo Turner estuvo aquí en Oaxaca justo antes de la Revolución —señaló Germán acariciándose el bigote—. También anduvo por Chiapas y Sonora. Escribió sobre los indios yaquis de Sonora, cómo trataron de impedir que los fuereños explotaran las minas de cobre. Esto fue a fines del siglo XIX, principios del XX. ¿Y qué hizo el gobierno de Díaz? Exterminaron a unos yaquis y a otros los mandaron a Yucatán, a hacer trabajo forzado en las plantaciones de henequén. También describe cómo se obligaba a las mujeres yaqui a casarse con peones chinos.

—Es usted un lector.

—Por supuesto. Sobre todo de historia.

Me impresionó su pasión y su descripción de ese libro del que yo nunca había oído hablar, escrito por un estadounidense un siglo antes. Y ese libro apareció más o menos al mismo tiempo que *Viva México!*, de Charles Macomb Flandrau (en 1910, los años turbulentos de Porfirio Díaz).

¿Había Germán leído a Flandrau?

—Por supuesto. Y a Enrique Krauze y muchos otros.

—Flandrau hablaba de los modales refinados de los mexicanos —comenté, pensando en líneas suyas como: «He oído a un peón medio desnudo retorciéndose con un costal de frutos de café a la espalda susurrar "Con permiso" al pasar frente a un albañil arreglando un muro».

Germán asintió con la cabeza y con un silencio táctico llamó la atención de la mesa antes de declarar, severo:

—¡Pero eso fue hace mucho tiempo!

Sentado bajo un árbol en un ritual de duelo y festejo, ser informado sobre Turner y una época de la que poco sabía (el libro de Flandrau es afable y alude a lo que llama *diazpotismo*; el de Turner es una polémica amarga) fue para mí una lección de humildad. Germán era un indígena zapoteca. Lo que recordaba más vívidamente del libro era la persecución de otro pueblo indígena, los yaquis de Sonora, y la campaña del gobierno de México para exterminar a algunos y esclavizar a otros. Cuando al fin encontré el libro descubrí que era un relato exhaustivo de los abusos del periodo de Díaz, de la opresión y el trabajo forzado en Yucatán, de la complicidad de los chinos inmigrantes, de la masacre en Juchitán, junto con la aterradora descripción de los sádicos azotes a un yaqui de los que Turner fue testigo ocular.

En una de sus crueles órdenes, Díaz decretó, según parafrasea Turner: «No se deportarán más yaquis excepto en caso de que estos cometan delitos. Por cada delito que en adelante cometa un yaqui, serán capturados y deportados a Yucatán quinientos yaquis».

«Los yaquis son indios, no son blancos —escribe más adelante Turner el imparcial—; pero cuando se conversa con ellos en un lenguaje mutuamente comprensible, queda uno impresionado por la similitud de los procesos mentales del blanco y del moreno. Me convencí pronto de que el yaqui y yo nos parecíamos más en la mente que en el color. También llegué a convencerme de que las ligas familiares del yaqui significan tanto para él como las del norteamericano, para este. La fidelidad conyugal es la virtud cardinal del hogar yaqui, y parece que no es por causa de alguna antigua superstición tribal, ni por enseñanzas de los misioneros, sino por una ternura innata que se dulcifica a medida que pasan los años».

Mientras tanto, en el banquete funerario, las mujeres estaban removiendo la gran olla de granos de maíz, echando tortillas en el comal y pasándolas de mesa en mesa con una delicia local, el pan de cazuela, que es pan remojado en chocolate, que nos comimos con una mano mientras en la otra sosteníamos un vaso de mezcal o una lata de refresco.

Germán se puso a hablar de las injusticias del gobierno actual y un hombre joven se dejó caer pesadamente junto a mí. Con voz desesperada dijo llamarse Rogelio, que tenía treinta y siete años, que había vivido varios años en Fresno, donde se unió a una pandilla y consumió drogas.

—Es extraño estar aquí de vuelta —contó con una voz que era prácticamente un alarido—. Nada funciona. No hay agua, no hay electricidad, no hay conexión con el mundo externo. Los niños van a la escuela sin comer. Aquí no hay información. Necesitaba reconectar con este pueblo, pero no puedo conectarme.

Lo que decía dejó de tener sentido. Estaba paranoico, acusando sin ton ni son, pero sus momentos de lucidez me desconcertaban. Al otro lado de la mesa Germán mordisqueaba el pan de cazuela, que le dejaba gotitas de chocolate en el bigote, mientras las niñas, haciendo guiños y ofreciendo más comida, andaban de puntitas entre las mesas.

Cuando miré el aparente desorden del convite, detrás de los invitados que comían y bebían, percibí algo inesperado.

Armonía en el desorden

Fue una visión esclarecedora, una epifanía mexicana. El banquete funerario al día siguiente del entierro tuvo lugar en el jardín trasero, cercado, de la casa de la mujer fallecida. Pero la casa era mucho más que eso: era un complejo que ocupaba toda una manzana del pueblo y tenía dos viviendas y una tienda de tamaño considerable.

Eso ejemplificaba algo que me había tomado tiempo entender de la vida mexicana. En diez mesas largas y media docena de bancos de madera se reunían cien o más personas sentadas, viejas y jóvenes, con vestimenta informal a la manera rústica, comiendo juntas: la pancita con hígado, un caldo aguado, fuentes de carne grasosa y cartílago desprendidos del hueso, tortillas, mezcal y refresco. De postre, pan de cazuela remojado en una mezcla rojiza de agua sabor cacao.

Al fondo del zumbido constante de la comida dominaba un susurro caótico: patos con sus crías pasándonos entre los pies, dos perros, siete pollos quejumbrosos picoteando cerca de una Vespa oxidada que hacía las veces de mesita, las ramas que desplegaban los árboles y nos daban sombra, una gran pila de mazorcas mustias, dos niños en triciclo chocando con las mesas, el jardín lleno de pedazos de papel y plástico roto, y a la altura de la cabeza dos cuerdas, una con ropa tendida y otra con tendones de res endureciéndose al sol… o quizá era cecina un poco pálida. Desparramados debajo de los tendederos había juguetes rotos irreconocibles; muñecas desmembradas, cabezas, torsos; el cuadro tubular de una bicicleta doblado; una llanta de carro abandonada y un viejo bloque de motor negro medio enterrado. Era francamente un depósito de chatarra, pero deliberado, con un perro desvelado que al bostezar mostraba los dientes en una especie de sonrisa satírica.

Distinguí tres mujeres de pie cerca de unas enormes ollas de metal. Una de las ollas era tan grande (con más de un metro de diámetro) que casi habrían cabido en ella las tres mujeres; las otras no se quedaban atrás. Hervían en ellas los granos de maíz («Para las tortillas de mañana»). Otras mujeres servían comida o mezcal, llevaban canastas de fruta, apapachaban bebés, cocinaban, y en un rincón, cerca de una bomba de mano y una tina, tres mujeres fregaban sartenes cubiertos de hollín. En la ramada, como le decían al cobertizo, una mujer cortaba a tajos un trozo de carne sobre una mesa.

Mientras yo estudiaba la escena, los niños chocando en los triciclos u ofreciendo comida juguetonamente se veían suaves y luminosos, como salidos de un sueño.

No era caótico: era un cuadro sereno, cada persona participando animada en alguna tarea: comer, beber, cocinar, lavar, servir, jugar, rememorar, explicar. Parecía el mecanismo interno de algún enorme reloj: un reloj mexicano hecho con puras piezas de repuesto, sus repiqueteos dando la hora, engullendo los segundos y pulsando los minutos, un modelo de simetría y eficiencia donde cada cosa importaba, cada persona era fundamental. Incluso el perro importaba; como reza el proverbio, si hay veneración, hasta el diente de un perro emite luz. Era algo que necesitaba saber.

Mi epifanía fue esta: un batiburrillo de elementos sin relación entre sí licuándose frente a una visión, la confusión resolviéndose en orden, caos cristalizándose en armonía. Lo que parecía un revoltijo era una trama racional, el mundo mexicano cobrando sentido para mí. Todo era ritual, predestinado y obedecido. Me tranquilizó y me ayudó en el camino.

Autorretrato de un patriarca

Después de haber conocido al hombre indígena maduro, el patriarca del banquete funerario en un pueblito de las montañas, muy leído, articulado, consciente de sí mismo y analítico, quise saber más. Aquí está su historia.

Me llamo Germán García Martínez. Tengo sesenta y un años y me crie en el pueblo de San Dionisio Ocotepec. Mis abuelos del lado de mi madre eran campesinos y del lado de mi padre panaderos. Mi padre creía en la educación para las mujeres y trabajo arduo para los hombres. Por esa razón no terminé la primaria. Cuando me casé trabajé mucho tiempo con mi padre, pero él no me permitía avanzar. Me trataba como a un extraño, no me pagaba un sueldo y siempre decía: «¿De qué te quejas si tienes techo y comida?».

Mi esposa y yo decidimos independizarnos de él, porque un día que mi hija mayor se enfermó le pedimos dinero para el doctor y dijo que no. Mi esposa empezó a vender pepitas afuera de la iglesia y yo trabajé para otras personas hasta que ahorramos suficiente para comprar un coche. Con él empecé a llevar gente a Tlacolula o Oaxaca. En esa época no había taxis ni camión y empecé a transportar productos de gente que los llevaba a vender en el mercado. Así conocí a gente de Yalalag que compraba plantas y hojas para curtir el cuero. Hablé con ellos y empecé a venderles las plantas, luego compré un molino y empecé a moler las plantas, pues así me las pagarían mejor.

Mi esposa y yo empezamos a comprarles huaraches y a venderlos en el mercado. Nos fue tan bien que mi padre dejó de hablarme, al grado de desheredarme, solo porque quería una vida mejor para mis hijos. Mi madre lo obligó a darme una parcela, donde construí mi casa, y desde ese momento me dijo que era lo único que obtendría de él. Así hice mi propia casa.

Mi esposa y yo queríamos producir nuestros propios huaraches. El primer paso era aprender a curtir el cuero. Uno de los hombres que nos compraban plantas aceptó enseñarme, pero sin que le pagáramos ni le diéramos comida o alojamiento a cambio. Me estuvo enseñando algunos años y luego empecé a curtir nuestro propio cuero. Me di cuenta de que solo me había enseñado lo básico, así que desperdiciábamos mucho material. Al final mi esposa y yo logramos curtir el cuero y empezamos a aprender a hacer huaraches, hasta que finalmente nos salieron. Empezamos a vender, y llegamos a tener setenta clientes. Eso terminó cuando vino la devaluación del peso y la gente de nuestra ciudad me nombró presidente municipal. En esa época también murió mi madre.

El negocio que mi esposa y yo habíamos montado empezó a venirse abajo. La gente que trabajaba con nosotros se estaba yendo a los Estados Unidos y yo no podía curtir el cuero porque mis responsabilidades como presidente municipal absorbían todo mi tiempo. Mi madre había muerto y mi padre no nos quería ni a mi familia ni a mí porque yo había conseguido avanzar en la vida y él no.

En mi oficina de la presidencia quería organizar a la comunidad, incluir a mujeres en las asambleas del pueblo, reavivar el servicio comunitario y construir una planta de tratamiento de agua incluso mucho antes que la ciudad de Oaxaca. Separábamos basura orgánica de la inorgánica, pavimentamos los caminos, cavamos sistemas de agua y drenaje, proporcionamos computadoras a las escuelas y creamos una asociación de siete comunidades indígenas. Estuve tres años en ese puesto sin recibir ningún salario, porque el pueblo se gobierna por lo que llamamos usos y costumbres, que yo más bien llamo abusos y costumbres. Pero también siento mucho orgullo y satisfacción por lo que logré como presidente. Lo pagué caro, tuve que dejar mi negocio y aguantar mucha vara.

Regresé a mi taller, que ya estaba en ruinas. Me deprimí y consideré que la solución era irme a los Estados Unidos, pero mi esposa no estuvo de acuerdo; ella luchó para salir adelante con el negocio y me convenció de no irme del país y seguir trabajando aquí.

Mi padre, por otro lado, estaba contento de mi fracaso. Fueron diez años muy difíciles, y estoy agradecido con mi esposa e hijos, que siempre estuvieron ahí dándole y luchando para que nos fuera bien. Ahora todo es distinto; pasamos de no tener comida a siempre tener comida en la mesa, y ahora incluso puedo salir a comer fuera o darme un descanso.

Después el pueblo me eligió para presidente de las tierras comunales [otro cargo no remunerado, para dirigir el uso de las propiedades comunales y al grupo de los lugareños autorizados a hacer uso de ellas]. En ese trabajo descubrí mi amor a la naturaleza y la importancia de cuidar el medio ambiente y usarlo responsablemente. Parecía que mis ideas les gustaban a algunas personas de nuestro pueblo, pero molestaban a otras, así que me frustraba y hasta me enojaba, pero también sabía que si yo no lo hacía, no lo haría nadie.

Hoy soy un hombre de principios firmes. No me gusta la corrupción. Trabajo por el bien mayor. Me gusta leer. Algunos de los libros que he leído son *Poder y delirio* de Enrique Krauze, *La rebelión de los colgados* de B. Traven y *México bárbaro* de Turner. Me gusta ayudar a la gente. Quiero proteger nuestra tierra y proteger y restablecer el medio ambiente.

Creo que la educación es la clave para el desarrollo personal y comunitario. Trabajo para minimizar el consumo irresponsable y para que la juventud de mi pueblo pueda competir contra la globalización y tener un mejor futuro. Creo que la acción colectiva puede crear cambios transformadores en mi comunidad y que los jóvenes pueden convertirse en fuente de inspiración para comunidades de todo el mundo.

En sus propias palabras, don Germán me dio un retrato de sí mismo como hombre íntegro, hablando de sus luchas y sus logros. Era un recordatorio de que, en lo fundamental, viajar no tiene tanto que ver con los paisajes como con las personas (no traficantes de influencias sino peatones) en la larga marcha del hombre de a pie. Una vez más, en México, como me pasó con los estudiantes o en mis encuentros casuales con campesinos, con Francisco Toledo y Guillermo Olguín y tantos otros, me sentía afortunado por la gente a la que conocía.

En la Mixteca Alta: Santa María Ixcatlán

Los crujientes y populares sombreros de palma apilados en el mercado de Tehuacán, en el sureste del estado de Puebla, y en puestos de mercado en sitios distantes (todos hechos a mano con tiras de hojas de palma secas) se tejían en una comunidad remota en las montañas del norte de Oaxaca. El inhóspito pueblito era como un residuo calcáreo en la taza que formaba el valle al final de un camino en tan malas condiciones que casi nadie visitaba el lugar, salvo en los días de su fiesta anual. En esos días llegaban miles de peregrinos a venerar una reliquia en especial, una escultura de un Cristo herido y torturado que hacía milagros y del que (según se decía) a veces goteaba sangre de verdad.

Este pueblito era Santa María Ixcatlán, tan pobre que en ese lugar casi no había intercambios de dinero. Si alguien quería comprar verduras en el mercado o un artículo en la tiendita, o tenía un costal de granos de maíz para llevarlos al molino local a hacer harina para tortilla, esa persona probablemente lo cambiaría por un sombrero de palma recién hecho, tejido esa mañana temprano, y eso era equivalente a dinero: cinco pesos. En Santa María Ixcatlán poca gente tenía dinero, pero todos tenían fibra de palma para sombreros, porque en las laderas rocosas de los empinados valles crecían palmas silvestres y la gente podía llevarse gratis algunas hojas.

Sin embargo, el pueblo tenía riqueza cultural y era famoso en otros aspectos. El lugar era famoso en la Mixteca no solo por sus sombreros de palma tejida sino también por sus canastas, duraderas y finamente tejidas. La iglesia local también era celebrada por la escultura en una vitrina detrás del altar, el lacerado Cristo (de las Estaciones de la Cruz, el Señor de las Tres Caídas), la reliquia que atraía a los peregrinos. Añádase a esto, a poca distancia del pueblo, en una hondonada junto a un arroyo, un palenque del tipo más tradicional que producía mezcal con las herramientas más sencillas (horquillas de madera y cubetas de cuero), la fermentación tenía lugar en pieles de vaca cosidas llenas de licor y con apariencia de animales gordos (de los que sobresalían ceñidas barrigas peludas) desmembrados colgados de cabeza. Finalmente, Santa María Ixcatlán era la única comunidad donde la gente hablaba ixcateco, lengua que estaba en peligro de extinción: aunque casi todos en ese pueblo de poco más de quinientos habitantes conocían algunas palabras, únicamente tres podían platicar en ixcateco con soltura… y los tres tenían ochenta y tantos años. La población apenas si había crecido en relación con los trescientos habitantes registrados en 1579, cuando llegaron los primeros misioneros españoles.

Fue Raúl Cabra, la pareja de Michael Sledge, quien me habló de este pueblito fuera de lo común. Él era diseñador y empresario, uno de los principales empleadores en Santa María Ixcatlán. Trabajaba con hombres y mujeres tejedores de canastas para los hoteles de lujo, ya fueran decorativas o tuvieran algún fin práctico (echar la ropa sucia o guardar artículos de escritorio).

—Pero no vas a encontrar el lugar —me previno Sledge.

—Tengo un mapa.

—Probablemente no lo encontrarás en el mapa —advirtió—, pero hay otro problema, más peliagudo —hizo una mueca, se acarició la barba y sonrió—. Hay algo que cuentan sobre unos extranjeros en la Mixteca. Se aparecen en un pueblo sin previo aviso y se ponen a hacer toda clase de preguntas. Esto es antes de que los presenten como Dios manda. Son del gobierno o bien de alguna secta religiosa. La gente del lugar se siente algo intimidada y responde. Pero para ellos los extranjeros representan una amenaza y las preguntas les parecen intrusivas. Así, cuando los extranjeros se van del pueblo y continúan su camino, toda la gente se reúne…

—Basta, basta —pedí.

—¿No quieres conocer cómo termina?

—Por favor no me des más detalles.

—¿No te gusta?

—La historia me encanta: «Extranjeros preguntones». Solo que no quiero saber demasiado —contesté.

—Sigo pensando que deberíamos ir juntos. El camino es malísimo. El pueblo está en medio de la nada y no conoces a nadie ahí. Pero yo tengo algunos contactos: las tejedoras de canastas. Y mi pickup pasará mejor que tu coche. Te digo que el camino es horroroso.

Fue buena idea salir temprano rumbo al norte, pasar la ciudad de Oaxaca y Etla hacia la carretera de cuota, porque en la primera caseta un policía nos alertó:

—Bloqueo más adelante, no pueden pasar. Van a tener que tomar las carreteras secundarias —dijo señalando hacia las volutas de niebla, las montañas erosionadas, con cumbres que eran peñascos azulosos.

—La carretera panorámica —dijo Sledge dando vuelta en un camino angosto que ascendía pasando por campos arados y se curvaba por arriba del valle. Avanzábamos a lo largo de una cresta, con pendientes a ambos lados, cuando de repente comentó—: Probablemente este fue el camino que tomaron los españoles para llegar a Oaxaca.

—Yo conozco este camino —recordé—. Es la desviación que tomé la primera vez que fui a Oaxaca, en medio de un aguacero. Hubo otro bloqueo. Es el Camino Real.

La carretera continuaba, serpenteando entre las cuestas, con unas vistas increíbles, la sierra a varios kilómetros de ahí, con las montañas más próximas erosionadas, en la zona de barro rojo de Oaxaca. En el sitio más escarpado e inverosímil se encontraban unas chozas chuecas apuntaladas en las pendientes, mientras vacas y caballos inclinados de lado para compensar el ángulo pacían en el pasto escaso, un paisaje oblicuo de criaturas y edificios en ángulo agudo.

Aunque en mi trayecto a Oaxaca recorrí gran parte de esa carretera, la lluvia y los nubarrones habían oscurecido las distancias y llenado los valles de niebla. No pude darme cuenta de lo profundos que eran estos y de la gran altura a la que iba yo manejando, pero ese día el sol y las nubes dispersas revelaban la verdadera altitud y el peligro de las implacables curvas en *U*, sin barreras de seguridad; los carros chocados que se habían volcado y caído por las orillas de algunas de estas curvas eran prueba fehaciente.

Cien kilómetros de curvas cerradas y baches, y luego el descenso a Nochixtlán, el epicentro de las protestas magisteriales, camiones quemados en la calle principal, la consigna JUSTICIA Y DERECHOS PARA TODOS todavía embadurnada con pintura roja en los puentes, y en los camiones más eslóganes que acusaban de asesinato al presidente de México. Un pueblo mexicano vandalizado por los manifestantes y las fuerzas contrarias de la policía y el ejército (los camiones ennegrecidos, las camionetas quemadas, la superficie chamuscada y derretida de la calle arrugada como lava) es el México más distópico, como la visión de un futuro fallido, un mundo que salió mal, un sitio del cual escapar.

De las pendientes de barro rojo a las pendientes de barro blanco, giramos en dirección al este en la carretera secundaria y llegamos al pueblo de San Juan Bautista Coixtlahuaca, con un enorme e imponente convento del siglo XVI abandonado en el centro. En la orilla del pueblo dimos vuelta en una calle empedrada que llevaba al noreste por los cerros pelones: pelones porque, debido a la ausencia de árboles, el viento se había llevado la capa superior del suelo.

Una mujer de negro iba caminando vacilante, tambaleándose por el disparejo camino delante de nosotros. Aminoramos la marcha.

—¿Quiere un aventón?

—Sí, por favor.

Era una anciana de chal negro, el rostro sonrojado por la crudeza del viento. Se subió al asiento trasero (era una pickup doble cabina) y suspiró agradecida. Su rostro estaba rígido por el frío y la timidez.

—¿Adónde va? —pregunté.

—A Río Blanco.

—¿Qué tan lejos está?

—A una hora caminando.

—¿Y Santa María Ixcatlán?

—Muy lejos. No vayan para allá.

Iba bien cubierta con su chal abrigador, una chamarra gruesa y falda larga, pero sus zapatos estaban deformes, con la suela medio desprendida. Tenía un rostro oscuro, arrugado, con surcos profundos, y una mandíbula decidida que la hacía parecer imperturbable. Dijo ser mixteca y, sí, hablar el idioma todo el tiempo.

En cuanto a la razón por la que había hecho un viaje de ida y de regreso a San Juan Bautista (calculé que serían como quince kilómetros), dijo que había ido a hacer un recado.

Casi todo el paisaje era de un blanco espectral, polvoso, infértil. Ahí nada crecía, no había nada salvo esas hondonadas azotadas por el viento y esas extrañas figuras que unas palas invisibles forman en las dunas de arena.

—Y luego se preguntan por qué la gente quiere irse de sitios como este —comentó Sledge—. Aquí no crece nada.

Pero en otras montañas se habían plantado algunos pinos como símbolo de reforestación, evidentemente para ocupar el suelo. Estaban plantados en filas; algunos tenazmente arraigados, otros muertos, cafés, quebradizos y escuetos, despojados de sus hojas.

—Esos los plantaron hace cinco años —puntualizó la mujer.

—¿Qué cultivan aquí?

—Maíz, frijol, trigo, maguey.

—¿Qué comen?

—Comemos carne de cabrito, mole rojo, mole negro, frijoles... —Frunció el ceño y se quedó unos momentos pensativa. Puede ser que le hubiera avergonzado la sencillez del menú—. Pan de pulque —agregó.

Quizá era su manera de recordarnos que en Río Blanco celebraban festivales donde se ofrecía el tradicional pan de pulque, hecho con la savia fermentada del maguey.

Pero nuestra camioneta iba sacudiéndose tanto que era difícil mantener una conversación con el golpeteo; la carretera parecía más el pedregoso lecho seco de un río que una vía para vehículos con ruedas. Cerca de una súbita pendiente vi unas parcelas geométricas, en grandes rectángulos, marcadas por muros bajos hechos de piedras del tamaño de un balón de futbol.

—Trigales —sostuvo la anciana.

Comentó que nunca iba a Oaxaca porque era muy caro. La primera parte del viaje era en coche o camioneta a San Juan Bautista y luego un autobús a Nochixtlán. Al final otro autobús. Seiscientos pesos en total. Prohibitivo.

Llegamos a un pequeño puente con unas chozas de piedra abajo.

—Río Blanco —indicó la mujer, nos dio las gracias y se bajó.

Más kilómetros de grava y piedras, de campos áridos y rocosos donde no crecía nada. El pueblo de Río Poblano, unos kilómetros adelante, eran unas casitas apiñadas, una capillita, cincuenta metros de camino pavimentado y luego otra vez el camino pedregoso. Al cabo de algunas horas descendimos a unas hondonadas más protegidas. Lo que parecían unas retorcidas zarpas negras desperdigadas en el polvo blanco eran agaves: no del cultivado sino de la variedad silvestre de maguey, el que llaman criollo. Más abajo, ahora con una mejor vista del amplio valle café verdoso, aparecieron ante nosotros las palmas abanico, de tres o cinco metros de alto, muchas ya sin hojas. Estas dos plantas, el agave y la palma, proporcionaban a los artesanos del pueblo la materia prima para el mezcal (el agave) y para las canastas (las palmas).

A todas las comunidades de esta parte de México se entra por un arco, con su nombre y un letrero de recibimiento. Pasamos por debajo de SANTA MARÍA IXCATLÁN y BIENVENIDO y, todavía, desde una parte alta de la carretera, alcanzaba a ver todo el lugar: en la base de una ladera pedregosa, una larga calle de chozas de cemento o adobe chaparras, pálidas, de fachada plana, que daban a la banqueta; en el otro extremo, una iglesia blanca; a la izquierda, en una cuesta, un edificio municipal. En el pueblo no se veían árboles, coches ni gente; todo parecía indicar que era un pueblo fantasma.

En una carretera secundaria, a mitad de camino bajando por la angosta calle principal, había una casa apuntalada encima de un barranco. Los cuartos eran austeros y fríos, con paredes de bloques de cemento, con ese olor avinagrado del concreto húmedo, una cama dura, un piso sucio, un foco pelón colgando de un cable. Como una celda, pero era una ganga: cinco dólares la noche.

—Durante la fiesta hay mucha ocupación —contó Juana, la dueña—. Ahora está muy tranquilo. Pero estas noches verán a algunas personas celebrando el inicio de la Cuaresma. Son los lugareños. Unos tocan música.

Y explicó que el nombre del pueblo, Ixcatlán, en idioma ixcateco significaba «sitio donde hay algodón». En mixteco el nombre era Xula. El nombre del lugar nos dice algo. Por miles de años se cultivó ahí, y en todo Oaxaca, el algodón, en los imperios maya y azteca, y continuó hasta mucho después de la Conquista española. Como describe Sven Beckert en su libro *El imperio del algodón*, muchos asentamientos aztecas tenían la palabra *algodón* en el nombre, como «En el cerro de algodón» o «En el templo de algodón».

Pregunté por la imagen sagrada de la iglesia, el Señor de las Tres Caídas.

—Hace como doscientos años había una estatua de Cristo en Puebla —relató Juana—, y los pueblos la querían. Pero cuando trataban de recogerla, no lo lograban. Luego lo intentó un hombre de aquí. La levantó con facilidad y la trajo a la iglesia, donde es venerada.

Más adelante descubrí que la historia era un poco más complicada.

—Pero no tenemos sacerdote —dijo—. Es decir, en el pueblo no hay ninguno. De vez en cuando viene uno. No vive aquí; viene de Teotitlán —eso estaba a treinta kilómetros—. Nos cobra ochocientos pesos por decir misa.

El pueblo no tenía línea telefónica. La señal de Wi-Fi era tan débil que no valía la pena conectarse. Ahí no se detenía ningún autobús. Como había dicho la mujer a la que le dimos aventón, se necesitaban un viaje en carro y dos en camión para llegar a la capital de Oaxaca.

—Hace mucho, como setenta u ochenta años, un tren se detenía en un pueblo del otro lado de las montañas. Los hombres esperaban con unos burros y traían a los pasajeros y viajeros a nuestro pueblo.

El pueblo con el apeadero de ferrocarril tenía un nombre extraño: se llamaba Tecomavaca; la línea férrea que venía desde

Puebla (la del tren de carga hasta la ciudad de Oaxaca) se mostraba en mi mapa.

—Algunas personas se van del pueblo porque son pobres —explicó.

—¿En qué trabaja la gente de aquí?

—Cortan madera o tejen la palma. No hay suficiente agua para los cultivos. Juntan maguey para mezcal.

Sledge sugirió que fuéramos adonde trabajaban los tejedores de palma, en una choza que también fungía como taller, y en la choza de al lado podríamos comer algo.

Caminamos por la desolada calle principal hasta la casita, con una pequeña chimenea que echaba humo. La casita estaba construida de adobe y piedra, de esa que llaman *bijarra*; era de una sola habitación, la mitad una cocina con grandes huecos en el techo para dejar salir el humo. Había una fogata en un rincón separado por ladrillos; encima, un comal de barro en el que estaban calentando unas tortillas. Una olla de hierro negro contenía un burbujeante estofado de estómago y chivo con zanahorias, frijoles y calabacitas, con grumos de grasa flotando en la superficie.

Filiberta era la cocinera. Sus dos hijos nos sirvieron, y mientras ella seguía torteando la masa de las tortillas, su esposo y sus hijos nos acompañaron en la mesa.

José, el esposo de Filiberta, dio las gracias. Después, cuando empezamos a comer, pregunté si los niños iban a la escuela.

—Solo hasta la secundaria —precisó José—. Aquí no hay preparatoria. Tendría que vivir en otro pueblo para ir. A los dieciséis años ya no tienen opción, así que por lo general se van.

Al escuchar esto, el muchacho más grande, Ignacio, de veinte años, dijo suavemente:

—A mí me gustaría irme, pero no sé adónde.

—¿Has viajado por México?

—Una vez fui a Tehuacán —dijo.

—Solo cuatro personas de aquí se han ido a los Estados Unidos —terció Filiberta—. Tres volvieron y una se quedó allá.

—La gente de este pueblo se va a la Ciudad de México —agregó José—. Y mandan dinero desde allá. Hace poco unos se fueron a Querétaro a trabajar en una fábrica.

El propio José se ganaba la vida construyendo casas con materiales tradicionales, sobre todo adobe. No era lucrativo: ganaba el equivalente a doce dólares al día, pero con la cocina de Filiberta y el tejido de palmas en la casa de junto producían suficiente para arreglárselas.

—Este pueblo tiene más de mil años —señaló José—. Era un reino.

Le hice algunas otras preguntas, sobre el pueblo, la iglesia y su imagen sagrada, pero José respondió que no sabía mucho y me di cuenta de que lo había avergonzado al insistir en que me diera detalles, como si estuviera poniéndolo a prueba. No se equivocaba al decir que el pueblo tenía mil años de existencia (como comunidad tradicional era mucho más antiguo, y como bastión ixcateco había sido un cacicazgo).

Así que terminamos de comer sin decir mucho más, y era como comer en una aldea fría del Tíbet, la misma clase de choza de techo de lámina y cuarto con corrientes de aire, lleno de humo de la fogata, la misma mesa dura y platos sencillos, la misma piedad y paciencia, el aspecto impasible e imperecedero de la gente, impenetrable en su silencio.

Cuando terminamos, Filiberta propuso: «Venga aquí junto. Vamos a ver a las tejedoras. Además, yo tengo que seguir tejiendo».

Tejedoras de palma

Ese día estaban sentadas juntas en un cuartito frío de hormigón, maloliente por las paredes de cemento húmedas y polvosas, pero normalmente se sentaban juntas afuera de la casa, agachadas en un agujero del suelo al que llamaban cueva, con las rodillas de unas pegadas a las de otras. La humedad de la cueva humedecía la palma y la mantenía maleable para poderla tejer, además de que la cueva servía para refugiarse del clima caluroso. Había en el cuarto seis mujeres tejiendo: Filiberta, Crescencia, Roberta, Margarita, Yolanda y Alicia. En medio de ellas un hombre, Jesús, de veintitrés años.

—También nuestros esposos tejen —dijo Crescencia cuando pregunté—. Hombres y mujeres lo hacemos.

—Aprendimos a los cinco años —comentó Roberta. Era una mujer vieja y puede ser que llevara sesenta años haciendo eso.

—Nos enseñaron nuestros padres —recordaba Crescencia.

Cada quien estaba trabajando en un tipo distinto de canasta, tratando de meter las hebras de fibra de palma entre el tejido; sentadas frente a mí, respondían mis preguntas sin dejar de tejer y sin bajar la mirada, jalando la hebra de fibra como alguien al coser jala el hilo para cerrar una costura. Estaban haciendo cajas de distintos tamaños, algunas muy pequeñas y estrechas, otras rectangulares, grandes pero de poca profundidad, con tapas que se les ajustaban a la perfección.

—Para las camisas, cuando devuelven la ropa limpia a la habitación en el hotel —indicó Alicia para explicarme el uso de la caja que estaba haciendo. Era joven, recién casada, y estaba contenta por su trabajo. Le tomaba una semana hacer una caja con tapa, y le pagaban por ella mil quinientos pesos, que para los parámetros locales es un buen salario, y con dinero de verdad.

Además de las cajas, algunas estaban haciendo petates chicos y grandes, y otras formando unos contenedores cilíndricos. Tejían todo el tiempo, no solo ahí y en la cueva sino en su tiempo libre: en casa, escuchando música, en reuniones, en las gradas durante los partidos de basquetbol. El basquetbol era popular en el pueblo; había una cancha y aros cerca del Palacio Municipal, donde tenía su oficina el alcalde del pueblo.

—En los años de 1700 la gente ya tejía así —contó Filiberta.

De hecho, mucho antes. Según investigaciones de Michael Hironymous, estudiante de posgrado en Texas, el tejido de palma en la aldea se practicaba desde la época prehispánica. Un cuestionario realizado en 1579, durante el reinado de Felipe II (una de las Relaciones geográficas de Indias), mencionaba específicamente el tejido de palma de ese sitio y lo describía como «la única actividad económica de la comunidad». Más de cuatro siglos de procesar hojas de palma, arrancarlas, ponerlas a secar y hacer canastas, con la participación de todo el pueblo, hasta los niños.

Las tejedoras del cuarto de hormigón estaban surtiendo un pedido de mil piezas de diferentes formas, diseñadas por Raúl Cabra para un hotel de lujo en Cabo San Lucas, en Baja California

Sur. Era el pedido más grande que hubieran tenido y el mejor pagado.

—¿Alguien aquí ha pensado en ir a los Estados Unidos? —pregunté.

—Aquí no hay tradición de irse para allá —respondió Crescencia.

—No conocemos a nadie en Estados Unidos —agregó Roberta.

—Mi esposo está en la Ciudad de México —dijo Alicia—. Dijo que va a venir por mí, y entonces viviré allá.

—A lo mejor mandará algunos burros para que te ayuden con la mudanza —manifestó Margarita, vacilando a la joven.

Las demás se rieron y siguieron tejiendo; sus dedos se movían a toda velocidad empujando la fibra de palma, jalándola, alisando el tejido...

Dos de las mujeres habían ido a la Ciudad de México. Crescencia había llegado a Puebla, pero prefería su pueblo; ahí la vida era más dura pero estaba con su familia y todos tejían juntos. Santa María Ixcatlán era, con mucho, un mejor lugar.

Pregunté sobre los sombreros tejidos.

—Puedes hacer cinco sombreros al día y te dan veinticinco pesos. Cambiamos sombreros por comida; todas las tiendas aceptan los sombreros como pago en especie.

El pueblo parecía lleno de carencias, aislado, al final de un camino en muy malas condiciones. Para ir al río más cercano eran doce horas de camino, ida y vuelta, a pie, la manera habitual de transitar. Les pedí que me dijeran qué era lo que más les gustaba de vivir ahí.

—La historia —opinó Filiberta—. Y también la naturaleza: las montañas, los pájaros.

—Aquí somos muy sociales; las familias se reúnen —contó Crescencia—. Comemos juntos: mole rojo, carne de chivo, carne de res. Hasta cuando estamos en la cueva socializamos y competimos para ver quién puede hacer más rápido un sombrero o una canasta.

Se rieron al oír eso y recordaron a las tejedoras más diestras. Luego se burlaron de Jesús, el único hombre tejedor, porque se rezagaba. Al ver su mueca de dolor por las burlas pregunté si había tensiones en el pueblo.

—A veces —reconoció Margarita—. Puede haber tensiones entre los pastores de cabras y los tejedores, porque las cabras se comen las palmitas silvestres. Y nos quejamos cuando algunas personas cortan mal las palmas y arruinan las hojas. Pero la verdad es que no tenemos tensiones serias.

—Disputas territoriales —aportó Filiberta.

Sí, todas coincidieron en que las disputas territoriales causaban problemas.

—Aquí son fuertes las costumbres y tradiciones —soltó Yolanda. Era su primer comentario, aunque había estado observando atentamente, tejiendo sin bajar la mirada.

—Pero nos llevamos bien. Aquí tenemos fiestas —argumentó Crescencia—. Mañana hay una, ya la verá. Es el carnaval.

No había caído en la cuenta de que al día siguiente era Martes de Carnaval, y luego venía el Miércoles de Ceniza.

—Habrá música, una calenda y mascaritas —agregó Crescencia.

Carnaval en Santa María Ixcatlán

Era un pueblo silencioso de puertas cerradas y ventanas con cartón haciendo las veces de cortinas, calles vacías donde el único movimiento era un perro cojo o un pollo picoteando hormigas. La angosta calle principal estaba pavimentada pero nunca vi un carro ni ninguna clase de vehículo pasar por ahí, con excepción de una carreta jalada por un burro. En las calles secundarias había algunas tienditas de fachada abierta con montones de comida enlatada, botellas de cerveza, dulces, pasta de dientes y costales de frijoles; sin embargo, la única persona a la que vi en una tienda fue a un hombre sentado de costado en un banquito con ojos vidriosos con un vaso de mezcal en la mano, demasiado borracho para sostener una conversación.

Pero en esa noche fría, justo al caer la noche, empezó la música: trompetas rimbombantes, guitarras y tambores a lo lejos, metales quejumbrosos, repiqueteo de cuerdas y traqueteo de tambores. La banda se escabullía de una calle a otra (más que calles, callejones) y cuando al fin encontré a los músicos estaban parados debajo de los faroles, para tocar aprovechando la tenue luz. Pero había tan pocos faroles en el pueblo que la banda no se alejó mucho.

También tocaron enfrente de las tiendas; en una interpretaron «Ghost Riders in the Sky», lo que motivó al tendero a darles unos caramelos; los músicos les quitaban la envoltura con los dientes sin dejar de tocar.

Vecinos enmascarados se congregaban en torno a ellos, pavoneándose y bailando. Era la calenda que habían prometido las tejedoras, una procesión de celebrantes, cien de ellos con máscaras o con instrumentos musicales, como doscientos mirones que iban detrás; más de la mitad del pueblo en las calles mal iluminadas. Las máscaras eran grotescas, pero no eran lo más extraño de la situación. Lo que me resultaba inusual era que ninguna de las personas midiera más de metro y medio, así que tuve la impresión de estar en un pueblo de enanos, tanto niños como adultos, algunos con máscaras y otros observando en silencio.

Supuse que los más pequeños eran niños, aunque en realidad podrían haber tenido cualquier edad. Llevaban máscaras de mono. Un niño con una máscara de perro con pelos y dientes caminaba arrastrando los pies. Balanceando los brazos y saludando con la cabeza se me empezó a acercar, para enseguida cambiar de dirección. Hombres barbudos, brujas y duendes, algunos pintados de payasos con caras brillantes, niñas con vestido y máscara de lobo caminando en parejas, y todo ese tiempo el estruendo de las trompetas y los tambores marcando el ritmo de la procesión.

Las mujeres no eran mujeres, eran mascaritas: hombres vestidos de mujer, con peluca y vestido, relleno en el pecho para aparentar senos grandes y máscara de coqueta. Cuando uno de ellos, de peluca rubia, me vio tomando notas («Niño con máscara de perro friqueándome...») me descubrí a mí mismo estrechado por unos fuertes brazos inflexibles, mi rostro embestido por los labios pervertidos color carmesí de una máscara de mujer. Mi estatura, o quizá el hecho de que estuviera yo garabateando en un cuaderno abierto, me hacía llamar la atención, así que me convertí en objeto de las amorosas mascaritas. No me sobresalté: los hombres vestidos de mujer son algo común en las procesiones mexicanas. Lo que me tenía fascinado era el tamaño de todos los que andaban en la calle.

Los espectadores, mirando y siguiendo, eran ixcatecos, la mayoría impasibles, unos cuantos riéndose de las gracias de los enmascarados de la multitud y de los tañidos y quejidos de los músicos de la banda, todos envueltos en cobijas o chales, las mujeres cargando bebés. La procesión iba de una calle a otra, arriba y abajo de los callejones, a las tres tiendas del pueblo, hasta que el sonido se fue apagando y hasta que el lugar volvió a hacerse silencioso, austero y cuaresmal.

Regresé a la fría casa de huéspedes, encontré una silla en el desorden de la cocina, me senté debajo de un tubo fluorescente en una mesa llena de frascos pegajosos y me comí una quesadilla quemada. Luego, cansinamente y a tientas, fui a mi celda de cemento a acostarme en el deforme colchón con sábanas sucias, debajo de una cobija húmeda y mohosa. En cuanto puse la cabeza en la almohada sucia me quedé dormido como bebé.

El Señor de las Tres Caídas

Desperté en la oscuridad de mi cubículo frío y sucio por unos cantos cadenciosos en alguna parte del pueblo, inconfundiblemente litúrgicos. Resultaron ser una llamada a la oración. Sledge ya se había levantado y estaba esperándome en la puerta de la calle. Eran las cinco y media de una oscura mañana en la meseta ixcateca.

—La iglesia abre a las seis —me explicó—, pero cierra una hora después.

Bostecé y dije:

—Mi cuarto es horrible.

—Es el mejor que tienen.

—¿Cómo?

—Es el que tiene baño.

Se refería a ese pequeño armario de piedra, frío y húmedo, con piso mojado, tubería con goteras y tolva apestosa.

Caminamos a la iglesia de Santa María en la semioscuridad. Íbamos deprisa y me quedé casi sin aliento, afectado por la altitud del pueblo, a más de mil ochocientos metros sobre el nivel del mar. Las calles estaban vacías, no había ni siquiera una carreta de mulas. Había una cabra paciendo al borde del camino.

—Este pueblo me hace pensar en *Pedro Páramo* —dijo Sledge.

—Tengo mis dudas sobre ese libro —comenté.

En la cima de un cerrito al final del camino se levantaba la iglesia blanca, con un muro alto alrededor y un árbol en el patio, uno de los pocos árboles por ahí. Una pequeña placa en la verja decía *Nunga*, que es *iglesia* en ixcateco. Las oficinas, las tiendas, hasta la cárcel local (*Ndachika*) y los baños públicos municipales (*dii*, hombres; *c'a*, mujeres) tenían de esas placas cerca de la entrada con el nombre en ixcateco (o *xwja*, como le dicen sus propios hablantes). Con todo, la lengua estaba en peligro de extinción.

Mientras nos acercábamos a la iglesia, dedicada a la virgen María, un cuidador abrió la puerta arrastrándola con las dos manos. Otro cuidador se paró cerca de la entrada para subir los interruptores de luz. Era tan temprano que todavía no acababan de prender las luces, pero al cabo de unos minutos todo estuvo iluminado, encendidos los altares. Había varias capillas dedicadas a diferentes vírgenes y otra a san Miguel. La iglesia estaba recién pintada; la luz intensificaba el olor a pintura fresca. Salvo por un hombre, arrodillado en un banco de la parte de atrás, la iglesia estaba vacía.

Mientras Sledge miraba las pinturas yo me senté en el banco del frente para echar un vistazo al objeto de veneración, la figura del Cristo caído. Estaba alojado en un nicho rectangular detrás del altar, oscurecido por el tabernáculo y una fila de velas eléctricas titilantes.

El guardia que había abierto la puerta me miraba.

Fui hacia él y susurré:

—Me gustaría acercarme más. ¿Puedo?

—Sí, por aquí —dijo señalando un pasillo que rodeaba el altar por atrás.

Con todo el respeto que pude, ya que estaba siendo severamente vigilado por guardias que creí sacristanes, caminé arrastrando los pies por las baldosas y subí por las escaleras a la plataforma elevada donde se exhibía la figura tras un vidrio. Me tardé un poco en entender la actitud de la efigie, su posición tan extraña. Era una escultura de un metro con veinte centímetros en posición horizontal con una túnica de brocado rojo. Mi primera impresión fue de un conjunto de ropas retorcidas y el brillo de objetos dorados. Sujetos a la túnica y al tapiz detrás del Cristo caído, numerosos anillos de oro, brazaletes, prendedores de filigrana dorada y medallas; no eran baratijas sino exvotos.

Cristo estaba tendido boca abajo, medio levantado con el fulcro de la articulación de la cadera, el cuerpo contorsionado, un codo ensangrentado haciendo de pivote, el rostro agonizante torcido y levantado, los ojos viendo al cielo. Los ojos eran el rasgo fundamental; atormentado, en busca de ayuda y fortaleza, Cristo detenido en un momento de crisis: la novena estación, el Señor de las Tres Caídas, bajo el peso de la cruz, justo antes de que lo pateen los soldados romanos y se levante de nuevo para seguir el camino a su crucifixión. La figura parecía representar tanto el sufrimiento como la esperanza. Concluí que los objetos de oro prendidos en la túnica eran ofrendas de peregrinos que hubieran recibido ayuda o estuvieran en busca de ella.

La vitrina era tan chica (la figura manchada de sangre la colmaba) y estaba en un espacio tan reducido que solo podía verse de cerca si se metía uno por el angosto pasillo, subía las escaleras y pegaba la cara al vidrio para contemplar el cuadro de tortura.

Sledge me había seguido, con expresión reflexiva y, como yo, temeroso de no parecer debidamente piadoso.

Los cuidadores/sacristanes estaban de pie cerca del altar cuando bajamos, como para evaluar el tamaño de nuestra devoción.

—Muy impresionante —señaló Sledge.

—¿Muchos milagros? —pregunté.

—Sí, muchos milagros —contestó uno de los hombres.

—Para los peregrinos —indicó el otro—, no tanto para el pueblo.

—¿Qué clase de milagros?

—Se conceden deseos, se restaura la salud, se curan dolencias.

Y como la hora de visita ya casi terminaba, los cuidadores nos acompañaron a la puerta de la iglesia.

Yo tenía más preguntas: ¿cuánto tiempo había estado la figura en la iglesia? ¿La habían encontrado en un campo, como decían los lugareños? ¿Alguien podía verificar que fuera cierto que, aunque muchos lo habían intentado, nadie había podido levantarla de donde la habían dejado abandonada hasta que un hombre de Santa María la recogió? ¿Era cierto el rumor de que sangraba de algunas de sus heridas y mojaba la túnica, y que de vez en cuando sanaban las heridas?

—Llegó hace muchos años —me relató uno. Era cierto que solo un hombre de Santa María Ixcatlán había podido levantarla. Sí, alguna que otra vez la estatua sangraba y, sí, cuando se detectaba alguna rajadura, luego sanaba. Además, de tanto en tanto tenía que recortarse la barba porque seguía creciendo.

No era una estatua ni una escultura: el Señor de las Tres Caídas era una cosa viva que podía sangrar, curarse y llorar y a la que le crecía el pelo. Por eso inspiraba esa veneración extrema, porque estaba viva. Un Cristo vivo yacía en el altar de la iglesia de la Virgen María en este pueblo remoto.

La explicación más completa de su origen se encuentra en la tesis con fecha de 2007 del estadounidense Michael Hironymous, basada en investigaciones y entrevistas por él realizadas. Este estudioso de Texas, que vivió en el pueblo largos periodos a fines de la década de 1990, interrogó a los lugareños más viejos. En la década de 1840, en un campo cerca de Tilapa, en el sur del estado de Puebla, un campesino encontró la estatua. Primero pensó que era un hombre herido, pero al ver que era una figura de Cristo intentó levantarla. Por mucho que se esforzó, no pudo moverla. Se convocó a un sacerdote, y gente de los pueblos cercanos llegó a maravillarse con ella. Muchos lo intentaron, pero nadie logró moverla. El sacerdote la ungió y la bendijo. Luego se aparecieron por ahí cuatro hombres de la lejana Santa María Ixcatán y la levantaron con facilidad, con lo que se sobreentendió que les pertenecía a ellos.

En su camino de regreso, cargando las figuras por la orilla del río Salado, pasaron junto a los cadáveres de unos hombres muertos en la horca. La cercanía de la figura de Cristo los resucitó milagrosamente. Los hombres que llevaban la estatua se cayeron tres veces en el camino al pueblo (los sitios de las caídas seguían señalados con unas cruces). Otro milagro del Señor ocurrió cerca del pueblo: «Mientras se acercaba a Ixcatlán, se dice que todos los árboles se inclinaban a su paso y soltaban hojas para alfombrar el sendero en su honor».

A lo largo de ciento setenta y cinco años, más o menos, el cuarto viernes de Cuaresma el pueblo había celebrado fiestas de todo el fin de semana para honrar al Señor, con misas y conciertos de banda. Eran las fechas en que llegaban los peregrinos de lugares lejanos («incluso de los Estados Unidos»), algunos a pie como acto de mortificación. Los peregrinos participaban en la fiesta, pagaban las misas o las flores, algunos cargaban cruces de madera a lo largo de la calle principal. Esa semana se retiraba la figura del Señor de su nicho y la llevaban cargando en una camilla de una calle a otra; por la noche había fuegos artificiales.

Aunque la iglesia estaba dedicada a la Virgen María, era el Señor de las Tres Caídas la presencia rectora del pueblo, y la fiesta era una oportunidad para Santa María Ixcatlán de generar ingresos, rentar habitaciones a los peregrinos y venderles comida, como la que degusté en el pueblo: estofado de cabrito, pancita, frijoles, huevos, mole, aguacates, tortilla, café y mezcal.

Pero cada vez que los habitantes del pueblo hablaban de los peregrinos era evidente que se reprimían y había cierto tono rencoroso, dando a entender que el pueblo en realidad no podía alojar a tantos habitantes a la vez; que esa semana los peregrinos andaban por doquier, acampando, comiendo en la plaza y despatarrados en los bordes de los caminos; que cuando al fin se iban, después de haber rezado y rendido culto al Señor, dejaban el pueblo lleno de basura. Este último detalle era lo que más vívidamente recordaban, más que la venta de comida, los puestos de refrescos, las misas o los fuegos artificiales: el fastidio de tener que limpiar cuando los peregrinos se habían ido.

—Basura en todos lados —y un hondo suspiro.

Mezcal artesanal

El palenque de Amando Alvarado Álvarez se ubicaba en un valle profundo al este del pueblo, por una carretera empinada cubierta de grava. Cuando íbamos para allá vi a una niña que llevaba un sombrero y una canasta de maíz. Sledge iba maneando su pickup despacito por el deteriorado camino, de modo que era fácil detenernos a saludar. Así vi que no era una niña sino una débil anciana con un chal; no mediría más de un metro con cuarenta centímetros. Sonriente, de aspecto amigable, quería saber de dónde era yo y le gustó que le chuleara su sombrero recién hecho.

—Voy con el molinero para convertir este maíz en harina —dijo—. Pagaré con este sombrero.

Continuamos rumbo al borde del valle; veíamos las paredes de granito de la Loma de los Muertos, las terrazas y los prados. Caminamos por un largo sendero hasta una terraza, una fábrica de mezcal que habría reconocido un mixteco de los viejos tiempos, cuando el mezcal se hacía de la misma forma: deshaciendo el agave en un balde con un mazo de un metro con veinte centímetros y fermentando el bagazo en sacos hechos de cuero de res sin curtir.

—Esto es aquí la tradición —precisó Alvarado—. No tanques de madera o pilas de piedra —los cueros eran resbalosos, y tan pesados cuando estaban llenos del líquido que se hinchaban y estiraban, sometiendo a demasiada tensión los horcones a los que estaban amarrados—. La otra cosa, cuando se fermenta, curte el cuero. Y la diferencia se percibe en el sabor.

Alvarado tenía a ocho empleados para trabajar en el machacado de las piñas del agave y la destilación en jarras y ollas o monteras de barro; como embudo usaban una penca de agave. Todo se hacía a mano con herramientas sencillas: machete, mazo, horquillas, pieles de animal.

—Un viejo método —dije.

—Tiene doscientos años —confirmó—. Lo heredé de mi bisabuelo.

Probé un poco del producto. Tenía 46% de alcohol, según me indicó Alvarado.

—Vea, es más dulce, no tan agresivo como el habitual.

Hacía diez mil litros al año y lo vendía directamente a bares de Oaxaca a doscientos cincuenta pesos el litro. Era mucho dinero. Una familia de cinco integrantes en el pueblo vivía con un promedio de setecientos pesos al mes, lo que, como supe después, era mucho menos que lo que gana una familia del mismo tamaño en la Kenia rural. El ingreso mensual promedio de México era diez veces eso, pero esta zona rural estaba en la periferia de la economía, era la gente más pobre del país.

Un poco aturdidos después de probar el mezcal, nos fuimos del palenque y nos dirigimos al pueblo. Sledge siguió al volante. Pasamos por la iglesia y la placita, por debajo del arco, y subimos por las laderas de agave y palmas hasta la ventosa meseta rodeada de montañas: al este El Mirador, al norte Gandudo, y al sureste Peña del Gavilán y Montón de Piedras.

En este camino de vuelta el paisaje parecía aún más agreste que de ida. Pendientes y campos de piedra caliza erosionada por el viento, nada de tierra salvo en los escasos espacios donde se habían plantado pinos en un acto de desesperación. Los pueblos de Río Poblano y Río Blanco se veían más pobres que Santa María Ixcatlán, y de vez en cuando veíamos a gente caminando lenta y pesadamente. Recogimos a cuatro, que se treparon en la caja, porque el asiento trasero de la cabina estaba lleno de canastas ya terminadas que habíamos aceptado llevar a Oaxaca.

—Este camino no mejora —lamentó Sledge manejando muy lento y esquivando los baches.

Hablamos de lo que habíamos visto, las tejedoras de palma, la procesión pre Cuaresma, la figura del Señor de las Tres Caídas, el palenque.

—Hicimos muchas preguntas —dijo, y me recordó aquella historia de los extranjeros que habían llegado a un pueblo lejano como ese e hicieron demasiadas preguntas.

Cuando llegamos al camino pavimentado, y luego al pueblo de San Juan Bautista Coixtlahuaca, nos estacionamos, y los pasajeros se bajaron para agradecernos e hicieron un gesto ritual de ofrecernos dinero por el aventón.

—Gracias, no hace falta pagar nada —declaré—, pero ¿podrían responder unas preguntas?

Una mujer madura, Epifanía Gutiérrez, de unos cuarenta años o menos, me relató:

—Vivo y trabajo en Río Poblano. Soy ama de casa y también trabajo en la casa. Tengo seis hijos. Trabajo haciendo sombreros. Me pagan setenta pesos por doce sombreros. Me toma ocho días hacerlos, pero por supuesto que no trabajo en ellos todo el día. Una persona de aquí me los compra. Luego me regreso caminando a Río Poblano.

La hija mayor de Epifanía, Angelina, tenía diecisiete años. Acompañó a su madre en esa visita a la meseta en un día nublado.

—¿A qué te dedicas, Angelina?

—Ayudo a mi mamá.

El menor de los dos hombres era José Luis Figueroa. Tenía tres hijos.

—Soy campesino —me explicó cuando le pregunté por su trabajo—. Tengo vacas. Cuando necesito dinero vendo una —de una vaca pequeña podía sacar cuatrocientos cincuenta pesos.

El mayor de los hombres tendría quizá sesenta y tantos años. Llevaba un sombrero estropeado. Dijo tener seis hijos, ya todos casados. Era abuelo.

—¿A qué se dedica?

—Soy campesino.

—¿Cómo vive?

—Tengo unas chivitas.

—¿Las come o las vende?

—Las comemos. También las vendemos.

Ganaba por una cabra lo mismo que José Luis Figueroa por una vaquita.

—Vendo como seis al año.

—¿Cómo se llama este pueblo, señor? —yo lo sabía, pero tenía una razón para preguntárselo.

—Es San Juan Bautista Coixtlahuaca —respondió—. Allá está el viejo convento.

La iglesia, rota, enorme, hueca, solitaria, monumental en medio de ese lugar diminuto, tenía un gran campanario, unas puertas de nueve metros de alto, patio interior y claustros. Su tamaño era parecido al de la iglesia de Yanhuitlán, que había visitado rumbo al sur y no estaba lejos de ahí.

—¿Qué significa Coixtlahuaca?

—El llano de las serpientes.

Mexicanos sobre México

Como escritor y lector, pero también como viajero, me preguntaba si se aprendería algo valioso sobre la vida mexicana leyendo novelas mexicanas. ¿Por qué pasar todo ese tiempo en carreteras secundarias si uno puede apoltronarse en casa para viajar a través de la ficción y así descubrir México?

En Santa María Ixcatlán, Sledge había dicho: «Este pueblo me hace pensar en *Pedro Páramo*».

Cuando se les pide a los escritores mexicanos que mencionen una novela mexicana importante de los últimos sesenta años, normalmente recomiendan *Pedro Páramo* (1955), de Juan Rulfo, antes que, por decir algo, cualquiera de las treinta y seis obras narrativas de Carlos Fuentes, las diez de Ibargüengoitia o las dieciséis de Martín Luis Guzmán. Es decir, ninguna de las grandes novelas urbanas, sino una breve novela rural sobre un remoto pueblo fantasma. *Pedro Páramo* es una historia sobre la inutilidad, la decepción, la decadencia y la muerte, cosa nada sorprendente dado que son los temas imperecederos de la escritura mexicana; me parecía que tanto en la tradición como en la cultura popular los mexicanos estaban medio enamorados de la muerte, jugando siempre con un cráneo humano como si fuera un muñeco... como de hecho muchas veces lo es: una cabeza sonriente pintada de colores alegres, un esqueleto vestido de muñeca o una tersa calavera de azúcar hecha para la fiesta.

El mexicano a la muerte «la frecuenta, la burla, la acaricia, duerme con ella, la festeja, es uno de sus juguetes favoritos y su amor más permanente», escribe Octavio Paz en *El laberinto de la soledad*, en su habitual estilo hiperbólico. Paz es el más agudo de los autores mexicanos que escriben sobre la vida mexicana:

cualquier observación que pudiera hacerse sobre México (la vida o la sociedad, la identidad o la creencia) probablemente ya la hizo Paz con mayor elocuencia en *El laberinto* o en sus poemas. «Cierto —continúa—, en su actitud hay quizá tanto miedo como en la de los otros; mas al menos no se esconde ni la esconde; la contempla cara a cara con impaciencia, desdén o ironía: "Si me han de matar mañana, que me maten de una vez"». Y sigue: «El desprecio a la muerte no está reñido con el culto que le profesamos. Ella está presente en nuestras fiestas, en nuestros juegos, en nuestros pensamientos. Morir y matar son ideas que pocas veces nos abandonan. […] La muerte nos venga de la vida, la desnuda de todas sus vanidades y pretensiones y la convierte en lo que es: unos huesos mondos y una mueca espantable».

Podría haber agregado: ¿A alguien le extraña que los mexicanos sean tan fatalistas con respecto a las bandas del narcotráfico y las decapitaciones?

«La muerte», dice Paz, no «morir». Morir es un asunto completamente distinto, algo que hay que evitar porque conlleva sufrimiento: es un proceso angustioso, agonizante, a veces prolongado, no un fin súbito sino una enfermedad terminal, a menudo larga. Y sin embargo la muerte como certeza y promesa es el eterno espectro mexicano en el banquete. Paz es mexicano en su entrega al pesimismo: «La muerte no nos asusta porque "la vida nos ha curado de espanto"».

Pedro Páramo, novela de muerte, fantasmas, apariciones, se sitúa en Comala, pueblo remoto en un paisaje árido, que es una especie de inframundo, al que tantas partes de México a veces se parecen. Como alguien que ha viajado por pueblos y municipios, me fascinó una novela con ese escenario. Terminé leyéndola media docena de veces, cada vez con más perplejidad y menos placer. Pero la novela se considera un clásico mexicano y ha sido profusamente elogiada por Jorge Luis Borges. Gabriel García Márquez decía que leerla le inspiró a concebir la forma de *Cien años de soledad* y lo animó en sus excursiones de realismo y fantasía yuxtapuestos en su ficticio pueblo colombiano de Macondo.

Pedro Páramo fue la única novela de Juan Rulfo, y de hecho es muy corta, tiene poco más de cien páginas. En mi opinión es, además, liviana: una narración escurridiza con muchas insinuaciones, con un encanto elíptico que, más que exponer los acontecimientos o los sentimientos, los sugiere (como la poesía). En otras palabras, el lector siempre está un poco confundido y tiene que esforzarse en entender el coro de voces y los cambios de tiempo. Para obedecer la solicitud que le hace su madre en su lecho de muerte, el joven Juan Preciado viaja a la Comala encantada en busca de su padre, Pedro Páramo, y al hacerlo se encuentra con fantasmas del pasado y retazos de la vida de su padre. Es una novela de fragmentos, un paisaje superficialmente descrito, de abruptas transiciones sin explicación alguna, de sueños y diálogos como susurros. Rulfo había pensado en titularla *Los murmullos*.

Cuando Juan muere a mitad de la novela, asume la narración Dorotea, una mendiga que, por cierto, está muerta, pero ha conocido el pueblo en sus mejores días y conoció a Pedro, a su amada Susana y a muchos otros lugareños (el cura, el mandadero, el profeta local, la cocinera, etc.). Enigma literario de múltiples voces narradoras, es estática y silenciosamente desafiante, como la mayoría de los enigmas, con una narración circular que gira despacio en vez de avanzar. Su manejo del tiempo (fluido, del que los críticos literarios llaman faulkneriano) y sus significados borrosos infunden al relato una impenetrabilidad que según algunos estudiosos le confiere una cualidad mítica. La novela entra de lleno en la tradición de la «ficción oblicua», de la novela «difícil» (santo Dios) que necesita explicación: no la lees por placer, sino que la estudias para hacer el trabajo final. Es de los libros desconcertantes que se asignan a una categoría especial para propiciar discusiones, el libro que estudian de más los explicadores posmodernos (a nadie le sorprenderá que Susan Sontag, en un texto que sirvió de prólogo a una traducción al inglés de *Pedro Páramo*, celebre con pedantería su oscuridad). La novela acicatea al lector a encontrarle un sentido, y no es tarea menor, pues el propio Rulfo, que asigna a todas sus alusiones el mismo valor, casi no ayuda.

La consideran una obra maestra Borges y García Márquez, Paz y Fuentes. También la ha elogiado Carmen Boullosa, novelista mexicana mucho más joven. Ella conoció a Juan Rulfo, que fue su amigo y mentor, pero, aunque es entusiasta, sus alabanzas son desmoralizadoras: «La novela es sobre la Novela: las maravillas de la narración de historias, el poder del mundo literario que gira tan rápido que nunca deja que el lector lo alcance». Pero a mí las novelas de la propia Boullosa, en especial *Antes*, que también se trata de una búsqueda compleja, son más satisfactorias y amenas, e igual de importantes.

Cuando dije que tenía mis dudas sobre *Pedro Páramo* también estaba pensando en todo un reluciente estante de novelas, en un movimiento literario de antaño, en este caso fantasías y evasiones. Como la mayoría de los movimientos literarios programáticos autoconscientes, obedece a una fórmula extravagante, que a fin de cuentas es un vano truco de salón. Esto no es para menospreciar a Borges, considerado el padre de todo esto, sino solo para decir que al leer la ficción de Borges uno se pierde en las bifurcaciones de un inframundo inimitable y farragoso, no en el mundo material donde la gente vive en la miseria, y ese mundo es lo único que me importa ahora, no solo en América Latina, donde se definió el realismo mágico a mediados del siglo XX (cuando el cubano Alejo Carpentier lo llamó *lo real maravilloso*), sino en todos los lugares azotados por la pobreza.

El realismo mágico, tan ensalzado en otros tiempos pero que ahora parece un poco anticuado y pretencioso, fue quizás una respuesta del tercer mundo a lo horroroso y a lo difícil de soportar en la vida cotidiana, una obstinación con apartarse de la realidad, una huida al encandilamiento banal, como lo describió Salman Rushdie (que se ha hecho famoso produciéndolo) en *Patrias imaginarias*: «El realismo mágico, al menos el que practica Márquez, es un producto del surrealismo que expresa una conciencia genuinamente "tercermundista". Trata con lo que Naipaul ha llamado sociedades "a medio hacer", en las que lo imposiblemente viejo lucha contra lo terriblemente nuevo, donde las corrupciones públicas y las angustias privadas son más estridentes y extremas que en el llamado "Norte", donde siglos de riqueza y poder han formado densas capas sobre la superficie de lo que verdaderamente está pasando».

Yo dudo de esto. Más que expresar una conciencia tercermundista (y cuando escribe sobre las sociedades «a medio hacer»,

Naipaul trata por todos los medios de ser escrupuloso, franco y desencantado), yo lo veo como afectación de autor del tercer mundo en el peor de los casos y como una oblicuidad de autor del tercer mundo en el mejor de los casos, como el truco de distracción de un mago, una ficción que ha surgido de la vergüenza, una reacción literaria a circunstancias u orígenes bochornosos. En este sentido, Naipaul también ha dicho: «Hoy en día, los mitos de los escritores se tratan cada vez más de los escritores mismos». Cuando se los estudia, los niños que han sufrido abusos inventan mentiras como esas para disimular la realidad de que provienen de hogares desdichados. Los pobres ruegan por milagros y se consuelan con fábulas y fantasías; en México a veces las representan en rituales, como si así cobraran vida. Esta combinación de compasión, anhelo y creencia abunda en las comunidades del México rural y las permea de una conciencia de lo sobrenatural.

Otros se han apropiado de esta tradición oral de lo sobrenatural para la ficción. Pero la expresión *realismo mágico* es una justificación académica, es decir, una manera pomposa de evitar la palabra *fantasía*. Es una literatura de la negación, del disparate, una forma de extravagante nostalgia literaria por unos tiempos animistas ya idos, una cultura de máscaras, sacrificios, apariciones y cuentos de hadas. Son mi amigo Salman Rushdie y otros literatos refugiados rehuyendo los horrores de la India para presentarse en Nueva York o Londres y ofrecer tonterías, farsas, historias cómicas de encandilamiento con un campesinado embellecido, mientras quinientos millones de hindúes viviendo en la pobreza en el subcontinente no saben si ese día van a tener qué comer. Reconozco la sabiduría y la vitalidad de las novelas y cuentos de García Márquez y el poder de su imaginación, su evitación de la extravagancia y sus grandes dotes cómicas. Es el mejor de su grupo y escribe de los territorios en la miseria, y aun así, hasta su obra parece una brillante confección, fábula y alegoría: no de mi gusto. «Es como entonar "Annie Laurie" con pedorreos por el ojo de una cerradura —dice Gulley Jimson—; puede ser ingenioso, pero ¿vale la pena?». He pasado toda una vida de lector, escritor y viajero tratando de ver las cosas como son, y no son mágicas en absoluto, sino apremiantes y tristes, iluminadas por destellos de esperanza.

Pero he aquí la protesta de un autor mexicano de realismo mágico, Ignacio Solares, editor y novelista moderno de clase media y mediana edad: «Creo en cualquier manifestación de lo extraño del espíritu. Creo en todas las fugas posibles. Lo único que no soporto es la realidad tal cual es. Creo que el escritor está marcado por esa necesidad constante de inventar un mundo, de salirse de este mundo. La literatura tiene que ver más con la infelicidad que con la dicha. La escritura está relacionada directamente con la frustración. Escribir es un reflejo de la desesperación personal. El escritor está profundamente a disgusto con su realidad». Y en una entrevista para una publicación mexicana, *Revista Zócalo*, Solares dijo: «Lo que pasa es que para mí lo único insoportable es la "realidad real"».

Tómese en cuenta que Solares es de Ciudad Juárez, ciudad fronteriza de caos, narcotráfico, ejecuciones, linchamientos, destripamientos, explotación de los cárteles y decapitamientos: tripas derramadas y sangre encharcada en las avenidas principales, cadáveres colgados de los faroles o encajuelados y cabezas dispuestas como melones estropeados en los cofres de carros estacionados para insinuarles a los transeúntes las realidades de la justicia por mano propia.

¿A qué mexicano racional, o a quien fuera, no le parecería insoportable? Sin embargo, es el deber del autor de ficción, a través del prisma de la imaginación, mirar con frialdad y representar la vida tal como es, la vida como debería ser. A pesar de su declarada aversión a la realidad, Solares no parece espantarse fácilmente. Motivado por la experiencia de que seis miembros de su familia fueran alcohólicos y tres tíos padecieran *delirium tremens*, escribió una potente crónica de lo que es beber hasta perder el conocimiento. Titulada *Delirium tremens*, incluye entrevistas con alcohólicos. Solares también ha escrito novelas históricas, cuentos y obras de teatro.

Como muchos destacados autores mexicanos, Solares vive en la Ciudad de México. Pero es fácil perderse en las camarillas y contracorrientes del México literario: autores de literatura fantástica, realismo mágico, realismo sucio, narcoliteratura, poesía, además de los diversos movimientos literarios, como el boom (Fuentes y otros), el manifiesto crack y la literatura de la onda, que dio lugar a una nueva generación que se llamó a sí misma los McOndos, y finalmente los naturalistas.

Una de las muchas paradojas de la literatura mexicana moderna son sus influencias cosmopolitas, sobre todo de España y los Estados Unidos. Otra paradoja es que los escritores se mueven hacia la Ciudad de México y el ancho mundo, más que al interior. El novelista o cuentista regional (versiones mexicanas del Chejov rusticado, el Thomas Hardy residente en Wessex, el noble granjero William Faulkner) casi no existe en México. México no tiene a un Cormac McCarthy garabateando en la reclusión ni a un Thomas Pynchon aislado (aunque Pynchon mismo escribió parte de su novela *V.* mientras vivió en México, a lo mejor en Mazatlán, ciudad que menciona en *La subasta del lote 49*).

Carlos Fuentes explica la atracción de la Ciudad de México y la ausencia de regionalismo en su introducción a *La invasión*, de Ignacio Solares, novela realista sobre la humillación que significaron el sitio, la captura y la ocupación de la Ciudad de México por el ejército estadounidense en 1847 y 1848.

«México ha tenido una historia cultural y política altamente centralizada —escribió Fuentes—. Desde el imperio azteca (hasta 1521) y los periodos colonial (1521-1810) e independiente (de 1810 al presente), la Ciudad de México ha sido corona e imán de la vida mexicana. Nación aislada en sí misma por una geografía de volcanes, cordilleras, desiertos y selvas, México siempre ha encontrado una apariencia de unidad en la capital. […] La mayoría de los autores mexicanos, independientemente de la región donde hayan nacido, terminan en la Ciudad de México: el gobierno, el arte, la educación, la política… todo se centra en lo que antes se conocía como la región más transparente».

«País inconcluso», lo llama Fuentes en *En esto creo*, otro modo de decirle país subdesarrollado o, por usar un eufemismo más nuevo, economía emergente. «México es el retrato de una creación que nunca reposa porque aún no concluye su tarea. […] La búsqueda de la identidad nacional —la nación-narración— nos desveló durante siglos».

Esto no sorprende, pues el regionalismo está muy poco representado: se lo rechaza por su engalanamiento o se lo relega al estante de la narrativa anticuada, junto con *Al filo del agua*, de Agustín Yáñez, ambientada en Jalisco, o *Balún Canán*, de Rosario Castellanos (aún no traducido al inglés), que se desarrolla en su Chiapas natal. Ambos autores vivieron en la Ciudad de México, y Castellanos acabó en Israel. Fuera de los zapatistas (que, dicho sea en su honor, se quedan en su estado autogobernado y autorregulado), cualquiera con estudios o ambición o que sueñe con la tranquilidad o la modernidad, cualquiera que anhele transformarse o alcanzar la velocidad de escape, agarra y se va a la Ciudad de México.

Quizá sea un reflejo de pensamiento desiderativo lo que impele al novelista mexicano a crear la ficción del pueblito como un lugar donde pasan cosas asombrosas. Un ejemplo es *Las muertas*, de Jorge Ibargüengoitia, novela basada en una serie de asesinatos y desapariciones misteriosas ubicada en un pueblo de Guanajuato (estado que registró sesenta y dos asesinatos en los primeros días de 2018). Otro es el jaleo y viaje en el tiempo de alto octanaje (otra vez realismo mágico) de la historia pueblerina que se narra en *Los recuerdos del porvenir*, de Elena Garro. Pero estas son brillantes excepciones, pues en la mayor parte de la literatura mexicana hay poca nostalgia por el pueblo; es más bien odio y miedo lo que despiertan su severidad y su asfixiante provincialismo.

Un pueblo es el lugar donde se te recuerda que eres pobre, donde mueres de inanición; es un lugar del cual huir («Lléveme con usted, lléveme de aquí» —me dijo una anciana en una siguiente etapa de mi viaje, en un pueblo del Istmo—; no me importa de dónde venga, allá quiero ir»). En estos días un pueblo se considera inseguro, guarida de ladrones, cárteles y narcotraficantes. Aunque aliviado por la esporádica fiesta, el pueblo es el epítome del aislamiento mexicano, por su «geografía de volcanes, cordilleras, desiertos y selvas». En la cautivadora metáfora de Octavio Paz, esta geografía encierra un laberinto de soledad.

Y, con todo, después de haber pasado ahí un tiempo como maestro voluntario, a mí me parecía que la Ciudad de México era mucho más laberíntica, un lugar del que, a pesar de los estímulos de su vida callejera y sus jolgorios, su comida gourmet y sus cien museos, estaba deseando escapar para ver los pueblos y conocer mejor a México. Un par de novelas cortas de Ignacio Solares, *El árbol del deseo* y *Serafín*, son buen ejemplo de la pesadilla de la Ciudad de México y una probadita de la tendencia mexicana hacia lo surreal y lo impresionista, libros que son como un mal sueño.

Nunca sabemos bien a bien por qué Cristina, en *El árbol del deseo*, decide irse de casa. Tiene diez años; su padre es violento, pero esta violencia no se explica. Dice para sus adentros, con la vaguedad de una niña con los ojos entrecerrados: «Algún día tiene una que irse». Y lo hace, llevando consigo a su hermanito Joaquín, de cuatro años. Lo que sigue es un suplicio sin trama en el que los niños confrontan a un bruto tras otro, entre ellos un sacerdote que los saca de una iglesia. Conocen a una mendiga jorobada, Angustias, que se hace su amiga y los lleva a su casucha, donde conocen a Jesús, su pareja maltratadora, y pronto se dan cuenta de que los tienen encerrados. Los golpean, amarran a Joaquín, obligan a Cristina a robar, y los niños, viviendo en la miseria, ven a Angustias y Jesús fornicando borrachos a unos pasos de ellos, una escena de horror sexual que Cristina, con cierto desapego, encuentra un poco divertida. Solo cuando Jesús mata a Angustias a puñaladas Cristina se ve obligada a huir en un tren. En una ironía final, se topa de frente con su abominable padre en la estación de ferrocarril y queda abandonada a un destino incierto.

En *Serafín*, el niño que da título a la novela, que tiene como once años, decide ir en busca de su padre, que abruptamente se fue del pueblo rumbo a la Ciudad de México (y la búsqueda del padre ausente es otro vínculo con *Pedro Páramo*). Su pueblo, Aguichapan, probablemente está en Guanajuato (se menciona un pueblo cercano, Tierra Blanca); es pobre, retrasado, olvidado, sumido en la desesperación, que son los motivos que da el padre para irse, aunque se llevó consigo a la hija de Cipriano para corromperla. Como Cristina, Serafín en su búsqueda se encuentra con la hostilidad de los extraños, la fealdad, la indiferencia y la violencia de la ciudad, y se pierde en sueños y recuerdos ambivalentes de Aguichapan. Al final lo recoge un anciano aterrador, que resulta ser Jesús, el asesino de la novela anterior, que lleva a Serafín a su casucha en una colonia pobre, donde le describe el apuñalamiento de su amante. Serafín se escapa, se topa con gente que conoce a su padre y, al cabo de muchos conflictos, da con él. El padre cierra la historia diciendo de manera insulsa en el momento del encuentro: «¿Qué haces aquí?».

Lo que tendría que hacer pesadillescas estas historias es que los personajes principales son niños (extraños y temerosos, en un mundo que ellos nunca hicieron), ingeniosos pero impresionables y vulnerables, unas auténticas víctimas inocentes. Aunque se presentan como historias de horror, y aunque los terrores y los monstruos de la ciudad se describen en todo detalle, los entornos mismos, los pueblos mismos (o la colonia perdida en el caso de Cristina) se pintan apresuradamente. Lo que libra a las historias de ser aterradoras es que no son convincentes.

Ixtepec, el pueblito remoto de *Recuerdos del porvenir* de Elena Garro (1963), es una parada en la vía del ferrocarril, pero fuera de eso es distante y ha caído en el olvido. Como otros pueblos mexicanos ficticios, representa el fracaso, el descuido, el aislamiento y la decadencia: los atributos de Faulkner, aplastados por la historia. Aunque *Pedro Páramo* se publicó en 1955, la obra de Garro se considera la primera novela mexicana en anticipar el realismo mágico. Por cierto, que Garro estuvo veintidós años casada con Octavio Paz; la ruptura de su matrimonio fue tan amarga que en una entrevista declaró: «Yo vivo contra él, estudié contra él, hablé contra él, tuve amantes contra él, escribí contra él y defendí a los indios contra él. Escribí de política contra él, en fin, todo, todo, todo lo que soy es contra él».

La paradoja del título se refleja en el libro, del que una oración típica es: «Luchaba entre varias memorias y la memoria de lo sucedido era la única irreal para él». La primera mitad del libro se refiere a la súbita aparición de un hombre en el pueblito, a quien la gente, cuchicheando, se refiere como «el forastero» y al final se descubre que es Felipe Hurtado. Él llega a perturbar el pueblo porque «vino por ella», es decir, la joven y bella Julia Andrade, «la querida de Ixtepec». Julia es la amante del general Rosas, una presencia dominante en el pueblo, un matón celoso y arrogante, encarnación del machismo mexicano.

La historia de amor es intrigante, pero la novela, enfática en sus distorsiones de la realidad, gasta bromas con el tiempo tal como hacen los vecinos del lugar. Félix, «el más viejo de la servidumbre», todas las noches detenía las manecillas de los relojes de la espléndida casa para que la familia pudiera existir fuera del tiempo: «Después de la cena, cuando Félix detenía los relojes, corría con libertad a su memoria no vivida. El calendario también lo encarcelaba en un tiempo anecdótico y lo privaba del otro tiempo que vivía dentro de él».

El general Rosas sospecha que están por ponerle los cuernos, que en México es la peor de las humillaciones que puede sufrir un hombre. En una escena memorable, rebajándose, le pregunta a su querida: «Julia, ¿hay algún pedacito de tu cuerpo que no lo haya besado alguien?». Cuando ella le dice que nadie la ha besado más que él, «su mentira le rozó la nuca». La primera parte de *Recuerdos del porvenir* termina con Julia y Felipe huyendo del pueblo.

Ambientada en la Guerra Cristera de fines de la década de 1920, la novela en la segunda parte cambia a una narración situada en un periodo histórico específico, pero con florituras fantásticas. La familia de Joaquín y Matilde Meléndez, ocupantes del Hotel Jardín, y los clientes del burdel de la Luchi son tan fundamentales para el pueblo como lo son para la novela. Pero el pueblo está aislado y marginado. La persecución religiosa de la segunda mitad es violenta (apuñalamientos, golpes, humillaciones y ejecuciones, con una masacre al final. A un indio lo azotan hasta matarlo, y a los indios que viven en los márgenes los terratenientes los odian por lo que consideran su primitivismo. «¡Ah, si pudiéramos exterminar a todos los indios! ¡Son la vergüenza de México! […] Todos los indios tienen la misma cara, por eso son peligrosos». Escrito con pasión y una observación atenta que le da vida, el libro al final deja una impresión de inhumanidad en los personajes dominantes y de una brutalidad surgida del aislamiento del pueblo: la idea de que un pueblo o pueblito mexicano siempre es un callejón sin salida.

Como agua para chocolate de Laura Esquivel es en lo fundamental una novela romántica, escrita con una familiaridad llana, que mezcla los acontecimientos de la vida cotidiana (y muchas recetas) con la fantasía casual. La comida, la gastronomía, los ingredientes específicos de la novela, le dan vida. ¿Qué otra novela se atreve a entrar en detalles de cómo preparar un plato como el champandongo, especie de lasaña latinoamericana? Y sin embargo, a menudo tengo la sensación de que Esquivel le guiña el ojo al lector mientras escribe, una ternura esporádica que anega su novela hermana *Tan veloz como el deseo*. En ella, una tardía revelación del clarividente Júbilo resulta ser un chiste malo. Sea como sea, Esquivel tiene una acentuada intensidad de observación que me parece ser un don de las escritoras mexicanas, quizá porque, como mujeres y cuidadoras, muy a menudo se ven obligadas a esperar, estudiar su condición, ser pacientes, existir en suspenso. Pero esa paciencia da lugar en ellas a una activa vida interior y a una intensa emoción; es una paciencia que los hombres no tienen: te exigen que veas, en vez de convencerte, como lo hace Esquivel con sumo detalle:

«Dejó de moler, se enderezó y orgullosamente irguió su pecho, para que Pedro lo observara plenamente. El examen de que fue objeto cambió para siempre la relación entre ellos. Después de esa escrutadora mirada que penetraba la ropa ya nada volvería a ser igual. Tita supo en carne propia por qué el contacto con el fuego altera los elementos, por qué un pedazo de masa se convierte en tortilla, por qué un pecho sin haber pasado por el fuego del amor es un pecho inerte, una bola de masa sin ninguna utilidad. En solo unos instantes Pedro había transformado los senos de Tita, de castos a voluptuosos, sin necesidad de tocarlos». También aquí: «En lugar de comer prefería pasarse horas enteras viéndose las manos. Como un bebé las analizaba y reconocía como propias. Las podía mover a su antojo, pero aún no sabía qué hacer con ellas, aparte de tejer. Nunca había tenido tiempo de detenerse a pensar en estas cosas».

Yo había batallado con Carlos Fuentes. En los Estados Unidos se considera el escritor mexicano más conocido y tal vez el mejor; vivió y dio clases en ese país y tuvo muchos amigos famosos: escritores y celebridades. Fiestero decidido, con casas en Londres y París además de un estudio en la Ciudad de México, Fuentes tenía un indudable garbo cosmopolita: después de todo, por un tiempo fue embajador de México en Francia y tenía el desparpajo para llevar a cabo sus funciones diplomáticas (no muchos escritores se vuelven diplomáticos, aunque Washington Irving fue nuestro encargado de negocios en Londres y Nathaniel Hawthorne, como recompensa por escribir un libro lisonjero sobre el presidente Franklin Pierce, fue nombrado cónsul estadounidense en Liverpool). Fuentes era prolífico en muchos géneros diferentes, pero a mi juicio tenía sus imperfecciones. Sus relatos fronterizos en *La frontera de cristal* son descabellados y frustrados, y su novela *Diana o la cazadora solitaria*, basada en su humillante aventura amorosa con la actriz Jean Seberg, es empalagosa y confusa y lo puso en evidencia como amante ridículo desdeñado por una gringa psicótica que le ponía los cuernos (según dice él) con un integrante de los Panteras Negras.

La muerte de Artemio Cruz, de la que se dice que es su obra maestra, a mí me dio la impresión de ser una versión mexicana, densa y farragosa, de *El ciudadano Kane* (pero sin el humor crudo de la película), un monstruo empresarial que en su lecho de muerte fantasea, a menudo en tiempo futuro, sobre sus enemigos. Le di una oportunidad a *Terra Nostra*, pero resultó aún peor e ilegible, concluí. Por lo visto no estaba equivocado; Fuentes públicamente alardeó de su novela, de esta novela de ochocientas páginas: «Nunca pienso en el lector. Para nada. *Terra Nostra* no está hecha para lectores [...]. Cuando la escribí estaba absolutamente seguro de que nadie la iba a leer e incluso la hice con ese propósito. [...] Me di el lujo de escribir un libro sin lectores».

Su novela corta sobre el amor imperecedero, *Aura*, es una de sus aportaciones al realismo mágico mexicano, aunque en parte es una parodia de *Los papeles de Aspern*, de Henry James. Los ensayos de Fuentes y sus concisas observaciones sobre la vida mexicana me sonaban convincentes, pero a menudo sentía que quizá el problema era que yo estaba confundido, no que la prosa de Fuentes fuera ampulosa e impenetrable, hasta que leí en *New Republic* un ensayo sobre el hombre y su obra escrito por el historiador, biógrafo y crítico literario Enrique Krauze.

En ese texto Krauze declara su responsabilidad citando a Albert Camus: «Matizar y comprender, nunca dogmatizar y confundir». Pero luego saca la navaja, el letal cuchillo de los pleitos mexicanos, y se le va a la yugular. Acusa a Fuentes de ser un fraude, pura pose, un «guerrillero-dandy» («A la confusión moral del guerrillero-dandy corresponde la confusión literaria de los géneros»), alguien que padecía una crisis de identidad, desconectado de la vida mexicana y demasiado deseoso de ganarse lectores en los Estados Unidos con sus falsificaciones. «Su obra simplifica el país; su opinión es frívola, irreal y, con demasiada frecuencia, falsa». Falsa y poco convincente, porque pasa muy poco tiempo en México y se codea con las celebridades en grandes ciudades de los Estados Unidos y Europa.

«Hacia 1950, la Ciudad de México adoptaba la fisonomía de las capitales modernas —escribe Krauze—. Fuentes, que venía de ellas, no vio la necesidad de adentrarse en el campo, el ámbito mexicano más profundo. En cambio, su exploración de la ciudad fue incesante y orgiástica. Como un turista fascinado, vivió la ciudad del ocio y los espectáculos, la ciudad nocturna».

A mí la obsesión de Fuentes con la ostentación me parece inofensiva, naíf y un tanto adorable. En «El despojo», un cuento de *La frontera de cristal*, el personaje principal, Dionisio, un chef que estudia en los Estados Unidos, conjetura: «¿Cuántos mexicanos hablaban correctamente el inglés? Dionisio solo conocía a dos, Jorge Castañeda y Carlos Fuentes». Otro de los cuentos está dedicado a Castañeda.

Cuando se publicó, en 1995, escribí para el *New York Times* una larga reseña para abuchear su *Diana*, el fiasco de pasión no correspondida sobre Jean Seberg, y decidí que era simplemente infantil. Empezaba así: «Las posturas sexuales pueden verse tan chistosas y vulnerables que la sola idea de que el distinguido autor de esta novela que es casi un reflejo de la realidad, Carlos Fuentes, […] participara en un coito bucal con una actriz americana en un hotel de los Estados Unidos es irresistible, al grado de que casi se pueden pasar por alto los excesos y delirios del libro. El hecho de que *Diana o la cazadora solitaria* también parezca una forma sórdida de autoparodia es una de las heridas más crueles que el autor se inflige a sí mismo, pero es un riesgo que se corre cuando uno se embarca en la ficción autobiográfica. Otro problema es la cuestión del tono: ¿estás fanfarroneando o te estás quejando? Uno más es la pomposidad: "Empezó a perseguirme la idea de Diana como una obra de arte que era necesario destruir para poseer" (confía en que un mujeriego tendrá una prosa sofisticada)». Y así novecientas palabras más hasta declararla «una novela sin ningún sentido del humor y extrañamente esclerótica».

La negativa de Fuentes a «adentrarse en el campo, el ámbito mexicano más profundo» (como escribió Krauze) era, sin embargo, una de las objeciones que yo tenía a gran parte de la ficción mexicana. Fuentes se veía a sí mismo como el Balzac mexicano, aunque «nunca conoció el país que sería el tema central de su obra. [...] Creyó resolver su sordera de origen con una maravillosa sordera al revés: la historia, la sociedad, la vida de la ciudad asimilada al barullo delirante de sus voces. Los personajes de Balzac sobreviven aún en la memoria literaria y popular europea. Pocos retienen en México a los de Fuentes». Semejante a uno de sus villanos, es «un macho, un cabrón, un Artemio Cruz que trata a las palabras como putas». Krauze remata: Fuentes «ha creado un solo personaje extraordinario: Carlos Fuentes».

El sarcasmo parece tener toda la intención de ser insultante, pero mientras más se sabe de Fuentes, más tentadora resulta la idea de que su vida era vasta y opulenta, su círculo de amigos luminoso y espléndido, y su vida familiar trágica y fracturada (los suicidios, con seis años de diferencia, de un hijo y una hija a los que adoraba cuando ninguno cumplía aún los treinta —si se le preguntaba por ellos la respuesta de Fuentes era estoica: «Ellos me acompañan cuando escribo»—). Todavía no se ha escrito una biografía completa de Fuentes, pero sería, como Krauze inconscientemente insinúa, un extraordinario relato de un hombre en medio de los últimos padecimientos de una mente noble.

Fuentes, a quien parecía encantarle ser el centro de atención y cautivaba a sus entrevistadores, inspiró esta enamorada observación de un reportero del *New York Times* en 1982: «Mr. Fuentes sonríe como ídolo de matiné. Es moreno y apuesto y tiene la natural elegancia del descendiente de una estirpe de banqueros, comerciantes y terratenientes. Hijo de un diplomático, creció en Washington. [...] Tiene un estilo aristocrático y un pensamiento revolucionario».

Dando argumentos a sus contrincantes, en esa entrevista (hecha para promover su obra *Orquídeas a la luz de la luna*, que se estaba produciendo en Cambridge, Massachusetts), Fuentes confió: «Mi obra quizá se está volviendo cada vez menos mexicana. [...] He vivido mucho tiempo fuera de mi país. Quizá ya terminé de pagar mi deuda nacionalista».

Krauze y otros aprovechaban esas afectaciones. Su ataque era despiadado y su crítica urbana, cruel: divertida para el espectador, dolorosa para Fuentes. Pero como Octavio Paz era el dueño de la revista de Krauze, *Vuelta*, quizá sea comprensible que Krauze estuviera retorciendo el cuchillo para dar gusto a su patrón, rival de Fuentes. Una vez que un intelectual mexicano ha herido a otro intelectual mexicano, tras la carnicería no queda nada para disecar. A este respecto son como los asesinos de los cárteles.

El error de Fuentes era pasar tan poco tiempo en México, dar clases en universidades estadounidenses, vivir y escribir en París. Pero viajar y vivir en el extranjero es algo que muchos otros escritores mexicanos también hacen. Los vínculos con España vienen de siempre. Además de Fuentes y Paz, muchos otros escritores, hombres, han sido diplomáticos; el servicio exterior ha sido una forma de liberación para intelectuales mexicanos. Paz en París era amigo de Samuel Beckett, Fuentes en París era amigo de Malraux y Mitterrand, y en Nueva York de William Styron. Sin embargo, los verdaderos cosmopolitas son los escritores más jóvenes, que aprovechan la manera como el mundo se ha contraído: empiezan como estudiantes de intercambio, mochileros y turistas, a la caza de experiencia. Me resultaba sorprendente lo mucho y lo bien que viajaban los escritores mexicanos. Todos los escritores del taller que impartí en la Ciudad de México, con excepción de uno, habían ido a los Estados Unidos, y la mayoría habían estado en Europa.

Como observé en mi taller, lo que me impactó de *El matrimonio de los peces rojos* de Guadalupe Nettel fue la amplia experiencia expresada en las historias, de amor y matrimonio (por lo general desastroso) y de viaje (bellamente observado). Y me impresionó cuán cosmopolitas eran Guadalupe y muchos de los otros, pues la Ciudad de México estaba conectada con el mundo: quizá más con el ancho mundo que con el interior asolado por la pobreza.

Los escritores mexicanos están encaprichados con la Ciudad de México, pero se entiende: es como un país aparte, donde cada chilango da la espalda al campo. Así, parecía que mis estudiantes y mis amigos se encontraban lidiando con las nuevas realidades y a menudo miraban su gran ciudad o más allá de México. Pero eso solo significaba que el México que yo estaba viendo estaba poco representado en la ficción mexicana, de tal modo que hice los libros a un lado, me trepé en el carro y volví a agarrar carretera.

El *inframundo*

En Santa María Ixcatlán, y antes en San Dionisio Ocotepec (donde había pasado tiempo con los dolientes en su banquete y con Crispín el mezcalero), tuve la sensación de haber manejado despacio por una carretera secundaria a un pueblo tan pequeño e inadvertido que era como estar en el inframundo de las creencias mexicanas tradicionales. Por supuesto, estoy siendo imaginativo: los pueblos estaban en el mapa, eran productivos a su manera, con industrias artesanales como el tejido o la huarachería, y todos ellos celebraban las fiestas, veneraban a los muertos, no escatimaban en las bodas y entierros y participaban en mascaradas.

Pero en México es fácil salirse de la calle principal, tomar una secundaria, dar vuelta en un camino angosto y acabar en el pasado... y el pasado muchas veces parece un inframundo. Lo que preocupa al habitante de un pueblo en México (y en África y otros lados) es lo que preocupaba a los habitantes de los pueblos en el pasado remoto: la dificultad de encontrar leña para cocinar, tierra para que pasten las cabras, transporte para ir al mercado, la escasez de agua o estar desesperadamente metidos en deudas. Por supuesto, la mayoría de la gente conoce la carga de una deuda, pero lo que hace excepcional a la persona endeudada que vive en un pueblo mexicano son las pequeñas cantidades implicadas en lo que es un asunto de vida o muerte.

Me dirigí al pueblo de Santa Cruz Papalutla, cerca de San Jerónimo, y tras pasar por una serie de calles cada vez más angostas me encontré en otro inframundo. Aquí la actividad era el tejido

del carrizo: esta planta silvestre parecida al bambú crecía en los cañaverales; se recolectaban las varas, se ponían a secar, se partían y
con ellas se hacían canastas. También Santa Cruz era el pasado, un
pueblo de caballos y carretas, de un hombre empujando un arado
con mulas hacia la tierra seca, abriendo un surco, rompiendo terro-
nes en un campo en el que pronto plantaría ajo, la otra actividad
generadora de ingresos para el pueblo. Y había niños sacudiendo
fuetes para dirigir a los caballos de algunas carretas, cual aurigas.

En una propiedad familiar cuidada por tres ancianas pedí ver a
Magdalena, a quien me habían presentado formalmente. Mónica,
mujer joven, me saludó y dijo ser su hija.

—Al ratito regresa.

Platicamos cerca de la mesa de tejido, llena de varas y tiras de
caña, canastas a medio terminar y un revoltijo de carrizo secán-
dose. Uno de los tres hijitos de Mónica pateaba una pelota y la
lanzaba contra un barril de agua de lluvia. Las viejas, en el rincón
sombreado del jardín, parecían tener actitud sentenciosa, pero en
realidad estaban fascinadas por el gringo que acababa de entrar a
la propiedad dando tumbos y se tropezó con el perro dormido.

—Mi esposo estuvo siete años en Estados Unidos —platicó
Mónica—. Allá se sentía inseguro, y además su padre estaba enfermo, así que volvió hace cinco años.

—¿Extraña el trabajo?

—Un poco. A casi todos los que vuelven de Estados Unidos,
el trabajo aquí en los campos les parece muy arduo y mal pagado.

Pensé en el hombre que acababa de ver en el campo avanzando
penosamente por un surco con su tradicional machete, golpeando a su mula con una larga vara.

—Normalmente quieren regresar a Estados Unidos —prosiguió Mónica.

—¿Usted ha ido?

—A Nuevo Laredo, en la frontera. Trabajé seis meses con una
familia, cuidando a dos niños. Regresé porque estaba separada de
mi familia y no pagaban mucho. En Nuevo Laredo ganaba mil
quinientos pesos al mes; aquí por el mismo trabajo me darían mil.

Mónica se disculpó y fue a calmar a su hijo más chico, que
estaba pateando una pelota y podía molestar a las tres ancianas.

Poco después llegó Magdalena (había ido al mercado) y, creyendo que yo estaba ahí para comprar una canasta, me mostró unas de varios tamaños y describió cómo las había diseñado. Tenía tres hijos, el mayor de treinta y seis y el más joven de veintiséis. Mónica tenía treinta y dos y Magdalena cincuenta y dos, así que había tenido su primer hijo a los dieciséis, algo que en el inframundo de México no es tan fuera de lo común.

Las canastas eran de una hechura preciosa y el sol resplandecía sobre los objetos sencillos de la propiedad, pero percibí en Magdalena cierta melancolía por la manera solemne como tocaba las canastas, con la cabeza ladeada, los ojos tristes, expresión sombría en los labios, su suspiro al levantarse para ir a buscar otra canasta, pesadumbre en el semblante.

Estaba ahogada en deudas, aunque me tomó un buen rato llegar a ese asunto delicado.

—Me gustaría ir a Texas —confesó—. Tengo una amiga en Laredo. Allá no me costaría encontrar trabajo, me llevo bien con todos. Me dicen tía. Podría cocinar para una familia. Me pagarían tres mil quinientos pesos al mes —se quedó unos momentos callada—. La principal razón es el estado de la economía aquí.

—¿Cuánto tiempo se quedaría allá?

—No más de ocho meses, porque tengo responsabilidades aquí —miró a las tres ancianas, acaso su madre y sus tías—. Pero quiero hacerlo con un permiso oficial, no quiero cruzar ilegalmente.

—¿Cómo se consigue un permiso?

—Fui aquí a la oficina de gobierno. Ayudan a los migrantes con permisos de trabajo temporal —otra vez la tristeza le opacó el rostro—. Mire, tuve que pedir prestados setenta mil pesos por la enfermedad de mi esposo. Eran piedras en el riñón; tenía tantas que hubo que operarlo.

—Es mucho dinero —comenté.

—Y ahora estoy arruinada. Debo dinero. Y están los intereses del préstamo. Mientras espero el permiso, estoy haciendo canastas y tejiendo.

—¿Cómo aprendió a tejer? —pregunté, con ganas de aligerar la conversación.

—Mis padres me enseñaron a tejer la caña —contestó, y volvió a afligirse—. Ya no le interesa a nadie. Mis hijos no lo hacen. Vea esta canasta —medía como treinta centímetros de diámetro y tenía un asa; quizá era un basurero—. Hacer esto toma dos días, a veces dos y medio. La vendo por doscientos veinte pesos; eso son cien pesos al día. Entonces complemento mis ingresos cocinando para gente del pueblo. Pero las cocineras tenemos mucha competencia.

—¿Cómo paga el préstamo?

—Mensualmente. Pago dos mil doscientos cada mes: sesenta por el principal y lo demás son intereses.

Era un préstamo bancario con una tasa de interés muy alta. Me parecía imposible que Magdalena algún día pudiera saldar la deuda, si se necesitaba tanto para los intereses.

—¿Qué pasa si no uno no tiene el dinero?

—Si una no paga, mandan a los abogados y te quitan cosas.

—¿Qué clase de cosas?

—Se llevan el refrigerador, los electrodomésticos. Dan un espectáculo público. Es terrible. Perdería mi prestigio, nadie volvería a confiar en mí.

Mientras hablábamos llegó otra anciana a acompañar a las tres del rincón sombreado, junto con otras dos mujeres, más jóvenes (las otras hijas de Magdalena, pensé), que habían salido de la casa. Las seis nos estaban observando a Magdalena y a mí. Tenían el aspecto preocupado de los dependientes, de gente que necesita que la cuiden; y por supuesto, en algún lugar de la casa estaba el esposo de Magdalena, convaleciente de su cirugía.

—No puedo decirle a mi familia que quiero irme —me confesó Magdalena muy quedito.

—Qué bonita canasta —dije levantando la pequeña con el asa—. ¿Cuánto cuesta?

—Lo que usted quiera darme.

Le di cuarenta dólares, que era como cuatro veces lo que antes me había dicho que costaba. Arrugó el dinero y lo apretó con el puño. Parecía agobiada.

Cuando me fui y pasé entre los carrizos vi a un hombre con casco azul estacionar una motocicleta, levantarla y dejarla caer sobre el soporte. Sacó un cuaderno, dio unos golpecitos a una hoja con una pluma. Saludé y me respondió alegre. Con el casco puesto parecía difícil de leer y un poco imponente. Luego vi el logo de su camisa: Banco Azteca. Era el cobrador.

San Baltazar Guelavila

En el pueblito zapoteco de San Baltazar Guelavila le pregunté a Felipe, un lugareño, qué significaba Guelavila.

—Significa «noche del infierno», señor.

—¿Y este río?

—Es el río de las Hormigas Rojas, señor.

—Esa montaña es impresionante.

—Es el cerro Nueve Puntas, señor —dijo señalando uno por uno, como dando golpecitos con el dedo, los diferentes peñascos—. Para allá se va nuestra alma cuando nos morimos.

—El maíz del mercado es muy colorido.

—Nuestro maíz tiene cuatro colores —contestó Felipe, orgulloso—. Rojo, blanco, morado y azul. Es de tiempos antiguos.

—Esa gran serpiente pintada en un costado de la casa es poco común —comenté.

Estábamos en el centro del pueblo, cerca de la plaza y el mercado. El pueblo mismo daba a la carretera principal del sur de Oaxaca, al final de un camino lleno de baches que se adentraba cinco kilómetros en las montañas. Un mural pintado en un costado plano, de seis metros de alto, de una construcción de adobe al final de una calle representaba el arco azul a la entrada del pueblo, un hombre arando un campo, una mujer haciendo tortillas y otro hombre colocando un agave rasurado en un horno de tierra para cocerlo y hacer mezcal. La imagen más grande del mural, empero, era una sensual serpiente enrollada en una columna del arco azul. El rasgo singular de la serpiente era una rosa pegada a la parte superior de su cabeza verdosa, aparentemente surgiendo de ella.

—La serpiente es un símbolo de nuestro pueblo —contó Felipe—. Creemos que la gente de aquí andaba día y noche a la caza de esta serpiente de la rosa en la cabeza, porque atraparla nos traería buena suerte.

—¿No sería peligroso atrapar a una serpiente de este tamaño? —era gruesa, con una lengua como dardo, y en el mural medía como nueve metros.

—Ningún peligro, señor, porque nunca nadie la atrapó, y por consiguiente nunca tuvieron buena suerte.

Felipe era un tejedor de algodón que hacía bufandas y gorras; sus telares se ubicaban en un edificio de dos pisos en el borde de San Baltazar. La fabricación de adobe y la destilación de mezcal eran las otras industrias del pueblo. Felipe había ido a los Estados Unidos. Me dio la más sucinta versión de un cruce de frontera:

—Crucé la frontera. Todos fueron amables. Mis jefes eran buenos conmigo. Lo que más extrañaba era comer con mi familia. Se está muy solo en Estados Unidos, así que regresé.

Todo ese tiempo, cada vez que llegaba a un pueblo así sentía la influencia de mis recuerdos de las personas a las que había conocido en la frontera, oaxaqueñas muchas de ellas. Muchos hombres de San Baltazar habían ido a los Estados Unidos, entre ellos uno de quien Felipe, carraspeando y tosiendo, me advirtió que tenía aires de superioridad por haber pasado mucho tiempo del otro lado. Eso a veces sucedía: una persona cruzaba, pasaba años en los Estados Unidos, y volvía hecho un presumido.

Le pregunté a Felipe si podía reunir a algunos de los que habían regresado para vernos bajo un árbol cerca del edificio de los telares. Era una mañana preciosa en San Baltazar, con pinzones revoloteando por las ramas del gran árbol sombroso. Varios nos sentamos en sillas plegables; algunos, jóvenes y viejos, se quedaron parados, y el perro de uno de los hombres mayores se quedó roncando a sus pies. El sol que se filtraba entre las ramas proyectaba juegos de sombra en sus rostros.

Por su tono, estaba seguro de que el primero en hablar sería el presumido. No era tan engreído, pero era el que hablaba más fuerte, el más temerario, y en una sociedad donde se valoraba la modestia y fanfarronear no era bien visto, podría haber parecido intimidante. Pero era chistoso, así que el humor sirvió para atenuar su bravuconería.

—Me llamo Nilo —dijo—. Como el río.

Era corpulento, traía una playera roja sucia y, apoyado en las raíces salidas del árbol, meneaba con el pie uno de sus huaraches. Más que hablarme a mí, les gritaba sus respuestas a los otros quince ahí reunidos.

—¡Es una aventura! —gritó—. Dejas a tu familia, no sabes si saldrás vivo.

Esa entrada dramática llamó la atención de los demás y el perro, oyendo el grito entre sueños, torció una oreja.

—¿Dónde cruzó?

—En Tecate. Pasé caminando —detalló—. En aquel entonces era fácil. Iba con veintiséis personas, cuatro de este pueblo y las demás de la Ciudad de México. Pagué cuatrocientos cincuenta pesos, que en realidad no es nada. Ahora cobran quince mil. Pero siempre puedes conseguir que alguien pague por ti y luego tú le pagas de vuelta. Oye, si trabajas duro, en un año saldas la deuda.

La seguridad de Nilo y su manera despreocupada de hablar de dinero impresionó a los más jóvenes. Y seguro se dieron cuenta, igual que yo, de que Nilo era el más sucio del grupo; llevaba huaraches aplastados y pantalones polvorientos, de vez en cuando se levantaba la playera para secarse el sudor de la cara y dejaba expuesta su redonda barriga.

—¿Qué clase de trabajo hacía? —pregunté.

—Construcción. Hacía techos.

—¿Cómo lo contrataron?

—¡Eso no fue problema! —gritó para explicarme—. Los que se encargan de la contratación son de aquí, oaxaqueños. Mi hermano está en Utah, lleva veintisiete años allá. Yo estuve quince en Estados Unidos —movió la cabeza con autoridad—. Me habría quedado, pero mi madre se estaba haciendo vieja.

Como para desinflar la arrogancia de Nilo y poner los pies en la tierra, Felipe expuso:

—Es peligroso. Toda clase de cosas pueden pasar si vas con un desconocido a la frontera. Pueden secuestrarte y sacarle dinero a tu familia. Si dices que no puedes pagar, te obligan a llevar drogas al otro lado.

Nilo se encogió de hombros y puso mala cara; parecía estar diciendo «Oye, en todas partes pasan cosas malas».

—A mi hermano —continuó Felipe— el coyote lo dejó en una casa cerca de la frontera. La gente de la casa le quitó a mi hermano todo lo que tenía. Era evidente que estaban conchabados con el coyote.

—Aquí los polleros vienen todo el tiempo —relató el anciano del perro, usando la variante de *coyote*—. Buscan a gente que quiera cruzar. Yo fui con uno, era el '93. Volé a Tijuana y traté de cruzar en carro. Esa vez me mandaron de regreso, pero la segunda vez sí logré cruzar. Estuve allá año y medio, trabajando en la construcción y haciendo otras cosas. Nunca gané mucho dinero, así que me regresé.

—Tomando en cuenta que conlleva peligros y que cuesta dinero cruzar, ¿vale la pena? —pregunté.

—Sí —sostuvo Felipe—. Si lo único que tienes es un techo y nada más, pues te vas. Yo tenía veintitrés cuando fui. No tenía ni siquiera un techo. Y ahora hay más trabajo que antes. Crucé, trabajé en la construcción y podando árboles, luego conseguí trabajo en un restaurante chino: primero fui lavaplatos y luego ayudante del chef.

—¿Por qué regresó?

—No podía ahorrar suficiente. Después de ocho años seguía batallando.

Nilo se jaló la playera mugrienta y aulló para contradecirlo.

—Si sabes cómo, puedes ahorrar ocho mil en seis meses —supuse que hablaba de pesos.

—En el restaurante chino yo ganaba ciento cincuenta dólares a la quincena —respondió Felipe, y alzando la voz añadió—: me endeudé. Un año y medio me alimenté de pura comida china. No quiero volver a probar comida china nunca jamás.

Le pregunté el nombre del restaurante.

—Chow Mein House. En Azusa.

Azusa está cerca de la Autopista 210 de Pasadena, camino a Rancho Cucamonga, aunque Felipe vivía con otros migrantes en una casa en Covina y tomaba el camión a Citrus Avenue y Chow Mein House.

—¿Y usted? —le pregunté a un hombre que había estado escuchando en silencio. Dijo llamarse Isaac—. ¿Ha ido a los Estados Unidos?

—No, pero me gustaría ver otro lugar. Ver cómo viven allá, conocerlo.

Otro hombre dijo:

—Me gustaría irme de aquí y encontrar mercado para mi trabajo.

—¿Cuál es su trabajo?

—Tejer —repuso, y abundó—: hacer rebozos, ponchos y chales.

—Deberías ir, es increíble —soltó Nilo interrumpiendo al hombre—. Es como ser una cabra en un valle verde: ¡lo ves y te lo quieres comer todo! ¡Bebes, comes y gastas dinero!

El viejo del perro dijo:

—El trabajo es duro, la paga es poca y a veces no hay trabajo.

—¡No puede decir que no hay trabajo! Siempre hay esto —Nilo se puso a gesticular—: vas a una tienda de departamentos, arrancas las etiquetas de seguridad, te robas las cosas y las vendes en la calle —alentado por las risas de los hombres, continuó—: O vas a una tiendita, te llenas la playera de camarones —dijo levantándose la playera y abultándola con los puños (los camarones imaginarios) para ilustrar la idea—, y te sales y los vendes.

—Cabe mencionar que eso es ilegal —interrumpí—, pueden meterte a la cárcel.

—Está bromeando —aclaró uno de los hombres, por si me había hecho una idea equivocada de Nilo.

—Aquí en San Baltazar yo era un joven rebelde —relató Nilo—. Mi padre se había ido. Yo rompía ventanas. Mi madre era una inútil. ¡Las madres pueden ser débiles! Siempre estaba borracho y me metía en problemas. Necesitaba a mi padre.

—¿Dónde estaba su padre?

—¡En California! Se fue cuando yo tenía nueve años. Fue la mejor época de mi vida.

—Yo no tenía tiempo libre —se quejó Felipe—. Trabajaba, estaba cansado. Dormía, y luego a trabajar otra vez.

—¿Vio en California algo que quisiera traer para acá?

—Un pozo comunitario —contestó—. Aquí necesitamos más agua.

Dos mujeres y dos niñas salieron caminando de atrás de una construcción de adobe de un piso; las mujeres cargaban unos cántaros al hombro y las niñas llevaban unas jícaras. Fue una visión bíblica fugaz: mujeres de falda larga dando de beber.

—Es tejate —precisó Isaac—. Sabe rico.

El líquido vertido en las jícaras era gris, con textura granulosa y una capa de burbujas en la superficie. Sabía dulzón. Era, según me explicaron, una bebida espesa de maíz, flor de cacao, cacahuate, coco y semillas de mamey tostadas (*pixtle* en zapoteco). Dado el exhaustivo molido, amasado, cocido, tostado y batido de los ingredientes, se dice que ese brebaje prehispánico es una de las bebidas más laboriosas sobre la faz de la tierra.

—La gente importante bebía esto —contó Felipe, y al decir *gente importante* se estaba remontando seiscientos años atrás, porque (en la larga memoria de México) se refería a la realeza zapoteca, para la que estaba reservado el tejate.

—¡Beba, don Pablo! ¡Usted aquí es bienvenido!

Salvo por Nilo, los demás hombres eran tejedores y pasaban todo el día en un telar. Nilo explicó que tenía diabetes y ya no era fuerte.

—¡Por mi diabetes me querían cortar la pierna!

Pero se negó y, obstinadamente, seguía caminando desafiante, aunque no tenía trabajo.

Felipe me condujo al edificio cercano y subimos al cuarto de tejido, donde se encontraban siete telares de madera que nos llegaban a la cabeza. Algunos de los tejedores estaban sentados; echaban las lanzaderas en ángulos rectos entre los apretados hilos, jalaban hacia abajo los travesaños, movían los pedales y, con todo ese esfuerzo (el traqueteo de los escuetos marcos y las patadas en los pedales), alargaban la tela hilo por hilo.

(Ahora que recuerdo esto, me parece una imagen adecuada para lo que estoy haciendo en este momento: jugueteando con los dedos, titubeando, para luego apretar la línea y volver a empezar, y los minutos pasan, y este recuerdo del tejido se vuelve una oración más larga.)

Algunos de los hombres que habían platicado conmigo sentados bajo el árbol ocuparon sus lugares en bancas frente a los telares y continuaron con su tejido. Con el tableteo y el traqueteo de la maquinaria de madera en este taller era difícil sostener una conversación; con todo, me di cuenta de que los hombres hablaban en un idioma que no era el español.

Le hice señas a Isaac para que saliera conmigo al balcón y le pregunté:

—¿Están hablando zapoteco?

—Sí —contestó—. Hablamos zapoteco entre nosotros.

Un hombre que nos oyó dijo:

—¡Es como tener una lengua secreta! Puedes hablarle a alguien que no la conoce y decir lo que quieras en su presencia.

El pueblo de San Baltazar era completamente bilingüe; en la escuela las clases eran en español y en zapoteco. Pero el hijo de Isaac, Alejandro, que tenía catorce años y dijo ser estudiante, ese día no estaba en la escuela, a pesar de ser día de clases: estaba sentado en un telar, tejiendo trozos de tela negra.

—¿Cómo va el negocio? —le pregunté a Isaac.

—La demanda es inestable —respondió.

—Y sin embargo seguimos trabajando —replicó Felipe—. Trabajamos doce horas al día. Es duro. Es como trabajar en Estados Unidos.

La historia del brujo

San Baltazar Guelavila no era famoso precisamente por su tejido, su adobe o su mezcal. Era celebrado por las Salinas, unas aguas termales que burbujeaban en una honda barranca en el suroeste, el valle del cerro Oscuro. Los tejedores me dijeron que tenía que verlas.

—¿Están lejos?

—Un poquito.

Eso significaba que estaban muy lejos, y en efecto resultó ser así: kilómetros abajo del pueblo, por una vía rocosa que rodeaba una barranca por los dos lados, y tomaría hora y media llegar al fondo del valle. Esto era en las horas de más calor e implicó que tuvieran que tomarse un día libre para llegar. Pero ninguno de los hombres tenía carro y no había transporte regular para el valle, así que aprovecharon que yo tuviera un vehículo y dijeron que por nada del mundo debía perderme esa maravilla de la naturaleza. La verdad es que querían un aventón, salir de excursión, echar relajo, volver a verla, descalzarse, chapotear y mover los dedos de los pies en el agua sulfurosa.

Camino allá, mientras el carro se resbalaba y ladeaba entre las rocas sueltas de la carretera, me contaron la historia de un brujo. Cada uno de ellos contribuía con algún detalle o un poco de diálogo.

—Aquí había un brujo — alguien inició el relato—. Era tan poderoso que podía comerse una vaca entera de una sentada —eso era asombroso, pero también significaba que las vacas de la gente estaban desapareciendo—. Entonces decidieron matar al brujo.

—Se llamaba Tomás Olivera. Vivía en esta zona, cerca de San Baltazar.

—Lo buscaron por todas partes: en las montañas, en los valles, hasta en el pueblo, pero nadie lo pudo encontrar para matarlo y, por supuesto, para salvar las vacas que seguían desapareciendo porque el brujo las devoraba.

—Al fin alguien lo vio arriba de un cactus, sosteniéndose. Lo rodearon, rifles en mano.

—Tomás Olivera dijo «Por favor no me disparen en el cuerpo, ya tengo bastantes agujeros en la carne. Dispárenme en un agujero que ya tenga».

—Como estaba trepado en el cactus, decidieron dispararle en el culo: un agujero selecto.

—Así que levantaron los rifles y jalaron los gatillos, pero las armas no dispararon. ¡Estaban embrujadas! Y lo siguiente que oyeron fue la voz de Tomás Olivera.

—«¡Estoy aquí!», les gritó.

—Corrieron a ese lugar, pero no estaba ahí. Estaba aventando la voz. No pudieron encontrarlo, aunque seguían oyéndolo. «¡Estoy aquí» y «¡Estoy por acá!».

—Al final, mientras seguían tratando de encontrarlo, desapareció en una botella y se fue para siempre.

* * *

¿Realismo mágico en el pueblo remoto? No, solo algo imaginativo, un cuento chino, como la leyenda local de la serpiente escurridiza con la rosa en la cabeza, un relato absurdo para pasar el tiempo en el lento descenso al profundo valle.

Las aguas termales eran una poza en el declive de una roca, amarilleadas por una costra grande, lisa y cristalina de minerales endurecidos. La emoción de los hombres era como el súbito apremio de los niños en una excursión. Se pusieron a bailar en el puente de troncos que cruzaba el angosto río, también llamado Las Salinas; saltaron por las piedras planas del pequeño arrecife, y se quitaron los huaraches para vadear el río por la abertura entre las paredes de piedra caliza y ver la catarata cayendo ruidosamente por el acantilado.

Al final del día, de vuelta en la casa grande cerca de los telares, uno de los hombres anunció:

—Ahora vamos a comer.

Explicó que esa era la casa de Alejandro Martínez, el patriarca.

Me llevaron por una valla de carrizo, cerca de un caballo amarrado a un árbol, y desembocamos en una veranda donde habían dispuesto una larga mesa con platos y vasos.

Éramos diez en la mesa, puros hombres, con don Alejandro en la cabecera. Por la puerta de la casa vi otra larga mesa, con ocho o diez mujeres sentadas con niños y mujeres mayores preparando las fuentes de comida. Unas mujeres jóvenes nos las llevaron a la mesa: había rebanadas de carne nervuda, frijoles, tortillas aguacate, tomates, salsa, col rayada y vasos de leche de cabra (un líquido pálido y viscoso al que le decían «agua de avena»).

Mientras comíamos y hablábamos de las aguas termales, de la emoción de cruzar la frontera y de la serpiente con la rosa en la cabeza, don Alejandro entró a sentarse con las mujeres y los niños. Conté en total a veinticuatro adultos comiendo, algunos de la familia, unos tejedores y yo, el único gringo. Fue un acontecimiento, una fiesta, y también una afirmación de la familia y la comunidad. Entendí a Felipe (que estaba en la mesa) cuando me dijo que todos en los Estados Unidos habían sido amables con él, pero «lo que más extrañaba era comer con mi familia».

Cuarta parte. *El camino a la Nueva Maravilla*

Rumbo al Istmo: Juchitán

No hay que dejarse engañar por la aparente rectitud y regularidad del camino sureño que va de San Baltazar Guelavila al Istmo de Tehuantepec, pues en menos de una hora se estrecha y se eleva y da un viraje muy cerrado en una saliente excavada en la pared rocosa de la sierra. Me dio vértigo y tuve la aterradora impresión de que podía resbalarme en alguna de las muchas curvas por donde podía uno despeñarse hacia un cañón ochocientos metros abajo; lo que parecían pueblitos, gente o cabras en el fondo no eran más que un espejismo titilante.

También la distancia a Juchitán (no tanto: doscientos ochenta kilómetros) es engañosa, porque son kilómetros verticales, que ascienden y descienden. Y como se rumoraba que en la carretera había bandoleros (salteadores de caminos, hombres que te asaltan para robarte el carro, estafadores) y dados los bloqueos, la vía no estaba muy transitada: había algunos tráileres monstruosos, uno que otro autobús, no muchos vehículos de pasajeros. Es difícil documentar el bandolerismo en México, porque la policía suele hacerse de la vista gorda… o los mismos policías pueden ser bandoleros. El trabajo periodístico de John Gibler sobre el asesinato de los cuarenta y tres estudiantes en el estado de Guerrero (muy cerca de donde estaba) demostró que muchos departamentos de policía eran corruptos y algunos miembros de la fuerza policiaca trabajaban para los cárteles o eran narcotraficantes. Cuando los policías son corruptos, los inocentes son víctimas. Como me dijo sonriendo aquel agente: «¿Sabes qué te puedo hacer?».

Los bloqueos en esta carretera tenían su historia. En ocasiones los hacían los maestros, pero con más frecuencia eran bloqueos de triquis.

El pueblo triqui es un grupo indígena de aproximadamente veinte mil personas que hablan el triqui con fluidez y viven en San Juan Copala o sus alrededores: un pueblito en el municipio de Santiago Juxtlahuaca, en las montañas al oeste del estado de Oaxaca. San Juan está como a ciento treinta kilómetros en línea recta de la capital de Oaxaca… y muchos más kilómetros por caminos de curvas. Los tenaces triquis decidieron que ya estaba bueno de que los gobiernos federal y estatal los engañaran, los marginaran y desoyeran. En 2006, inspirados por el levantamiento de los zapatistas en Chiapas de 1994, los triquis se desvincularon del estado mexicano y constituyeron el Municipio Autónomo de San Juan Copala.

En México, la resistencia popular casi siempre se enfrenta a fuerzas mortíferas: las manifestaciones terminan muchas veces en represiones salvajes, en ocasiones con el asesinato de manifestantes e incluso masacres. Poco después de la declaración de autonomía triqui, el gobierno federal formó un grupo paramilitar para reprimir a los rebeldes. A ese temible grupo le pusieron un nombre pintoresco: Unión de Bienestar Social de la Región Triqui, con el acrónimo casi jocoso de Ubisort.

«Bienestar social» se volvió un eufemismo mexicano para referirse a la opresión o al asesinato de objetivos clave. La policía o los paramilitares mataron a veinte manifestantes en 2006, año especialmente nutrido de manifestaciones en aquel estado. En 2008 la Ubisort asesinó a dos mujeres triquis. Un año después el gobierno mexicano, para que los triquis se rindieran, bloqueó San Juan Copala, les cortó el suministro de agua y electricidad e impidió que les llegara comida. Eso dio lugar a actos de protesta en el Zócalo de Oaxaca, donde la acción policiaca para reprimir a los manifestantes se convirtió en una batalla campal, con muchos heridos.

Cuando en 2010 una caravana civil internacional trató de llevar ayuda al sitiado pueblo de San Juan Copala, Ubisort, la irresistible Unión de Bienestar Social de la Región Triqui, le tendió una emboscada. Dos integrantes de la caravana fueron asesinados, doce desaparecieron y hubo muchísimos heridos. Las víctimas de asesinato (por disparos en la cabeza) fueron una mujer mexicana que dirigía una agrupación por los derechos humanos y un observador de Finlandia; a un periodista lo persiguieron y le dispararon en el pie y a dos mujeres triquis las secuestraron. Se impidió que la gente triqui entrara o saliera del pueblo. Eso se tradujo en más manifestaciones, más ataques, más bloqueos, y en el surgimiento de otro grupo de resistencia, llamado MULT (Movimiento de Unificación y Lucha Triqui). Ocho años después, los intentos de algunos triquis por regresar a su tierra fueron frustrados por el gobierno… frustrados a la manera mexicana: el gobierno aceptó formalmente su reasentamiento, pero lo impidió en los hechos. Este «sí pero no» enfureció a los triquis y exacerbó su rebeldía.

San Juan Copala se localiza en un remoto paraje al que las montañas le sirven de fortaleza. Así, para llegar a ser noticia, las manifestaciones tienen que hacerse en los lugares más prominentes: el centro de la ciudad de Oaxaca o alguna vía importante. En junio de 2017 hubo una serie de manifestaciones grandes y bien organizadas a lo largo de todo el estado oaxaqueño y dieciséis bloqueos cerraron las principales carreteras. La carretera federal 190 es una arteria central en la que cualquier disturbio llega a los titulares. Los más recientes habían ocurrido como ocho meses antes de mi llegada, pero en virtud de que el asunto de la autonomía triqui seguía sin resolverse, siempre había la posibilidad de más bloqueos y más caos.

Iba manejando por una carretera que había sido punto de barricadas y oposición paramilitar, vía de retrasos y confrontación. Además, iba manejando para encontrarme con los zapatistas. Juan Villoro me había preguntado, en nombre del subcomandante Marcos, líder supremo de esta organización rebelde, si estaría interesado en asistir a un acto zapatista, anunciado como conversatorio del EZLN, Ejército Zapatista de Liberación Nacional.

Llevaba en la bolsa los volantes y los textos de discusión, junto con una invitación personal del mismo comandante. Si los paramilitares me detenían y cateaban, esos papeles habrían sido para ellos un imán.

El sol brillaba en la carretera y había poco tráfico; los rumores de la resistencia triqui ahuyentaban a los automovilistas. Ya solo tendría que competir con los tráileres en esas carreteras vacías de curvas pronunciadas y zigzagueos entre tierras yermas a la sombra del cerro El Labrador.

Pero, como siempre que se viaja por México, algo que yo veía como la vida en el llano de las serpientes, no hay que dar nada por sentado. El afable policía podía ser un ladrón, y al otro lado de la curva de la carretera aparentemente serena podía aguardar un bloqueo puesto por asaltantes o por manifestantes furiosos. No mucho después de mi llegada a Chiapas, un carro embistió a propósito a un grupo de ciclistas que estaban dando la vuelta al mundo; dos de ellos murieron y a todos los atracaron. A las ansiedades naturales del viaje en carretera (descomposturas, llantas ponchadas, callejones sin salida) yo agregaba una acentuada conciencia de sombras acechantes. Los mexicanos hablan de esto todo el tiempo, sobre todo al gringo que va manejando por carretera. Nadie es más cauteloso o raudo para dar consejo que el mexicano alejado de la seguridad de su pueblo.

Serpenteando por los despeñaderos llegué al pequeño pueblo de San Pedro Totolapan y me detuve a tomar una taza de café en un cafecito a un lado de la carretera. Estaba vacío, salvo por cuatro hombres que cuchicheaban en una mesa y se quedaron callados cuando pasé, sin que siquiera intercambiáramos saludos, cosa rara en Oaxaca. Me propuse no entretenerme y, mientras me tomaba el café afuera, sentí la melancolía del pueblo aislado, su soleada desolación, un sitio improvisado para viajeros que se detenían a cargar gasolina o comer una garnacha, un taco, un tamal o, aquí en Oaxaca, una tlayuda.

Allá abajo, en el fondo del cañón que vi en el mapa, estaba el río Grande, su cauce es muy ancho, pero está prácticamente seco, con un hilito de agua corriendo por su centro. Llegué a otros pueblitos oportunistas que ofrecían comidas o reparación de llantas, Las Margaritas y El Camarón. En este último la carretera empezaba a descender y enderezarse, de manera que pude ver frente a mí una extensión de llano café terroso salpicado de cactus y árboles marchitos por el calor del Istmo.

El llano daba a una exuberancia tropical, la frondosidad marina de palmeras, cañaverales y huertas de mango. Cuando vi señalizaciones para la ciudad principal de la región, Tehuantepec, pensé:

«Lo logré», como si hubiera sido un reto atravesar los desfiladeros y al fin estuviera ahí, entre otros carros, camino a Juchitán.

Juchitán era un rodeo, uno de esos sitios que en el mapa parecen convenientes pero al llegar resultan ser un sitio de puro horror.

Terremoto

Entré a mi habitación en el Hotel Xcaanda (esta palabra significa «sueño» en zapoteco), el único aún en pie en la ciudad de Juchitán de Zaragoza, y dejé la maleta en el suelo. En el momento en que la solté, el cuarto se sacudió como si un puño gigante le hubiera dado un golpe, y me zarandeó todo el cuerpo. Se me agitaba en la garganta una amenaza de vómito y un meneo bajo mis plantas me aflojó las piernas. El suelo se tornó brevemente fluido, como si estuviera metido hasta los tobillos en algún líquido, hundiéndose y fluyendo de lado. Un momento después el suelo volvió a ser sólido y a estar firme bajo mi cuerpo tembloroso.

—Fue una réplica —me explicó más adelante Francisco Ramos.

Francisco era fotógrafo, amigo de Sara, la hija de Toledo, que nos puso en contacto. Se refería al sismo o, mejor dicho, sismos: esto que cuento ocurrió seis meses después de que dos terremotos mortíferos sacudieran la ciudad.

—¿Hay muchas réplicas? —pregunté.

—Miles. Todos los días las hay. Volverá a pasar hoy, habrá más temblores, ya verás.

En la Ciudad de México había visto los resultados del terremoto de Puebla que tuvo lugar el mes anterior a que impartiera el taller de escritura: fachadas agrietadas y cuartos expuestos porque las paredes se habían caído, pilas de cascajo en las casas. Los daños habían sido especialmente graves en los rumbos de mi salón de clases.

Menos de dos semanas antes de este temblor que conmocionó partes de la Ciudad de México, el 7 de septiembre de 2017, otro devastador terremoto, con epicentro en el golfo de Tehuantepec, había destruido gran parte de Juchitán y derribado cientos

405

de casas. Uno de los peores de los últimos cien años, registró una magnitud de 8.2 en la escala de Richter («cataclismo» que puede ocasionar «graves daños»), y a lo largo de todo un minuto el movimiento fue tan violento que la gente no podía sostenerse en pie y se caía o se golpeaba en las paredes, aterrada por la tierra bamboleándose a sus pies. Estaba también el ruido: gritos que se mezclaban con el ruido sordo de los bloques de concreto al caer. La mayoría de los treinta y un arcos del Palacio Municipal en la plaza central de Juchitán se desplomaron. Se derrumbó uno de los campanarios de la iglesia principal de la ciudad, la Parroquia de San Vicente Ferrer, y se vino abajo un grueso muro de la iglesia, aplastando a un carro. Cientos de casas restallaron y se cayeron; de pronto se vino abajo todo su peso y se convirtieron en una pila de mampostería irregular debajo de una nube de polvo.

Un minuto después, miles de personas se quedaron sin hogar y muchas murieron. La gente estaba empezando a desenterrar sus pertenencias y a sepultar a sus muertos cuando el 19 de septiembre ese otro temblor, con epicentro en Puebla, volvió a sacudirlos con una fuerza de 6.1 («fuerte» en la escala de Richter, magnitud caracterizada por «violentas sacudidas»), tiró más casas y volvió a matar gente, hasta que el total de muertos superó los cien (y en todo el país ascendió a trescientos ochenta). Un tercio de las casas de Juchitán quedaron inhabitables: miles de estructuras en una ciudad de cien mil personas. Y había dos o tres réplicas diarias, algunas lo bastante fuertes para tirar macetas de las repisas o derribar algunas tejas del techo.

Meses después, los ruidos más comunes en las calles de la ciudad eran los de las palas raspando y los golpes rítmicos de los picos contra el cemento caído. Armada de palas, la gente echaba los restos de sus casas derruidas a la calle: enfrente de cada terreno donde alguna vez hubo una construcción iban amontonando ladrillo y piedra hechos añicos.

—Por ahora no está entrando dinero internacional —me comentó Francisco Ramos—, pero poco a poco la gente está reconstruyendo.

Las primeras etapas de la reconstrucción consistían en sacar los restos, despejar de ladrillos rotos y hacer una pila de escombros para que la recogiera el camión; solo entonces podía levantarse una casa. Todo era trabajo de pico y pala. Como las calles estaban llenas de estos montones de escombro, no se podía pasar por ahí. El transporte local en Juchitán eran casi puros coches de tres ruedas (mototaxis, Vespas acondicionadas para llevar pasajeros), pero ni siquiera esos pequeños y ágiles vehículos podían pasar entre los cuellos de botella. Después de cien metros el conductor decía: «Aquí lo dejo. Tendrá que caminar lo que falta».

En muchos aspectos, debido a la magnitud de la destrucción, Juchitán se veía como si el terremoto acabara de sacudirla. Ninguna casa se había reconstruido: en el mejor de los casos se había apuntalado con vigas para protegerse por si había otro temblor, y había mucha gente viviendo en refugios de lona o plástico abiertos, de modo que se alcanzaban a ver sus petates y estufas, con niños andando entre las piedras rotas. Toda la ciudad se encontraba en un estado de abandono, un sensacional desorden tan irracional e impactante que tenía el peligroso aspecto de una gran fealdad: un rostro de violencia.

No solo las construcciones de la ciudad habían sufrido daños (viejos edificios antes sólidos ahora se encontraban desmoronados, trozos de muros gruesos tirados en el piso, estructuras históricas sostenidas por troncos): el tejido social también estaba desgarrado. Algo sísmico había afectado el humor de la gente, tal como tras un desastre natural provoca caos y da oportunidades a lo ilegal o aviva una sensación de anarquía.

—Tengo que hacerte algunas advertencias —me dijo Francisco—. Esta ciudad no es segura.

—Cuéntame.

—No camines solo por las calles.

—¿Por qué? ¿Está mal?

—Asaltan a la gente todo el tiempo.

—¿Con frecuencia?

—Cada día —aseguró, y repitió—: cada día.

Lo que ampliaba la sensación de inseguridad, la vulnerabilidad de los juchitecos, era la vida en exteriores que habían empezado a tener desde el terremoto: pasaban el día en las calles sentados en sillas plegables al aire libre a la sombra de los árboles, dormían bajo toldos de lona, cocinaban con leña, lavaban en cubetas o tinas de plástico. Estaban expuestos, eran blancos fáciles en toda su lastimosa indefensión.

Y sin embargo, de día los hombres, y muchas mujeres, trabajaban duro en sus ruinas, se deshacían de los fragmentos de sus casas y los amontonaban en la calle. Toda la ciudad estaba interminada, polvosa, ruidosa, atestada de vallas temporales y refugios improvisados.

—Y estos mototaxis —continuó Francisco—, no los tomes de noche. Mejor pide un carro —al notar que estaba yo necesitando una explicación, aclaró—: si alguien te ve en un mototaxi, puede meter la mano, agarrarte y llevarse tus cosas.

Eran las últimas horas de la tarde. Caminamos por las calles secundarias, en las que era continuo el movimiento de excavadoras, palas, trabajadores golpeando con picos trozos de escombro y hombres empujando carretillas llenas de ladrillos rotos. Mujeres y niños lavaban ropa en cubetas, las niñas cargaban a los bebés de la familia. Lo más dañado del terremoto era el centro de la ciudad, o eso parecía: era la zona con los edificios más viejos y más grandes, ahora destruidos. El mercado cubierto se mudó a un espacio abierto. La iglesia estaba muy agrietada y la torre que no se había caído estaba ladeada y la sostenía un fuerte andamiaje. Como era peligroso entrar en ella, las misas tenían lugar en un cobertizo improvisado, una lona estirada sobre unos postes.

En la esquina de una encrucijada en la colonia Cheguigo había un viejo de pie frente a una casa de dos cuartos pintada de cal. Era Cándido Carrasco y dijo ser artista. Me mostró sus pinturas: leyendas zapotecas de aves y venados, escenas románticas de mujeres con faldas transparentes en almenas de castillos. Era un héroe local: pintaba estandartes de los que cargaban los capitanes de la fiesta juchiteca tradicional llamada la Regada de frutas. Conocido como don Cándido, había ganado premios por los estandartes pintados a mano que le daban fama.

—¿Qué pasó, don Cándido?

—Mi casa se me cayó encima —contestó—. Estuve cinco horas atrapado. Mis vecinos me rescataron. Pero ahora, vea: mi nueva casa.

El mercado estaba desparramado: no tenía una ubicación específica en el centro, sino que se extendía por las calles laterales y daba vueltas por la ciudad. Un hombre medio calvo de vestido amarillo se sacudió la falda y me ofreció mangos de la alta pila de su puesto (por lo visto los hombres con ropa de mujer eran algo común en Juchitán). Más allá un vendedor de huevos me hizo fijarme en unas tinas llenas de unos huevos tirando a rosa del tamaño de una pelota de golf, algunos suaves y otros secados al sol y encogidos. En cada tina cabían cientos.

—Huevos de tortuga —me comentó Francisco, y explicó que los recogían de nidos de tortuga en la costa, a kilómetro y medio de ahí.

—¿No es ilegal recoger huevos de tortuga?

—Aquí nada es ilegal —contestó Francisco con sonrisa torcida.

Cada año las tortugas oliváceas o golfinas ponían esos huevos en las dunas delante de la marca que deja la marea en las costas de Oaxaca y Chiapas; las tortugas carey hacían lo mismo. Con un vistazo a las tinas de huevos de tortuga en el mercado de Juchitán se obtenía una vívida explicación de por qué esas dos especies estaban camino de extinguirse.

El mercado vendía asimismo iguanas, también en peligro de extinción, y tan populares que las seis o siete mujeres con puestos de iguana vendían toda su mercancía a primera hora de la mañana. Eran un manjar zapoteco, propio de Juchitán. Las mujeres las atrapaban en el campo o en el río, a veces con ayuda de perros de caza. Atrapaban y vendían también a otra criatura amenazada, el pájaro al que llamaban alcaraván, riquísimo cuando se sirve rostizado y con salsa (según contaban).

—También venden armadillos —detalló Francisco—, pero son extraños. Si no los matas de inmediato, ni bien los hayas puesto en el suelo habrán cavado un túnel. Como el Chapo: desaparecen en un santiamén.

Había soperas con cabezas de chivo cocidas y condimentadas que te miraban con ojos sin vida, desafiándote a que las comieras. Y sangre de vaca frita: se vertía en un comal y chisporroteaba, para luego servirse como un acompañamiento que se llama *sangre*, a secas. Puestos con ropa deportiva, puestos con patos y pollos, puestos que exhibían las artes istmeñas, como el bordado de cadenilla o los intrincados realces de flores en blusas y faldas, toques de colores pictóricos en medio de la gris devastación. Algunas mujeres del mercado iban vestidas al estilo zapoteco, con enaguas y huipiles, túnicas brillantes en las que resaltaban sus bordados de pájaros o flores.

Había un hombre vendiendo helados metido en uno de los arcos reforzados del Palacio Municipal. Más adelante, observado por un grupo pequeño de personas, un hombre rasgueaba una guitarra, y en otro arco al final del Palacio (de hecho, el Ayuntamiento) se había colgado una sábana, sobre la que se proyectaba una película.

Era una cinta parpadeante en blanco y negro: una comedia, a juzgar por la risa de la gente acuclillada en los adoquines de la plaza o sentada en sillas plegables. Tomé asiento.

—Es una película vieja —dijo Francisco—. Ese hombre era muy popular.

El hombre estaba cantando, coqueteando con una belleza de dulces y grandes ojos oscuros que llevaba una blusa de olanes.

—Es Pedro Infante —me informó Francisco.

—¿Ya habías visto esta película?

—En México todo mundo la conoce. Es *Nosotros, los pobres*.

Era de 1948, o sea que ya tenía sus buenos setenta años, pero Pedro Infante, muerto en 1957, tenía una fama imperecedera, y de hecho uno de sus sobrenombres era *el Inmortal*. Dadas las tribulaciones de su héroe, Pepe el Toro, carpintero con un destartalado taller en un barrio pobre de México (el periodo que pasó en la cárcel injustamente acusado, su devoción a su madre moribunda y a su hija pequeña), era una película perfecta para Juchitán. En esa escena de devastación, una ciudad tan afectada por el terremoto que toda la gente vivía en las calles y comía y dormía bajo los árboles, el entretenimiento de los juchitecos era sentarse en sillas plegables entre las ruinas y ver una manchada película en blanco y negro sobre gente a la que le iba peor que a ellos y se reían entre lágrimas.

Algunas de las espectadoras iban muy maquilladas, llevaban falda corta y con las piernas cruzadas balanceaban sus zapatos de tacón; peinados altos brillantes de aceite, grandes dedos enlazados en sus gruesos muslos. Esas anticuadas bellezas mexicanas, como el vendedor de mango de vestido amarillo en el mercado, no eran mujeres: eran muxes. Estos hombres que se visten como mujeres le dan fama a Juchitán. Como me comentó Francisco, los muxes que estaban viendo la película probablemente habían terminado su turno en un salón de belleza, en los que era frecuente tener a muxes de manicuristas, o venían de cerrar su puesto en el mercado (entre las puesteras había muchos muxes), o bien se prostituían: muchos muxes ejercen su oficio en calles alejadas del centro; al caer la noche merodean entre las sombras de los arcos hechos pedazos.

Los muxes se consideran un tercer sexo y dicen ser exclusivos del Istmo. A diferencia del español, la lengua zapoteca se puede adaptar, porque en el zapoteco, como en el inglés, no hay género gramatical. La palabra *ijueze'* (amigo) no indica si la persona en cuestión es hombre o mujer. La presencia de muxes entre los juchitecos sin techo y sacados de sus casas, los ladrones que andaban por la calle, el guitarrista, los niños que pregonaban dulces y los agotados trabajadores de la construcción, todo eso realzaba la atmósfera catastrófica, la sensación de que se acercaba el fin de los tiempos y todos vivían en la calle, en un mundo patas arriba, y veían películas entre las ruinas.

Una distracción en la plaza principal era el ruido de las aves, miles de pájaros negros que a mis ojos eran como estorninos, bandadas en barullo estridente posadas en las ramas de los árboles. Tal como supe después, eran zanates que llenaban la plaza con sus chillidos y contribuían a la atmósfera de caos.

—¿La gente tiene miedo de estar adentro? —pregunté.

Las calles estaban atestadas de gente de pie y sentada mezclando cemento, reparando paredes y vendiendo nueces y fruta. Sin embargo, tras las ventanas y puertas aún intactas no se veía ninguna luz. Con las marañas de cables colgando en la calle a manera de luces provisionales y las calles tapadas por el escombro, parecía zona de guerra, pero una muy poblada.

—Sí, en sus casas tienen miedo.

Ese día, más temprano, Francisco y yo habíamos comido pescado y camarones en un restaurante de largas mesas de tablones metidas en una tienda de techo alto llena de vapor; el pescado era de la ciudad costera de Salina Cruz, en el golfo de Tehuantepec. Y me pregunté, como uno se pregunta cuando come pescado en México, ¿no me iré a intoxicar?

La comida se servía junto a una cocina comedor improvisada al aire libre, en un patio con focos que colgaban de los cables en un lote vacío entre dos edificios rotos. La cocina, en un rincón, levantaba un humo grasoso; los comensales estaban sentados en sillas de plástico, había una escalera recargada en uno de los muros agrietados y una motocicleta estacionada cerca de la pila de tortillas. Lo que a primera vista parecían unas banderitas festivas era ropa puesta a secar en un tendedero: sábanas, piyamas y bombachas de damas con sus encajes rosas.

Las familias comían con calma, hablaban en voz baja; una mesa de doce personas celebraba sonriente un cumpleaños (se daban regalos ceremoniosamente y se desenvolvían de manera ritual; la invitada de honor era una mujer mayor de vestido azul), todos comiendo y bebiendo. Por ser algo así como un restaurante mexicano, había niños correteándose y haciendo sonsonetes burlones y bebés desgañitándose en brazos de sus madres.

Pensé, como en San Dionisio, cómo ese patio confuso y maloliente de gente, cachivaches y ropa limpia, si uno se quedaba unos momentos analizándolo objetivamente, representaba una especie de orden, todo en su lugar para cumplir algún propósito, y (masticando el torpedo de mi tlacoyo de frijol y probando los camarones picantes), algo más que orden: era un ejemplo de pura armonía.

Al regresar al Hotel Xcaanda me sentía mal y no paraba de vomitar.

El chorro

Todo mundo sabe que los viajes por México suelen traer consigo la maldición de una enfermedad gastrointestinal que en el argot mexicano se conoce como *chorro* o *chorrillo*. Como la dolencia es casi inevitable y la sufren la mayoría de los viajeros, no tiene nada de especial; no merece ni mencionarse, y es aburrido cuando se introduce en una conversación o como párrafo en un libro. Muchos viajeros pueden superar mi historia de chorro: dos días y dos noches de sufrimiento paralizante en Juchitán, más deprimente aún por el calor húmedo, casi todos los días treinta y seis grados a la sombra, y el irrespirable aire nocturno se hacía más denso con el estridente barullo de los zanates, como un martinete, y el olor ácido y penetrante que venía de las ruinas humeantes, las hogueras que encendían para cocinar, el polvo que levantaban las Vespas al derraparse y el hedor a adobe pulverizado de la destrozada ciudad. Temí quedar en un estado crítico de deshidratación y necesitaba suero intravenoso, no nada más los remedios caseros de agua salada, bebidas hidratantes para deportistas y nada de comida. Tenía unos retortijones intestinales terribles y la sensación de que me iba a desmayar. Obsesivamente repasaba qué podría haberme enfermado: ¿los camarones resbaladizos, el siniestro estofado, los tacos a reventar o quizá el tlacoyo que comí en el patio apestoso? A lo mejor el trago de agua contaminada cuando me lavé los dientes. No importa. Uno espera a que pase el mareo, cese la parálisis, se calmen los retortijones, vuelva el apetito, bebiendo Epix y Jumex Sports para rehidratarse, rogando que no sea disentería y con pavor de que pudiera venir otra réplica del sismo o la amenaza del vómito. Y un día te despiertas, como yo, y estás restablecido y listo para volver a agarrar carretera.

Se justifica que ahora lo mencione solo para decir que mientras estaba en Juchitán fuera de circulación por el chorro recordé la petición que me hizo Francisco Toledo en Oaxaca: «A lo mejor puede escribirme una historia. Y yo le hago una pintura y la publico», y para matar el tiempo la escribí.

El palenque

Caminando pesadamente, los dos hombres llegaron justo antes del amanecer; eso me dijeron. Viajando entre los pueblos fríos y amontonados de la Mixteca Alta de la Oaxaca rural, di la historia por cierta. Pero también sentí que pretendía ser un cuento con moraleja, una advertencia para mí, dado que yo, como los forasteros que en ella aparecen, también era un extraño con muchas preguntas.

La neblina de la mañana, que bajaba empujada por la corriente, chocaba con nubes de polvo (proseguía la historia). Los hombres andaban por el valle, atravesaban las laderas erosionadas por los vientos y las pendientes rocosas. Sobre la fina capa de suelo, grupos de agaves con altos quiotes como lanzas en posición firme y erguida: eran agaves pequeños de la especie silvestre a los que llaman *criollos*.

Los primeros rayos del sol de la mañana, y tras un momento borroso, una franja de luz encharca la niebla de un color entre rosa y morado e ilumina a los dos hombres desde atrás, dejando su rostro entre sombras. El pastor de cabras, que los alcanzó a ver mientras caminaba despacio por la carretera y dispersaba a sus animales, vio sus rostros oscurecidos y le parecieron imposibles de descifrar. Su ropa no le era familiar. Iban vestidos con unos uniformes idénticos que de algún modo indicaban autoridad.

Al ver al pastor tropezándose entre las piedras sueltas del campo y seguir a sus animales, uno de los hombres gritó:

—¡Espere! No se vaya, queremos hablar con usted.

La voz era amigable, pero cuando el pastor se dio la vuelta y los hombres vieron al sol de frente, su aparente amabilidad no lo convenció, porque ahora iluminaban sus rostros los débiles rayos del amanecer, el violeta apagado que les pintaba los ojos y los rostros de amarillo y los labios del azul de los cadáveres; era una visión especialmente macabra en esa ladera de oscuras garras de agave y rocas como lápidas.

—Somos forasteros.

Eso era tan evidente para el pastor que parecía una manera muy floja de engañarlo. Como sea, siendo forasteros no podían hacer nada que le sirviera a él de consuelo; los forasteros solo iban para llevarse algo, nunca para mejorar el pueblo. Y era de todos sabido que los forasteros eran intrusos seguros de sí mismos que se quedaban justo el tiempo suficiente para apoderarse de lo que buscaban: canastas, sombreros tejidos, mezcal del palenque… y luego seguían su camino.

Pero el camino estaba en malas condiciones, cien kilómetros llenos de piedras, porque en algunas partes era también un arroyo estacional que se arrastraba por los valles y los cerros, una vía de escombros que impedía a los coches pasar por ahí. Solo los conductores de los tráileres más grandes se atrevían, de esos que traían barriles de petróleo y se llevaban bidones de mezcal.

Ahora los dos hombres estaban cerca y la luz sobre los rostros seguía dándoles una apariencia inquietante. Iban bien tapados, con abrigos de lana y pantalones negros, pero lo que observó el pastor fue que sus pesadas botas estaban brillantes, algo desconcertante: ¿cómo podían aparecer esos hombres al final de un largo camino pedregoso sin que el calzado se les hubiera llenado de polvo? Era como si hubieran caído del cielo.

Consciente de lo repentino de los forasteros y sus ropas finas, el pastor guardó la distancia, pero como todos los pastores, llevaba un bastón de madera que usaba para guiar a sus animales pinchándoles los flancos o golpeando las piedras, para dirigirlos hacia donde todavía creciera algún pasto en las laderas erosionadas. Y el bastón servía como arma; ya una vez había sido su garrote para defenderse de un perro enfurecido que le estaba royendo el huarache y babeándole los dedos del pie; el golpe lo dejó inconsciente.

—Solo queremos hacer unas preguntas.

Eso y algo más alarmó al pastor: cada uno llevaba una pequeña insignia en la solapa del abrigo. Pensar que pudieran ser funcionarios y tuvieran estatus era tan preocupante como el hecho de que fueran forasteros.

—No le haremos daño.

Cualquiera que dijera eso tenía intenciones violentas; de lo contrario, ¿para qué negarlo?

Levantando su bastón a la altura del pecho para defenderse, el pastor retrocedió.

Uno de los hombres desdobló una hoja grande de papel. Su blancura, su paradójica pureza en ese campo de piedras oscuras y nubes de polvo y garras de agave, parecía algo maligno.

Blandiendo una pluma azul, el primer hombre preguntó:

—¿Cómo se llama y cuál es su casa?

Eso para el pastor fue demasiado. Se dio la vuelta y a grandes zancadas atravesó la ladera entre los agaves; no mostraba miedo sino determinación. Las cabras lo seguían, como si percibieran que los estaba llevando a un lugar donde apacentar mejor.

Los forasteros lo vieron irse y cavilaron sobre su partida frustrados y perplejos. Cuando se perdió de vista en el empinado cerro, los hombres se dieron la media vuelta y regresaron con cuidado a la carretera, rumbo al pueblo allá abajo en el valle. Lo veían todo, la única calle larga interrumpida en medio por el cuadrado de una plaza y una iglesia blanca con dos chapiteles en las orillas del pueblo.

Al llegar a un arco de ladrillo y estuco, el angosto y agreste camino se convertía en una calle pavimentada y más ancha. Era la entrada formal al pueblo; en el travesaño estaba inscrito el nombre de algún santo junto al nombre mixteco del lugar en colores dorados con puntitos verdes. A diferencia de otros arcos, tras el nombre no aparecía la palabra *Bienvenidos*.

Pasando el arco, el camino era recto y homogéneo y dividía el pueblo en dos. Todas las casas daban a la calle. Detrás de ellas, las edificaciones anexas: cocinas (de las que a esa hora salía humo), potreros, lavanderías y letrinas, además de unos pequeños corrales con burros amarrados jalando sus mecates.

Todo el pueblito de casas de una planta estaba en esa única calle, del arco a la plaza y más allá, hasta el otro extremo, donde estaba la iglesia. No se veía a nadie, aunque el humo indicaba que alguien estaba cocinando. El único movimiento en la calle era un perro trotando de lado que se detuvo para acosar a una cosa medio escondida en las sombras (un harapo o un gato) y luego se escabulló por un callejón.

Uno de los forasteros se puso a escribir sobre la reluciente hoja blanca de su tablilla sujetapapeles mientras el otro tocaba la puerta de la primera casa. Nadie atendió, pero cuando volvió a tocar se abrió la puerta de madera, apenas lo suficiente para revelar un rostro.

Era un rostro de forma medio cuadrada, pesado, de frente amplia, nariz aguileña, boca grande y mandíbula saliente, parecido a los de los bajorrelieves de las ruinas antiguas cerca de ahí, un rostro sacado de la pared de un templo, pero con carne, mejillas morenas y áspero pelo negro; una mujer en la abertura de la puerta con una larga trenza cayéndole por la espalda.

Se asomó con ojos entrecerrados y sin decir nada.

—Buenos días —dijo el primer forastero—. ¿Podemos hacerle unas preguntas?

Al oír eso la mirada de la mujer se tornó intensa y atribulada y se clavó en la cara del interrogador, como si lamentara haber observado sus rasgos.

—Venimos del departamento de salud —explicó el otro—. Estamos realizando una encuesta médica.

Mientras hablaba tomaba nota; parecía haber visto el número de la casa estampado con esténcil en la puerta. El primer forastero dijo:

—¿Puedo preguntarle cómo se llama?

—Atalia —replicó la señora y empujó la puerta. Al cerrarse, se oyó el golpe de la madera sujetándose detrás, un sonido como signo de admiración atrancando la puerta.

En la siguiente casa se abrió una rendija en medio de la puerta, un ojo pegado a ella.

El primer forastero repitió la pregunta, el ojo parpadeó y la respuesta apagada sonó como a «Juana».

—¿Cuánta gente vive aquí?

—Mucha —fue la respuesta sorda—. Todos son hombres: mi esposo, mis niños fuertes. También unos perros.

Pero después de esa afirmación hubo silencio; no el gruñido macho del interior que los forasteros esperaban. Antes de que ninguno de ellos pudiera hablar, la diminuta abertura de la puerta se cerró como un ojo apretando los párpados.

Los forasteros, al cruzar la calle hacia las casas del otro lado, observaron a un hombre parado a lo lejos, a la altura de la plaza. Creyeron reconocer al pastor, que de algún modo se les habría adelantado para entrar al pueblo. Tenía el bastón cruzándole el cuerpo en posición protectora y la cabeza inclinada hacia arriba en actitud triunfal.

El primer forastero le sonrió al pastor fanfarrón y volvió a tocar en una casa, ahora al otro lado de la calle.

Esa vez se abrió la puerta: despacio, pero lo suficiente para revelar en su totalidad al hombre parado en la entrada. De mediana edad, tenía bigotes y el mismo rostro terso y antiguo, del tono de un viejo tablón de madera, boca ancha y mandíbula pesada, que le daban aspecto tozudo.

Sin embargo, respondió las preguntas, dijo su nombre y el de su esposa, las edades de sus hijos (tres), y dijo ser mezcalero de profesión.

Todo el tiempo estuvo echando un vistazo a las casas de enfrente, en las que acababan de estar los forasteros.

—Y sus hijos —preguntó el primer forastero—, ¿están en casa?

El hombre asintió con la cabeza y sus rasgos se suavizaron. Una sonrisa hizo desaparecer la expresión de tozudez. Abrió la puerta.

—¡Entren! Les invito algo de tomar.

Los forasteros vacilaron, pero alentados por los gritos del hombre lo siguieron al cuartito, con luz tenue y olor a humedad y humo de leña. Mientras tanto, el hombre había descorchado una botella delgada y vertía el líquido claro en dos tazas de porcelana.

—¡Té! —dijo uno de los forasteros.

—Es mejor que el té, amigos míos.

Se tomaron el líquido de un trago y exhalaron satisfechos. El hombre les sirvió otras dos tazas moviendo la botella frente a ellos con gesto admonitorio, a pesar de sus protestas. Luego salieron discretamente por la puerta de la calle, agradeciéndole.

El niñito de la siguiente casa (contó que él recogía agave, aunque difícilmente habría tenido más de ocho o diez años) respondió en nombre de sus padres, que según dijo estaban en el palenque.

—¿Qué están haciendo?

Preparando las piñas, les contestó, cortando los quiotes del agave que él había recogido. Dijo sus nombres pero no supo deletrearlos.

Luego inclinó la cabeza y en un susurro pidió, como si rezara:

—Ya váyanse.

Sonriéndole, con los labios aún húmedos y los ojos vidriosos después del mezcal, volvieron a cruzar la calle y se guiñaron el ojo, mofándose de sí mismos y de su trabajo aburrido e insignificante; a pesar de todo, lo hacían a paso enérgico. Llegaron a otra puerta.

En ese momento se oyó una fuerte nota metálica y familiar que les penetró en el cuerpo y repiqueteó en sus oídos, el enérgico grito de una trompeta y el traqueteo de un tambor, seguido de la fanfarria de un trombón. Voltearon a ver a los cuatro hombres que los seguían: el cuarto iba rasgueando una guitarra, a la que ahogaban los otros instrumentos. Llevaban abrigos andrajosos; dos tenían sombreros tejidos con tiras de palma y los tacones de sus botas estaban completamente desgastados. La música, sin embargo, era soberbia; las percusiones y los metales alegraban el aire y llenaban de vida el camino.

Los forasteros tuvieron que alzar la voz para competir con el volumen de la música, y no pudieron evitar sonreír cuando, uno tras otro, los lugareños acudieron adonde estaban con una botella de mezcal en una mano y dos vasos en la otra, animando a los hombres a que tomaran un trago. Aunque la conducta de los campesinos era amable y sus respuestas eran tersas, revelaron lo suficiente para que los forasteros pudieran llenar los espacios en blanco del cuestionario.

—¿Se trata de impuestos? —preguntó una mujer.

—Es para ayudarlos —dijo el segundo forastero.

—¿Cómo nos encontraron? —cuestionó otra mujer mientras servía mezcal.

—No fue fácil. Su carretera está en muy malas condiciones.

—Si está en malas condiciones es por algo —replicó la mujer agarrándose el delantal, que tenía manchas como de jugo de tabaco. Al notar que le veían el delantal, aclaró—: Es del palenque.

Para cuando los forasteros llegaron a la plaza, una explanada de ladrillo flanqueada con arbustos secos, los músicos se habían subido al kiosco del centro. Su música hacía eco en las casas cercanas. Los forasteros se sentaron en una banca; por un rato estuvieron garabateando, moviendo la cabeza al ritmo de la música mientras resumían lo que la gente les había dicho. Pasaban mujeres frente a ellos, algunas acarreando leña, otras llevando a burros que transportaban un fardo de leños en cada costado. El pastor no se veía por ningún lado.

—¡Que Dios los bendiga! —exclamó una mujer.

Mareados por el mezcal, los forasteros suspiraron aliviados al oír esos buenos deseos, contentos de haber cumplido ya con la mitad de su tarea; la iglesia al final de la calle estaba mucho más cerca, lo bastante para darse cuenta de que era una ruina, uno de esos edificios vacíos y sin techo que habían visto en otras partes: un viejo convento expuesto a los elementos; puros muros y contrafuertes rotos y cantería simétrica, aberturas en forma de arco donde antes existieron puertas y ventanas, y ningún fiel: una iglesia rota, un muro a su alrededor, la melancolía en su inmensidad y abandono.

—¿Quién los mandó? —preguntó un hombre en la siguiente casa, y en eso, con la misma rapidez y soltando una risita, dijo—: Olvídenlo, no importa.

—Le puedo decir con gusto —contestó el primer forastero, y, ya más cerca, pudo asomarse y añadió—: Veo que su familia está en casa —detrás del hombre veía a una mujer sentada en una mesa. Estaba de perfil; ella no los veía. Había algo en ella que les resultaba muy familiar. El forastero exclamó:

—¿Atalia?

La mujer se rio de un modo burlón y frívolo y los forasteros saludaron con la mano. Para ellos, los habitantes del pueblo, oscuros, pequeños, se parecían todos entre sí, así que tal vez no era la mujer de la primera casa de la calle.

—Bienvenidos —dijo el hombre en la entrada—. ¿En qué les puedo ayudar?

—Para ser sincero —arguyó el segundo forastero hablando fuerte, por encima de la música—, esto no es fácil. Todo lo que necesitamos son unas respuestas sencillas.

El hombre habló con apremio.

—Ya llegaron hasta aquí; la iglesia está aquí al final de la calle. Ya casi llegan.

Y los forasteros vieron hacia la iglesia, donde algunos vecinos habían empezado a congregarse en el muro que la cercaba; su presencia parecía infundir vida a las ruinas: su veneración, si es que eso era, les daba un sentido.

El hombre en la puerta aclaró:

—Son mezcaleros. Todos somos mezcaleros.

—¿En la iglesia?

—Ya no es iglesia. Por varios años ha sido nuestro palenque. En vez de rezar, hacemos mezcal. Han visto el agave que crece en los cerros de por aquí. Es del silvestre. Con ese se hace el mejor mezcal. Y no solo eso: sabemos cómo cocer las piñas a la temperatura exacta. Pronto empezarán a calentar las piedras —sonrió y añadió—: ¿Qué quieren saber?

Dijo llamarse Felipe y dio los nombres de sus hijos; se mofó cuando los forasteros preguntaron si no era un problema que no hubiera escuela en el pueblo.

—No necesitamos una escuela: tenemos un palenque. Ahí tenemos nuestros cultos y ahí trabajamos. Siempre ha habido trabajo para la gente que esté dispuesta a hacerlo —afirmó el hombre.

—¿Cuántas casas nos faltan? —interrogó el primer forastero a su compañero, pero fue el hombre, Felipe, el que contestó:

—No muchas; si acaso, doce. Verán que la gente es cooperadora: responderán sus preguntas —parecía tener ganas de que se quedaran a terminar su trabajo—. Y luego, ahí merito, la iglesia, y con esto habrán terminado.

—No es fácil venir a un pueblo como este y hacer preguntas.

—No es fácil responder esas preguntas.

—Supongo que no… —opinó el primer forastero bajando la mirada a su tablilla— … Felipe.

Pero el hombre frunció el ceño; parecía desconcertado por el nombre.

Las casas restantes, tal como había prometido el hombre, fueron mucho más comunicativas; la gente era cooperadora y sincera, decía sus nombres y edades, y los forasteros quedaron satisfechos. Cuando llegaron al cementerio y vieron a algunos lugareños, declararon:

—Ya terminamos. ¡Merecemos otro trago!

—¡Aquí adentro! —propuso un hombre. Era el pastor, que hablaba con voz segura, y a señas les indicó que pasaran por la puerta del muro que cercaba la iglesia en ruinas y daba al cementerio. Ahí, en un gran foso circular, bramaba un fuego tan rojo que ardía en su centro un ojo blanco. Cerca de ahí estaban los aparejos comunes de un palenque: la plataforma de cemento de un molino y encima una enorme rueda de piedra; el foso con el agave tritu-rado hasta formar fibras rojizas; los tanques de pulpa dulzona en fermentación; tinas y pipas de cobre suspendidas para la destila-ción; barriles vacíos para ser llenados.

De un modo u otro los lugareños se las habían arreglado para llegar ahí, quizá pasando detrás de la calle principal, como el pas-tor. A muchos los reconocieron los forasteros, en total a cien o más.

Pero era el fuego lo que había atraído a los dos hombres en este alto valle de neblina empujada por la corriente. Fueron a la orilla del foso para calentarse las manos y pidieron otro trago.

—Esto es para ustedes —dijo un hombre, que por la voz su-pieron que era Felipe, y levantó la mano.

En este instante vino el primer golpe, un súbito porrazo como la tranca que asegura la puerta por atrás, y más golpes, descargados con tal fuerza que los forasteros quedaban momentáneamente ce-gados. Estaban simplemente aturdidos, pero anestesiados e inde-fensos, tambaleándose, hasta que los arrastraron a la fosa, donde se pusieron a dar alaridos.

Caían sobre ellos troncos que los sujetaban a las llamas. Luego les echaron encima las piñas de agave y los cubrieron de tierra, para hornearlos.

Amurabi y los muxes

Las tres mujeres juchitecas se veían en los espejos de sus polve-ras, como si de un amigo adorado se tratara, retocándose el maqui-llaje en el lobby del Hotel Xcaanda; eran muxes. Como el término se refería a una mujer trans, podía conjeturarse que la palabra *muxe* (a veces *muxhe*) era una temprana corrupción colonial de la pala-bra española *mujer*. Había muxes vendiendo fruta en el mercado y muxes caminando por calles secundarias buscando clientes o pare-jas sexuales. Las muxes caminaban tomadas de la mano, con her-mosas faldas de lentejuelas y tacones altos, entre las calles llenas de basura. Muxes corpulentas de falda apretada caminaban con familias sobriamente vestidas. Un fumador en cadena que traba-jaba para la televisión japonesa estaba en el hotel en espera de un permiso de la Presidencia Municipal para entrevistar a muxes para un programa de fenómenos de circo. Su intermediario, Elvis Guerra, poeta local y muxe, me tomó de la mano con los dedos húmedos por el calor y me dijo con dulzura:

—Puedo contarte tantas cosas maravillosas.

Yo quería saberlo todo.

Francisco dijo:

—Hay aquí un hombre al que le gustan sus libros. Es experto en muxes.

El hombre era Amurabi Méndez, un tipo agradable como de cuarenta y cinco años; lo encontramos en su trabajo, a unas cuadras de la plaza. Tenía una tienda llamada Kiddo, que vendía ropa para niños: playeras, shorts, tenis, mochilas, todo muy brillante; parecía hacer juego con la alegre manera de ser de Amurabi. Era menudo y de complexión delgada, aniñado en un sentido jovial y encantador. Pero cualquier dejo afeminado era en él engañoso; había estudiado ingeniería, dirigía este negocio y era un escritor serio. Como supe más adelante, era muy viajado y su inglés, excelente.

—Lamento que haya estado enfermo.

—A todo mundo le da chorro.

—Es cierto —repuso riendo al oírme decir la burda palabra—. Leí *La costa de los mosquitos* cuando estudiaba Ingeniería en la Ciudad de México. Me encantó. Me hace muy feliz ver a su autor en nuestra pobre ciudad de Juchitán.

Le pregunté sobre su propia escritura.

—He escrito mucho sobre el terremoto —dijo—. Estaba aquí y lo viví.

—Debe de haber sido aterrador.

—Sí, pero pasaron muchas cosas buenas, inspiradoras —respondió a mi banal comentario—. Un día, después del terremoto, había gente vendiendo en el mercado. Las casas estaban destruidas, había caos por todas partes, pero la vida seguía, la gente estaba activa. Apenas veinticuatro horas después del desastre había gente quitando los escombros de sus casas, tratando de reconstruir. Otros estaban vendiendo flores, fruta, carne, y en los puestos había mujeres cocinando, haciendo garnachas. Era maravilloso. Era inspirador ver cuán decididos estaban a sobrevivir.

En la mente mexicana, consciente de las castas, Amurabi era mestizo, ese grupo étnico de definiciones cambiantes: su madre una indígena zapoteca, su padre alguien que se identificaba como mexicano, pero por supuesto que ambos eran mexicanos, su padre más tirando a latino. Su madre había nacido y crecido en San Carlos Yautepec, como a ciento treinta kilómetros de la ciudad de Oaxaca por el Camino Real por el que yo recién había viajado, pero el pueblo estaba un poco lejos de esa vía y aislado: unos cuantos miles de personas, casi todos zapotecos, aferrándose a una ladera de montaña.

—Mi padre era un macho —comentó Amurabi—. Insultaba a mi madre; le decía *india, ignorante, primitiva*. Le ordenaba: «¡No hables tu lengua!».

—Pobre mujer —manifesté—. ¿Pero qué efecto tuvo eso en usted?

—A mi madre le avergonzaba, no quería que habláramos la lengua. Así, cuando estudiaba en la Ciudad de México no quería que nadie supiera que yo era zapoteco. Hice mía la vergüenza de mi madre.

—¿Y se sigue sintiendo así?

—No, de ninguna manera. Volví aquí, ¡estoy orgulloso!

Todo ese tiempo permanecimos parados en la parte delantera de su tienda, entre mochilas azules, playeras multicolor e hileras de vestidos de verano para niñas.

—Pregúntele a Amurabi sobre los muxes —me recordó Francisco Ramos—. Él es el experto.

—Veámonos más tarde —propuso Amurabi—. Conozco un lugar.

El lugar era el Bar Jardín, en una calle secundaria fácil de recordar, Cinco de Mayo, con pantallas de televisión que todo el tiempo mostraban partidos de futbol, con mesas de aficionados gritones y un grupo musical que tocaba muy fuerte. Con todo, ese sitio ruidoso parecía estimular pláticas vigorosas y alentar la confianza, o al menos la franqueza, pues el hablante competía con una insolente cacofonía y ¿a quién le importaba lo que se dijera? Tomamos cerveza y nos hablábamos y contestábamos a gritos.

—Lo primero que hay que saber —enfatizó Amurabi— es que un muxe es totalmente una mujer. Un hombre gay que se siente atraído por un muxe… por alguna razón no está bien. El muxe quiere pensar: «Soy su mujer… sin importar lo que él quiera».

—¡Porque él es mi hombre! —acoté yo—. ¡Un macho!

—Sí —sostuvo Amurabi—. ¡Me golpeó y se sintió como un beso!

—Eso es horrible.

—Es una canción —aclaró Amurabi, y canturreó un poco—. Yeah, yeah, «Me golpeó y supe que me amaba», oh, yeah.

—Entonces los muxes no son gays.

—Para nada. Si lo sabré yo, que soy gay —declaró—. Hay una enorme diferencia entre ser muxe y ser gay. Los gays no la tenemos fácil en la vida mexicana. Nos dicen mayates. El mayate es el escarabajo estercolero. También así se les dice a las personas negras. En Latinoamérica la gente por lo general se burla de los gays. El año pasado en la Copa Mundial se gritaba: «¡Eeeeh, puto!» y «El que no salte es un chileno maricón». Son cosas horriblemente homofóbicas —pero se rio, bebió y comentó—: Dice Francisco que conoció a Elvis Guerra.

—Sí, el otro día en el hotel. Estaba arreglando a unos muxes para un programa de televisión japonés.

—Es poeta. También ha tratado de cambiar toda la perspectiva y hacer que la gente entienda. Ahora hay una nueva generación de muxes.

—¿Por ejemplo?

—Pueden ser *tops*. Estos días, muchas muxes quieren ser *tops* —dijo Amurabi usando la terminología, común en clave sadomasoquista, para referirse al miembro dominante de la pareja, el de arriba—. No se ven como teniendo que ser *bottoms*, los de abajo. Las muxes más viejas son completamente *bottoms*. Y en el pasado unas muxes no se enamoraban de otras, pero ahora sí pasa. La vieja idea era que eran trasvestis y que no se enamorarían. Esas ideas ya son viejas.

Me pregunté cómo surgía una muxe en una familia. Es bien sabido que la sociedad zapoteca es fundamentalmente matriarcal, que las mujeres dominan la economía (eso es evidente en el mercado) y se dice que las mujeres zapotecas no solo dirigen la casa, sino que también toman las decisiones en los asuntos familiares. Le pregunté a Amurabi si era la madre de la familia la que señalaba al posible muxe de su camada.

—Sí, cuando son chicos la familia observa ciertos comportamientos —explicó—, y a partir de ahí se van dando las cosas. Pero no es fácil. A las muxes a veces les cuesta mucho conseguir trabajo. Se hacen peluqueras, manicuristas, diseñadoras de moda. Hacen bordado. Bailan. Pueden hacerse prostitutas para ganarse la vida, sobre todo las jóvenes y bellas —miró su reloj. Eran las diez de la noche—. Ahora mismo hay muchas muxes ocupadas prostituyéndose. Están buscando clientela —y con un gesto de la mano señaló, detrás de los aficionados al futbol y las pantallas de televisión, en dirección de las calles secundarias.

—Vi a unas en el mercado.

—No eran jóvenes.

—Tal vez no.

—Pero para la mayoría de las muxes su destino son las calles, porque la escuela está cerrada para ellas, igual que la universidad. En la escuela el maestro dice: «Eres Francisco». «No, soy Rosa». «¡No, eres Francisco!». Y se ponen muy tristes.

Su destino son las calles. Admiré esta concisión.

—¿Decías que ser gay aquí en México no es mucho mejor?

Se rio y argumentó:

—Hace poco vine a este mismísimo bar con unos amigos gays. Estábamos platicando, bla, bla, bla. Y oímos que decían: «Son putos». Y *jotos, mampos, mayates.*

—Sé que *puto* es *queer*. ¿Y esas otras qué significan?

—Maricón —contestó—. *Mampo* es una palabra sobre todo de Juchitán. Hay muchas otras. *Hueco*, esa es de Guatemala. *Culero* significa flojo, pero también *queer*, como *maricón*. Siempre se burlan de nosotros.

Eso se queda corto. Una de las denuncias más claras de homofobia en México la hizo el zapatista con pasamontañas subcomandante Marcos platicando con Gabriel García Márquez en 2001, cuando Marcos se apareció en la Ciudad de México proveniente de su bastión en la selva. García Márquez le había dicho que no parecía ser un izquierdista latinoamericano tradicional.

Marcos dijo que esos izquierdistas pasaban por alto a dos importantes grupos sociales: los indígenas y las minorías. «Aunque si todos nos quitáramos el pasamontañas no serían tan minoritarios, como son los homosexuales, las lesbianas, los transexuales. Esos sectores no solo son obviados por los discursos de la izquierda latinoamericana de esas décadas y que todavía hacen carrera en el presente, sino que también se ha propuesto el marco teórico de lo que entonces era el marxismo-leninismo: prescindir de ellos y verlos como parte del proceso que debe ser eliminado. El homosexual, por ejemplo, es sospechoso de traidor, es un elemento nocivo para el movimiento y para el Estado socialista. Y el indígena es un elemento de retraso que impide que las fuerzas productivas... bla, bla, bla.»

De Amurabi, gay e indígena, la gente no solo se burlaba; también lo consideraban un problema. Él decía que la homofobia surgía de la ambigüedad que había detrás de gran parte del machismo mexicano, y lo explicó con un chiste.

—Paul, ¿sabe cuál es la diferencia entre un gay mexicano y un heterosexual mexicano?

—No, ¿cuál?

—Seis cervezas.

Dijo que lo que más le enorgullecía era la gala muxe, llamada la Vela: una festividad que se llevaba a cabo cada noviembre en Juchitán, con asistencia de diez mil personas, mil de ellas muxes, vestidas con sus mejores galas. Y había música, baile, comida, ligue.

«En las juchitecas no hay ninguna inhibición ni cosa que no puedan decir, nada que no puedan hacer. No sé cómo son. La juchiteca no tiene ninguna vergüenza; en zapoteca no hay malas palabras», dijo uno de los escritores más ilustres de México, el poeta, ensayista y periodista Andrés Henestrosa (1906-2008). Henestrosa nació en una familia de habla zapoteca en el pueblito de San Francisco Ixhuatán, al este de Juchitán. Estudió en Juchitán y pasó la vida promoviendo la lengua y cultura zapoteca. Amigo y colaborador de Francisco Toledo, era tan expresivo al hablar de su cultura como había sido Toledo pintándola.

—Por el terremoto, el año pasado no se organizó la Vela —dijo Amurabi—, pero este año sí la tendremos. Es algo especial. Se hace solo aquí en el Istmo; las muxes nada más se dan aquí.

La principal iglesia de Juchitán es la Parroquia de San Vicente Ferrer. Aquí, según la tradición, Dios le dio a san Vicente una bolsa de muxes para esparcir por todo México, pero cuando llegó a Juchitán, la bolsa se rompió y todas las muxes acabaron en este lugar.

—Por eso estamos totalmente enamorados de este pueblo, estamos orgullosos de él. Es nuestra herencia. Creo que aquí había muxes hace mil años —Amurabi se quedó unos momentos pensativo—. Gracias a este orgullo sobrevivimos el traumático terremoto.

Ciudad Ixtepec y el albergue

Juchitán es una parada en la línea de tren que viene de Guatemala. Exactamente cuarenta años antes yo había tomado ese tren de Veracruz a la ciudad fronteriza de Tapachula en mi viaje de varios meses por tierra hasta la Patagonia. Aquella vez, asomándome por la ventanilla, anoté los nombres de poblaciones cercanas en mi cuaderno: Tonalá y Pijijiapan. Ahora el ferrocarril está en decadencia; no es más que un tren de carga que retumba camino a la frontera guatemalteca, al que apodan la Bestia, y transporta migrantes a lo largo de hasta cinco mil kilómetros en viajes separados sobre los techos de sus vagones, un suplicio que ha relatado vívidamente Óscar Martínez en *Los migrantes que no importan. En el camino con los centroamericanos indocumentados en México.* Abordó «la Bestia, la serpiente, la máquina, el monstruo» en Ixtepec. De hecho, en el libro dice que tomó el tren ocho veces y solo tuvo pequeños percances. Muchos pasajeros no sobreviven a uno solo.

Los migrantes se caen de los veloces vagones de carga y son aplastados en la caída, o bien pierden los brazos o las piernas bajo las ruedas de acero. A lo largo del recorrido se aprovechan de ellos ladrones y violadores. «Los asaltantes del camino se incorporan entre los polizones cuando la máquina hace paradas —escribe

Martínez— o los maquinistas, a veces de acuerdo con estos piratas, bajan la velocidad de las locomotoras para que puedan trepar». Estos son los ladronzuelos y oportunistas que viven cerca de las vías en zonas periféricas, pero los secuestros de mujeres en la Bestia, algo que ocurre con frecuencia para después obligarlas a entrar en la prostitución o a hacer trabajo esclavo en campos de narcotraficantes, los realizan «redes criminales bien organizadas».

La llamada caravana de 2018 (una ola de migrantes, entre ellos muchas mujeres y niños, que huían de la violencia en Centroamérica) que llegó a la frontera de los Estados Unidos (en donde se separó a las madres de sus hijos y los encerraron por separado) se originó a ochenta kilómetros al sureste de aquí, en Arriaga. En el periodo que estuve en el Istmo, miles de migrantes se dirigieron al norte desde Centroamérica y muchos se detuvieron en la Ciudad de Ixtepec, porque estaban agotados y hambrientos y Juchitán estaba demasiado necesitada y rota para poderlos alojar. También porque en Ixtepec había un refugio de migrantes, algo parecido a la Iniciativa Kino en Nogales. Óscar Martínez menciona este lugar en su libro: le dice el albergue fundado por el sacerdote Alejandro Solalinde.

Esta parte del Istmo es calurosa, plana y sin encanto. A lo largo de la húmeda sabana de canales de apariencia repugnante, pasto grueso y palmas hechas jirones, el camino estaba lleno de baches y el calor era sofocante: más de treinta y siete grados el día que manejé desde Juchitán. Pasé por una serie de caminos secundarios y descubrí que Juchitán, en comparación con otros sitios, no parecía al que peor le había ido en el temblor. Escondida tras los altos pastos estaba la pequeña población alfarera de Asunción Ixtaltepec. Ahí casi nada quedaba en pie. El Palacio Municipal y la Parroquia de la Asunción de María estaban tan resquebrajados que parecían irreparables. Los campos de cacahuate y frijol circundantes (pilar de la economía) estaban resecos y abandonados, y el río Los Perros era un meandro estancado.

El camino estaba tan obstaculizado por la espesa vegetación que Ixtepec no apareció hasta cuando casi había llegado. Tenía estación de ferrocarril: las vías dividían el sitio a la mitad, y también ellas habían sufrido daños por el sismo. Pero las chozas de bloques de hormigón eran tan pequeñas y tan al ras del suelo que muchas parecían enteras. Otra ciudad escondida de casitas pobres en calles rotas; los barrotes en las vitrinas de las tiendas eran señal de que había maleantes, y en pilas de basura en las esquinas, perros parias rasgaban papeles y sobras.

Ese lugar de evidente miseria era el paraíso para un migrante apabullado.

El albergue de migrantes era un compuesto cercado por un muro protegido por una pesada puerta de metal, en un callejón de una colonia pobre que llevaba el lastimoso nombre de La Soledad. Era a todas luces una zona donde vivían otros migrantes, sobre todo hombres, casi todos de aspecto desesperado, escondidos en casuchas y acuclillados debajo de trozos de plástico. Había un campamento de migrantes enfrente del refugio. Este tenía el nombre formal escrito con grandes letras en el muro exterior: ALBERGUE DE MIGRANTES, y bajo la pintura de unas figuras caminando, HERMANOS EN EL CAMINO. Inscrito en la parte superior estaba el texto bíblico de Mateo 25:35: «Tuve hambre y me dieron de comer, tuve sed y me dieron de beber, fui migrante y me hospedaron».

Sacerdote radical originario de Texcoco, el padre Alejandro Solalinde fundó el albergue en 2007, cuando reconoció que esa zona, con carencias geográficas y económicas, era foco de actividad criminal en contra de migrantes (y así como el padre Solalinde ha recibido muchos reconocimientos, también ha recibido muchas amenazas de muerte, de modo que en ocasiones ha necesitado esconderse para salvarse). La declaración de propósitos del albergue dice así:

«Ciudad Ixtepec, con su importancia estratégica y geopolítica en el Istmo de Tehuantepec [...], ha sido escogida por la delincuencia organizada para ser su centro de operaciones; es uno de los sitios más codiciados para obtener enormes ganancias lucrando con los transmigrantes, de todas las formas posibles». Entre los extorsionistas, continúa la declaración, se cuentan «la policía municipal, estatal, judicial, federal y agentes de migración».

El sitio web ofrece lo que llama «oportunidades de voluntariado»: «El Albergue Hermanos en el Camino se nutre del trabajo de personas voluntarias. [...] ¡Esta es tu oportunidad para apoyar a nuestras hermanas y hermanos migrantes y vivir una experiencia que cambiará tu vida!».

Cuando logré convencer al portero del albergue de que yo era un gringo inofensivo que solo buscaba información, me sorprendí de que prácticamente la primera persona a la que conocí fue una voluntaria estadounidense, Junet (Junie) Bedayn, de Grass Valley, California, una muchacha de dieciocho años, delgada, de rostro agradable, con un vestido floreado hasta el tobillo y sandalias, el pelo cubierto con un pañuelo.

—Hola, bienvenido —me recibió, y en el momento en que se dio cuenta de que éramos compatriotas pasó al inglés, se rio un poco y me explicó cómo había llegado ahí. Deseando hacer algo productivo entre su graduación de preparatoria en Grass Valley y su primer semestre en la Universidad de Columbia, encontró el sitio web de Hermanos en el Camino y la descripción de las maneras como los voluntarios podían ayudar. Así, en vez de trabajar como mesera en un bistró de Grass Valley, enseñarles a los niños a nadar en un campamento o quedarse viendo fijamente una pantalla y subir imágenes a Instagram, hizo una solicitud para trabajar en el albergue y explicó sus cualificaciones: había sido una estudiante modelo, hablaba el español con soltura, comprendía las dificultades de los migrantes y estaba dispuesta a comprometerse a pasar dos o tres meses haciendo trabajo voluntario en el albergue.

—¡Tienes dieciocho años! —le dije, recordando que yo a esa edad fui salvavidas en una alberca pública de Boston. Cuando no estaba leyendo encubiertamente en mi alta silla de salvavidas (fue mi verano de *En el camino* y de *Generation of Vipers*), estaba armando relajo con los otros salvavidas o los encargados de los vestidores, que me decían Paulie.

Pero Junie Bedayn a esa edad decidió ir sola al Istmo de Tehuantepec y, cuestionando la idea popular de que los migrantes eran una plaga, se ofreció como voluntaria para trabajar entre ellos y de paso aprender.

—La parte difícil fue convencer a mi madre y a mi tía de que iba a estar bien —dijo.

Poco antes de llenar su solicitud, su padre había fallecido, así que pude entender muy bien la angustia de su madre. Pero Junie se impuso. Viajó en camión desde Oaxaca y se enfermó gravemente poco después de su llegada («Se me olvidó que no se debe tomar agua de la llave»). Había algunas monjas entre el personal, pero voluntarias únicamente otras dos. Junie ahora era imprescindible para el funcionamiento del albergue. Y toda la parte exterior del albergue estaba ocupada por hombres jóvenes: delgados, sucios, con expresión hambrienta y sin hacer nada, muchos de ellos echándose una siesta acostados en petates y otros observando a esta muchacha bonita pero práctica. Junie, enérgica y eficiente como era, ni se inmutaba.

—Ese es el dormitorio —dijo refiriéndose a un edificio de cuatro pisos en el otro extremo de las instalaciones. Me enseñó una amplia grieta en la pared—: Eso es un daño por el terremoto, así que muchos migrantes no quieren dormir adentro; piensan que se va a caer. Duermen acá —y señaló una gran loza de concreto donde había varios de ellos tendidos.

Había ochenta hombres en el refugio, que era una cantidad pequeña. Lo normal era que hubiera doscientos migrantes, y habían llegado a albergar a cuatrocientos al mismo tiempo, todos de Guatemala, Honduras o El Salvador. Traté de imaginar a cuatrocientos hombres sin techo, sin dinero, con hambre, quedándose aquí una semana cada vez, buscando modos de seguir viajando al norte. Muchos de ellos estarían heridos, enfermos o traumatizados por el viaje desde Centroamérica y el trayecto en tren desde Arriaga. Lo mencioné.

—En el albergue tenemos dos médicos y dos enfermeras —explicó June—. Como podrá imaginar, están bastante ocupados.

—¿La caravana se detuvo aquí?

—Pasaron por aquí hace, ¿cuánto fue?, unas pocas semanas. Los alimentamos a todos.

En voz baja, señalando con la cabeza a los hombres en los petates, pregunté:

—¿Y qué hacen estos hombres todo el día?

—Oyen música, juegan. Algunos pintan. ¿Ve las pinturas que están ahí colgadas?

Eran rectángulos de papel pintarrajeados con escenas rústicas de campesinos de camisa blanca en filas de cultivos verdes, vacas y cabras anquilosadas, y otras pinturas de grupos de bailarines con ropa roja muy alegre, algunos enmascarados. Ranchos y fiestas.

—De hecho, la mayoría hace algún trabajo —prosiguió Junie—. Vienen por ellos a las seis y media de la mañana y hacen albañilería en la ciudad. Tienen mucho que hacer, y ahora con los daños por el terremoto… Ganan trescientos pesos al día y regresan por la tarde.

—¿Cuál es su objetivo?

—Casi todos van al norte. Algunos están esperando que les den la residencia en México.

—¿Y todos son hombres?

—No, tenemos doce mujeres y cuatro niños por el momento —puntualizó y caminó hacia una construcción enrejada junto a un patio de juegos.

Mientras nos acercábamos a la alambrada, una mujer de aproximadamente treinta años en ropa informal (de pantalón y blusa azul) nos vio y saludó. Era Ana Luz Minerva, que hacía voluntariado y además estaba reuniendo material para su tesis doctoral. Era hispanohablante y franca.

—Estoy estudiando a las niñas y niños que viajan solos desde Centroamérica —me dijo.

—¿Son muchos?

—Sí. Algunos desde los ocho años. Solitos.

—No entiendo. ¿Por qué tan chiquitos?

—Porque las pandillas de El Salvador y Honduras están reclutando a niños como asesinos y cada vez les cuesta más encontrarlos, así que los niños son cada vez menores; quiero decir que los reclutan como asesinos cada vez más chicos. Los niños de los que yo me ocupo están tratando de escapar.

—¿Cómo los reclutan?

—Las pandillas se los llevan y amenazan con matar a sus madres.

—Parece bastante convincente.

—Y a veces lo hacen.

—¿No hay nadie que lo impida?

433

—En algunas ciudades hay justicieros que «limpian las calles», como dicen, y matan a los pandilleros, porque la policía no hace nada.

Mientras hablábamos a la sombra de un árbol, adyacente al albergue de mujeres, pasó una joven y nos saludó.

—Ella está aquí con sus dos hijos —dijo Ana Luz—. Las familias suelen viajar juntas. El otro día tuvimos a una mujer de veintiséis años que iba viajando sola con sus cuatro hijos.

—A veces violan a las mujeres —señaló Junie—. A una que estuvo aquí la habían violado catorce hombres.

—¿Ella te lo contó? —pregunté—. ¿Qué dijo?

—Estaba más o menos resignada. Dijo: «Tuvo que pasar para que yo llegara más lejos».

Ana Luz continuó:

—Hubo un tiempo en que los Zetas secuestraban migrantes y los obligaban a dar sus números telefónicos, para pedirles rescates a las familias. El problema ya no es tanto eso. Ahora el principal problema son las drogas.

—¿Qué clase de drogas?

—Marihuana, crack, metanfetamina —detalló Junie con calma; su inocente rostro de adulta joven se nubló con un dejo de inquietud—. Pero a los consumidores de drogas siempre los corren de aquí. Los vemos al otro lado de la calle, en ese campamento de paracaidistas.

Tanto Ana Luz como Junie dijeron que tenían que volver a su trabajo… en este día de calor sofocante en una remota ciudad del Istmo, en este refugio con poco financiamiento en un sucio callejón donde zumbaban las moscardas.

—Las admiro mucho por lo que están haciendo —les dije—. Junie, tu madre debería estar muy orgullosa.

—Se preocupa por mí —me respondió. Estábamos caminando de regreso por las instalaciones, a la oficina donde una monja (una supervisora) miraba la pantalla de una computadora y veinte hombres se repantigaban en sus petates, viéndonos pasar—. Pero yo me preocupo por esta gente.

Afuera, en el callejón del barrio, vi el campamento de paracaidistas: los drogadictos, los rechazados del albergue, los tipos duros, los jóvenes de expresión atormentada, como treinta en total. Cuatro estaban parados en el techo de la choza gritándome para pedir dinero. Se quedaban tras una barrera que habían hecho: como extranjeros en Ciudad Ixtepec, habían creado con madera, pedazos de plástico y alambre un campamento fortificado. Almas encalladas con la mirada fija, quejándose hoscamente, aisladas en su lúgubre campamento. Estaban perdidos y vulnerables. No podía reprocharles que resintieran la facilidad con la que yo caminaba a mi carro estacionado, listo para escabullirme.

Pero en eso pasó algo que los distrajo y los calló. En la calle, como a quince metros de ahí, una muxe salió de una choza y pasó por la entrada en una valla hecha de pedazos de madera. De hombros anchos y fornida, con aspecto de hombre vestido para una fiesta de disfraces, vino hacia mí, con las sandalias de plástico arrastrándose entre la grava del polvoso callejón. Al venir hacia mí pasó por la multitud de hombres migrantes de Honduras, Guatemala y El Salvador, donde no había muxes pero predominaba el machismo. En esa tarde calurosa, la muxe (de mediana edad, con pelo negro largo y un centelleante vestido negro ceñido) caminaba con gracia, casi con altanería, sin ninguna prisa, mientras los migrantes en andrajos miraban fascinados y boquiabiertos.

A San Cristóbal

Llevado por un impulso, poco después de la visita a Ciudad Ixtepec manejé de regreso a la carretera principal y me dirigí al este rumbo a San Cristóbal de Las Casas, pasando las lagunas de Juchitán y los campos calurosos de pasto roto y marchito, para mi encuentro con los zapatistas. Parecía que, desde la frontera en Reynosa, a dos mil doscientos cincuenta kilómetros de ahí, había estado viajando en un Camino Real a través de un llano de serpientes.

México es generoso con el turista en muchos aspectos: la tradicional hospitalidad, las variedades de comida, las elaboradas fiestas, el entusiasmo por la lengua, los consuelos que se encuentran en la familia y la fe. Estos atributos atractivos son bien conocidos para el vacacionista y algo de lo que el mexicano se vanagloria. Pero hay más; una parte no es bonita, y todo es complicado.

Se contraponían a estas satisfacciones convencionales el hecho triste de que la vida en México es peligrosa casi para todo mundo: los potentados de la Ciudad de México, frenéticos por su seguridad, tenían guardias armados; los pobres en sus chocitas y casuchas se defendían con esquirlas de vidrio pegadas con cemento a los muros de su jardín o, a falta de eso, con ventanas llenas de barrotes. Vivir detrás de fortificaciones, ya fuera un alto muro o una valla, era un visible rasgo común en la vida mexicana, un paisaje de almenas. Los muy ricos tras sus baluartes se blindaban a sí mismos; las clases medias se amurallaban, y hasta los más pobres vivían en cotos: les servían de irracional consuelo unas enclenques cercas de bambú y sus fieros perros guardianes, como vi en los pueblos de la Mixteca Alta.

Y aunque los mexicanos me parecían instintivamente cordiales, detrás de cada primer encuentro había siempre un murmullo de titubeo. En una sombra suspicaz de su naturaleza (el angustiado sustrato de oscuridad en su historia, un marcador de supervivencia y preservación en su ADN), los mexicanos también tenían que considerar en todo extranjero una posible amenaza. Cualquier relación para avanzar necesita basarse en la confianza, pero la confianza no se daba por sentada: era algo que tenías que ganarte. «Ganarse el respeto» era un imperativo mexicano; era más profundo ganarse la confianza. Podrías ser un amigo informal o superficial pero antes de tener el respeto y la confianza se evaluaba cada matiz de sus interacciones: tu humor, tu generosidad, tu apertura, tu formalidad, hasta tu postura, tu manera de estar sentado o de pie. Solo entonces podría un mexicano decir: «Se ganó mi confianza». Y entonces eras un compadre.

Por eso la amistad mexicana me parecía inusualmente sorprendente y generosa, el amigo elegido, agradecido y aliviado, la amistad a veces más sutil, duradera y profunda que el amor. «Abrazos» es una fórmula de despedida en la mayoría de los mensajes de mis amigos. «Querido» es el saludo frecuente. «Compa», una manera íntima de decir *compañero*.

Siempre he encomiado las virtudes de viajar solo, buscar la ruta solitaria, mantenerse anónimo y meditativo en el zen del camino que se extiende frente a uno, y todavía pienso que el silencio, el exilio y la astucia (las palabras defensivas de James Joyce) son estrategias útiles para cualquier trotamundos, sobre todo uno que quiere escribir.

Pero México está lleno de contradicciones para el visitante. Puedes sentarte en Cancún a beber un mojito y juguetear con un taco en un estado de felicidad absoluta, sin necesitar nada más que un poco de dinero y la sonrisa de un mesero que corre a tu mesa: millones de personas lo hacen. Pero el gringo en una carretera secundaria en su propio coche es otro asunto, y se parece mucho al mexicano en su falta de protección y en sus vulnerabilidades fatales. Reflexionando en Juchitán, tuve que reconocer que nunca habría llegado tan lejos en el país, o penetrado en él tan íntimamente, sin la ayuda de los amigos mexicanos.

En México, al igual que en otros lugares del mundo, la vida en el llano de las serpientes era tan incierta, cada incursión fuera de la seguridad de casa podía volverse dramática y precaria. Una de las crueldades más estrafalarias del país, que se encuentra tanto en su cultura política como en su cultura criminal (y por supuesto ambas se traslapan con frecuencia), eran las desapariciones súbitas. Como me enteré gracias a datos aportados por la organización humanitaria Caminos Oaxaca: Acompañamiento a Migrantes, cientos de migrantes desaparecían en su camino a la frontera; los periodistas más batalladores desaparecían; los cuarenta y tres estudiantes de Ayotzinapa habían desaparecido; casi todos los días desaparecía gente en México: secuestrada, levantada, borrada, y nunca se volvía a saber de ella.

En los días que estuve en carretera recorriendo el Istmo y cavilando sobre este problema, hubo dos grandes manifestaciones, en la Ciudad de México y en Guadalajara, que usaron la desaparición de tres estudiantes de una escuela de cine en Jalisco para llamar la atención sobre lo que llamaban «una epidemia»: la desaparición de muchos otros. Su eslogan era «No son tres, somos todos». Muchísimos, en efecto, basándose en las estadísticas oficiales de la Secretaría de Gobernación de México: seguía sin conocerse el paradero de 15 516 personas de entre trece y veintinueve años. De ese número, los menores de dieciocho años eran más de siete mil. La Oficina en Washington para Asuntos Latinoamericanos, un centro de promoción de los derechos humanos en el continente americano, en 2017 declaró que más de treinta y dos mil personas habían desaparecido en México en la última década. Los mexicanos me decían que, por trágico que fuera enfrentarse a las visibles certezas de un asesinato, para una familia era mucho más difícil lidiar con el angustioso desconcierto de una desaparición.

La mayoría de los mexicanos a los que conocí me decían con apremio: «Cuídate», y muchos entraban en detalles y me decían qué lugares evitar, cómo guardar mi carro por la noche para que no lo desvalijaran o robaran, dónde caminar, cómo observar los protocolos de la vida de pueblo: «Siempre habla con el presidente municipal; preséntate antes de hacerle una sola pregunta a quien sea» (y mientras escribo esto pienso: ¿a algún estadounidense se le ocurre llevar aparte a un mexicano que visita su país para hacerle esas advertencias?). Los mexicanos tenían abundantes razones para ser cínicos en lo político, y a menudo me hacían advertencias sobre los policías, aunque a esas alturas ya había tenido suficientes experiencias con ellos como para ser precavido no nada más con los policías federales bien armados y de lentes oscuros, sino con los barrigones policías locales con los gorros ladeados y con ojos vidriosos de avaricia en un bloqueo de carreteras asomándose a mi carro, acariciándose el bigote y calculando cuánto dinero sería razonable exigir para soltarme.

Policía mexicana: cada vez que veía una patrulla blanca con negro estacionada en el costado de alguna carretera por la que fuera viajando (y eso era una visión frecuente), pasaba en un estado de aprensión, y no cabía en mí de la felicidad cuando confirmaba en el espejo retrovisor que no habían arrancado para ir tras de mí.

Las protecciones naturales que los estadounidenses dan por sentadas son casi desconocidas en México. La mayoría de los mexicanos vivían sin seguridad, y en general por buenas razones; el liderazgo político era poco estimulante. Pensé en la turista mexicana que conocí de casualidad en Monte Albán y que, sacudiendo la cabeza con tristeza, me comentó: «Lamentablemente vivimos en Colima —un pequeño estado en la costa del Pacífico, la ruta de la droga— y cuando viajamos en coche tenemos que ir siempre en caravana, porque las carreteras no son seguras».

Cuando el campesino pobre y estoico me dijo en San Juan Bautista Coixtlahuaca que el significado de la palabra mixteca era «el llano de las serpientes», tuve una imagen perfecta de las contradicciones de la vida mexicana: su gloria, como la serpiente emplumada, Quetzalcóatl, la deidad suprema con forma de dragón, el dios del viento, el fuego y la creación, adorado por los aztecas, y la serpiente como la peligrosa acechadora.

«La deidad prehispánica más importante era Quetzalcóatl», me explicó más adelante mi amigo escritor Diego Olavarría. «Muchos lugares de México tienen a la serpiente en el nombre: Coatzacoalcos, Coatepec. Y Cancún, en maya, significa "nido de serpientes". Aunque nuestro mito fundacional y nuestro escudo indica que las serpientes son fuerzas del mal que necesitan ser devoradas por las virtuosas águilas, la verdad es más complicada. Las águilas planean solas por el cielo, pero nosotros los mexicanos compartimos la tierra con las serpientes».

Me parecía que la inseguridad era un tema dominante en la historia mexicana, y justo por eso la gente les rezaba, pidiendo milagros y salvación, a la virgen de Guadalupe, a San Judas Tadeo, a la Santa Muerte, a Jesús Malverde (el santo de los narcos) y a otros espíritus salvadores. Y justo por eso, de vez en cuando, cuando aparecía de la nada, de manera espectacular, un verdadero salvador para rescatar al país, se lo elevaba. Era la historia de Emiliano Zapata, Pancho Villa, Lázaro Cárdenas: revolucionarios y reformadores, pero, más que eso, protectores de su gente.

Porque los mexicanos, en general, vivían desprotegidos. Conociendo sus vulnerabilidades, hacía tiempo que dejaron de anhelar que a alguien le importara. La lección que había aprendido en México era que, más que casi cualquier otra persona que hubiera conocido en mi vida de viajero, el mexicano era diligente en su autosuficiencia. Esa estrategia de supervivencia los llevaba de sus pueblitos y colonias pobres a cruzar la frontera: a veces para participar de los ideales de la vida americana, pero quizá con más frecuencia para trabajar duro como peones rurales, recolectores de fruta o mucamas en los hoteles, agradecidos por tener trabajo.

La más reciente encarnación de los revolucionarios salvadores, y la más analizada, eran los zapatistas. Desde la primera vez que vi fugazmente en las noticias, en 1994, la figura con pasamontañas del subcomandante Marcos saliendo de la selva Lacandona para aparecerse en San Cristóbal de Las Casas a lomos de un caballo, bajo la bandera del Ejército Zapatista de Liberación Nacional, había querido conocerlo y saber más. Como muchos revolucionarios, algunos lo consideraban una plaga, otros un líder carismático, otros más el salvador y protector que los pobres y los indígenas mexicanos necesitaban. Y era raro: nadie conocía el verdadero nombre del subcomandante Marcos, nadie sabía en qué parte de la selva vivía y nadie le había visto la cara.

Me dirigía a su territorio, al «conversatorio» en San Cristóbal, organizado por su gente, donde podía aparecerse, o no.

Como bólido por la sabana en la carretera recta y plana: esto también era un Camino Real, en las tierras bajas del Istmo de Tehuantepec, húmedo, al nivel del mar, con un viento cálido soplando del noreste. El viento era tan fuerte que sacudía el chasis y empujaba los tráilers delante de mí, volviéndolos inestables y difíciles de rebasar, pues parecían hipopótamos nalgones sobre ruedas, pavoneándose ostentosamente en la carretera. Pero este viento, llamado el tehuano, también tenía su utilidad: yo había pasado por muchos parques eólicos, miles de turbinas como abanicos gigantes, con motores zumbando, bombeando combustible a la red nacional.

La altitud del Camino Real aumentaba radicalmente, desde la costa hasta más de seiscientos metros sobre el nivel del mar. Después de cien o ciento treinta kilómetros del embate del viento y de pastos maltrechos, el camino ascendía y salía del estado de Oaxaca para entrar al de Chiapas accediendo por Arriaga (la cabeza de línea del tren de los migrantes). Sin dejar de subir, el camino llegaba a más de quinientos metros en Tuxtla Gutiérrez. Esa ciudad industrial y comercial de medio millón de habitantes, rodeada de un alto valle, era famosa entre los turistas que viajan en avión, porque para poder llegar a cualquiera de los pueblos más allá de ella en

Chiapas (entre ellos San Cristóbal, y también los turistas que van a Cancún o Mérida), uno de los puertos de ingreso principales era el aeropuerto internacional de Tuxtla Gutiérrez, bautizado en honor de uno de sus héroes locales, Ángel Albino Corzo. Después de una vida de idealismo y sacrificio, se dirigía a su natal Chiapa (hoy Chiapa de Corzo), como a quince kilómetros de Tuxtla Gutiérrez, para un merecido retiro, y lo asesinaron.

Mi interés en Tuxtla Gutiérrez se relacionaba con los zapatistas. Tras su surgimiento en San Cristóbal en 1994 y el enfrentamiento con la policía y tropas federales, el gobierno mexicano propuso una solución en forma de un pacto de paz, los Acuerdos de San Andrés, de ese mismo año. Pero resultaron ser una artimaña, y cuando unos años después el gobierno los incumplió, más de diez mil manifestantes inundaron las calles de Tuxtla para exigir reformas y elecciones. Un político y activista tuxtleco, Rubicel Ruiz Gamboa, era partidario de los zapatistas, paladín de los derechos indígenas, promotor de la reforma agraria y líder de la Central Campesina Independiente. En 1998, mientras se dirigía a su casa en Tuxtla, un carro se emparejó con el suyo y dos hombres acribillaron su carro a balazos y lo mataron. Los mexicanos, como los estadounidenses, tienen la costumbre de asesinar a sus benefactores (a Emiliano Zapata lo asesinaron en 1919).

Se creía que el asesinato de Ruiz había sido una táctica para sabotear cualquier renovación de las pláticas de paz entre los zapatistas y el gobierno. Los Acuerdos de San Andrés siguen en un limbo legal: el gobierno no los pone en práctica y los zapatistas se mofan de ellos, otro ejemplo de la estrategia de inacción del gobierno mexicano, la teoría política de no hacer nada, bajo la premisa de que los seres humanos tienden a olvidar… premisa perversa, ya que a mí México me parecía una nación dividida por una memoria fotográfica.

Por los grafitis en los muros y en las paredes de roca de Tuxtla a San Cristóbal era evidente que nadie había olvidado los abusos del gobierno o el fervor revolucionario de los zapatistas, próximos a celebrar su cuarto de siglo de dominio en Chiapas, sin haberse quitado los pasamontañas.

Un rasgo impresionante de la orilla este de Tuxtla era un gran desfiladero profundo, el Cañón del Sumidero, sobre el cauce del río Grijalva, cerca de donde asesinaron a Corzo y no lejos de donde mataron a balazos a Rubicel Ruiz Gamboa. Como muchos otros sitios con una historia de caos, era engañosamente hermoso. En ese día encantador, los pájaros trinaban en los árboles y los halcones daban vueltas en el cielo; árboles frondosos y pendientes arboladas cubrían la sierra. No había pueblos, y prácticamente no había casas en la autopista que circunvalaba el viejo Camino Real de los frailes que serpenteaba por las montañas. A menos de una hora de Tuxtla, estaba yo en la orilla de un valle profundo, mirando hacia un apretado grupo de casitas en lo más bajo, y poco después manejaba sobre las calles adoquinadas, por donde solo pasaba un carro, de San Cristóbal de Las Casas.

Después de los treinta y dos grados de temperatura en la costa, fue un alivio experimentar las alturas neblinosas y las nubes cargadas de lluvia de San Cristóbal. En la década de 1940, en el invierno, esta ciudad alcanzaba por la noche temperaturas bajo cero, y a veces nevaba. La ciudad que a Graham Greene le resultó intolerable y primitiva («Quiero irme de este maldito país»), ahora era bulliciosa y elegante, con tiendas de curiosidades y boutiques... o eso parecía.

Oventic: resistir es existir

A primera vista, San Cristóbal de Las Casas parece una ciudad de turistas en busca de los restaurantes, la arquitectura eclesiástica, el enorme mercado laberíntico y las artesanías (chales tejidos, joyería hecha con ámbar de la zona, bordados, objetos de laca, artículos de piel) o que toman un camión para ir a las ruinas de Palenque. Algunos son representantes del zapaturismo: les atrae la ciudad que vio el surgimiento de los zapatistas y quieren las cachuchas y playeras indicadas. Visto más de cerca queda claro que los turistas son *flâneurs* (paseantes, diría un lugareño) y que es una ciudad poblada principalmente por mexicanos de los muchos grupos lingüísticos mayas, en esta región el tzotzil y el tzetzal, que susurran en su idioma. Aún más de cerca, yendo a pie por las afueras, jadeante por la altitud, ves que es gente sin vivienda digna, con pocos servicios sociales, pobre e indígena en su mayoría.

Son la gente fuerte y robusta pero anónima de la que habla Theo Barker en *The Long March of Everyman* [La larga marcha del hombre cualquiera], descendientes de los pueblos indígenas de antes de la Conquista. En las sociedades azteca, zapoteca o nahua, eran los peones y campesinos. Estaban lejos de los dirigentes, los *tlatoani*, las sociedades secretas de los guerreros águila y jaguar, la elegante nobleza, las distintas categorías de sacerdotes y sacerdotisas, privilegiados todos ellos.

En la sociedad nahua eran los macehuales, plebeyos indígenas cuyos cultivos proporcionaban a la elite maíz, frijol, calabaza, tomates, papas, zarzaparrilla y las vainas de las que obtenían el *xocolatl*. Criaban guajolotes y cosechaban brotes de cactus, hierbas medicinales y girasol, planta originaria de México, y que los aztecas llamaban *chimalxochitl*, la flor escudo, porque parecía un arma defensiva.

Por varios siglos, los historiadores pasaron por alto al agricultor, pobre y sin privilegios. La excepción fue Jacques Soustelle, el antropólogo y gran experto en culturas precolombinas que, en la introducción de *La vida cotidiana de los aztecas en vísperas de la Conquista*, escribió que era necesario hablar de él, «porque después del desastre de 1521 [la Conquista] y después de la destrucción total de las fuerzas y de las ideas, de las estructuras sociales y de las religiones, solo él sobrevivió y sobrevive todavía».

Eso fue escrito en 1955 y sigue siendo cierto. «Sí, lo hablamos [el zapoteco] todo el tiempo. ¡Es nuestro lenguaje secreto!», me dijo el mezcalero Crispín García en San Dionisio, riendo, insinuando que había vidas e historias secretas. Lo mismo oí de los zapotecos en San Baltazar Guelavila y otras partes. En Chiapas viven un millón de indígenas, en su mayoría relacionados con los mayas; representan un tercio de la población; tienen doce grupos lingüísticos y conversan con las mismas palabras que han usado por mil años; para muchos, el español es una segunda lengua, y algunos no lo hablan. Una tercera parte de los niños indígenas no ven nunca un salón de clases, las instalaciones sanitarias escasean y el ingreso per cápita de Chiapas es el mismo que el de Kenia.

«Con la paciencia muda de la hormiga», como dice Alfonso Reyes en su poema «Yerbas del tarahumara», los llamados indios han vivido periodos de rebelión desde los días de la Conquista española, pero siempre han sido marginados o sometidos a base de golpes. El nombre de la ciudad de San Cristóbal de Las Casas conmemora al hombre que denunció la esclavitud y opresión de los indios, el fraile español del siglo XVI (y obispo de Chiapas) Bartolomé de Las Casas. Las seis novelas de la selva de B. Traven, sobre todo *La rebelión de los ahorcados* y *Un general de la selva*, son una dramatización, ubicada en los años de la Revolución mexicana, del malestar, de la servidumbre por deudas y del trabajo forzado en Chiapas, donde Traven pasó muchos meses, en la década de 1920, viviendo entre leñadores y campesinos, y la gente indígena a la que defendió (y hasta cierto punto romantizó) en su obra. Su novela *La rosa blanca* describe la eterna lucha mexicana entre el indio, que tiene un sentimiento espiritual por la tierra, y los rapaces intereses empresariales (en este caso estadounidenses) que explotan la tierra para hacerse ricos y convertirse en caciques. Cuando Traven murió, en 1969, su viuda esparció sus cenizas desde un avión sobre la Selva Lacandona. Parece como si el movimiento zapatista se hubiera levantado de las cenizas del esquivo escritor revolucionario.

En mi trayecto en auto de Juchitán a esta ciudad en las montañas del sureste mexicano había reflexionado sobre la idea de que la mayoría de los mexicanos están desprotegidos en lo que respecta a su vida y a su trabajo y tratan por todos los medios de crear estrategias para conjurar los peligros que enfrentan. En este aspecto, nadie es más vulnerable o está más explotado que el indio mexicano, y el reconocimiento de esta vulnerabilidad yace en el centro del movimiento zapatista, que se originó en la demanda de dignidad y justicia para el pueblo indígena de Chiapas. También he mencionado cuán importante es, para la seguridad y la comprensión de un viajero solitario en México, sobre todo un gringo en su carro, tener amigos mexicanos. Después de mi periodo como maestro en la Ciudad de México, y de haberme ganado el respeto de los estudiantes, tenía veinticuatro buenos amigos con los que ahora me comunicaba con cierta regularidad. Su saludo característico era: «¿En qué lo podemos ayudar, don Pablo?».

Mi amigo el escritor Juan Villoro se las había arreglado para conseguirme una invitación para asistir al conversatorio secreto organizado por los zapatistas. Había acordado encontrarme con Juan en cierto parador en una de esas angostas calles de San Cristóbal.

Meses antes, en la colonia Roma, cenando carraca (mandíbula de cerdo), Juan había desviado mis preguntas sobre su vida y obra y me habló de su padre, Luis, un filósofo. Este exiliado español, con un interés académico en los matices de las lenguas mayenses, había viajado mucho por Chiapas y fue un observador cercano de sus pueblos indígenas. En 1950 publicó su libro fundamental acerca de la creciente conciencia sobre la gente indígena, *Los grandes momentos del indigenismo en México*.

Ahora, en San Cristóbal, Juan fue un poco más franco. En los últimos años que Luis Villoro dio clases en la Universidad Autónoma Metropolitana (UAM), un colega suyo de veintitantos años, profesor en la División de Ciencias y Artes para el Diseño, era un sociólogo muy inteligente nacido en 1957 en Tampico, Tamaulipas. De joven había estudiado con los jesuitas en el Instituto Cultural Tampico. Se llamaba Rafael Sebastián Guillén Vicente. El campus de la UAM en Xochimilco tenía fama de radical y estaba al frente de varias manifestaciones. Un estudiante de aquellos tiempos (la década de 1980), Ilan Stavans (que más adelante escribió *La condición hispánica* y muchos otros libros), cinco años menor que Guillén, describía a este agitador como alguien «brillante y articulado», con una «inteligencia filosa y una verbosidad contagiosa».

Este joven profesor, Rafael Guillén, fue el hombre que entró a la Selva Lacandona en 1984 y salió diez años después con un pasamontañas, a caballo, con el *nom de guerre* de subcomandante Marcos, líder de los zapatistas, dirigente de un ejército de miles, a declarar su rebelión desde los balcones de los edificios municipales y, para llamar la atención de la República Mexicana, ocupar siete ciudades. La mayor de las ciudades ocupadas era San Cristóbal.

—Mi padre era amigo y consejero de los zapatistas —me confió Juan—. Era cercano a Marcos y compartía muchas de sus ideas.

De algún modo he asumido esa responsabilidad, por eso estoy aquí.

—¿Qué pensaban de tu padre los zapatistas?

—Lo admiraban, leían sus libros. Y él era un apasionado de su rebelión. Imagínate, pidió ser enterrado en una de las comunidades zapatistas importantes, Oventic. Está debajo de un árbol especial de allá; no me sé su nombre en inglés, pero es un árbol raro. Le decimos *zotzte*.

—¿Dónde está Oventic, en la selva?

—No, en la orilla de un valle en las montañas, un lugar precioso. Pero es uno de esos caracoles zapatistas a los que no se puede entrar.

Sonreí porque había visto la palabra *caracol* en los menús, y te puedes topar con uno picado en tu sabroso ceviche. Le pedí a Juan que me lo aclarara.

—Es el nombre zapatista para una comunidad o asentamiento. Es un bonito nombre, creo. Se identifican con el lento y decidido caracol.

—¿Qué tan lejos está Oventic?

—A un par de horas manejando, y la carretera está en buenas condiciones.

—Tengo carro.

—¡Querido Pablo, el viajero! —exclamó—. La parte peliaguda es que los extranjeros, los no zapatistas, no son bienvenidos —se quedó pensando unos momentos—. Pero puedes decir que vas a visitar la tumba de mi padre y presentar tus respetos. Eso significará algo para ellos. Llamaré al comandante que está al frente allí, el compañero David. Lo conozco. Hagamos el intento.

—Háblame del conversatorio.

Se trataba de una reunión clandestina del EZLN que duraría varios días, según me explicó Juan, abierta a simpatizantes zapatistas y delegados aprobados, con el tema «Miradas, escuchas, palabras: ¿prohibido pensar?». El sitio elegido para la reunión era una universidad zapatista: CIDECI-UniTierra, locación vallada en una colonia pequeña y maltrecha, irónicamente llamada Nueva Maravilla, en el borde norte de San Cristóbal. CIDECI eran las siglas de Centro Indígena de Capacitación Integral. Era de hecho una universidad con un plan de estudios de educación alternativa, con cursos que iban de agricultura práctica a teoría política, un sitio construido y financiado por los zapatistas, adonde iban a estudiar los jóvenes que se graduaban de las preparatorias de los caracoles. Había varios caracoles y municipios autónomos rebeldes zapatistas en todo Chiapas.

—Me hace mucha ilusión el encuentro zapatista.

—Qué bueno. Te anoté como orador.

Eso me desconcertó un poco.

—¿Sobre qué tema?

—Cualquiera del que tú quieras hablar.

—¿Marcos estará ahí?

—Recientemente adoptó otro *nom de guerre*, Galeano. Y nunca nadie conoce sus movimientos —aclaró Juan—. Pero habrá algunos otros escritores mexicanos, ¡y tú y yo estaremos ahí!

Eso era otro rasgo de la vida mexicana, resultado de la carestía y de la necesidad de aprovechar las oportunidades según se van presentando: espontaneidad e improvisación. Hice una excursión a San Cristóbal para asistir a una conferencia zapatista, donde daba por sentado que sería parte del público, y ahora me enteraba de que sería orador.

Y más espontaneidad: al día siguiente Juan obtuvo del comandante con el que tenía contacto el permiso para que yo visitara el caracol de Oventic.

Rumbo a Oventic hice una parada en la localidad de Chamula, famoso por sus extrañas prácticas religiosas. El interior de la iglesia de San Juan Bautista estaba en llamas. Había fieles acuclillados en el suelo acomodando velas, cincuenta o cien, en una disposición simétrica, para luego encenderlas, beber Coca-Cola, soltar unos eructos rituales (se creía que eructar era saludable) y salpicar libaciones de Coca en el piso, cubierto de arena.

No había bancos, no había sacerdotes, no había misa ni oficios religiosos formales. Era una reunión de curanderos y de gente que deseaba ser curada. Mientras tanto, otros grupos solemnes salmodiaban, pasaban huevos de gallina por la cara y el cuerpo de peregrinos piadosos para hacerles una limpia o purificación, o sostenían un pollo graznando cerca de un devoto arrodillado, para unos momentos después retorcerle el pescuezo al pollo y colocar su cadáver suave y mustio junto a las velas.

Mientras miraba todo esto, se me acercó un hombre con una botella y un vaso en la mano. Dijo «mezcal» y me sirvió un trago. Me lo tomé, parpadeé para ahuyentar el momentáneo enceguecimiento, le agradecí y seguí mirando.

Era una fusión de tradiciones prehispánicas y dogma cristiano; el resultado era un oficio con numerosas velas, pollos estrangulados y refresco (pero las ovejas son sagradas; nunca les hacen daño ni se las comen: el pueblo de Chamula está lleno de ovejas pastando). Se añadía a estos rituales una oportunidad de retribución, porque si el santo elegido no concedía el deseo del suplicante, la deidad podría recibir un castigo, tal como los zapotecos y los mayas castigaban a sus dioses y santos dándoles de latigazos a sus imágenes. En esta iglesia, las estatuas de santos, ceremonialmente cubiertas, podían ser despojadas de su túnica si la plegaria no era atendida.

Muy lejano a estas creencias fantásticas, y un antídoto sensato, estaba en las montañas. Pasando los pueblos de Shanate y Callejón, San Andrés Larráinzar (un pueblo grande) y Talanquita (un pueblito), estaba el caracol zapatista de Oventic, detrás de un imponente portón de acero cerrado con muchos candados y cadenas. De espaldas al mundo material, era un bastión de racionalidad y rebeldía, donde el visitante casual se topaba con grandes letreros que justamente *no* le daban la bienvenida, con variaciones de «Váyase» y «No pasar» escritas en letras mayúsculas rojas y negras.

Estaba en los fríos y arbolados Altos de Chiapas, con ranchitos donde unos taladores despejaban las laderas para plantarlas y apilaban los troncos, que después se convertirían en leña o material de construcción. Había profundos valles terraplenados para hacer jardines; se veían oscuros y fértiles, irrigados por arroyos alimentados por los velos de novia de las cascadas. Armados con su hacha, los taladores escardaban y labraban a mano esas tierras; tales labores físicas les daban a los trabajadores apariencia de propietarios («La tierra es de quien la trabaja con sus manos», lema de

Emiliano Zapata). Era como el México rural de otra era. Las frondosas colinas y las escabrosas montañas no eran como nada que hasta ese momento hubiera visto en México, pero sí se parecían al paisaje que recordaba de mucho tiempo atrás en Guatemala, no lejos de ahí.

La comunidad de Oventic era una serie de calles pavimentadas con construcciones de madera pintadas con murales: en uno se veía el rostro de Zapata, en otro una mujer con pasamontañas, de grandes ojos dulces, pero con expresión desafiante. Cerca del portón, el letrero PARA TODOS TODO, NADA PARA NOSOTROS.

El camino por el que había llegado estaba vacío: nada de turistas, viajeros, forasteros; era una calle secundaria que, de haberme quedado en ella otras tres horas, me habría llevado a la ciudad de Teapa, en Tabasco, que estaba en la nada. En las calles de Oventic que podía ver detrás del portón no existía ni un vehículo y, cuando llamé, ningún ser humano apareció para responder. Al oír mi voz, un perro acostado a la sombra de una veranda se estiró y movió la cola. Entre los letreros de «No pasar» había otro aún más imponente: ESTÁ USTED EN TERRITORIO ZAPATISTA EN REBELDÍA. AQUÍ MANDA EL PUEBLO Y EL GOBIERNO OBEDECE, junto con el acrónimo MARZ, por Municipio Autónomo Rebelde Zapatista.

—¡Hola! —grité de nuevo, y esperé.

Al cabo de unos minutos dos hombres zapatistas con pasamontañas negros salieron de la veranda de una construcción un poco lejos de ahí y avanzaron lenta y pesadamente hacia donde yo estaba. Frente a mí, del otro lado del portón de hierro y sin saludar, uno, que llevaba una tablilla sujetapapeles, me preguntó:

—¿Quién es usted?

Buscándole los ojos en las rendijas de la máscara le di mi nombre y añadí:

—Vine a visitar la tumba de Luis Villoro y a saludar.

Me pasó la tablilla entre los barrotes y dijo:

—Anote su nombre.

Lo hice. Los dos hombres se dijeron algo y caminaron de regreso a la construcción a varios pasos de ahí.

Esperé en el portón al rayo del sol; una suave brisa refrescaba y levantaba las hojas de las gruesas ramas de árboles cercanos. Alcanzaba a ver el valle y más allá, otra sierra, azulosa bajo un cielo despejado. Fuera del débil canto de los pájaros y el revoloteo de hojas, no había ningún ruido. Parado frente a la puerta cerrada, yo no llamaba la atención, pues no había nadie ahí para observarme.

Era un sitio histórico, un caracol al que se le había puesto el nombre de Resistencia y Rebeldía por la Humanidad. En 1996, dos años después de que los zapatistas salieran de la selva, hubo en ese lugar un acto, el Primer Encuentro Internacional por la Humanidad y contra el Neoliberalismo. Asistieron miles de personas de más de cuarenta países.

«Detrás de nosotros estamos ustedes», dijo Marcos en esa ocasión. «Detrás de nuestros pasamontañas está el rostro de todas las mujeres excluidas. De todos los indígenas olvidados. De todos los homosexuales perseguidos. De todos los jóvenes despreciados. De todos los migrantes golpeados. De todos los presos por su palabra y pensamiento. De todos los trabajadores humillados. De todos los muertos de olvido. De todos los hombres y mujeres simples y ordinarios que no cuentan, que no son vistos, que no son nombrados, que no tienen mañana». Y cerraba así: «Hoy, miles de pequeños mundos de los cinco continentes ensayan un principio aquí, en las montañas del sureste mexicano. El principio de la construcción de un mundo nuevo y bueno, es decir, un mundo donde quepan todos los mundos».

Ahora, al cabo de diez minutos, los hombres venían de vuelta. Fueron a un costado y abrieron una puerta más pequeña, con un escalón, y pasé al asentamiento independiente y secreto de Oventic. Sin decir nada, los dos hombres caminaron lento hacia una construcción con alegres pinturas de aves, arco iris y bailarines mexicanos en el exterior, e inhóspito y raído en el interior. Era la antesala de una oficina.

Uno de mis hombres enmascarados tocó suavemente una puerta, y cuando se entreabrió vi el rostro apartado de un hombre. No entendía los susurros, probablemente en tzotzil; luego se cerró la puerta. Pasaron más minutos hasta que un hombre salió del cuarto: quizá el mismo hombre, pero tenía una pañoleta tapándole la parte inferior del rostro, como un forajido en una vieja película de cowboys.

—¿Quiere ver la tumba? —preguntó el hombre de pasamontañas con una voz dulce que no casaba con la intimidatoria prenda.

—Sí, gracias.

Me condujo afuera a un angosto sendero que descendía a una arboleda. Íbamos andando cuando dos mujeres empezaron a seguirnos. También ellas llevaban pasamontañas; esos gorros negros tejidos que tapan todo el rostro eran los preferidos de los zapatistas. Llevaban los brazos cruzados.

—Ninguna foto de gente —ordenó el hombre de la pañoleta.

—¿Y estas casas pintadas tan bonitas?

—Sí, de esas sí puede tomar fotos.

En el costado de la casa, un par de ojos de largas pestañas mirando fijamente, enmarcados por una máscara; una mazorca de maíz erguida, y en la punta una cabeza cubierta; un estandarte con las palabras SOMOS RAÍZ, en alusión al hecho de que en los mitos de la creación de los pueblos indígenas de aquí y de otras partes de México la mazorca es fundamental. En otro muro blanco exterior, el contorno de un mapa de África con un poema que empieza: «Le rêve d'un monde / Immense et en eau profonde, / O les mensonges immondes / Qu'on diffuse sur les ondes», y las iniciales J. K. K., un trozo poético que parecía obra de algún estudiante novel en un curso de escritura creativa: «El sueño de un mundo / inmenso y unas aguas profundas / donde las mentiras inmundas / se dispersan en las olas». Mucho después me enteré de que J. K. K. eran las iniciales de Joseph Kokou Koffigoh, un político togolés que había sido primer ministro de Togo por tres años en la década de 1990. Desplazado del poder, creyó poseer un don lírico, y tal vez había estado presente ahí veinte años antes, en el Primer Encuentro Internacional por la Humanidad y contra el Neoliberalismo.

Otro mural, «Vivan las luchas de los kurdos y los zapatistas», dejaba sentada la solidaridad con los kurdos, medio orientales de bigote y kuffiya bailando en torno a una fogata con mujeres zapatistas.

Otro: montañas escarpadas con ojos de mujeres asomándose por debajo de sus cumbres y el mensaje: «Somos la tierra creciendo la autonomía».

Un enorme eslogan con letras negras en el costado de una gran construcción decía: «Oventic Sakamchen Territorio Libre», flanqueado por figuras con pasamontañas. Cerca, un retrato del Che Guevara y una serie de puños levantados a un lado de una paloma de la paz aleteando.

Y más: mujeres con pañoletas en la cara, zapatistas con rifles, Zapata mismo con aspecto bondadoso bajo el ala de su amplio sombrero y otro retrato icónico de su rostro con ojos feroces, blandiendo un rifle, y otro más en una puerta, con el sombrero quitado y cartucheras entrecruzadas en el pecho. Todo el pueblo estaba pintado con luminosos colores primarios: caracoles, arco iris, niños bonitos; algunos representaban a hombres bailando a lo largo de todo un muro, con la calidad circense de Fernand Léger o la ingravidez fantasiosa, las formas similares a juguetes y las figuras flotantes de Marc Chagall, sobre todo en sus colores acuáticos.

Parecía que Oventic también tenía oficinas administrativas para otros municipios autónomos de las inmediaciones, y sus exteriores tenían pinturas radiantes. Fuera de los retratos de Zapata, todos los rostros estaban tapados, hasta el de la mujer representada en el muro frontal de la Oficina de Mujeres por la Dignidad. Con una flor en una mano levantada, sujetando un rifle en la otra, llevaba un bebé a la espalda; la criatura misma tenía la cara cubierta. En un muro vívido se mostraba un gran caracol de color café y con máscara. Era un pueblo no de rostros sino de pasamontañas de lana.

Las pinturas eran preciosas. No eran los indignados murales narrativos de Rivera o Siqueiros, sino decorativos y alegres, con rifles como de juguete, animales contentos, cenefas de flores.

El enmascarado hombre me llevó a la tumba, bajo un árbol, con una cerca de hierro, supongo que para que no se acercaran las ovejas o las vacas.

—Un árbol especial —dije, porque era lo que Juan me había dicho a mí.

—Es un *zotzte* —respondió el hombre.

—¿Cómo se llama en lenguaje mexicano? —pregunté.

—Solo conozco su nombre tzotzil. No conozco ningún otro nombre.

Era un liquidámbar, con hojas rojizas con forma de estrella y ramas expansivas, prolífico en el Sur profundo, según averigüé más adelante.

El poste de concreto que señalaba la tumba tenía estas palabras: «Compañero y filósofo don Luis Villoro Toranzo, 1922-2014. ¡Tu ejemplo siempre vivirá!».

Escribí esto en mi cuaderno, observado por el delgado hombre y las dos mujeres con pasamontañas, que seguían con los brazos cruzados en actitud impaciente.

—¿Puedo ver más de Oventic?

—Si lo desea —contestó el hombre.

Haciendo unos gestos indecisos, empecé a decir:

—¿Se extiende…?

Me interrumpió para decir:

—Es todo lo que puede ver —y su gesto, más expansivo, abarcó todo el valle, las laderas más allá y la sierra a lo lejos. Luego se exasperó y, señalando a la más robusta de las mujeres me dijo—: Vaya con ella —y le dio una orden.

Mientras ella iba delante, le hice una pregunta. Quería saber cuánta gente vivía ahí.

—No hablo español —masculló en español.

Caminamos en silencio de una construcción a otra, de mural en mural, y fuimos cuesta abajo, adonde se levantaban construcciones más grandes, cuyos muros, más anchos, permitían murales más ambiciosos. Hasta las tiendas de comestibles estaban pintadas, una con caracoles y otra (Tienda la Resistencia) con guerrillas zapatistas. Pasamos por un auditorio, una estructura amplia, de techo plano, tan grande como el gimnasio de una escuela. Filas de bancas sencillas, cientos, ocupaban todo el suelo. Era un solo cuarto, pero cavernoso, y la cantidad de bancas indicaba que podía caber ahí toda la comunidad de Oventic. Esos duros asientos inspiraron en mí dos pensamientos contrarios: la posibilidad de una democracia del pueblo, como un concejo municipal de vecinos en Nueva Inglaterra, y la idea deprimente de gente teniendo que quedarse horas sentada soplándose discursos de teoría política. Esa sala quizá representaba una mezcla de ambos.

Más abajo vi una terraza con una cancha de basquetbol y lo que evidentemente eran unas escuelas, pues en la periferia del patio, cubierta de pasto, había niños y niñas, ninguno con pasamontañas, sentados en grupos o despatarrados, platicando entre ellos. Era la hora de descanso de los ciento y tantos estudiantes, todos bien arreglados, que sonrieron al verme pero apenas si me saludaron. No mostraban nada del entusiasmo, los gritos y los pitorreos que había visto en colegiales de otros pueblos en México. Esa reserva les hacía parecer más atentos, y la intensidad de sus miradas indicaba inteligencia.

Dije: «Hola», y dijeron: «Hola» de regreso, pero ninguno estaba dispuesto a mantener una conversación con el gringo. Habría sido detestable de mi parte importunarlos en su recreo, y el aura que rodeaba sus susurros y su reposo era tranquila: nada de música, nada de gritos, nada de pleitos: una gran calma, tan extraña y sin embargo tan bienvenida en un patio de recreo.

En contraste con su formalidad y control, un eslogan del muro de la escuela exhortaba: RESISTIR ES EXISTIR.

Rodeando la escuela, el pueblo propiamente dicho se extendía en calles laterales y callejones: pequeñas cabañas de madera y casitas modestas, la mayoría con hortalizas colindantes. Adentrándose más en el valle, los jardines comunales estaban bien cuidados y tupidos. Otro inmueble albergaba una clínica de salud.

La mujer con pasamontañas caminaba fatigosamente frente a mí, guiándome en silencio; se detenía cuando yo me detenía, se movía cuando yo reanudaba la marcha.

Nunca había estado en un lugar así, una comunidad que era una especie de santuario, construcciones hechas de tablones de madera con pinturas elaboradas, silencioso salvo por el canto de los pájaros. No vi máquinas, vehículos motorizados, nada que fuera nuevo. La sencillez me impresionó. La ausencia de modernidad lo hacía parecer dulce y serio: una comunidad levantada a mano, casas hechas por carpinteros, muros pintados con muchos colores y, a diferencia del otro México, ninguna señal de productos o influencia de los Estados Unidos, una total indiferencia hacia el norte.

Tuve la libertad de ir adonde quisiera en Oventic: los jardines, la granja de pollos, la cancha de basquetbol, y hasta pude comprar en una de las tiendas un pasamontañas zapatista tejido a mano, pero me fue imposible entablar conversación con nadie.

Tras mi recorrido por el lugar, empecé a subir la colina. Al pasar por otra construcción profusamente pintada, vi a dos hombres sentados en el porche y por sus camisas reconocí que eran los que me habían dejado pasar («Anote su nombre»). Pero ya no llevaban pasamontañas. Me detuve a saludar.

—Ya no traen máscaras —dije.

Se encogieron de hombros. Aunque era un lugar pintado de colores brillantes y vivos eslóganes, esos colores y esos eslóganes tenían que bastar como explicación. Para el visitante era una atmósfera nada mexicana, casi como de claustro: sin cháchara o conversaciones intrascendentes: el clima contenido y sereno de un ashram.

—Pero antes las traían.

La respuesta a esta observación fue el silencio, así que pregunté:

—¿Por qué?

—Por seguridad —respondió uno de los hombres.

Les di las gracias y me alejé, contento de estar ahí, de haber podido asomarme a un importante caracol zapatista. Era una comunidad en resistencia, y a mi pregunta: «¿Cómo puede protegerse el pueblo mexicano de los delincuentes, de la policía deshonesta y del gobierno corrupto?», la respuesta era: en un bastión zapatista como Oventic y los treinta y siete municipios autónomos rebeldes a lo largo de Chiapas.

Los zapatistas

La rebelión, que ya cumplía treinta y cinco años, había tenido unos inicios modestos en forma de diálogo, pláticas, preparativos en pueblos de la selva, un listado de los agravios. Luego vino el entrenamiento de soldados, la organización de comunidades, la búsqueda de afinidades y de unidad. Años de preparación en las profundidades de poblados recónditos en los bosques de niebla de la Selva Lacandona. No era el Che Guevara entrando con sus hombres en Katanga, enardeciendo a los reacios luba y abriendo fuego contra las tropas congoleñas y los mercenarios blancos... y fallando estrepitosamente. En Chiapas el instigador era un académico con habilidad para escribir parábolas, integrante de una delegación, que impartía seminarios sobre las tácticas de la rebelión; eso ocurrió de manera pacífica a lo largo de una década.

«Durante diez años nos preparamos para esos primeros minutos del año 1994», escribió el subcomandante Marcos, el rebelde estudioso, en su introducción a *El fuego y la palabra*, de Gloria Muñoz Ramírez, una pormenorizada historia del movimiento zapatista. Y Marcos había conocido a gente receptiva: años antes de que los zapatistas entraran en la selva, los campesinos de Chiapas se opusieron abiertamente a ser despreciados por el gobierno y explotados por los intereses mineros y madereros. «Cuando llega a nuestros pueblos el Ejército Zapatista, allá por 1984, 1985, nosotros de por sí ya habíamos probado otras luchas pacíficas —relata el comandante Abraham en el libro de Ramírez—. La gente ya estaba protestando contra el gobierno».

«Los movimientos que producen revoluciones en el mundo nacen de los sueños y visiones en el corazón de un campesino en la ladera —escribe Joyce en el *Ulises*—. Para ellos la tierra no es un terreno explotable sino la madre viva».

Los primeros zapatistas en penetrar en la Selva Lacandona con propósitos rebeldes, a fines de 1983, fueron seis hombres y mujeres indígenas de Chiapas, que acampaban bajo los árboles y en praderas de montaña, apartados de los pueblos tradicionales, y a su pequeño grupo lo llamaron Ejército Zapatista de Liberación Nacional, el EZLN. Un año después se les unieron otros mexicanos de ideas afines, entre ellos Rafael Guillén, quien al rusticarse cambió de identidad y adoptó el *nom de guerre* de subcomandante Marcos. «Sub» porque entendía que él tomaba órdenes de los comandantes indígenas que le antecedieron.

Esos hombres y mujeres circulaban entre los pueblos haciéndose amigos de los campesinos, instruyendo y armando a los agricultores y taladores, que a su vez les enseñaron la lengua tzotzil y los familiarizaron con sus creencias. Un principio tzotzil fundamental afirmaba la armonía con el mundo natural y sostenía que los árboles y los arbustos tienen alma y todo ser humano tiene dos almas. Un alma está en el cuerpo y la otra reside en otra parte, en un animal: un tlacuache, un mono, un jaguar, un murciélago (*tzotzil* se deriva del término maya para referirse a un *murciélago*), el animal o criatura protectora, un espíritu o fuerza acompañante. En el pacífico reino de Lacandona, los tzotziles no podían hacerle daño a un animal sin hacerse daño a sí mismos.

Poco a poco los zapatistas ganaron adeptos y empezó a formarse un ejército. Pasaron diez años y comenzó el drama de la confrontación. Con la guía de Marcos, el Ejército Zapatista entró desfilando a San Cristóbal, lo que electrizó al país y precipitó la violencia: el asesinato de soldados zapatistas a manos del ejército mexicano, y más adelante la masacre de civiles, sobre todo mujeres y niños, en un lugar llamado Acteal. En 2001, provocado por la intransigencia del gobierno mexicano frente a un acuerdo de paz, Marcos llevó a su enmascarado ejército al norte, en una marcha de más de tres mil kilómetros que pasó por las principales ciudades del país y terminó en el Zócalo de la Ciudad de México, donde, ovacionado por una multitud de cientos de miles de personas, levantó el puño y dio un discurso enardecedor.

«Aquí estamos. Aquí estamos como rebelde color de la tierra que grita: ¡democracia!, ¡libertad!, ¡justicia! —declamó—. Dicen allá arriba que este es el final de un temblor. [...] Dicen que somos pocos, que débiles nos estamos. Que no somos más que una foto, una anécdota, un espectáculo [...]. Allá arriba saben pero no quieren decirlo: no habrá ya olvido y no será la derrota la corona para el color de la tierra».

Lo que no sabían quienes los recibieron en el Zócalo era que esa llegada triunfal había necesitado diecisiete años de preparación. Solo después de tres años de soportar los rigores de la selva lluviosa, los insectos, el lodo y las incomodidades se invitó a los zapatistas a entrar en un pueblo indígena: un ejemplo vívido de cuánto tiempo toma ganarse la confianza. No fue sino hasta 1989 cuando se reclutó un ejército, un grupo básico de mil trescientos soldados, hombres y mujeres. Cuando el gobierno mexicano comenzó a privatizar las parcelas tradicionalmente comunales de tierra agrícola (los ejidos), los pueblos indígenas, sin tierras y con hambre, empezaron a acudir al movimiento zapatista en busca de ayuda. En 1993 la cantidad de soldados del EZLN ascendía a cerca de tres mil, y el alto mando aprobó una ofensiva militar y decidieron salir a la luz.

La fecha en que los zapatistas se pronunciaron era significativa: el 1 de enero de 1994 entraba en vigor el Tratado de Libre Comercio de América del Norte. Los zapatistas (y muchos otros) consideraban que el TLCAN era explotador y desastroso para los pequeños agricultores de todo México. En la mañana de su aparición en San Cristóbal, Marcos les dijo a algunos turistas: «Disculpen las molestias, esto es una revolución». Más adelante aclaró que era una rebelión, no una revolución. «No hay ya el "ustedes" y el "nosotros" —decía y repetía— porque todos somos ya el color que somos de la tierra».

El levantamiento armado conmocionó al país, con mayor razón porque ocuparon siete ciudades, entre ellas San Cristóbal y Ocosingo, y cientos de ranchos. Desde el balcón central del Palacio Municipal de San Cristóbal, el comandante Felipe leyó la Primera Declaración de la Selva Lacandona:

«Somos producto de quinientos años de luchas: primero contra la esclavitud, en la guerra de Independencia contra España encabezada por los insurgentes, después por evitar ser absorbidos por el expansionismo norteamericano, luego por promulgar nuestra Constitución y expulsar al Imperio francés de nuestro suelo; después la dictadura porfirista nos negó la aplicación justa de las Leyes de Reforma y el pueblo se rebeló formando sus propios líderes. Surgieron Villa y Zapata, hombres pobres como nosotros, a los que se nos ha negado la preparación más elemental para así poder utilizarnos como carne de cañón y saquear las riquezas de nuestra patria sin importarles que estemos muriendo de hambre y enfermedades curables, sin importarles que no tengamos nada, absolutamente nada, ni un techo digno, ni tierra, ni trabajo, ni salud, ni alimentación, ni educación, sin tener derecho a elegir libre y democráticamente a nuestras autoridades, sin independencia de los extranjeros, sin paz ni justicia para nosotros y nuestros hijos. Pero nosotros hoy decimos: ¡Basta!».

Marcos también subió al balcón y llamó la atención de los medios. Llevaba pasamontañas; la gente preguntaba quién era y él respondía: «Yo solo soy un mestizo, un hombre del pueblo que lucha para no seguir sufriendo esas terribles desigualdades en nuestro país. Soy un combatiente».

Todos los asistentes estaban atentos. Muchos simpatizaban con su causa; incluso quienes dudaban de la capacidad del EZLN para cambiar a México de manera significativa estaban asombrados por su mensaje tan incluyente. Valerie Miranda, de mi grupo de alumnos cultos de clase media del taller de escritura, me dijo: «No soy muy fan de los zapatistas, pero siempre admiré la manera como Marcos unificó a los mexicanos bajo una identidad: la mestiza. "Todos somos ya el color que somos de la tierra". El territorio, la tierra, es aquí importantísimo. Hay algo muy bello en hacerla parte de todos nosotros».

La respuesta del gobierno mexicano a esos sentimientos idealistas fue enviar aviones a Chiapas y arrojar bombas sobre comunidades indígenas. Mataron a ciento cuarenta y cinco personas. En los siguientes días hubo batallas campales en las localidades de Ocosingo y Altamirano; miles de personas disparando, muchas bajas de ambos lados. El 12 de enero de 1994 se propuso un alto al fuego y al final del año los zapatistas anunciaron que habían creado treinta y ocho municipios indígenas autónomos en Chiapas. En el volumen *The Zapatista Reader* (compilado por Tom Hayden), Jorge Mancillas, escritor, activista y neurobiólogo, cita la respuesta que dio un soldado zapatista cuando le preguntaron de dónde surgió el movimiento: «Veníamos de las profundidades del olvido. De un abismo tan profundo que nuestras voces no podían oírse. Tan oscuro que no podíamos ser vistos. Surgimos de las profundidades más profundas del olvido».

El éxito zapatista, resultado de una inteligente organización, una meditada planeación y una pasión rebelde, alarmó a los inversionistas estadounidenses del TLCAN a tal grado que el 13 de enero de 1995, un año después de que Marcos declarara su rebelión, el Chase Manhattan Bank emitió un memorándum en el que llamaba al gobierno mexicano a «eliminar a los zapatistas para demostrar su control efectivo del territorio nacional y de la política de seguridad». El gobierno mexicano respondió invadiendo territorio zapatista y expulsando a veinte mil campesinos de sus tierras.

Cuando, a partir de entonces, miles de soldados mexicanos ocuparon Chiapas, los zapatistas propusieron unas pláticas de paz y se reunieron en una comunidad cerca de Oventic para discutir los pormenores. Esas gestiones culminaron en los Acuerdos de San Andrés sobre derechos y cultura indígena, que trazaban un programa para la reforma agraria, la autonomía indígena y los derechos culturales.

Como táctica dilatoria, el gobierno mexicano se quejaba de los acuerdos, discutía partes relacionadas con asuntos de justicia y democracia, y a fin de cuentas logró lo que se proponía, a saber, un impasse. Históricamente, el gobierno mexicano y los cárteles de la droga han recurrido a menudo al asesinato en masa para resolver problemas complejos… la opción de la masacre. Así, en diciembre de 1997, paramilitares vinculados con el gobernante del estado y miembro del Partido Revolucionario Institucional (PRI) invadieron la localidad chiapaneca de Acteal (como a veinte kilómetros al norte de San Cristóbal) y atacaron por sorpresa a un grupo de personas que estaban orando en una iglesia. Era una organización comunitaria que se hacía llamar Las Abejas y que apoyaba los objetivos de los zapatistas.

Los intrusos atacaron y mataron salvajemente, con balas y machetes, a cuarenta y cinco integrantes, todos ellos campesinos indígenas: veintiún mujeres, quince menores de edad y nueve hombres. Hubo cientos de heridos en seis horas de tiros de francotiradores. Poco tiempo después, cerca de ciento cincuenta observadores extranjeros que se encontraban reuniendo información sobre la masacre fueron expulsados de México. Más asesinatos en los años subsiguientes culminaron en los más de tres mil kilómetros durante dos semanas de caravana zapatista a la Ciudad de México, donde doscientas cincuenta mil personas ovacionaron a Marcos en apoyo de los acuerdos de paz.

Uno de los observadores en la Ciudad de México era José Saramago, el novelista portugués Premio Nobel de Literatura, quien escribió: «Los zapatistas se taparon la cara para hacerse visibles… y los vimos».

«Aquí estamos. Somos la dignidad rebelde. Somos el corazón olvidado de la patria», clamó Marcos desde el estrado en la Plaza de la Constitución: el Zócalo, el centro de la ciudad, el corazón de México.

Unos días antes de su discurso, Marcos había concedido una entrevista al periódico francés *Le Monde*. «Esta no es una marcha de Marcos ni del EZLN —afirmó—. Es la marcha de los pobres, la marcha de todos los pueblos indígenas. Con ella se quiere mostrar que los días de miedo quedaron atrás». Dijo que era una rebelión étnica. «De toda la gente de México, los indígenas son los más olvidados».

Marcos se volvió, si bien no un rostro familiar, una voz familiar. Sus autores favoritos eran Cervantes, Lewis Carroll, García Márquez, Brecht, Borges, García Lorca y Shakespeare. *Hamlet* y *Macbeth*, dijo, eran fundamentales para estudiar el poder. A Gabriel García Márquez le dijo que su ejército «lo que se está proponiendo es dejar de ser ejército» y añadió: «El militar es una persona absurda que tiene que recurrir a las armas para poder convencer al otro de que su razón es la razón que debe proceder, y en ese sentido el movimiento no tiene futuro si su futuro es el militar. Si el EZLN se perpetúa como una estructura armada militar, va al fracaso».

En cuanto al pasamontañas, decía que con él buscaban el anonimato, no porque tuvieran miedo sino para que no pudieran corromperlos. Decía también: «Nosotros somos los zapatistas, los más pequeños, los que se cubren el rostro para ser mirados, los muertos que mueren para vivir».

Sostenía que el TLCAN era herramienta de una globalización que él describía como un siniestro arrebato de poder a manos de corporaciones internacionales para subvertir a los gobiernos: «Los nuevos dueños del mundo no son gobierno, no necesitan serlo. Los gobiernos "nacionales" se encargan de administrar los negocios en las diferentes regiones del mundo. Este es el "nuevo orden mundial", la unificación del mundo entero en un solo mercado. Las naciones son tiendas de departamentos con gerentes a manera de gobiernos, y las nuevas alianzas regionales, económicas y políticas se acercan más al modelo de un moderno mall comercial que a una federación política. La "unificación" que produce el neoliberalismo es económica […]. En el gigantesco hipermercado mundial circulan libremente las mercancías, no las personas».

Los intereses empresariales se confabulan con tiranos del tercer mundo para suministrar bienes y servicios y materias primas. En los Estados Unidos, Europa, China, en todas partes, «la globalización es explotación».

Es lo que presencié en la frontera, los grupos de empresas propiedad de extranjeros explotando a sus trabajadores de comunidades en penuria para ahorrar dinero y aumentar las utilidades. En un ensayo profético de 1997, Marcos escribió: «El neoliberalismo como sistema mundial debe entenderse como una nueva guerra de conquista de territorios. El fin de la tercera Guerra Mundial o "Guerra Fría" no significa que el mundo haya superado la bipolaridad y se encuentre estable bajo la hegemonía del triunfador. Al terminar esta guerra hubo, sin lugar a dudas, un vencido (el campo socialista), pero es difícil decir quién fue el vencedor. […] La derrota del "imperio del mal" […] significó la apertura de nuevos mercados […]. La lucha nueva por esos nuevos mercados y territorios produjo una nueva guerra mundial, la cuarta».

Mientras Apple Corporation se expandía en China, Microsoft en la India, y empresas textiles y de electrodomésticos instalaban fábricas en México, Corea del Sur y Tailandia, Marcos escribía: «Vastos territorios, riquezas y, sobre todo, fuerza de trabajo calificada, esperaban un nuevo amo... Pero uno es el puesto de dueño del mundo, y varios son los aspirantes a serlo».

En su determinación de ser independiente, no ser cliente de nadie y que nadie estuviera encima de él, Marcos también ha recriminado el paternalismo de muchas organizaciones de beneficencia y organismos no gubernamentales: en la decimotercera «estela» del Calendario de la resistencia Zapatista, en 2003, denunció la clase de ayuda, en forma de caridad y dádiva, promovida por celebridades y grupos eclesiásticos; pero no solo eso: «Hay una limosna más sofisticada. Es la que practican algunas ONG y organismos internacionales. Consiste, *grosso modo*, en que ellos deciden qué es lo que necesitan las comunidades y, sin consultarlas siquiera, imponen no solo determinados proyectos: también los tiempos y formas de su concreción. Imaginen la desesperación de una comunidad que necesita agua potable y a la que le endilgan una biblioteca, la que requiere de una escuela para los niños y le dan un curso de herbolaria».

Esta claridad de pensamiento resonaba en mí. Toda mi vida adulta, empezando con las clases que impartí en África como voluntario de Peace Corps, he tratado de entender cómo reconciliar la naturaleza de la pobreza, el papel de las obras de beneficencia, la intervención de los organismos de ayuda y las estratagemas de los gobiernos, sobre todo los del tercer mundo. Tras reiteradas visitas a África a lo largo de cincuenta años, concluí que la ayuda extranjera, tal como se practica convencionalmente, es en lo fundamental un fracaso: inútil para mitigar la pobreza y a menudo dañina en su alivio de los males de unos pocos a expensas de los muchos. La mayoría de las organizaciones de beneficencia son diabólicamente egoístas: evangelistas que hacen proselitismo, defraudadores y evasores fiscales con ardides para pulir la imagen del fundador, a menudo alguien que vive en la ignominia, está envuelto en escándalos o es obscenamente rico. Esas organizaciones, que se dicen apolíticas, permiten que los gobiernos autoritarios y cleptocracias sigan existiendo, porque hacen el trabajo del gobierno y de esa manera impiden que la gente oprimida entienda cómo la están explotando.

El mejor ejemplo que he visto de cerca es la presencia de China en África, que ofrece ayuda deshonesta a déspotas a cambio de mercancías valiosas. Los Estados Unidos alguna vez hicieron eso de manera modesta y sutil; China ahora lo hace de forma muy notoria y sale impune. Cuando hice mis viajes por África para *El safari de la estrella negra* y *El último tren a la zona verde* vi cómo China, con sobornos o grandes préstamos, compraba dictaduras en Zimbabue, Kenia, Sudán y Angola para obtener marfil, oro, bauxita, petróleo y mucho más, dejando a los países endeudados, en ocasiones con deudas impagables: algo que en la práctica es, sí, servidumbre por deudas. Pero los Estados Unidos sigue haciendo lo mismo en muchos países y se aprovecha de la indiferencia de un gobierno frente a los quebrantamientos de los derechos humanos.

Esa es la razón por la que Apple (que elude impuestos, explota a trabajadores chinos y finge preocuparse) es una empresa con valor de más de un billón de dólares, uno de los mejores amigos de China. Cuando alguien como Bill Gates o Tim Cook habla mucho de ayudar a los pobres, y al mismo tiempo actúa en complicidad con China para usar mano de obra barata y hacerse de la vista gorda frente a las brutalidades chinas frente a los derechos humanos (un millón de uigures encarcelados para lavarles el cerebro en Xinjiang, persecución de hombres y mujeres gays, ocultamiento de noticias y otras formas de maltrato), dan ganas de reír. En los años en que Bill Clinton le vendió el TLCAN al pueblo estadounidense, no dijo que eso se llevaría la manufactura de las comunidades estadounidenses (los muchos ejemplos que narro en *Deep South*) y tampoco parecía saber, o preocuparle, cómo destruiría la vida de agricultores mexicanos con los cultivos transgénicos, como oí decir a la organización de Francisco Toledo en Oaxaca.

Me tomó años ver que las organizaciones de beneficencia y las ONG son negocios lucrativos, subversivos muchos de ellos. El voluntario promedio de Peace Corps se beneficia enormemente de la experiencia de vivir dos años en, por poner un ejemplo, una dictadura africana, pero para los ciudadanos del país anfitrión es desmoralizante más que inspirador: en mi experiencia, los alumnos de los voluntarios de Peace Corps, en vez de volverse a su vez maestros, emigran a Europa o a los Estados Unidos. El término que usa el subcomandante Marcos para referirse a estos esfuerzos aparentemente bienintencionados, pero a fin de cuentas egoístas es *neoliberalismo*, que en los Estados Unidos es tan galopante entre los demócratas como entre los republicanos.

Otro aspecto humanitario de la lucha zapatista que ha irritado a muchos otros grupos rebeldes es su negativa a participar en el asesinato de ciudadanos comunes y corrientes. Los atentados del Ejército Republicano Irlandés (aclamados y en ocasiones financiados por algunos estadounidenses de origen irlandés) eran condenados por los zapatistas, que los consideraban salvajes e inhumanos, y desde luego que los ataques a civiles son infracciones de las convenciones de Ginebra y punibles como crimen de guerra. (Recordé que cada vez que explotaba una bomba en una plaza de mercado en Úlster y mataba a transeúntes, el Ejército Republicano Irlandés o la Asociación en Defensa del Úlster los reivindicaban y alardeaban, o bien no decían nada y dejaban que los inocentes murieran desangrados.) Lo mismo se puede decir de las brutalidades del Estado Islámico y Al Qaeda.

En cuanto a los separatistas vascos y sus campañas de atentados en España, Marcos escribió en 2002: «Consideramos justa y legítima la lucha del pueblo vasco por su soberanía, pero esa noble causa, ni ninguna, no justifica que se sacrifique la vida de civiles. No solo no produce ganancia política alguna, y aunque la produjera, el costo humano es impagable. Condenamos las acciones militares que dañan a civiles. Y las condenamos por igual, provengan de ETA o del Estado español, de Al Qaeda o de George W. Bush, de israelíes o palestinos, o de cualquiera que, bajo nombres o siglas diferentes, aduciendo razones de Estado, ideológicas o religiosas, cobre sus víctimas entre niños, mujeres, ancianos y hombres que nada tienen que ver en el asunto».

Esta es la declaración más diáfana posible de la dignidad de la rebelión y los límites de la resistencia, una manera racional de ver el mundo y un medio para ocuparse de arreglarlo: construir «un mundo donde quepan todos los mundos». En lo que ha sido descrito como la primera revolución posmoderna, el temperamento y las acciones de Marcos eran las de un pacifista. Yo lo admiraba por valorar las vidas de civiles, me identificaba con su pasión por la escritura, me iluminaba con sus parábolas: el conejo, el zorro, Durito el escarabajo. Me asombraba su aguante en medio de una de las selvas más inhóspitas del mundo y estaba contento de haber sido invitado al acto zapatista.

El camino a la Nueva Maravilla

Como en San Cristóbal tenía tiempo libre, hice un recorrido por los restaurantes; me sentaba en los cafés y tomaba café de Chiapas o bebía mezcal; paseaba por el mercado, donde las mujeres de faldas negras de pelo de cabra que encontré en Chamula e indígenas de valles cercanos pregonaban sus cosechas de frutas raras: mamey de carne anaranjada, papausa (bolita escamosa con una pulpa dulce tirando a rosa), huaya, guayabas con tamaño de pera, tuna o higo chumbo, el amargo xoconostle, granadilla y mangos. La altitud me ponía tembloroso y en general me obligaba a estar sobrio. Me concentraba en los caldos y sopas: de pan, de maíz, de tortilla, pozole y el espeso caldo tlalpeño que preparan tan bien en Chiapas.

Una de esas cenas la tuve con Juan Villoro, que me comentó:

—¿Sabes que la siguiente elección presidencial es en julio? —estábamos hablando en abril de 2018—. Una de las propuestas de Marcos es presentar a un candidato zapatista a la presidencia. Tiene la idea de apoyar a una mujer indígena, Marichuy Patricio.

—¿Tiene alguna oportunidad?

—No, es un gesto simbólico —respondió Juan—, pero ella es buena persona y sería una gran presidenta. La vas a conocer.

Le decían Marichuy, pero su nombre completo era María de Jesús Patricio Martínez. Era una mujer de cincuenta y tantos años, de un asentamiento nahua en Tuxpan, Jalisco. Hablaba el náhuatl con soltura, estudió para ser curandera tradicional y tenía su propia clínica. Era una destacada activista por la causa de la gente indígena, al grado de que los zapatistas, que normalmente se desvinculaban de las elecciones mexicanas, pues las consideraban una farsa, apoyaron la candidatura de Marichuy, en representación del Congreso Nacional Indígena, en el siguiente proceso electoral. Para aparecer en las boletas tenía que recaudar casi novecientas mil firmas.

—¿Y qué hay de Obrador? —pregunté, porque de Andrés Manuel López Obrador se decía que era un hombre del pueblo y también el candidato más popular.

—Con él los zapatistas tienen algunas objeciones —observó Juan, y las enumeró: tenía en su equipo a muchos exintegrantes del desacreditado partido en el poder, el PRI. Uno de ellos, Esteban Moctezuma, su secretario de Educación Pública, estuvo a cargo de la persecución de los zapatistas, y aunque también había participado en pláticas de paz secretas con ellos, emitió una orden de aprehensión contra Marcos. López Obrador no cambiaría mucho; lo que más haría sería mejorar el mismo sistema económico, con unas pocas correcciones populares. No tenía un programa para atender a las comunidades indígenas; peor aún: había aprobado estrategias económicas que terminarían por destruir amplios territorios indígenas.

Ese es López Obrador… quien al final ganó las elecciones.

Mientras me debatía entre subirme a una tirolesa o dar una caminata, tomar una excursión de un día a las ruinas de Palenque o irme en coche a Ocosingo, recibí noticias de Juan.

—Una camioneta blanca particular estará estacionada en el Zócalo, del lado de Francisco I. Madero, a las tres en punto —puntualizó—. Siempre hay mucho tráfico y las calles están en muy malas condiciones. Puede ser que tome una hora llegar al conversatorio en la Nueva Maravilla.

La anónima camioneta estaba en el punto designado. Me subí y me presenté con los demás: una abogada ya mayor, dos hombres (un profesor y un filósofo) y una dulce mujer indígena de mediana edad que me dijo:

—Soy Marichuy —la candidata presidencial.

Pero la camioneta, avanzando a sacudidas por la calle llena de baches, impidió toda conversación mientras pasábamos por los barrios (La Hormiga, Progreso, América Libre) hasta el Boulevard Los Cronistas, que se convertía en Los Profesores, y seguíamos por calles secundarias que se iban estrechando hasta que llegamos a la calle Jon Chamula, a duras penas un camino, con baches y mal pavimentado hacia el final. Estábamos en la Colonia Nueya Maravilla. La camioneta se detuvo frente a una puerta en una cerca alta con un letrero que indicaba que ese era el instituto zapatista, UniTierra, de construcciones bajas de color amarillo con tejas rojas y murales.

Apagados pero atentos, los asistentes circulaban entre puestos que vendían comida o emblemas zapatistas. Los había de todas las edades; algunos llevaban pasamontañas o pañoletas, otros tenían aspecto de catedráticos, otros más llevaban la ropa informal de los estudiantes universitarios (supuse que ellos cursaban ahí la licenciatura).

A Marichuy la saludaron afectuosamente grupos de mujeres indígenas con blusas bordadas y faldas largas, y la llevaron a un edificio que resultó ser el auditorio.

Juan me llamó y fui con él a registrarme.

—¿Colectivo? —me preguntó una mujer en la mesa de registro.

Yo había oído la palabra referida a un camión o taxi, pero ahí se trataba del grupo político al que yo pudiera pertenecer.

—Ninguno —contesté, y me dieron un gafete, en el que quedó en blanco el espacio para mi colectivo. Juan y yo entramos al edificio y ocupamos unos asientos del frente, cerca del escenario, donde Marichuy y otras mujeres ya estaban sentadas. El auditorio estaba casi lleno: serían quizá cuatrocientas personas hablando en susurros. En el fondo del escenario se encontraban dos grandes murales, muy iluminados: uno mostraba a una mujer indígena con blusa blanca y delantal, arrodillada, con las manos juntas; el otro, un hombre de piel oscura con ojos observadores por arriba de una pañoleta roja que le tapaba la parte inferior de la cara.

—Ese hombre de ahí —dijo Juan señalando a un hombre mexicano, anciano, que llevaba una boina— es Pablo González Casanova, sociólogo y reformador radical. Fue rector de la Universidad Nacional Autónoma de México en la década de 1970. Pero era demasiado radical para ellos. Sigue siéndolo. ¿Cuántos años crees que tenga?

—Ni idea.

—Noventa y seis —susurró Juan—. Un hombre de juicio, tal como tú, querido amigo.

Transcurrieron como veinte minutos en los que no pasó nada; la gente platicando en el auditorio producía el rumor apagado, como un motor en marcha, que se oye en casi todos los teatros antes de que se levante la cortina.

Entonces, en un instante, una succión de aire, una quietud, luego el silencio.

Era difícil imaginar una sala tan grande de gente parloteando que de pronto cesa… e intensificaba el silencio el hecho de que la atención de todo mundo se concentrara en el lado derecho del escenario, al que habían subido cinco hombres enmascarados que ahora tomaban asiento.

Cuatro de estos hombres no pasarían del metro cincuenta con todo y botas; parecían gnomos con sus gruesos abrigos negros, algunos con sombreros campesinos negros de ala ancha encasquetados en la cabeza y los otros con gorra de camuflaje con visera. El quinto hombre, robusto y mucho más alto que los demás, también estaba vestido de negro. Lo que creí que era un brazalete era una manga rota a la altura de los bíceps que dejaba ver una playera roja debajo. Su gorra de tela café, con una estrella roja cosida en el frente, estaba sumamente deslavada y arrugada. La máscara solo dejaba verle los ojos; y no era el pasamontañas que yo esperaba, sino una especie de capucha que yo asociaba con los verdugos de los cuentos populares: el hombre fornido enmascarado sosteniendo una afilada hacha de larga empuñadura. Pero ese hombre llevaba un cuaderno en las manos. Metida en su máscara, al nivel de su boca, una pipa de madera de brezo. Sus brazos, en mangas negras, eran gruesos; su espalda y sus hombros, marcados, y estaba medio volteado, hablando con sus hombres, que se veían aún más pequeños en sus sillas, con los brazos cruzados frente al pecho, escuchando atentos. Ese hombre grande era el subcomandante Marcos.

No era el hombre sino la máscara lo que hizo callar al gran auditorio. «Inmediatamente tras la máscara —escribe Elias Canetti en *Masa y poder*— comienza el misterio. [...] Allí donde la máscara es tomada en serio, no debe saberse qué hay tras ella. Expresa mucho, pero más es lo que oculta. Es una separación: cargada de un contenido peligroso, que no se debe conocer, con el que una relación de familiaridad no es posible, se aproxima mucho a uno; pero permanece, precisamente en esta proximidad, nítidamente separada de uno. Amenaza con su secreto, que se acumula tras ella».

En absoluto silencio, el auditorio parecía estar aguantando la respiración. Ni un aplauso, ni un murmullo. Marcos se sentó, abrió y aplanó el cuaderno. Había aprensión, como cuando una ballena sale a la superficie y se eleva: como en *Moby Dick*, donde Melville habla del hermoso cuerpo de la ballena: «Veréis mis partes posteriores, mi cola, parece decir, pero mi rostro no será visto. Mas yo no puedo hacerme totalmente idea de sus partes posteriores; y por mucho que su rostro sugiera, de nuevo digo que rostro no tiene».

—Compañeros y compañeras —empezó a decir tras el pasamontañas—, bienvenidos a nuestro conversatorio —echó una

469

mirada a Juan Villoro y le dio la bienvenida usando un término legal, llamándolo «mi hermano bajo protesta».

Hablaba con mucha naturalidad, en tono de conversación, y usaba abreviaturas informales, como *compas* en vez de *compañeros*. Pero todo fue muy súbito... su irrupción en el escenario... su presencia física aplastaba sus palabras. Al principio no estábamos escuchándolo sino observándolo. Y me di cuenta de que aquello era el aura de una figura carismática con una rica historia. El encandilamiento del primer encuentro (el mío en todo caso) era ensordecedor.

—Déjenme presentarles a Marichuy —continuó—, nuestra hermana, nuestra curandera de Tuxpan —y mientras él hablaba elogiándola, la impasiva mujer de mediana edad con la blusa bordada, sentada con las manos dobladas, nos miraba fijamente.

Aún sentada, Marichuy empezó a hablar de su intento de ser presidenta de México: su lucha por reunir firmas, cómo el sistema operaba en su contra. Me perdí en los pormenores de eso, pero parecía que se necesitaba cierto programa de computadora o un aparato telefónico específico para que alguien pudiera registrar una firma en línea. Pensé también cómo la mayoría de las cuentas telefónicas en México eran propiedad de un hombre, Carlos Slim, dueño del monopolio Telmex. Marichuy dijo haber obtenido trescientas mil firmas.

—No son suficientes —interrumpió Marcos, no despotricando sino hablando razonablemente—, ¿y saben por qué? Porque el sistema está amañado.

Sus comentarios, en realidad acotaciones al margen, estaban dichos tan de pasada que casi no los entendía. Pero sus ojos, que destellaban en la ranura de su máscara, eran expresivos, activos, legibles, como los de una mujer musulmana con un yashmak.

—Es una sanadora, una curandera tradicional —prosiguió en algún momento—. Curó a su madre —el tono ya era exclamativo—. Ella pertenece a la ciudad de Guadalajara: allá reconocen la sanación tradicional.

En medio de ruidosos aplausos, Marichuy se sentó y Marcos gritó:

—Alicia, ¿estás ahí? No te escondas, no te salgas. Siéntate aquí.

Una mujer joven, sentada al frente, cerca de mí, se levantó, sonriendo penosa.

—Es una gran compa. A ella la iban a meter en la cárcel, pero los engañó. Mejor va a ir a la universidad.

Alicia se sentó y Marcos siguió hablando del sistema que había derrotado a Marichuy. Y quizá debido a que tenía esa máscara que le impedía mostrar expresiones faciales, sus ademanes eran expresivos; con las manos y los brazos cortaba y rebanaba, señalaba con la pipa, engatusaba e imploraba con su tono; por momentos sonaba como alguien regateando.

—Creen que somos un puñado de soñadores, o románticos —dijo leyendo citas de periodistas políticos—. ¿Los zapatistas? ¿Románticos? Para nada. Representamos a la gente olvidada, el corazón del país. No, López Obrador. Y aquí hay un ejemplo de la esquizofrenia de la clase política mexicana —continuó leyendo—. Aquí López Obrador dice que Marichuy no debería haber sido candidata, que sería una mala candidata. Y más adelante, cuando López Obrador estuvo seguro de que no tenía suficientes firmas, cuando ya no era una amenaza para él, ahora dice que habría sido una verdadera candidata del pueblo. ¡Qué hipocresía!

Habló largamente de las mujeres.

—Las mujeres toman las decisiones, son la columna vertebral de nuestra causa —aseguró—, pero no sé qué pasa entre mujeres a puerta cerrada. ¡A lo mejor se hacen manicuras y hablan de la dialéctica de Hegel!

Las risas en la sala lo alentaban a seguir hablando y parecía estársela pasando bien, dejándose fluir, con un torrente de denuncias y acotaciones. Me costaba tanto trabajo concentrarme que no pude tomar notas.

—No se preocupen por la derecha, no se preocupen por los conservadores. Sabemos lo que van a decir. Pero eran las voces de la izquierda las que más se oponían a la candidatura de Marichuy. No teníamos idea de cuánta gente iba a oponerse a ella: gente de la que se habría esperado algo distinto, que debería haberla apoyado. Porque Marichuy, todos dicen, es indígena, trabajadora, mujer, madre, y nadie mencionaba que es esposa —era porque su papel como madre indígena diligente era para los machos mexicanos un obstáculo, pero ser una esposa fuerte la capacitaba ampliamente—. Y las jóvenes ya no tienen eso de «Voy a entrarle hasta que me case». Eso tu culpa es, Marichuy. Entonces ya las compañeras no ven ni la familia como un impedimento para hacer la lucha, lo hacen. Ser la esposa en una familia fuerte haría de cualquier mujer una mejor presidenta.

»¿Qué necesita hacer Marichuy para ser una candidata apta? ¿Cómo cambiamos? Entonces yo digo, ¿cuántos necesitamos? —preguntó, y su voz taladraba la sala—. ¿Los cuarenta y tres de Ayotzinapa? No, súbele, hermano, súbele. ¿Las decenas de miles de mujeres asesinadas o desaparecidas? No, súbele. ¿Sabes cuántos calculábamos? Para visibilizar a los pueblos originarios necesitaríamos mínimo cien mil muertos en la calle, para que la gente pudiera finalmente decir: "Pobrecita, déjenla participar en la contienda electoral".

Habló de la dinámica entre hombres y mujeres.

—Ahora voy a hablar mal de las mujeres —dijo sarcástico, y pasó a describir a mujeres poderosas y de mente clara cuyo destino en la vida es tener que lidiar con hombres egoístas y manipuladores.

Luego, de manera teatral, les tomó el pelo a las jóvenes de su movimiento.

—A algunas jóvenes zapatistas les gusta la música... —farfulló algo inaudible en el micrófono—. ¡Reguetón! ¡Ya lo dije! ¡No quería decirlo! Ahí está, les dije que las iba a acusar. Les gusta el reguetón.

A cualquier guerrillero, después de haber liberado a un estado mexicano, le molestaría verse obligado a oír las preferencias musicales de esa libertad, una blanda mezcla de reggae jamaiquino, hip-hop puertorriqueño y las canciones de Daddy Yankee (Ramón Luis Ayala), autocoronado «el Rey del Reguetón», entre ellas el éxito «Despacito».

Marcos se levantó y llamó al fondo del auditorio:

—Aquí están las compañeras coordinadoras; ¡pasen, compañeras!

Durante los siguientes diez minutos, o más, cien mujeres con pasamontañas tejidos avanzaron lentamente por el estrecho pasillo lateral en una sola fila. En contraste con sus máscaras, llevaban blusas de olanes y encaje y faldas de lana tejida. Toda la atención estaba sobre ellas, la extraña belleza de tantas mujeres enmascaradas en silenciosa procesión. Máscaras, máscaras, máscaras. Recordé lo que había escrito José Donoso: «Lo que hay detrás de una máscara nunca es un rostro. Siempre es otra máscara. Las distintas máscaras son tú, y la máscara que hay detrás de la máscara también eres tú […]. Las distintas máscaras son una herramienta, las usas porque te sirven para vivir. […] Tienes que defenderte».

Al volver la mirada de nuevo al escenario, atiborrado de mujeres enmascaradas, vi a Marcos levantar los brazos en un ademán de desamparo y cómica exasperación. Hecho eso, sus hombres se agruparon alrededor de él y rápidamente desapareció por una puerta trasera, dejando su pipa sobre la mesa.

Compañero escritor

Más sopa chiapaneca, más mezcal, una visita a la Catedral de San Cristóbal, una mañana dedicada a tomar notas para mi presentación, y luego un susurro de Juan Villoro: la camioneta blanca estaría esperando, ahora en otra ubicación. Marichuy estaba en el lugar señalado, así como la escritora Cristina Rivera Garza con su esposo y algunos otros. Nos subimos a la camioneta y avanzamos en el anonimato por las calles adoquinadas, pasamos a los turistas, rodeamos el Parque Principal, enfilamos al norte; los barrios se iban haciendo más pobres a cada kilómetro.

Hablé un poco con Cristina Rivera Garza, distinguida autora mexicana radicada en los Estados Unidos, autora de muchos cuentos y novelas, como *Nadie me verá llorar*, intrincada novela histórica sobre investigaciones criminales e identidad, que leí en la Ciudad de México. Me dijo que estaba viviendo en Houston pero que había hecho un viaje parecido al mío a lo largo de la frontera. Habiendo nacido en la ciudad fronteriza de Matamoros, confirmó mi sensación de la existencia de una cultura de la frontera, con la complejidad añadida de que integrantes de una misma familia (como la de ella) vivieran en ambos lados.

—He viajado arriba y abajo de la frontera —comenté—. He cruzado muchas fronteras en mi vida, pero nunca una como la mexicana. Los puentecitos que cruzan de Texas; el simple paseo de Douglas a Agua Prieta; la entrada por la valla de hierro en Nogales: es como Alicia cayendo por la madriguera.

Cristina coincidió conmigo, y en la camioneta dando tumbos me contó de sus experiencias en la frontera. Testigo fiable, una vez afirmó en una entrevista: «Me interesan las fronteras de toda clase: fronteras geopolíticas y conceptuales, fronteras entre géneros, fronteras entre la vida y la muerte. Paso la mayor parte del tiempo pensando en maneras de cruzar esas fronteras. ¿Cómo es que se nos permite, y en ocasiones se nos invita, a caminar sobre algunas de ellas, pero nos impiden siquiera acercarnos a otras?».

Yo estaba de acuerdo con esos sentimientos. Pronto la camioneta se acercaba a la verja de UniTierra, al conversatorio, y Juan Villoro me llamó.

—El compañero Manuel quiere platicar contigo —me dijo Juan, señalando a un hombre sentado en una banca en la veranda de una de las construcciones bajas con tejado.

Era un hombre mayor, probablemente de sesenta años, con la sencilla ropa oscura y gorro de combate de los zapatistas, pero no tenía la cara cubierta. Ninguno de los hombres y mujeres tenía uniforme nuevo, pero usaban sus viejas ropas parchadas con dignidad y garbo; como estábamos en una parte fría de Chiapas, iban abrigados. El compañero Manuel me saludó con un abrazo y me preguntó:

—¿Está listo, compañero?

—Tengo preparada una pequeña plática —contesté.

—¿En español o en inglés?

—Empezaré en español con una introducción y después hablaré en inglés.

Llamó a un sujeto delgado de chaleco.

—Él es Alejandro. Traducirá para usted.

Le di la mano a Alejandro y pregunté:

—¿Estará ahí el subcomandante cuando hable?

—No sabemos —aclaró el compañero Manuel arrugando la nariz—. A lo mejor sí, a lo mejor no. No conocemos sus movimientos.

El auditorio estaba lleno, como el día anterior, pero cuando empezó el programa, el comandante Marcos no estaba en escena, y tampoco nadie de su séquito. La sesión inicial estuvo dedicada a documentales hechos recientemente en México.

La primera cinta fue *Tobías*, escrita y dirigida por dos jóvenes cineastas mexicanos, Francisca D'Acosta y Ramiro Pedraza. Ese retrato de un niño que vive en un pueblo y aspira a viajar con su equipo de basquetbol de la escuela a un torneo en Barcelona era sobre mucho más que basquetbol. La primera prueba para el equipo es recaudar el dinero para hacer el viaje. Una vez superada, Tobías, que nunca había salido de su pueblo en el Istmo, se somete a una limpia a manos de un curandero (la ceremonia del huevo que presencié en Chamula) y luego les pide a los ancianos del pueblo consejos para el viaje. La madre de Tobías es una figura tan fundamental para el cumplimiento de sus ambiciones como las madres de *Hoop Dreams*, un impactante documental estadounidense al que se parecía un poco.

En todos los partidos preliminares, los niños son superados físicamente: son niños pueblerinos, flaquitos y de baja estatura, jugando contra atletas urbanos más altos. Pero lanzan la pelota con precisión y son lo bastante ágiles para driblar a los otros jugadores. Logran ir a Barcelona, ganar un partido, perder otro, y pronto están de vuelta en México, agradecidos de llegar a casa después de haber echado un vistazo al mundo. Cinta alegre, *Tobías* es una mirada íntima a la vida de un pueblo y más allá, a través de los ojos de un niño decidido a sobresalir en su deporte y ser el orgullo de su familia. Pero también muestra el categórico aislamiento de un pueblo mexicano pobre, y esto pareció recomendarlo a los zapatistas, que le dieron su aprobación.

Somos lengua era una película sobre el rap en México, hecha por Kyzza Terrazas, de cuarenta años. Me pareció estremecedor, no solo por el lenguaje, tan brutal en la jerga del rap mexicano como en la del estadounidense, sino por su atmósfera de crueldad; las colonias y vecindades pobres de las ciudades mexicanas, las calles miserables de Guadalajara, Torreón y Escobedo. Historias terroríficas de detenciones y peleas, las penas y los infiernos de la pobreza. Los raperos creían fervorosamente que la música era liberadora, que infundía autoestima y orgullo. «El rap es una manera de salir de esta vida terrible», afirma un rapero, con el reiterado mensaje zapatista de «obtenemos el poder a través de la palabra; escribimos para que la muerte no tenga la última palabra».

Era tan extraño estar viendo a los raperos mexicanos, malhablados en el estilo del rap y el hip hop estadounidenses. Me disgustó la música cacofónica y las letras masculladas me resultaron insoportables, pero Terrazas, concentrándose en las vidas de los raperos, la lucha y el día a día, hizo que me importara.

Cuando encendieron las luces, el comandante Marcos estaba sentado en el escenario, algunos de sus hombres en sillas detrás de él, dos mujeres con pasamontañas en la mesa. Al verlo, la multitud del auditorio se calló y puso atención.

En ese momento el comandante me hizo señas para que me acercara.

—Venga, compañero escritor.

Caminé a la orilla del escenario; al final de los escalones nos encontramos y me dio un abrazo, con una fuerza peculiar, y esa energía compartida me tranquilizó. Había estado un poco nervioso: un forastero en Chiapas, un gringo visible entre los tzotziles y los tzeltales, un viejo en ropa de diario y con un sombrero Stetson entre los zapatistas con pasamontañas y pañoletas. El abrazo me tranquilizó de una manera que iba más allá de un amable consuelo. Se ha demostrado que un abrazo produce un neurotransmisor, llamado oxitocina, que te recorre el cuerpo, lo entibia y lo cura, y con eso la persona abrazada se siente a salvo. El comandante no me soltó de inmediato, como esperaba. Me sostuvo y dijo:

—Bienvenido.

Quizá yo estaba proyectándome, deslumbrado por estar conociendo a un hombre al que consideraba un héroe. En su incompleto pero perceptivo libro *Survivors in Mexico* [Sobrevivientes en México], Rebecca West, reflexionando sobre Trotsky en Coyoacán, escribe: «Los hombres que despiertan adoración, que son lo que se llama líderes naturales (lo que en realidad significa que la gente siente una antinatural disposición a seguirlos), suelen estar vacíos. Los seres humanos necesitan contenedores huecos en los que puedan colocar sus fantasías y admirarlos, tal como necesitan floreros si quieren decorar sus casas con flores».

Napoleón era uno de esos, escribió, un hombre que no mostraba «ningún indicio de tener pensamientos o sentimientos privados que pudieran dar el más mínimo placer a ningún extraño». Pero León Trotsky era excepcional; no un recipiente vacío sino «uno de los grandes hombres en cuyo interior había algo parecido a las tribulaciones interiores que sufrimos los simples mortales». Sentía que el comandante era otra excepción, no solo porque era un estratega brillante y defensor de los derechos indígenas, sino porque me parecía un escritor talentoso que podía comunicar el entusiasmo de su vida interior y la sinuosa dialéctica de su pensamiento. En el progreso de la lucha (aun enmascarado y aislado en la selva), en sus prolíficos ensayos y actualizaciones, sus parábolas y denuncias, pasó de ser el rebelde a caballo con pasamontañas a un líder-filósofo, incómodo con provocar admiración y siempre desviar la atención de los hombres y mujeres del movimiento zapatista.

Yo no me estaba proyectando. Lo conocía, como a otros escritores, por su trabajo. Más o menos de mi estatura, pero corpulento debajo de su chamarra negra y con manos fuertes. Me presentó a sus compas, que ese día eran seis, susurrándome el nombre de cada uno. Eran pequeños, todos muy enmascarados, con las chamarras cerradas hasta la barbilla y los sombreros bien encasquetados.

Sus manos eran las de trabajadores manuales, agricultores, picapedreros, excavadores, leñadores y labradores, manos duras y escamosas, dedos rígidos, más como raíces de árbol. No eran las manos de comisarios o burócratas. Agarraban con fuerza, estrechaban mis suaves manos de escritor con las suyas bruscas de trabajador. Sus fuertes apretones los hacían parecer más grandes; su agarrón comunicaba poder.

Esas impresiones eran vívidas porque yo estaba muy cohibido por estar fuera de mi elemento, temblando un poco, armándome de valor para lo que venía a continuación.

Cuando estuvimos sentados en una larga mesa sobre el escenario, el comandante se dirigió al público y dijo de manera informal:

—Gracias por presentarnos sus películas. Recuerdo que en la década de 1980 íbamos de pueblo en pueblo en la selva enseñando películas con una camarita, y luego más adelante usamos una televisión y una videocasetera VHS. Kyzza se nos acercó cuando era joven y ahora helo aquí, enseñándonos su película. Lo que nos gustaría es una cinta sobre nosotros algún día, y a lo mejor estos documentalistas puedan hacerlo —luego se volvió hacia mí y anunció—: Y ahora tengo el placer de darle la bienvenida al compa Paul, compañero escritor, que nos visita de Estados Unidos.

—Muchas gracias, comandante —dije, y continué en español—. Hermanos, hermanas, compañeros, compañeras, amigos zapatistas, gracias por su calurosa bienvenida. Estoy hablando en su idioma, pero debe de ser evidente para ustedes que no lo hablo bien. Siento decirles que hablo español como un niño. Por otro lado, hablo inglés como un gabacho normal. Creo que escribo en inglés como una persona razonable, pero he aquí la paradoja: ¡sueño como un genio!

Esto era una versión que Nabokov escribió una vez sobre sí mismo y pareció resonar, pues provocó una risita.

—Estoy seguro de que a sus ojos parezco un gringo más. Pero de hecho también yo soy indígena en parte, y esa es la parte más orgullosa de mi ser secreto. Mi abuela paterna era menomini, una nación de gente que vivió en lo que hoy es Wisconsin, un pueblo que vivió seis mil años en esa región. Este conocimiento me ayuda a entender su lucha un poco mejor, porque la gente indígena de los Estados Unidos ha sido masacrada, engañada y marginada desde que llegaron los primeros colonizadores del continente. Comparto su rebeldía, y por eso estoy feliz de encontrarme entre ustedes.

Hice a un lado los papeles en los que había escrito mis notas y continué en inglés, deteniéndome cada ciertas frases para que Alejandro tradujera.

Muchos años atrás, confesé, deseando descubrir más del mundo, me hice maestro en África, en una escuela remota. En esa época muchos países africanos estaban sublevados, rechazando el colonialismo y volviéndose independientes. Yo no era más que un maestro de escuela en el monte, aprendiendo el idioma. Al mismo tiempo, el Che Guevara se preparaba para lanzar una ofensiva en el Congo contra los separatistas katangeses. Plasmó el registro de esta experiencia en su libro *Pasajes de la guerra revolucionaria (Congo)*, lo que describió como «historia de un fracaso».

Su insurgencia fue un fracaso, referí, porque no pasó mucho tiempo en el Congo. Tenía un conocimiento escaso del swahili y no entendía la prudencia innata que prevalecía entre la gente de una aldea africana. El Che escribió que los cubanos se sentían superiores, como gente que había llegado a dar consejo. En ese ambiente se encontraba no entre revolucionarios sino entre gente dedicada a la pesca y la agricultura de subsistencia, de pensamiento conservador, o por lo menos cautelosos. Hasta los jóvenes combatientes africanos que fueron entrenados como guerrilleros en la China maoísta eran reacios a pelear cuando llegaban al campamento del Che. Habían estado lejos, extrañaban su casa y querían regresar a sus aldeas, comer sus platos tradicionales y ver a sus familias. El Che estaba desconcertado con su nostalgia sentimental por la vida aldeana y su falta de fervor revolucionario, según escribió en su alicaído libro, una guía fundamental para evitar errores en un país que no es el tuyo.

Los zapatistas pasaron diez años en la selva, continué, no peleando sino haciendo amigos, tratando de entender los reclamos de los pueblos indígenas, y poco a poco creando un ejército de rebeldes. La paciencia de los zapatistas, su humanidad y su determinación, sentía yo, eran sus cualidades más admirables.

Después hablé de mi viaje por México; conté que había tomado el carro en mi casa en Massachusetts y conduje por una carretera que terminó llevándome ahí, a la Nueva Maravilla: estábamos en dos extremos de un mismo camino. Que también había viajado a lo largo de la frontera observando con atención ambos lados: los campos en el lado estadounidense donde los migrantes mexicanos trabajaban por salarios bajos, las fábricas del lado mexicano donde se empleaba a gente de las partes más pobres de México y también se le pagaba mal. Eso era el efecto desgraciado del TLCAN, que se jactaba de mejorar la calidad de vida de la gente al mismo tiempo que la explotaba.

—He visto esto con mis propios ojos —sostuve—. Para el cuarto de millón de personas que viven en una colonia en Ciudad Juárez, que trabajan en las fábricas y habitan en pocilgas, no hay más que una secundaria. En cambio, para cerca de cincuenta familias en Oventic hay dos escuelas. Oventic es un gran modelo de cómo educar e ilustrar a una comunidad, un lugar tranquilo y a la vez dinámico, a escala humana, hermoso y productivo y sobre todo autosuficiente.

Terminé diciendo lo vulnerables que me parecían los mexicanos, tan desprotegidos, y cuánto me impactaba su valentía y sus maneras de mantenerse mediante el trabajo y la familia, sin mucha ayuda del gobierno.

Un poco atontado después de dar mi pequeño testimonio, me volví hacia el comandante y le agradecí de nuevo por permitirme exponer esas experiencias de viaje por territorio mexicano.

En el estilo informal que caracterizaba al conversatorio, me dijo (y Alejandro tradujo para mí):

—Agradecemos que esté aquí. Para nosotros es muy importante pensar que no estamos solos: que tenemos amigos no nada más en México sino en otros países. Y no le guardamos rencor porque sea estadounidense: queremos amigos de todas las razas, de todas las naciones…

Y luego, más rápido (tanto que no pude tomar notas), habló del aislamiento, de lo que era vivir recluido en las montañas del sureste de México, en lo más profundo de una selva donde casi siempre llovía. Debido a ese aislamiento, los zapatistas necesitaban amigos de todas partes. Nos señaló a los cineastas, a Juan Villoro y al sociólogo Pablo González Casanova, a quien le alabó su avanzada edad y su pasión, y a mí.

—Compa escritor —continuó, hablándome directamente pero más despacio—, nos alegra que esté aquí. Pero sobre todo, queremos que regrese. Agradezco lo que este compa dijo de Oventic: que es un modelo, con buenas escuelas, una clínica y jardines. Por eso es importante que el compa regrese —y, elevando la voz para inspirar entusiasmo—: ¡Queremos ser un movimiento sin fronteras!

Y el público lo ovacionó. Jugando con su pipa, esperó a que el ruido se apagara.

—Compa escritor, regrese —reiteró—. Mucha gente llega aquí con intenciones revolucionarias, ¿y luego qué pasa? Se vuelven cortesanos de la política, conservadores en su pensamiento. Regrese, compa, regrese. Queremos que siga manteniendo una relación con nosotros. No queremos ser únicamente una anécdota en sus recuerdos de haber estado aquí.

Luego abrió una carpeta, sacó un fajo de papeles y leyó un relato corto y episódico que escribió sobre las experiencias de un conejo viajando entre otros animales.

Aunque Alejandro era muy hábil interpretando, me distrajo la prescripción del comandante, que no quería que fuera una simple anécdota, porque es natural que en un viaje se recopilen anécdotas y se valore contarlas. Y sin embargo esa experiencia era algo más, una aclaración de lo mucho que había visto en mi vida viajera, una elaboración de las dificultades de la pobreza y el desarrollo, la maldición del mal gobierno y las empresas depredadoras, la lucha de la gente que vive en la llanura de las serpientes y que desea elegir su propio destino.

Esa bienvenida de los zapatistas, que me acogieron, me aceptaron, me escucharon, me hizo sentir que había sido admitido a un grupo de hermanos y hermanas que lograron resistir todo lo que de negativo y destructivo tenía la vida mexicana. Habían construido su movimiento arriba de todo lo que de humano y perdurable existía en las tradiciones de esa gente indígena, los aristócratas del mundo. No era un movimiento que promulgara una vuelta a la naturaleza o un levantamiento violento, sino un recordatorio de lo que México necesitaba: un ejemplo para todo el país, y el mundo, del poder de la resistencia y la reivindicación de los derechos humanos.

Tan conmovido como estaba de relacionarme con el comandante («el Sup», como le dicen a veces), me dio una gran tranquilidad conocer al historiador y sociólogo Pablo González Casanova. Juan Villoro mencionó que era «demasiado radical» para la UNAM, la Universidad Nacional Autónoma de México, y había renunciado. Le pregunté sobre ese hecho a González Casanova y me contó los pormenores. Cuando en el año 2000, siendo director del Centro de Investigaciones Interdisciplinarias en Humanidades de la UNAM, un destacamento de la Policía Federal Preventiva irrumpió en el campus para detener a los estudiantes en huelga, él se opuso enérgicamente, condenó la acción policiaca y renunció a su cargo. Había escrito muchos libros, entre ellos uno que se considera un clásico, *La democracia en México*. Un crítico mexicano sostiene que con ese libro, basado en investigaciones empíricas y animado por una teoría crítica, González Casanova «se afianzó como pionero en la investigación sobre los procesos democráticos en México, por lo que constituyó el primer análisis sistemático sobre la estructura del poder en nuestro país».

González Casanova se mostró cordial y accesible, dispuesto a conversar, pero silencioso y atento a la reunión. Los zapatistas tenían un muy buen concepto de él por toda una vida entregada a la defensa de los pueblos indígenas. En su naturaleza no estaba irse a acampar a la selva, y sin embargo no hacía ninguna alharaca por tener que viajar de la Ciudad de México a Chiapas a pasar unos días en una ubicación recóndita, sentado en una silla, escuchando discursos y debates y viendo películas. Sentado cerca de él, me daba cuenta de que casi siempre movía la cabeza en señal de valoración, el rostro resplandeciendo de inteligencia, enteramente comprometido, un activista, un optimista, un visionario, y radical todavía a los noventa y seis años: un gran ejemplo para mí.

Marcos se puso de pie y le pidió a González Casanova que también se levantara. El anciano sonrió y se quitó la gorra, se levantó de su asiento y se mantuvo erguido en posición de firmes.

—Por su trabajo, su apoyo y su guía —destacó Marcos—, lo nombro comandante del EZLN.

Al escuchar esto, todos los zapatistas en el escenario y en el público se pusieron de pie y le aplaudieron, con los ojos brillantes en las rendijas de sus pasamontañas negros, y González Casanova les aplaudió de vuelta en agradecimiento.

Me estremeció esa demostración de respeto y admiración y me infundió la esperanza de vivir otros veinte años. Sentí que ese hombre tan leído debía de conocer en su vejez las líneas de los cuartetos «East Coker» de T. S. Eliot («Los viejos deberían ser exploradores») o la epifanía que describió Czesław Miłosz en «Madurez tardía»:

Tarde, ya en el umbral de mis noventa años,
se abrió la puerta en mí y entré
en la claridad de la mañana.

Había iniciado mi viaje a México en un estado de abatimiento
y autocompasión, sintiendo que los otros me rehuían, no me hacían caso, me desairaban, me rechazaban… Me identificaba fácilmente con los migrantes y los mexicanos, que conocían esa misma
sensación de ser despreciados. Esperaba que el viaje fuera benefi-
cioso, una cura para mi resentimiento, y resultó serlo, en efecto.
Ahora que estaba por emprender el camino de regreso a casa, me
encontraba animado y sonriente, y con la mano en el corazón
prometí volver. En mi temporada en México publiqué algunos
textos en revistas literarias, entre ellas *Letras Libres* y la *Revista de
la Universidad de México*; me hice amigo de escritores mexicanos;
fui orador en una serie de actos literarios y políticos, y encontré
una editorial mexicana, Almadía. Entre lo más emocionante de
viajar está conocer la satisfacción de la llegada y encontrarse entre
amigos.

Siempre he sabido que seré obrero en la viña,
al igual que todos mis contemporáneos,
conscientes de ello, o inconscientes.

O, como dice el dicho mexicano, arrieros somos y en el camino andamos.

Quinta parte. *El camino de regreso*

A la frontera: mi última mordida

Tomé la ruta de los migrantes hacia el norte, solo que en lugar de treparme arriba de un vagón traqueteante de la Bestia, un ruidoso camión o una camioneta de narcos, partí de San Cristóbal de Las Casas a toda velocidad en mi propio coche. «Voy a extrañar San Cristóbal —dice un hombre en *Gringos*, de Charles Portis—. Este lugar es fresco y agradable todo el año: el sueño de un hombre gordo».

Ese día la autopista estaba cerrada (un policía me hizo señas para que me echara atrás), así que tomé la vieja carretera de curvas en las laderas este de la Sierra Madre del Sur, la vía estrecha que habían abierto los frailes dominicos de Oaxaca a la caza de conversos y los conquistadores a la caza de oro. Cuando el comandante hablaba de los quinientos años de persecución de los pueblos indígenas de Chiapas, no eran eufemismos.

Cuando llegaron a estas tierras en 1524 conquistadores en forma de soldados y recaudadores de impuestos en busca de trabajo esclavo y oro, pelearon para someter a los tzotziles, asustados y enfurecidos por esa intrusión de extraños. Los tzotziles se llamaban a sí mismos *Batsil winik'otik*, «hombres verdaderos». Estas eran sus tierras, así que respondieron arrojando piedras y disparando flechas, y se subieron a las crestas de montañas, como las de esa carretera, y «el tzotzil burló de la española, lanzando pequeñas cantidades de oro en ellos e invitándolos a tratar de tomar el descanso que tenían dentro de sus paredes». Pero no podían competir con las picas y lanzas de tres metros y medio y los sables y ballestas forjados por los españoles. En 1526, en la batalla de Tepetchía, muchos tzotziles, enfrentados a la derrota, prefirieron una muerte segura saltando del Cañón del Sumidero al río Grijalva, a ser capturados y esclavizados. La historia de Chiapas es una letanía de invasión, masacre, misiones correctivas y exterminio, hasta la defensa y redención a manos de los zapatistas.

La carretera abrazaba las altas pendientes, de pronto nubladas, y que en sitios soleados permitían un vistazo fugaz a los exuberantes valles allá abajo, profundos como abismos. Por muchos años, esa vía lenta fue el camino principal a San Cristóbal, y todavía llevaba el nombre de Carretera Internacional, porque lleva a Guatemala y más allá, pero la nueva autopista, más recta, la desbancó en 2006. La única localidad en esa vieja carretera era Navenchauc, comunidad de casitas cuadradas, casi todas hechas de ásperos bloques de cemento sin pintar, flanqueando callejones con perros sin pedigrí.

De la fría altitud de la Sierra Madre de Chiapas, a mil ochocientos metros sobre el nivel del mar, la carretera serpenteaba a lo largo de mil doscientos metros cuesta abajo a través del bosque hasta el calor de Tuxtla Gutiérrez, y luego descendía otros seiscientos metros en una carretera recta hasta las cálidas ráfagas de viento y la densa humedad del trópico al nivel del mar, cruzando de Chiapas a Oaxaca. Allí, en un control de carretera, un policía con camisa manchada de sudor, gesticulando con las manos, me hizo salir de la carretera. Era un hombre ya mayor, de aspecto cansado, bostezando, que puso mala cara al ver mis placas de Massachussets. Se mostraba irritado, a la manera del policía mexicano.

—¿Este es su coche?

—Sí, tengo los papeles: mi permiso de importación del vehículo, mi seguro, mi licencia —contesté, y me puse a rebuscar entre los bolsillos de mi portafolios.

Algo en mi actitud, quizá el hecho de que enumerara mi documentación, mi alboroto, lo cansó más.

—Puede irse —dijo.

Esta vez bordeé Juchitán y circunvalé Tehuantepec, y me interné en los cerros, volví a subir a la sierra, secada al sol, árida, polvorienta: las montañas cafés con apariencia de bizcocho horneado de las tierras altas de Oaxaca.

Hacia media tarde me paré a comer en La Reforma, un pueblo posado oblicuamente en la ladera, desparramado a ambos lados de la carretera. En una de sus construcciones, un letrero decía

RESTAURANTE ROSA. Era una casa familiar de buen tamaño, con dos mesas en la sala. Ese día, ningún otro comensal.

—Bienvenido —me recibieron tres mujeres, de tres generaciones: una anciana en la estufa, su hija ocupada cerniendo harina de maíz, la nieta despatarrada en una silla de madera: desgarbada, con las piernas estiradas y los pies en el brazo de otra silla.

—¿Adónde va? —preguntó la anciana.

—A la frontera —respondí—. A los Estados Unidos.

—¡Lléveme con usted! —exclamó agarrándome del brazo.

Las otras se rieron de ella, pero era la insolencia de una mujer vieja, perdonable y cómica. Seguía aferrada a mí con sus dedos huesudos.

—¿Qué va a hacer allá?

—Puedo cocinar, limpiar su casa, cuidarlo. Lléveme con usted, sáqueme de aquí. No me importa de dónde venga, allá quiero ir —me soltó el brazo para hacerse a un lado y ponerme cara suplicante, que también era deliberadamente bufonesca—. Por favor vuelva por mí.

Para entonces su hija ya tenía lista la quesadilla que pedí y la llevó en un plato junto con una taza de café negro. La nieta estaba riendo suavemente, meneando los pies descalzos. Era lánguida y hermosa, con un rostro a la Modigliani, largo y cetrino, con mirada afilada y dedos delgados.

—¿Cuántos años tienes? —le pregunté para cambiar de tema.

—Doce.

Incitada por mi pregunta, la hija de la anciana, madre de la niña, se acercó a calarme.

—¿Y usted cuántos años tiene, señor?

—Adivine.

Me observó sin decir nada, ladeó la cabeza, frunció los labios, se puso un dedo en la mejilla en pose de actriz, disfrutando el suspenso que estaba creando.

—Setenta y seis —calculó. Echó la cabeza atrás, con expresión altanera y triunfante.

—Pero soy un cabrón —dije golpeándome el pecho.

Más tarde ese mismo día, al pasar el letrero que indicaba la carretera secundaria a San Dionisio, recordé al mezcalero Crispín

García susurrándome con fervor en zapoteco. Pasé dos días en San Jerónimo Tlacochahuaya. Volví a quedarme en la Ex Hacienda Guadalupe, y en la ciudad de Oaxaca, sabiendo que no volvería a comer bien en varios días, almorcé solo en la azotea de Casa Oaxaca. Una mujer joven en la mesa de junto, con jeans apretados, me sonrió y, recogiéndose la larga cabellera negra con su mano bonita, se la echó atrás del hombro, se dio la vuelta y se agachó un poco para que pudiera ver el parche bordado en su bolsillo trasero: *Eat, pray, fuck*: come, reza, coge.

Al día siguiente me fui de San Jerónimo al amanecer y manejé por el camino de tierra, pasando los campos de agave y ajo, hacia la carretera principal y más allá de la ciudad de Oaxaca y Etla. Ese día no había bloqueo en la propensa a ser sitiada Nochixtlán, en cuyo puente peatonal todavía se leía la consigna de la última manifestación, JUSTICIA Y DERECHOS PARA TODOS, y el camión quemado y oxidado seguía en el mismo lugar de la última vez que lo vi.

Los profundos barrancos de la Mixteca Alta, más adelante, eran los más espectaculares y los más inhabitados que hubiera visto en México. Las altas cimas se elevaban al suroeste, y muy abajo, desde esas alturas el río se veía negro y el valle, sumido en las sombras. En una parte empinada de la carretera vi a un niñito, de no más de nueve o diez años, pisando muy cerca del borde de la banqueta, manteniendo el equilibrio, cargando al hombro un fardo de cañas de carrizo de dos metros y medio de largo. No se veían casas ni calles secundarias por ningún lardo, solo la pequeña y solitaria figura con su incómoda carga.

La primera vez que había manejado cerca de ahí tuve que hacer un rodeo hacia el campo, patinándome y derrapándome en caminos sucios y empapados por la lluvia, entre oleadas de fango, en medio de una tormenta eléctrica, dándoles aventón a tres mujeres. Pero ese día iba a gran velocidad, más rápido que cuando la carretera se aplanaba al acercarse a Puebla. A los lados del camino, siempre las señales del viejo México: pastores arrastrando los pies en los altos pastos al otro lado de las barreras de seguridad, las cabras levantando polvo.

Rodeando las afueras de San Luis Potosí, vi patrullas de policía en el borde y me sudaron las manos. Asegurándome de que no me vinieran siguiendo, aceleré hacia el desierto y pasé los consabidos puestos de palma china, que parecían emblema de los desiertos del norte de México.

Al pasar por la capilla de la Santa Muerte en El Llano del Lobo pensé en pararme, solo para volver a hablar con la sacerdotisa. Deseché la idea porque me pareció frívola, y sin embargo aún tenía el rosario de la Santa Muerte con la imagen del esqueleto colgando de mi espejo retrovisor. ¿Sería que el malhumorado policía del control en el Istmo vio esa extraña reliquia y gracias a eso me dejó seguir mi camino?

En las oscuras calles de las afueras de Matehuala, buscando un lugar donde pernoctar, recordé el amigable hotel de Las Palmas, donde me hospedé cuando iba rumbo al sur: detrás de una sólida cerca, con un lugar seguro donde guardar el carro, con habitaciones limpias y comida local.

—¿De dónde viene? —me preguntó la recepcionista. Alta, con un traje sastre que quizá era su uniforme, se veía elegante, con aspecto de superioridad, bien vestida y desenvuelta.

Le dije que de Oaxaca.

—¿Comió chapulines?

—Muchos, y también hormigas. Muy sabrosos.

Frunció sus bonitos labios.

—Aquí la comida es mejor.

Era temporada de cabuches, que son los botones de la biznaga; como unas colecitas de Bruselas. Comí un plato, y de nuevo la otra especialidad de Matehuala, el cabrito al horno, tierno y viscoso, que se hornea con todo y piel.

Hilario, el mesero, me preguntó si iba rumbo al norte. Dije que sí.

—No pase por Reynosa, está feo allá.

—Planeaba ir en esa dirección.

—No —se mantuvo firme—. Mi casa está en Monterrey; sé que ahora mismo Reynosa es peligrosa, en especial esta semana.

—¿Y Ciudad Alemán?

—Está mejor, creo.

Al día siguiente, manejando por los pequeños poblados, entre el calor y los brillos, todos los edificios, señalamientos de la carretera, hasta los pastores y las mujeres y niños con fardos a la espalda, todo estaba cubierto de una fina capa de polvo, y un sentimiento melancólico se apoderó de mí. Supuse que se debía a que aún recordaba haber estado ahí mucho tiempo atrás, el hombre abatido que no tiene idea de adónde va. Pero en ese momento ya era una persona distinta, pues sabía dónde había estado. En lugar de que el sufrimiento me purificara (en ocasiones es la consecuencia de un viaje difícil), encontré amigos en el camino por la llanura de las serpientes, y eso me había levantado el ánimo.

Cuando iba para el sur me maravilló ese paisaje desértico; seguía cautivándome con su agreste belleza y su inesperado salvajismo. Tomando una ruta secundaria para no pasar por Saltillo, me encontré rodeando las empinadas montañas de grava café que son el dramático telón de fondo de Monterrey, tan sencillas y hermosas, con sus afilados picos y sus crestas como cuchillos, esa fantástica erupción de sierra, y sin embargo tan cerca de la tierra llana de Texas ahí al norte.

De esta simplicidad y escarpada belleza pasé a la densidad de Monterrey en su populoso valle, la confusión de vías, el sol cayendo de lleno sobre la masa de casas blancas de techos planos con apariencia calurosa y marroquí. Me dirigí al este y luego al norte siguiendo el borde de Monterrey, por suburbios industriales y conjuntos vallados de lóbregas viviendas, rumbo al este a Cadereyta Jiménez (famosa por sus pandillas) y a Cerralvo (un restaurante, una gasolinera) siguiendo los letreros a Ciudad Mier.

La ruta hacia el norte era plana y recta a través de los campos de mezquites y pasto alto, escasamente poblados: solo unos cuantos pueblos al lado de la carretera y muy pocos carros.

Toqueteando el radio del coche oí música de una estación de Monterrey, música clásica que no escuché en ningún otro lugar de México, y me topé con una pieza preciosa (violín, chelo, piano) que ya había escuchado antes, pero no supe cuál era. Esa dulce banda sonora me tranquilizó y me propulsó más allá del pasto alto y los árboles torcidos.

Tiempo atrás, en Ciudad Alemán, en mi cruce de la frontera, un comerciante me dijo: «No salga de la ciudad. A treinta kilómetros están los ranchitos y la mafia».

Ahora estaba viajando por la zona de los ranchitos y la mafia. Según este vendedor, por ahí se ubicaban los cárteles. Justo ahí se habían encontrado, un año antes, una serie de altares a la Santa Muerte, formando una ruta a través del semidesierto y los matorrales, como modo de guiar y proteger a los narcos. Viendo más de cerca los edificios por los que pasaba, no detecté a ninguna persona: solo vidrios rotos, tiendas vacías, casas abandonadas y vallas caídas, lo que indicaba miedo y caos. De General Treviño a Las Auras, una enorme residencia al borde de la carretera, y un rancho con el nombre inequívoco de Ganadores.

«Acabamos de escuchar el *Nocturno* de Schubert en mi bemol mayor», dijo la locutora de la estación de radio de Monterrey al terminar la música.

No existían muchas casas grandes, acaso tres en los ciento sesenta kilómetros desde Monterrey, pero cada casa elegante parecía representar dinero de la droga.

En un cruce de carreteras cerca de Ciudad Mier me paré para dejar pasar un tráiler y me vi rodeado de ocho jóvenes pegando los rostros a mis ventanillas.

—¿Qué pasa?

—Agitando una lata frente a mis narices, uno de ellos dijo:

—Estamos juntando dinero para la Reina del Día.

Puse unas monedas en la lata y pregunté:

—¿Dónde está la reina?

Una chica se abrió paso entre los muchachos y me sonrió. Llevaba una blusa negra transparente de encaje, shorts muy ajustados y, en ese caluroso barrio pobre de Nuevo León, zapatos de charol blanco de tacón. Se puso una mano en cada mejilla, ladeó la cabeza como coqueta en un escenario y puso carita de mal humor.

—Yo soy la reina —exclamó. Sus uñas centelleaban contra sus mejillas.

Les pregunté a los ocho:

—¿Quién de ustedes ha ido a los Estados Unidos?

Dos me dijeron que habían pasado al otro lado, a la ciudad texana de Roma, como a diez kilómetros de ahí. El tormento de Ciudad Mier, atribulada por el polvo y el descuido, era que el fabuloso reino del dinero estaba ahí adelantito, cruzando el angosto río.

Estaba lleno de júbilo al salir, pero una carretera bloqueada y un letrero de desviación me mandaban a un pueblo desierto, donde empecé a preocuparme: un camino de tierra, sin señalamientos, con edificios en ruinas; era como meterme a la trampa de la que tanto me advirtieron. Seguí manejando, inquieto, hasta que a lo lejos vi una carretera pavimentada y la tomé. Como uno o dos kilómetros adelante, las tiendas de curiosidades, la taquería donde una vez había comido, la tienda donde vi una piñata con forma de pera y pelo anaranjado que representaba a Donald Trump, la plaza donde me bolearon los zapatos.

Aunque Texas estaba al otro lado del río, por ahí no circulaba ningún gringo. Tenía hambre, así que regresé a la taquería. Luego compré un helado, me senté en la plaza y pedí que me bolearan los zapatos, disfrutando la demora.

Pero cuando le dije a Héctor, el boleador, la ruta por la que había viajado, me dijo:

—Tiene usted mucha suerte.

No le di mucha importancia al comentario. Sin ninguna complicación crucé el puente internacional a Roma. Un muchacho en una moto Jet Ski se deslizaba en círculos en el río Bravo, bajo el puente. Había hecho un simple rodeo desde Monterrey, como me sugirió Hilario en Matehuala, una carretera secundaria segura que cruzaba los suburbios del este de Monterrey y Cadereyta Jiménez. Ese camino poco transitado, la carretera federal 54, era plano, recto, bonito y apacible; pasaba por sotobosques y tierras de pastoreo para el ganado de los ranchitos y unos cuantos pueblos.

Pero el «Tiene usted mucha suerte» me siguió dando vueltas en la cabeza. Más adelante investigué la historia reciente de la zona y descubrí que la carretera federal 54 era estratégica para el contrabando de drogas y el tráfico de personas, que todo el estado fronterizo de Nuevo León se había vuelto campo de batalla en el que los Zetas y el Cártel del Golfo se disputaban el dominio. Los secuestros y la violencia eran comunes ahí. En la ciudad industrial de Cadereyta Jiménez (fábrica de escobas, refinería de petróleo, viviendas de obreros) se masacró a cinco empleados municipales en 2012, y el mismo año, en San Juan, pueblo apenas ciento veinte kilómetros al suroeste de Roma, se encontraron cuarenta y nueve cuerpos tirados en la carretera por la que yo había viajado, todos decapitados y desmembrados, todos de hombres jóvenes, y, por la brutalidad de los asesinatos, ninguno fácil de identificar. Cerca de los cuerpos se encontraba un narcomensaje: una gran *Z* pintada en aerosol sobre la carretera, señal de que los Zetas eran los responsables y advertencia a los rivales y a las autoridades.

Sí, tenía suerte, muchísima. Suerte por la gente a la que había conocido, por los amigos que había hecho, incluso por mis percances, el hecho de siempre salir ileso, con una historia que contar. Más de cincuenta años de eso, viajero afortunado donde los haya.

Llegué a Roma a salvo, pero aún no terminaba. Tenía que solicitar el reembolso por mi permiso de importación de vehículos y renovar mi visa, así que manejé a lo largo del lado texano de la frontera hasta McAllen y luego volví a cruzar a México, a la aduana, en un edificio en Reynosa, justo en la frontera.

—Hoy no podemos hacer ningún trámite con su visa —me explicó el empleado. Llevaba una gorra de beisbol y estaba vestido, al igual que muchos hombres en las oficinas de la frontera mexicana, sin importar su rango, como agricultor o trabajador rural.

—Puedo hacerle el reembolso por el permiso, pero hay un periodo de tres días de espera para la visa.

—No puedo regresar en tres días, la necesito ahora.

—Es la ley.

Supliqué un poco, explicando los inconvenientes.

—A ver, hable con ese hombre.

Señaló a un hombre de negro, pero con el mismo aspecto agrario de los demás. Le expliqué mi dilema. También él me habló del periodo de espera especificado.

Un escueto anuncio del gobierno en la pared detrás de la cabeza del hombre me advertía con grandes letras negras en dos idiomas: TODO INTENTO DE OFRECER UN SOBORNO O PROPINA A UN FUNCIONARIO ESTÁ PROHIBIDO Y PENADO POR LA LEY.

—Me doy cuenta de que es un problema —dije, y expliqué que lo necesitaba en ese momento.

Escuchó con atención y luego me hizo señas para que lo siguiera a su oficina, más cerca del letrero de advertencia. Revolvió mis papeles. Observé que uno de sus anillos era una calavera dientona, plateada, con piedras rojas en los ojos, que pellizcaba ligeramente un nudillo peludo cuando él movía ese dedo. Me miró de arriba abajo, por lo visto haciendo un cálculo mental.

—Sí, le puedo ayudar —dijo en un susurro—, pero le va a costar.

En ese momento el viajero precavido piensa: dado el grave letrero y la disposición del hombre, esto ha de ser una trampa. Ofrezco la mordida y luego me detienen por el delito de ofrecer una mordida. Pero así son las cosas en la llanura de las serpientes.

—¿Cuánto cuesta? —moví los labios en silencio.

Todo agitado, agarrando un bolígrafo con torpeza y sacándole y metiéndole la punta, como si con cada chasquido hiciera un cálculo mental, finalmente escribió «180» en un pedazo de papel. Con la misma rapidez arrugó el papelito, lo aplastó y se lo metió en la bolsa.

—¿Pesos?

Dio unos resoplidos y se levantó de un tirón: una negativa mexicana. Me volví, encubiertamente saqué nueve billetes de veinte dólares de mi cartera, los doblé y aplané, y se los puse en la palma de la mano. No me dio las gracias. Chasqueó con satisfacción la pegajosa lengua e hizo desaparecer el dinero. Luego preparó mis documentos y me deseó un buen viaje.

«Esto no debe ser una anécdota», recordé al cruzar la frontera manejando, y casi se me saltaron las lágrimas al oír el eco del susurro zapoteco: «*Eet yelasu nara*, No se olvide de mí».

Índice

En la llanura de las serpientes de Paul Theroux
se terminó de imprimir en mayo de 2022
en los talleres de
Impresora Tauro, S.A. de C.V.
Av. Año de Juárez 343, col. Granjas San Antonio,
Ciudad de México